Supervision in Bewegung

D1724298

Schriften der Katholischen Fachhochschule
Nordrhein-Westfalen

Katholische
Fachhochschule ○ ○ ○ ○
Nordrhein-Westfalen

University of Applied Sciences

Band 8

Lothar Krapohl • Margret Nemann •
Jörg Baur • Peter Berker (Hrsg.)

Supervision in Bewegung

Ansichten – Aussichten

Verlag Barbara Budrich
Opladen & Farmington Hills 2008

Bibliografische Informationen der Deutschen Nationalbibliothek
Die Deutsche Nationalbibliothek verzeichnet diese Publikation in der Deutschen
Nationalbibliografie; detaillierte bibliografische Daten sind im Internet über
http://dnb.d-nb.de abrufbar.

Gedruckt auf säurefreiem und alterungsbeständigem Papier.

© 2008 Verlag Barbara Budrich, Opladen & Farmington Hills
www.budrich-verlag.de

ISBN   978-3-938094-75-4

Umschlaggestaltung: disegno visuelle kommunikation, Wuppertal – www.disenjo.de
Satz: Beate Glaubitz, Leverkusen
Druck: paper & tinta, Warschau
Printed in Europe

Inhaltsverzeichnis

Rita Paß und Ursula Tölle

Der supervisorische Blick und die Fragehaltung empirischer
Sozialforschung ....

143

3. Systemisch-konstruktivistische Supervision 157

Lothar Krapohl

Systemisch-konstruktivistische Supervision – Supervision in einer
veränderten Zukunft 159

Gisela Keil

Systemische Methoden in der Supervision 183

4. Supervision und Spiritualität 257

Vorwort

Wie der Titel des Buches erahnen lässt, ist Bewegung durchgängiges Thema der 17 Buchbeiträge. Supervision bewegt, wird bewegt, gerät in Bewegung und bringt in Bewegung. Dabei sind es vor allem folgende supervisionsrelevanten Tendenzen, mit denen sich die Autoren auseinandersetzen:

- der Akademisierung der Supervision und in deren Folge eine zunehmende Verwissenschaftlichung und ein beachtlicher Forschungszuwachs (hiermit befassen sich die ersten beiden Kapitel);
- den strukturellen Veränderungen in der Arbeitswelt einer postmodernen Gesellschaft mit der Verdichtung von Arbeitsprozessen, zunehmender Komplexität der Anforderungen an ihre Mitglieder und an die Supervision, die sich zwangsläufig wegbewegt von der Gewissheit hin zur Konstruktion (Kapitel zwei und drei);
- der Zunahme an Kontingenz in einer sich immer schneller verändernden Arbeitswelt und Welt, in der nahezu nichts von Bestand ist, und deren Gewissheit in der Ungewissheit liegt. Das belebt die Suche nach Sinn von Neuem. Sinn, Spiritualität, Welt- und Menschenbild werden auch im Beruf wieder verstärkt zum Thema (Kapitel vier).

Das erste Kapitel des Buches trägt die Überschrift: Supervision studieren. Jörg Baur und Lothar Krapohl, beide Studiengangs- und Kursleiter des Masterstudienganges Supervision, zeichnen in ihrem Beitrag den Weg der Akademisierung der Supervision als Profession nach und stellen seine konsequente Weiterentwicklung im Kontext des Bolognaprozesses und seiner Kompetenzorientierung – zu einem Masterstudiengang mit Promotionsberechtigung vor. Das Curriculum des Masterstudiengangs der Katholischen Fachhochschule, der in Kooperation mit dem Bistum Münster durchgeführt wird, wird dargestellt und es wird Einblick gewährt in die curriculare Handhabung des Spannungsverhältnisses von Wissenschafts- und Anwendungsbezug, von Berufs- und Arbeitfeldbezogenheit, von psychodynamischer, systemisch-konstruktivistischer und ethisch-spiritueller Ausrichtung und von Modul- und Prozessorientierung. Darüber hinaus werden erste Ergebnisse der Evaluation des Studiengangs vorgestellt. Mit der spirituellen Ausrichtung des Masterstudienganges befasst sich Margret Nemann, Studiengangs- und Kursleiterin. Sie weiß sich, wie auch die weiteren Verantwortlichen des postgradualen Masterstudienganges, dem christlichen Gottes-, Menschen- und Weltbild verpflichtet und ihnen gemein ist die Überzeugung, dass die spirituelle Dimension eine wesentliche Kraft im Leben und Arbeiten von Menschen darstellt. Diese Auffassungen werden im Studiengang thematisiert und die Studierenden zu einer Auseinandersetzung mit diesen ermutigt. Wie dies konkret geschieht, was unter (christlicher) Spiritualität zu verstehen und wie diese mit systemisch-konstruktivistischen Ideen vereinbar ist, legt Margret Nemann dar. Jörg Baur führt anschließend in die jüngsten Veränderungen der Arbeitswelt und Bildungslandschaften ein und zeigt deren Auswirkungen auf die Kompetenzprofile in der Supervisionsausbildung auf. Sein hieran anschließender gemeinsamer Beitrag mit André Janssen ist ein Forschungsbeitrag zur Kompetenzdebatte. Beschrieben wird die Konstruktion und Evaluation des Kompetenzmodells bzw. -profils des hier vorgestellten Masterstudiengangs.

Das zweite Kapitel trägt den Titel: Supervision und Forschung. Es verdeutlicht, dass mit der Weiterentwicklung der Supervisionsausbildung zu einem Masterstudiengang auch das Ziel verfolgt wird, Supervisionsforschung zu stärken. Damit sind sowohl wissenschaftliche Untersuchungen von Supervision, wie auch die Entwicklung von Supervision als Forschungsinstrument, wie auch die Entfaltung von Konzepten zur Nutzbarmachung von Supervision im Kontext anderer Forschungsdesigns gemeint. Zunächst gibt Peter Berker, der im Masterstudiengang als Dozent und Lehrsupervisor mitwirkt, einen kurzen Überblick zum Stand der Supervisionsforschung. Hierauf folgen Überlegungen von Bardo Schaffner, ebenfalls tätig als Dozent und Lehrsupervisor im Masterstudiengang, zu der Fragestellung: Wie wird in der Supervision neues Wissen generiert? Cäcilia Scholten, Absolventin des Masterstudiengangs Supervision, befasst sich in einer gekürzten Fassung ihrer Masterthesis mit dem Thema Evaluation von Supervisionsprozessen unter dem Fokus der Kontraktbeziehung. Rita Paß, Lehrsupervisorin im Masterstudiengang, und Ursula Toelle, Absolventin, setzen sich mit dem Zusammenhang von Supervision und Sozialforschung auseinander. Die Beiträge bilden so die Bandbreite der Befassung mit dem Forschungsthema im Kontext des Masterstudienganges ab.

Mit dem Paradigma systemisch-konstruktivistischer Supervision setzen sich die Autoren des dritten Kapitels auseinander. Zunächst führt Krapohl ein in die veränderte und sich permanent verändernde Arbeitswelt der Postmoderne und deren Auswirkungen auf die Betroffenen und die Supervision. Hieraus werden Anforderungen an Theorie und Praxis von Supervision abgeleitet und die Frage beantwortet, inwieweit Konstruktivismus und die Luhmannsche Theorie selbstreferentieller Sozialer Systeme diesen Anforderungen gerecht werden können. Unter Einbezug der jüngsten Forschungserkenntnisse der Neurowissenschaften zum Thema Lernen und insbesondere der Bedeutung von Emotionen hierbei, gibt Krapohl didaktische Hinweise zur Supervision und für SupervisorenInnen als Beobachter zweiter Ordnung. Gisela Keil, Dozentin und Lehrsupervisorin im Masterstudiengang, schließt am systemisch-konstruktivistischen Paradigma an und befasst sich mit der Frage nach dessen methodischer Umsetzung für die Supervision. Sie stellt eine supervisionsrelevante Auswahl systemischer Methoden vor, die an Praxisbeispielen erläutert werden. Michael Wedding, Absolvent des Masterstudienganges, stellt mit seiner gekürzten Masterthesis Supervision als metaphorisches Sprachhandeln vor – im Kontext konstruktivistischer Annahmen. Das Kapitel endet mit einem systemischen Essay von Heribert W. Gärtner zu Führung in Sozialunternehmen. Supervision hat direkt oder indirekt immer mit Führung und deren Auswirkungen zu tun. Da liegt es nahe, ein – nicht nur für systemisch-konstruktivistische Supervision brauchbares – Führungsverständnis zu entwickeln. Mit seinem zirkulären Verständnis von Führung unternimmt Gärtner hierzu wichtige Schritte.

Im vierten Kapitel erfolgt die lange Zeit in der Supervisionsszene unbeachtete Verknüpfung von Supervision und Spiritualität. Diese stößt inzwischen bei vielen auf ein solch reges Interesse, dass selbst die Zeitschrift ,Supervision' diesem Thema ein eigenes Heft (4/2005) gewidmet hat. Für etliche SupervisorInnen ist Spiritualität eine grundlegende Dimension menschlicher Existenz, die sich auf die Arbeit des Menschen auswirkt und damit eben auch für die Supervision relevant ist. Wenngleich das Phänomen Spiritualität sich einer eindeutigen Definition entzieht, konnotieren viele damit Begriffe wie Ganzheitlichkeit, Transzendenz und Sinn und verbinden damit Erfahrungen, die über das eigene Dasein hinausweisen auf ein größeres Ganzes, mit dem sie sich verflochten und in dem sie sich aufgehoben fühlen. Für Christen beinhaltet diese Dimension ihren Glauben an den Gott Jesu Christi, von dem her und auf den hin sie geschaffen sind, und der ihr begrenztes und endliches Leben schon hier und jetzt mit seinem Geist (= spiritus) durchwirkt.

Wie fruchtbar die Beschäftigung mit spirituellen Fragestellungen ist, zeigen die Artikel von Rafael Günther, Sr. Hannah Schulz und Nicole Marjo Gerlach, die wesentliche Erkenntnisse ihrer Masterthesen zusammenfassen.

Günther erläutert vor dem Hintergrund des systemisch-konstruktivistischen Paradigmas das Verhältnis von Supervision und Spiritualität und benennt einige Kriterien einer gesunden Spiritualität. Ziel seiner Ausführungen ist zu zeigen, dass Supervision zu einer lebensfördernden Spiritualität und die Berücksichtigung der spirituellen Dimension zu einer sachgerechten Supervision beitragen kann.

Sr. Hannah legt die Entwicklung eines vierfachen Sinnmodells vor, dem sowohl systemisch-konstruktivistische Perspektiven als auch aus dem metaphysischen Realismus gewonnene Erkenntnisse zugrunde liegen. Die Verknüpfung dieser verschiedenen Ansätze ermöglicht es ihr, zur Transzendenz vorzustoßen und einen letzten Sinn zu postulieren, der menschliches Leben in ein wohlwollend größeres Ganzes eingebunden weiß.

Nicole Marjo Gerlach greift die in der aktuellen Managementliteratur vielfach diskutierte Frage auf, ob nicht gerade die an Führungskräfte gestellten hohen Anforderungen einer modernen Informations- und Wissensgesellschaft einer Einbeziehung von spirituellen Perspektiven bedürfen. Indem die Autorin die Veränderungen der Arbeitswelt in der globalisierten Welt und die daraus resultierenden Ansprüche an Führungskräfte erläutert, kommt sie zu der Erkenntnis, dass eine um die ethisch-spirituelle Dimension wissende Supervision ein wertvolles Instrument in der Beratung von Führungskräften darstellt.

Dass Supervision sich von biblischen Bildern anregen und inspirieren lassen kann, will Margret Nemann mit ihren Ausführungen zeigen. Anhand der uralten biblischen Legende im Buch Tobit entwickelt sie ein Supervisionskonzept, das menschliche Wegbegleitung von Gottes (verborgener) Gegenwart und Güte getragen weiß. Von dieser Überzeugung her gewinnt die Autorin dann auch eine neue Sicht auf den Supervisionsprozess und die Haltung von SupervisorInnen.

Einen etwas anderen Blick auf das Thema ‚Supervision und Spiritualität' wirft der Artikel von Annette Perino. Assoziativ reiht die Autorin (spirituelle) Erfahrungen, die sie im Studiengang gemacht hat, aneinander und erläutert deren Auswirkungen auf ihre persönliche Identität als Supervisorin. Ihre (spirituellen) Reisenotizen laden die LeserInnen ein, sich selbst auf die Suche zu begeben und den eigenen Standort zu bestimmen.

1. Supervision studieren?

Jörg Baur und Lothar Krapohl

Supervision studieren?!

Der Masterstudiengang Supervision der Katholischen Fachhochschule Nordrhein-Westfalen und des Bistums Münster

1. Hochschulische und nichthochschulische Ausbildungswege

Interessieren sich Fachkräfte für eine von der Deutschen Gesellschaft für Supervision (DGSv) zertifizierte Supervisionsausbildung, stoßen sie in ihren Recherchen auf eine zweigleisige Ausbildungsstruktur. Im Angebot stehen sowohl Supervisionsausbildungen nichthochschulischer, meist privatwirtschaftlicher Ausbildungsinstitute, als auch Supervisionsstudiengänge, die von Hochschulen durchgeführt werden.

Die Idee, eine praxisnahe Supervisionsausbildung mit einem Studium zu verbinden, ist nicht neu. Bereits in den 70er Jahren führte die Katholische Fachhochschule Nordrhein-Westfalen (KFH NW) unter der Leitung von Prof. Dr. Dr. h.c. Louis Lowy von der School of Social Work der Boston University zweijährige Zusatzausbildungen mit dem Abschluss: „Diplom in Supervision" durch. In der Folge war es Frau Prof. Dr. Martha Fehlker, Professorin an der KFH NW und Leiterin des Pastoralkollegs Supervision am bischöflichen Generalvikariat Münster, die eine neue Supervisorenausbildung im Stufensystem konzipierte und lange Jahre als Ausbildungsleiterin fungierte. Sie ergriff 1999 die Initiative zur Planung eines Weiterbildungsstudienganges Supervision in Trägerschaft der KFH NW – angesiedelt an der Abteilung Münster und in Kooperation mit dem Bistum Münster. Der angestrebte akademische Abschluss war „Master of Science in Supervision". Zusammen mit Prof. Dr. Lothar Krapohl, der ebenfalls in der Leitung der Vorgängerausbildung tätig war, erarbeitete sie die hierzu notwendigen curricularen und prüfungsrechtlichen Voraussetzungen. Im Jahr 2000 wurde dieser Studiengang als bundesweit erster Masterstudiengang Supervision vom Wissenschaftsministerium des Landes NRW mit dem Abschlussgrad „Master of Science in Supervision" anerkannt. Auch die Universität Kassel, die Evangelische Fachhochschulen Freiburg und Hannover, um nur einige beispielhaft zu nennen, stehen für diese Traditionslinie der Akademisierung der Supervision als Profession.

1.1 Attraktoren eines Supervisionsstudiums

Was macht das Studium von Supervision so attraktiv? Betrachtet man die deutsche Bildungslandschaft, können dafür verschiedene Attraktoren ausgemacht werden. Nichthochschulische Supervisionsausbildungen und Supervisionsstudiengänge an Hochschulen unterscheiden sich im inhaltlich-curricularen Aufbau und den damit verbundenen Qualitätsstandards, die berufspolitisch von Bedeutung sind, ebenso wie in den formalen Abschlüssen. Am Beispiel des Masterstudiengangs Supervision der KFH NW lassen sich diese Unterschiede konkretisieren.

Formale Ebene der Abschlüsse

Der Masterstudiengang Supervision der KFH NW qualifiziert in drei Richtungen: Zunächst werden die Studierenden auf qualitativ hochwertigem Niveau zu SupervisorInnen ausgebildet, und zwar praxisnah und zugleich wissenschaftlich fundiert. Da der Studiengang von der DGSv zertifiziert ist, können die AbsolventInnen darüber hinaus eine Mitgliedschaft bei der DGSv beantragen. Zweitens eröffnet die Verleihung des akademischen Mastergrads nach erfolgreichem Studienabschluss die Möglichkeit, ein Promotionsstudium aufzunehmen. Und drittens hat das Innenministerium NRW festgestellt, dass der Studiengang der KFH NW für den höheren Dienst qualifiziert. Das Promotionsrecht und der Zugang zur Laufbahn des höheren Dienstes bedeuten eine nicht unwichtige, neue berufsständische Perspektive insbesondere für ehemalige FachhochschulabsolventInnen etwa der Sozialen Arbeit (Klüsche 2004). Gleichzeitig ist dieser Schritt im Rahmen der Akademisierung der Sozialen Arbeit mit einem deutlichen Zuwachs an Reputation und gesellschaftlicher Anerkennung verbunden (Kersting 2002: 103ff.).

Inhaltliche Ebene des Curriculums

Auf der Ebene des Curriculums sind die Unterschiede zwischen hochschulischen und nichthochschulischen Supervisionsausbildungen noch augenscheinlicher. Die wissenschaftliche Ausrichtung der Supervisionsstudiengänge markiert eine Weiterentwicklung des Marktes, der bislang insbesondere von nichthochschulischen Fort- und Weiterbildungsinstitutionen bedient worden ist. In deren Curricula ist zwar ein deutlicher Praxisbezug vorhanden, jedoch lassen sich im allgemeinen Defizite bzw. Mängel bei der wissenschaftlichen Durchdringung des Gegenstandsbereichs der Supervision erkennen, etwa im Hinblick auf die theoretische Fundierung, auf den Theorie-Praxis-Transfer, auf die Anwendung wissenschaftlicher Methoden bei der Erforschung und Evaluation des Gegenstandsbereichs sowie auf die Frage des Erkenntnisfortschritts durch Supervisionsforschung (Kersting 2004: 210). Dies ist vor dem Hintergrund begrenzter wissenschaftlicher Ressourcen im Perso-

nal der nichthochschulischen Fortbildungsinstitute und einer meist privat-
wirtschaftlichen ausgerichteten Institutsstruktur nicht anders zu erwarten. Die
Lücke im Rückbezug zwischen Praxis und Theorie/Wissenschaft schließen
nun die akademischen Masterstudiengänge Supervision.

Berufspolitische Ebene im Kontext der Professionalisierungsdebatte

Diese Entwicklung wird von der DGSv mit Interesse beobachtet und gefördert, weil sich hier die Chancen einer weiteren Professionalisierung durch die
Berufung auf wissenschaftliches Wissen und damit zusammenhängend eines
Qualitäts- und Prestigefortschritts in der Supervision ergeben: „Ebenso ist
der wissenschaftliche Status von Supervision auszubauen, um die Professionalisierung von Supervision voranzutreiben" (DGSv 2007: 25). Haubl weist
sowohl auf die Chancen, als auch auf Grenzen der Verwissenschaftlichung
von Supervision hin: „Die wissenschaftliche Rechtfertigung von Supervision
dient ihrer gesellschaftlichen Anerkennung, was ihre Anerkennung durch
potenzielle Nachfrager impliziert... Denn modernen Gesellschaften gilt wissenschaftliches Wissen als bestmögliches Wissen, weshalb sie auf eine Verwissenschaftlichung von Beratungsleistungen drängen" (Haubl 2006: 2).
Dies führt notwendigerweise „zu der Forderung nach einer Verwissenschaftlichung der Supervisorinnen und Supervisoren, da sich Professionalität über
die „Anwendung" wissenschaftlichen Wissens ausweist" (a.a.O.: 4). Die Gefahr sieht Haubl dabei in einer „Lähmung der Kreativität" der SupervisorInnen, „weil ihr erfahrungsgesättigter Blick für das fallspezifisch Notwendige
und Machbare als unwissenschaftlich erscheint" (a.a.O.: 5).
    Ein weiteres Ziel dieser Akademisierung wird darin bestehen, mittelfri-
stig die Berufsbezeichnung SupervisorIn in ähnlicher Weise zu schützen
wie die des/der Psychotherapeuten/in. Dafür müssen Beratungs- und Su-
pervisionskonzepte (inter-)disziplinär entwickelt sowie wissenschaftlich
fundiert und begründet werden, wozu die KFH NW auf mehreren Ebenen
beiträgt.

1.2 Akkreditierung von Masterstudiengängen

Um als Studiengang akkreditiert zu werden, müssen viele Voraussetzungen
erfüllt sein. Beispielsweise müssen sie im Zuge der europäischen Vereinheitlichung im Rahmen des Bologona-Prozesses (Eckardt 2005) eine modulare
Struktur aufweisen. In jedem Modul werden insbesondere die Ziele der
Lehrveranstaltungen und die damit verbundenen Kompetenzen, die mit diesen Lehrveranstaltungen vermittelt werden sollen, genau beschrieben. Die
Studierbarkeit und die Berufsfeldorientierung sind darzulegen und nachzu-
weisen. Die Studienleistungen werden in Punkten gefasst, den so genannten
Credits (ECTS = European Credit Transfer System).

Auch das Curriculum des Masterstudiengangs Supervision der KFH NW ist 2006/2007 in einem aufwändigen Verfahren von der Agentur für Qualitätssicherung durch Akkreditierung von Studiengängen (Aquas) überprüft und als „überzeugend" bewertet worden: „Das Curriculum sichert eine solide Ausbildung als Supervisor/-in" in sowohl praxis- und anwendungsorientierter als auch akademisch-wissenschaftlicher Weise. Der Studiengang „sichert eine qualitativ hochwertige Ausbildung, die neben supervisorischer Kompetenz auch überhaupt Kompetenzen im beruflichen Feld entwickelt und steigert" (Aquas 2007).

2. Der Masterstudiengang Supervision an der KFH NW

Der postgraduale berufsbegleitende 5-semestrige Masterstudiengang Supervision der KFH NW wird in Kooperation mit dem Bistum Münster durchgeführt. Er befähigt die Studierenden zur selbstständigen Akquisition, Durchführung, Dokumentation, Evaluation und Beforschung berufsbezogener Beratungsprozesse in unterschiedlichen Settings (Einzel-, Gruppen- und Teamsupervision) und unterschiedlichen Feldern des Non-profit- und Profit-Bereichs. Das Studium befähigt darüber hinaus, die erworbenen Beratungskompetenzen auf an die Supervision angrenzende Bereiche wie Coaching, Mediation/Konfliktmanagement, Organisationsberatung, Personalentwicklung oder Netzwerkarbeit zu transferieren.

Die Lehre berücksichtigt die enge Verzahnung von Theorie und Praxis einschließlich biografischer Aspekte und eine sowohl modulare wie prozessuale Ausrichtung. Die Präsenz der Studiengangsleitung ist in allen Blockveranstaltungen gewährleistet und sichert neben der persönlichen Begleitung der Studierenden und der Studiengruppe die Integration aller Lehrenden in den Studiengang.

Seit dem Jahr 2000 haben bereits 66 Studierende des Masterstudiengangs Supervision an der KFH NW den Titel „Master of Science in Supervision" (M.Sc.) erworben. Ab 2008 wird infolge einer Vereinheitlichung der Masterabschlüsse in den sozialwissenschaftlichen Fachgebieten der akademische Grad „Master of Arts in Supervision" (M.A.) verliehen.

2.1 Entwicklungslinien von Supervision in der KFH NW und im Bistum Münster

Die Katholische Fachhochschule Nordrhein-Westfalen ist eine staatlich anerkannte Hochschule in privater Trägerschaft (KFH gGmbH) und in vier Fachbereiche Sozialwesen an allen Abteilungen (Aachen, Köln, Münster und Paderborn), einen Fachbereich Gesundheitswesen (Köln) und einen Fachbereich Theologie (Paderborn) gegliedert. Sie wurde 1971 gegründet und ist mit 3500 Studierenden die größte deutsche Hochschule für die Studiengänge des Sozialwesens. In allen Studiengängen geht es um die Entwicklung einer praktischen Handlungskompetenz, die sowohl wissenschaftlich fundiert als auch ethisch verantwortet ist. Supervision als berufsbezogene Beratungstätigkeit in Deutschland wurde in der 70er Jahren im Bereich Sozialer Arbeit als eigenständiges Handlungs- bzw. Beratungskonzept entwickelt, um – insbesondere auch in schwierigen Arbeitssituationen zwischen Klientensystem und professionellem (Hilfe-)System – die Qualität und Produktivität von Sozialer Arbeit zu sichern und zu verbessern. Entsprechende Impulse aus den USA haben die Entwicklung der Supervision in Deutschland kontinuierlich angeregt und wurden von der KFH NW bereits seit ihrem Bestehen als eine der ersten Institutionen in Deutschland aufgegriffen und als wesentlicher Bestandteil strukturell in die angebotenen Studiengänge im Bereich „Praxisberatung", „-anleitung" und „Supervision" integriert. Die KFH NW legte bereits damals besonderen Wert auf die Persönlichkeitsentwicklung ihrer Studierenden, insbesondere auf die Entwicklung ihrer reflexiven Selbstkompetenzen. Die praxisbegleitende Supervision wurde daher als verbindlicher Bestandteil des Studiums in die Studienordnungen aufgenommen und wird von der Hochschule ausschließlich selbst finanziert. Des weiteren hat die KFH NW im Setting der Praxisberatung und –anleitung eine Struktur der Verknüpfung von Wissenschaft und Praxis geschaffen, die den Studierenden den wechselseitigen Transfer zwischen Hochschule und Praxis unterstützend moderieren sollte.

Um für diesen Bereich der Praxisanleitung und –beratung entsprechende Qualifikationen bereit zu stellen, haben DozentInnen der KFH NW bereits in den 70er Jahren unter der Leitung von Prof. Dr. h.c. Louis Lowy Supervisionsausbildungen absolviert und seither ihre umfassenden berufsbezogenen Beratungskompetenzen in die Studiengänge eingebracht. Im Kontext dieser damals innovativen Entwicklung haben Lothar Krapohl und Peter Berker von der KFH NW die Gründung der Deutschen Gesellschaft für Supervision (DGSv) im Jahr 1989 mitinitiiert, als Ausschussmitglieder mitgestaltet und damit einen anhaltenden Professionalisierungsprozess eingeleitet. Dadurch konnte eine Standardisierung und Qualitätssicherung sowohl der hochschulischen Supervisionsstudiengänge als auch der außerhochschulischen Ausbildungsgänge erreicht und das Berufsbild des Supervisors/der Supervisorin nachhaltig etabliert werden.

Parallel zu diesem Prozess der Etablierung von Supervision in der Sozialen Arbeit wurde 1992 im Bistum Münster mit Unterstützung der KFH NW eine interne Supervisionsausbildung unter Leitung von Prof. Dr. M. Fehlker eingerichtet, um Supervision als hilfreiches und nützliches Instrument in der pastoralen Arbeit des Bistums zu implementieren. In einem Prozess der zunehmenden Professionalisierung von Supervision über die Grenzen Sozialer Arbeit und Pastoral hinaus entstand die Idee einer wissenschaftlichen Ausrichtung und Durchdringung der Ausbildung, um wichtige Potentiale der Supervisionsforschung, Theoriebildung und akademischen Professionalisierung zu nutzen. Ende der 90er Jahre, unter dem Rektorat von Prof. Dr. P. Berker, kam es dann durch Prof. Dr. M. Fehlker und Prof. Dr. L. Krapohl zur Konstruktion des weiterbildenden Masterstudiengangs Supervision in gemeinsamer Trägerschaft der KFH NW und des Bistums Münster. Von Beginn an waren beide Organisationen in der Kursleitung präsentiert. Die derzeitige Kursleitung bilden: Prof. Dr. Lothar Krapohl (KFH NW) und Dr. theol. Margret Nemann (Pastoralkolleg Supervision des Bistums Münster). Diese Kooperation hat sich mittlerweile auf unterschiedlichsten Ebenen weiterentwickelt und bewährt.

2.2 Das Proprium des Studiengangs

Das besondere Profil des Studiengangs lässt sich anhand von fünf Profilmerkmalen aufzeigen.

Wissenschaftlich-anwendungsbezogene Ausrichtung

Durch die wissenschaftliche Ausrichtung erfolgt eine grundlegende theoretische Fundierung der curricularen Inhalte, die über die Theorie-Praxis-Verzahnung und über die Forschungsfokussierung von Praxisanalyse-, Praxisentwicklungs- und Praxisevaluationsbedarfe auf eine Anwendungsorientierung hin gerichtet ist. Über die Implementation wissenschaftlicher Standards wird gewährleistet, dass das Studium nicht nur zum Beratungshandeln im engeren Sinne qualifiziert, sondern auch zur Fähigkeit, fachübergreifende Zusammenhänge zu erfassen und entsprechende Transferleistungen vorzunehmen. Der Praxisbezug wird sowohl über die (selbst-)erfahrungsbezogene und praxisnahe Art der Lehre als auch über die Lern- und Lehrsupervisionen gewährleistet, die die eigene Supervisionspraxis der Studierenden begleitend unterstützen. Dabei steht der Persönlichkeitsentwicklungsprozess der Studierenden im Vordergrund, der einmündet in die Herausbildung einer fundierten Professionsidentität.

Berufs- und arbeitsfeldbezogene Ausrichtung

Durch die Kooperation der KFH NW mit dem Bistum Münster profitiert der Weiterbildungsstudiengang nicht nur von den wissenschaftlichen, sondern ebenso von den berufs- und arbeitsfeldbezogenen Kenntnissen, Kompetenzen und Ressourcen, die im Bistum Münster und in der KFH NW über Jahrzehnte im supervisorischen Bereich gewachsen sind. Beide Träger sind mit den unterschiedlichen Strukturen verschiedener supervisionsrelevanter Arbeitsfelder (etwa im Sozial-, Gesundheits- und Bildungswesen oder in der Pastoral) ebenso eng vertraut wie mit den immer komplexer werdenden Bedarfen an Supervision als Profession, die erhöhte Ansprüche aufgrund der vielschichtigen Beratungsgegenstände fordern. Supervision bedient mittlerweile nicht nur den Non-profit-Bereich, sondern findet überall dort statt, wo professionell mit Menschen gearbeitet wird und daher entsprechende fachliche, soziale, methodische und reflexive Kompetenzen gefordert sind – etwa in medizinischen und pflegerischen Diensten, in Schule und Bildung und Unternehmen. Ein Ergebnis dieses Prozesses besteht in einer Öffnung der Supervision hin zum Profit-Bereich, was mit einer stärkeren Betonung des Organisationsbezugs einhergeht. SupervisorInnen arbeiten in diesen Feldern sowohl als organisationsinterne BeraterInnen etwa in Stabs- oder Führungspositionen als auch extern als frei- oder nebenberufliche DienstleisterInnen. Der Studiengang Supervision greift diese Entwicklungen auf und befähigt die Studierenden zur Berufsausübung in verschiedenen Arbeitsfeldern und in verschiedenen Positionen. Es wird daher sowohl auf eine berufs- und arbeitsfeldheterogene Studiengruppenzusammensetzung als auch auf ein entsprechend heterogenes DozentInnenteam geachtet, wodurch analoges Lernen ermöglicht wird. Konkret bedeutet dies beispielsweise, dass der Weiterbildungsstudiengang neben den hauptamtlichen HochschulprofessorInnen auf bewährte DozentInnen des Bistums Münster zurückgreift und beide Träger in der Studiengangsleitung vertreten sind. Es bedeutet auf der anderen Seite aber auch, dass die Studierenden befähigt werden, bereits frühzeitig eigene Supervisionsaufträge im Setting der Lernsupervision unter realen Arbeitsmarktbedingungen zu akquirieren und über die gesamte Studiendauer durchzuführen.

Systemisch-konstruktivistische und psychodynamische Ausrichtung

Der Studiengang führt ein in unterschiedliche Beratungskonzepte und -methoden und die damit verbundenen Persönlichkeits- und Organisationstheorien. Er favorisiert elaborierte systemisch-konstruktivistische Konzepte und Verfahren und deren explizite Lösungs- und Ressourcenorientierung. Diese eignen sich besonders zur theoretischen, wissenschaftlichen und praktischen Durchdringung des komplexen Gegenstandsbereichs der Supervision. Sie sind dadurch in der Lage, den immer komplexer werdenden Anforderungen aus der Praxis gerecht zu werden. Der Studiengang integriert darüber hinaus diejenigen supervisionsrelevanten psychodynamischen Konzepte oder Konzeptanteile, die eine hohe Kompatibilität zum systemisch-konstruktivistischen Denken aufweisen.

Ethisch-spirituelle Ausrichtung

Die ausdrückliche Thematisierung der ethischen und spirituellen Dimension in der Supervision stellt ein weiteres Merkmal des Propriums dieses Studiengangs im Vergleich zu anderen Supervisionsausbildungen oder -studiengängen dar. Damit kommt die Überzeugung der beiden Träger zum Ausdruck, dass Spiritualität eine Lebenskraft im Menschen ist, die mindestens soviel Potential enthält wie andere Kräfte im Menschen und die deshalb ebenso der Aufmerksamkeit, Auseinandersetzung und Pflege bedarf. Anliegen des Studiengangs ist es, die Studierenden zu einer kritischen Würdigung christlicher Spiritualität zu befähigen. Diese entwickelt nämlich ein Bewusstsein für die Würde und Dignität jedes Menschen und damit eine Haltung der Ehrfurcht vor dem göttlichen Wirken in jedem Menschen. Darüber hinaus wendet sie sich gegen jede Form, defizitär vom Menschen an sich oder von bestimmten Menschen zu denken und zu reden. Sie sucht konsequent das Wirken des Geistes im anderen und lässt ihm die Freiheit, sich vernehmbar zu machen.

Ethik als Kunst des guten und gelingenden Lebens, welches ja die Arbeit impliziert, macht die eminente Bedeutung der ethischen Dimension der Supervision ersichtlich. Darüber hinaus erfordert die Pluralisierung und Individualisierung unserer Gesellschaft, die keinen einheitlichen Begriff von Ethik mehr kennt, dass der Einzelne für seine Wertvorstellungen Verantwortung übernimmt. Damit die Studierenden sich als SupervisorInnen ethisch positionieren können, thematisiert der Studiengang supervisionsrelevante ethische Modelle und gibt den Studierenden die Gelegenheit, sich mit den eigenen Werten und Normen und mit ethischen Standards in der Supervision auseinander zu setzen.

Bausteine- und Prozessorientierung

Die Qualifizierung der Studierenden zum Erwerb von berufsbezogenen Beratungskompetenzen erfolgt in zweifacher Weise. Zum einen ist das Curriculum so strukturiert, dass fach- und theoriebezogene Studieninhalte als abgrenzbare Bausteine vermittelt werden, die thematisch aufeinander aufbauen. Alle bedeutsamen supervisionsrelevanten Inhalte werden in den Seminaren, Peergruppen und Lehrsupervisionen gelehrt und durch einübende und reflektierende Verfahren angewandt. Zum anderen werden die Studierenden als reflexive und persönlichkeitsentwickelnde Individuen betrachtet, die für sich und im Kontext der Studiengruppe einen Lernprozess vollziehen, der die eigene Persönlichkeit in den Mittelpunkt stellt. Die Prozessorientierung des Studiums ist die Konsequenz aus dem andragogischen Grundverständnis, dass Lernen und Entwicklung Erwachsener in autopoietischer und rekursiver Form insbesondere durch kontinuierliche Erfahrung und Auseinandersetzung geschieht, und nicht alleine durch die Abarbeitung aufeinander aufbauender thematischer Inhalte. Beide, die fach- und persönlichkeitsbezogenen Zugänge beziehen sich somit aufeinander und ergeben eine eigene curriculare Gestalt. Um diese Verzahnung zu gewährleisten, werden die Seminare neben den dafür engagierten DozentInnen auch von der Kursleitung begleitet. Durch ihre Präsenz sowie durch die Begleitung der Studierenden durch die LehrsupervisorInnen außerhalb der Seminare wird ein prozesshaftes Lernen ermöglicht, das nicht durch einen permanenten DozentInnenwechsel sondern durch personelle Konstanz gekennzeichnet ist.

2.3 Das Curriculum des Studiengangs

Die folgenden Informationen zu Inhalten, Verlauf, Organisation und Lehrmethoden des Studiengangs stehen in direktem Bezug zu der Kompetenzarchitektur des Studiengangs, der in diesem Buch gesondert vorgestellt wird. Der Studiengang ist in 9 Modulen strukturiert.

Der modulare Aufbau des Curriculums

Modul 1: Arbeit und Organisation (1. + 2. Sem.)
- Einführung in das Studium – Selbstorganisation
- Grundlagen und Gegenstand/Arbeitsfelder der Supervision
- Arbeits- und zivilrechtliche Aspekte der Supervision
- Organisationale Wirklichkeiten
- Spannungsfeld von Person – beruflicher Rolle – Adressatenkreis – Organisation

Modul 2: Mensch, Person und Kommunikation (1. + 2. Sem.)
- Biografische Einflüsse der Herkunftsfamilie auf das gegenwärtige Verhalten
- Gender, Macht, Autorität, Leadership
- Selbsterfahrungsbezogene Methoden und Transfer in die Einzel- und Gruppensupervision
- Christliche Spiritualität – spirituelle Identität – SupervisorInnenrolle
- Grundmuster der Kommunikation und Typologien von Lern- und Entwicklungsblockaden

Modul 3: Theorien der Supervision (2.+ 3. Sem.)
- Psychodynamische Theorien in der Supervision
- Systemtheorie
- Konstruktivismus
- Supervision als Beobachtung 2. Ordnung

Modul 4: Bildung, Lernen, Forschen (3. + 4. Sem.)
- Supervisionsrelevante Grundbegriffe, -richtungen und Modelle ethischen Denkens
- Berufsbezogene Erwachsenenbildung im Sinne andragogischer Lehr- und Lernverfahren

- Grundzüge einer supervisionsrelevanten systemisch-konstruktivistischen Didaktik
- Wissenschaft – Wissenschaftlichkeit – wissenschaftstheoretische Richtungen
- Supervisionsforschung: Stand, Entwicklungsperspektiven, Felder, Forschungsansätze, Ergebnisse, Qualitätsstandards

Modul 5: Methoden der Supervision (3. + 4. Sem.)

- Theoriebasierte systemische, neurolinguistische, kreative und diagnostische Methoden und Interventionstechniken und deren Einsatz in unterschiedlichen Supervisionssettings
- Methoden der Selbstorganisation
- Spezielle Methoden und Interventionen in der Team-Supervision

Modul 6: Praxisprojekteinheit I (1. + 2. Sem.)

- Einzellehrsupervision
- Lernsupervision

Modul 7: Praxisprojekteinheit II (3. + 4. Sem.)

- Einzellehrsupervision
- Triadenlehrsupervision
- Lernsupervision

Modul 8: Selbstorganisiertes Lernen (2. – 4. Sem.)

- Bearbeitung und Reflexion vorgegebener Literatur, Themen und Aufgabenstellungen
- Besprechung/Unterstützung bei der Vorbereitung von Präsentationen
- Fallreflexionen und kollegiale Besprechung der Lernsupervision

Modul 9: Masterthesis (5. Sem.)

- Erstellung der Masterthesis

Der Studienverlauf

Das Studium wird in zwei 1-tägigen, acht 5-tägigen Blockseminaren und in neun 2-tägigen Seminaren durchgeführt, da auf diese Weise Gruppenprozess, Gruppendynamik und eigenes Rollenverhalten in das Lernen der Studierenden integriert werden können. Sinnvoll ist diese Gestaltung im Block deshalb nicht nur hinsichtlich des berufsbegleitenden Studienverlaufs, sondern auch wegen des für die Supervisionstätigkeit erforderlichen Hineinwachsens in eine neue berufliche Identität. Darüber hinaus erfordern die Lehre und Einübung von Beratungsmethoden sowie systemische, psychodynamische und gruppendynamische Verfahren eine prozess- und handlungsorientierte Gestaltung des Lernprozesses in mehrtägigen Seminaren. Ein Vergleich der Workloads und der abzuleistenden Prüfungen über die Semester ergibt, dass es eine angemessene Aufteilung der Arbeitsbelastung im ersten, zweiten und dritten Studienjahr gibt.

Der Studiengang lässt sich didaktisch in 3 Phasen darstellen. Diese 3 Phasen bauen nicht streng aufeinander auf, sondern durchweben sich wechselseitig, d.h. Teile der Phase 3 finden sich z.B. auch in Phase 1 und umgekehrt.

Die Phase 1 folgt einer doppelten Intention: zum einen führt sie die Studierenden ein in wesentliche Inhalte des Studiums, insbesondere in die Komplexität des Gegenstandsbereichs. Zum anderen erlernen die Studierenden bereits supervisionsrelevante Methoden, Techniken und theoretische Zugänge zur Supervision in Auseinandersetzung mit sich selbst und mit der Gruppe. Die Persönlichkeit der Studierenden, etwa ihre Ressourcen und biografischen Bezüge, ihre eigenen beruflichen Kompetenzen und organisationalen Erfahrungen stehen dabei im Vordergrund des Lernprozesses. Beides dient der gründlichen Vorbereitung auf die bevorstehende Supervisionspraxiseinheit I im Setting von Einzel- und Gruppensupervisionen. Diese Supervisionspraxis wird von den Studierenden unter Marktbedingungen selbst akquiriert und durchgeführt und dabei von den LehrsupervisorInnen begleitet. Bei Schwierigkeiten bzgl. der Akquise von Lernsupervisionsprozessen werden die Studierenden sowohl von den LehrsupervisorInnen, als auch von der Studiengangleitung unterstützt, sodass die Durchführung der Lernsupervisionen grundsätzlich gewährleistet ist. Zudem beginnt zur gegenseitigen Unterstützung der Studierenden die Arbeit in der selbstorganisierten Lernform der Peergruppen, die bis zum 4. Semester durchgeführt werden. Diese Lernform ist von großer Bedeutung, da die Studierenden ihren Lernprozess im Rahmen einer Gruppensituation sowohl auf gruppendynamischer Beziehungsebene als auch auf einer inhaltlich bezogenen Sachebene selbst organisieren und steuern, was den Bedürfnissen berufstätiger Erwachsener entspricht und darüber hinaus eine der Supervisionspraxis analoge Intervisionssituation darstellt.

Mit zunehmender Studiendauer erfolgt dann in einer 2. Phase eine intensivere Beschäftigung mit Theorien und Methoden der Supervision zum Aufbau eines vielgestaltigen supervisorischen Know-hows. In diesem Sinne erweitert sich der Focus von der Person der Studierenden auf die Ebene der theoriebegründeten Methoden und auf die immer professioneller werdende Beziehungsgestaltung in der Beratung. In der Praxisprojektphase 2 wird die um das Setting der Teamsupervision erweiterte Lernsupervisionspraxis der Studierenden zunächst weiter in Form von Einzel-, dann aber auch in Form einer Triadenlehrsupervision begleitet und reflektiert. Letztere ermöglicht den Studierenden durch eigene Live-Supervisionen in der Kleingruppe (Triade) ein weiteres Erproben und Reflektieren ihrer Supervisionstätigkeit mit Hilfe eines/einer LehrsupervisorIn.

In einer 3. Studienphase rückt die explizite forschungsbezogene Zielsetzung in den Vordergrund. Dabei geht es noch stärker um ein wissenschaftlich-reflexives Lernen durch die wissenschaftstheoretische und praxisforschungsbezogene Durchdringung des Gegenstandsbereichs der Supervision und um die Vorbereitung und Realisierung der Masterthesis. Letzteres erfolgt ausdrücklich in den Lehrveranstaltungen zur Wissenschaftstheorie und Supervisionsforschung, implizit auch in anderen Modulen/Lehrveranstaltungen mit inhaltlichen Bezügen zur Masterthesis (z.B. Theorien, Methoden der Supervision).

Formal stellt sich der Studienverlauf wie folgt dar:

1. Semester:

- Einführungstag (Modul 1)
- 5-tägige Studienwoche: Biografiearbeit 1 (Modul 2)
- 2-tägiges Wochenendseminar: Grundlagen der Supervision (Modul 1)
- 2-tägiges Wochenendseminar: Rechtliche Aspekte der Supervision (Modul 1)
- 5-tägige Studienwoche: Biografiearbeit 2 und spirituelle Dimensionen der Supervision (Modul 2)
- Praxisprojekteinheit 1: Lernsupervision und Einzellehrsupervision (Modul 6)

2. Semester:

- 5-tägige Studienwoche: Psychodynamische Theorien der Supervision (Modul 3)
- 2-tägiges Wochenendseminar: Systemtheorien und Konstruktivismus (Modul 3)
- 2-tägiges Wochenendseminar: Kolloquium (Modul 2)
- 2-tägiges Wochenendseminar: Wesenselemente von Organisationen (Modul 1)
- 5-tägige Studienwoche: Menschen in Organisationen (Modul 1) und Kommunikationsmuster in der Supervision (Modul 2)
- 2-tägiges Wochenendseminar: Präsentation von Themen aus dem Bereich Arbeit und Organisation (Modul 1)
- Praxisprojekteinheit 1: Lernsupervision und Einzellehrsupervision (Modul 6)
- Selbstorganisiertes Lernen: Peergruppe (Modul 8)

3. Semester:

- 5-tägige Studienwoche: Systemische Methoden der Supervision (Modul 5) und Supervision als Beobachtung 2. Ordnung (Modul 3)
- 2-tägiges Wochenendseminar: Andragogik I (Modul 4)
- 2-tägiges Wochenendseminar: Ethische Aspekte der Supervision (Modul 4)
- 5-tägige Studienwoche: Diagnostische Methoden der Supervision (Modul 5) und Neuro- Linguistisches Programmieren (Modul 5)

- Praxisprojekteinheit 2: Lernsupervision, Einzellehrsupervision, Triadenlehrsupervision (Modul 6)
- Selbstorganisiertes Lernen: Peergruppe (Modul 8)

4. Semester:

- 5-tägige Studienwoche: Spezielle Interventionsmethoden in der Teamsupervision (Modul 5) und wissenschaftstheoretische Grundlagen der Supervision (Modul 4)
- 2-tägiges Wochenendseminar: Supervisionsforschung (Modul 4)
- 5-tägige Studienwoche: Kreative Methoden der Supervision (Modul 5)
und Andragogik II (Modul 4)
- Prüfungstag: Live-Supervision (Modul 5)
- Praxisprojekteinheit 2: Lernsupervision, Triadenlehrsupervision (Modul
6)
- Selbstorganisiertes Lernen: Peergruppe (Modul 8)

5. Semester:

- Masterthesis (Modul 9)

Studienorganisation

Die Studienorganisation wird durch das Generalvikariat des Bistums Münster
gewährleistet, das eine Co-Leiterin des Studienganges und ein Sekretariat für
das operationale Geschäft und die Logistik zur Verfügung stellt. Absprachen
mit den Bildungshäusern, Bereitstellung von Arbeitsmaterialen, Einladungen
zu den Seminarveranstaltungen, Weitergabe von Informationen u.a.m. erfolgen durch dieses Sekretariat.

Das Studium wird in Präsenzveranstaltungen, selbstorganisierten Peergruppen, in Supervisionspraxis und Eigenarbeit geleistet. Die Didaktik der
Lehrveranstaltungen ist darauf abgestellt, dass die Studierenden Studienauf-
gaben zu erledigen haben, die sowohl in den Peergruppen wie auch in Eigenarbeit bewältigt werden. Der Effekt ist ein Wechsel zwischen eigener Stu-
dienleistung in der Eigenarbeit und in der Lernsupervision, Vergleich mit anderen und Vertiefung bzw. Korrektur oder Bestätigung in den Peergruppen
und Lehrsupervision sowie der Erweiterung und Fortführung in den Präsenzveranstaltungen. In dieser Konstruktion nimmt die Didaktik die Tatsache auf,
dass die Studierenden erwachsene Menschen sind, die ein hohes Maß an ei-
genständigem Arbeiten gewohnt sind und bestätigt sie darin.

Vorgesehene Lehrmethoden

Der Masterstudiengang Supervision nutzt die aktuellen didaktisch-andrago-
gischen Erkenntnisse der Erwachsenenbildung. Die Bedarfe des Arbeitsmarktes an professioneller Supervision werden mit den Ressourcen, Kompetenzen

und Interessen der Studierenden sowie den Anforderungen der Hochschule an ein wissenschaftlich fundiertes, akademisches Masterstudium verbunden. Aus der sowohl bausteinebezogenen als auch prozessorientierten Konstruktion des Curriculums ergibt sich zwingend die Notwendigkeit, verschiedene Lehrmethoden und Lernarrangements zu realisieren, die ein dialogisches, subjekt- und prozessorientiertes Lernen ermöglichen. Das erfordert die Bereitschaft der Lehrenden als auch der Studierenden, sich aktiv und kooperativ an der Gestaltung der jeweiligen Lernprozesse zu beteiligen. Aus diesen Gründen ergeben sich folgende Formen der Kompetenzvermittlung und -aneignung:

– Seminare
– Übungen, Kleingruppenarbeit, Rollen- und Planspiele
– Visuell unterstützte theoretische Inputs – Vorlesungen mit Skripten
– Literaturbearbeitung
– Praxissimulationen, Live-Supervisionen
– Projektarbeit
– Präsentationen unter Verwendung verschiedenster Medien
– Selbststudium
– Peergruppen, Intervisionen
– Einzel- und Triadenlehrsupervision
– Lernsupervision

2.4 Die Studienziele in Bezug zu den Erwartungen und Erfordernissen des Arbeitsmarktes

Supervision wird in denjenigen Bereichen der Arbeitswelt eingesetzt, in denen der Erfolg der Arbeit wesentlich davon abhängt, ob und wie die Beziehungen zwischen MitarbeiterInnen, Vorgesetzten, Fachkräften und KlientInnen oder KundInnen gelingen. Die Faktoren des Gelingens liegen jedoch nicht nur auf persönlicher oder interpersoneller, sondern ebenso auf institutionsstruktureller und gesellschaftlich politischer Ebene. Die deutsche und europäische Wirtschaft befindet sich in einer dramatischen Veränderungsphase einerseits hin zu einer überregionalen, globalen Ausrichtung, andererseits gehören spezifische regionale Faktoren mit zum Standortvorteil und stärken die Marktfähigkeit durch Verwurzelung. In diesem Spannungsfeld verändern sich strategische Ausrichtungen, Managementstile sowie die Finanzierungsbedingungen von Einrichtungen im Profit- und im Non-profit-Bereich erheblich. Viele Einrichtungen im Gesundheits-, Sozial-, Bildungs- und Pastoralbereich müssen drastische Einsparungen vornehmen, andere sogar schließen, wieder andere fusionieren. Das verändert das betriebliche Klima der Zusammenarbeit der MitarbeiterInnen unter der Perspektive der Konkurrenz innerhalb und zwischen Einrichtungen. Viele MitarbeiterInnen fürchten um den Bestand der Einrichtung und um ihren Arbeitsplatz, nicht wenige haben ihn bereits verloren. Diese Verunsicherungen wirken sich direkt auf die Effizienz der Arbeit, auf die Zufriedenheit, auf die psychosozialen Belastungen usw. aus. Andererseits werden verkrustete Strukturen aufgeweicht oder aufgebrochen – es entstehen neue, innovative Modelle beruflichen Handelns, die allerdings oftmals mit einer Veränderung des beruflichen Selbstverständnisses, der Rolle und der Aufgabengebiete einhergehen. D.h. es müssen neue Kompetenzen erlernt und bestehende weiterentwickelt werden. In diesem Kontext gesellschaftlicher Umbrüche übernimmt eine ethisch fundierte Supervision eine besonders verantwortungsvolle Funktion der Begleitung dieser Veränderungsprozesse. Denn Supervision eignet sich als Beratungsmethode für alle Institutionen, Organisationen und Unternehmen, die ihren wirtschaftlichen und ideellen Erfolg und Zufriedenheit durch verstärkte Kooperation und Kommunikation steigern möchten. Supervision kommt daher insbesondere als Instrument der Gestaltung und Reflexion beruflicher Prozesse und Rollen sowie bei organisationalen Entwicklungsprozessen zum Einsatz. Der boomende Supervisionsmarkt mit frei-, haupt- oder nebenberuflichen sowie mit organisationsinternen SupervisorInnen spiegelt die entsprechenden Beratungsbedarfe des Arbeitsmarkts wider (Fellermann/Leppers 2001). Die Nachfrage nach Supervision wird auch zukünftig im Bereich von Non-profit-Organisationen nach wie vor konstant hoch eingestuft, im Bereich von Profit-Organisationen, Stiftungen, Verwaltungen u.ä. ist eine Erhöhung der Ausgaben für Beratung und Supervision festzustellen (DGSv 2003).

Allerdings ist die Tätigkeit der Supervision in Analogie etwa zur Psychotherapie bislang nicht rechtlich geregelt. Umso notwendiger ist es daher, auf eine Sicherung der Qualität dieses Berufes zu achten, was durch die Akademisierung des Supervisionsstudiums und die Zertifizierung des Masterstudienganges durch die DGSv gewährleistet wird.

Die Berufsaussichten sind für qualifizierte SupervisorInnen dann gut, wenn sie die Verantwortung für eine eigene Marktpräsenz übernehmen: als selbstständige oder organisationsinterne EinzelberaterInnen, als spezialisierte Sozietäten oder als Bestandteil fachlich oder branchenbezogen ausgerichteter Netzwerke. Die Koppelung eines selbständigen Dienstleistungsangebots mit einer nicht selbständigen Teilzeitarbeit hat ebenso eine gute Zukunft wie die Vollzeitbeschäftigung im Bereich der Personal- und Organisationsentwicklung innerhalb von Betrieben, Verbänden, Kirchen oder Körperschaften. Nach Angaben der DGSv praktizieren ca. 1.800 SupervisorInnen komplett auf der Basis selbständiger Tätigkeit, ca. 5.000 SupervisorInnen nebenberuflich (a.a.O.). Entsprechende Ergebnisse aus den eigenen empirischen Erhebungen bei den Studieneingangs- und AbsolventInnenbefragungen des Masterstudiengangs Supervision der KFH NW bestätigen diesen Trend, dass Studierende über das Studium der Supervision eine „Ergänzung der bisherigen Berufstätigkeit erreichen", „sich ein freiberufliches Standbein aufbauen" oder „sich berufliche Wahl- und Aufstiegsmöglichkeiten" schaffen wollen (Baur/Janssen 2007).

2.5 Berufsfelder, für die der Studiengang qualifiziert

Der Studiengang qualifiziert die Studierenden in der berufsbezogenen Beratung von Fach- und Führungskräften, ehrenamtlich Tätigen, Gruppen oder Teams sowohl in Non-profit- als auch Profit-Organisationen bei Aufgaben, Fragestellungen, Veränderungs- und Entwicklungsanliegen, Konflikte oder Krisen in beruflichen Zusammenhängen. Aus diesem generellen Aufgabenprofil heraus ergeben sich grundsätzlich keine Einschränkungen im Hinblick auf Berufsfelder, da alle beruflichen Tätigkeiten per se beratungsrelevant sein können. Aus der besonderen Geschichte der Supervision als berufsbezogene Beratungstätigkeit im Kontext Sozialer Arbeit und in der Folge des Propriums dieses Studiengangs ergeben sich jedoch berufsfeldbezogene Schwerpunktsetzungen in den Non-profit-Berufsfeldern des Sozial- und Gesundheitswesens, der Pastoral sowie der Bildung/Schule. Ein weiteres berufsfeldbezogenes Merkmal ist der Status der Ausübung der Supervisionstätigkeit, der verschieden sein kann: SupervisorInnen arbeiten vollständig oder nebenberuflich in eigener Beratungspraxis, d.h. freiberuflich, oder sie beraten als interne MitarbeiterInnen von und für Organisationen meist in einer Leitungs- oder Stabstellenposition (etwa PfarrerInnen, PastoralreferentInnen, KrankenhausseelsorgerInnen, SozialarbeiterInnen, PädagogInnen, EinrichtungsleiterInnen usw.).

2.6. Teilergebnisse der Evaluation des Studiengangs

Im Rahmen einer umfangreichen Evaluation des Studiengangs sind alle 42 StudienanfängerInnen der Kurse 2004-2008 sowie alle 40 AbsolventInnen der Kurse 2002-2006 befragt worden (Baur/Janssen 2007). Beispielsweise interessierten die Gründe der Wahl gerade eines Supervisionsstudiums im Zusammenhang mit den beruflichen Perspektiven. Es muss jedoch erwähnt werden, dass die grundsätzliche Möglichkeit des Zugangs zum höheren Dienst für diese Kurse noch nicht bestand. Durch die universitären Abschlüsse einer nicht unerheblichen Zahl von AbsolventInnen des Studiengangs besteht für diese Gruppe bereits die Zugangsmöglichkeit zu Laufbahnen des höheren Dienstes. Als wichtigste Studiengründe wurden angegeben, das Studium als Ergänzung zur bisherigen Berufstätigkeit gewählt zu haben. Daneben wurden die Möglichkeiten, sich ein freiberufliches Standbein aufzubauen oder sich gar als SupervisorIn selbständig zu machen, als bedeutsam eingeschätzt. Darüber hinaus wurde die Erweiterung der beruflichen Wahl- und Aufstiegsmöglichkeiten als attraktiv angesehen.

Die Relevanz und den Wert des Studiums sahen die AbsolventInnen insbesondere in der persönlichen und beruflichen Weiterbildung und -entwicklung, gerade in der Vermittlung supervisionsbezogener Kompetenzen, die die AbsolventInnen in hohem Maße auch für die über die Supervision hinausgehende Arbeit in den Primärberufen qualifizierte und sie in ihrer Persönlichkeitsentwicklung voranbrachte. Darüber hinaus spielt der Erwerb des akademischen Mastertitels für die meisten Studierenden und die Möglichkeit der Promotion für einige Studierende eine wichtige Rolle.

Insgesamt gesehen belegen die sehr guten Evaluationsergebnisse sowie die anerkennende Bewertung der Akkreditierungsagentur Aquas die hohe Qualität des Studiengangs Supervision der KFH NW. Es ist gelungen, die Erfordernisse der Modularisierung und der steten Prozessbegleitung und -orientierung so zu verbinden, dass auch in Zukunft ein auf die Persönlichkeits- und Professionsbildung angelegtes Studium der Supervision angeboten und durchgeführt werden kann. Die nach wie vor große Nachfrage an Studienplätzen spiegelt diese Einschätzung und die gute Marktpräsenz des Studiengangs wider.

Literatur

Agentur für Qualitätssicherung durch Akkreditierung von Studiengängen (Aquas) (2007): Bewertungsbericht zur Akkreditierung des Masterstudiengangs Supervision an der Katholischen Fachhochschule Nordrhein-Westfalen. Bonn: MS. (unveröff.).

Baur, J./Janssen, A. (2007). Evaluation des Masterstudiengangs Supervision der KFH NW und des Bistums Münster. Aachen: MS. (unveröff.).

Deutsche Gesellschaft für Supervision e.V. (Hrsg.) (2003): Berufsbild Supervisor/in. Köln.

Deutsche Gesellschaft für Supervision e.V. (Hrsg.) (2007): Supervision 2007. Ein Arbeitspapier zu Grundsatzfragen. Köln.

Eckardt, Ph. (2005): Der Bologna-Prozess. Entstehung, Strukturen und Ziele der europäischen Hochschulreformpolitik. Norderstedt.

Fellermann, J./Leppers, M. (Hrsg.) (2001): Veränderte Arbeitswelt – eine Herausforderung für das Beratungskonzept Supervision. Münster.

Haubl, R. (2006): Supervisionsforschung zwischen Praxis und Verwissenschaftlichung. In: http://www.dgsv.de/pdf/Vortrag_Haubl_2006.pdf?PHPSESSID=5ebf62faba8361c 5791db692ca77d19b (27.09.2007).

Katholische Fachhochschule Nordrhein-Westfalen (KFH NW) (2007): Studienordnung des Masterstudiengangs Supervision. In: http://www.kfhnw.de/muenster/bindata/ Studienordnung_Masterstudiengang_Supervision.pdf (27.09.2007).

Kersting, H. J. (2002): Heinz J. Kersting. In: Heitkamp, H./Plewa, A. (Hrsg.): Soziale Arbeit in Selbstzeugnissen. Band 2. Freiburg im Br., S. 81-146.

Kersting, H. J. (2004): Masterstudiengänge Supervision an den Hochschulen. Chancen und Probleme. In: Buer, F./Siller, G. (Hrsg.): Die flexible Supervision. Wiesbaden, S. 203-216.

Klüsche, W. (2004): Quo vadis Soziale Arbeit? Von Bachelor, Master, Modularisierung, Credits und anderen revolutionären Ideen. In: Online-Journal für systemisches Denken und Handeln: „Das gepfefferte Ferkel". http://www.ibs-networld.de/ferkel (27.09. 2007).

Margret Nemann

Die spirituelle Ausrichtung des Masterstudiengangs Supervision

Nicht erst seit Harpe Kerkeling sich auf den Weg nach Santiago di Compostela begeben und seine Erfahrungen auf diesem Jakobsweg millionenfach verkauft hat, ist das Phänomen Spiritualität in aller Munde. Seit gut einem Jahrzehnt boomt alles, was das Signum „Spiritualität" trägt: Wallfahrten und Wellnessangebote, spirituelle Bücher und Filme, Führungskräftetrainings und Fortbildungen mit spirituellem Fokus stehen hoch im Kurs. So mag es auch den einen oder die andere nicht verwundern, dass der postgraduale Masterstudiengang „Supervision" der KFH-NW eigens seine spirituelle Ausrichtung hervorhebt. Der Studiengang liegt damit im Trend, wobei es ihm allerdings um mehr als um eine Marktorientierung geht.

Dies lässt sich bereits an der Genese des Studiengangs ablesen, der aus der Ende der 80er Jahre entstandenen internen Supervisionsausbildung für pastorale Mitarbeiter/innen des Bistums Münster hervorgegangen ist und dem es von Beginn an ein Anliegen war, die spirituelle Dimension in der Supervision zu berücksichtigen. Für SupervisorInnen im pastoralen Feld ist die Reflexion ihrer eigenen Spiritualität unabdingbare Prämisse ihrer Tätigkeit (Klessmann 2004: 386). Denn nur, wer um die eigene Spiritualität und deren Auswirkungen weiß, kann damit selektiv authentisch umgehen und ist in der Lage, mit SupervisandInnen deren Spiritualität im pastoralen Handeln zu reflektieren.

Nun hinterlässt aber nicht nur bei SeelsorgerInnen die eigene Spiritualität Spuren im beruflichen Alltag, sondern auch bei anderen Menschen. Was Menschen im Tiefsten bewegt, wovon sie sich letztlich leiten lassen, schlägt sich auch im beruflichen Selbstverständnis nieder. Deshalb ist es unsere Überzeugung, dass SupervisorInnen eine spirituelle Kompetenz mitbringen sollten. Nur so können sie nämlich diese Dimension in der Supervision berücksichtigen und – wenn gewünscht – auch thematisieren.

Was aber meinen wir, wenn wir von einer spirituellen Kompetenz sprechen? Was verstehen wir überhaupt unter Spiritualität und wo ist unser eigener spiritueller Standort? Diese Fragen gilt es, zunächst zu erörtern und zu klären.

1. Was ist Spiritualität?

Bei dem Versuch, das aus dem französischen Katholizismus stammende und
seit ca. 40 Jahren im Deutschen verwendete Substantiv „Spiritualität" (Lesch
2003: 52) zu definieren, können wir zunächst konstatieren, dass dieses Wort
aufgrund der vielen mit ihm verbundenen Facetten sich einer Festlegung entzieht.

Trotz dieser „gewissen Unschärfe" (Frick 2002: 43) des Begriffs ist unter
Spiritualität im weiten Sinn „jegliche Lebenserfahrung und Zugangsweise
…, meist in einem breiten Verständnis von Sinn- und Hoffnungssuche,
Selbsttranszendenz und Bezogenheit" (Ebd.) zu verstehen. Während heute
von Religiosität eher im Kontext von Glaubensgemeinschaften, ihren Überzeugungen und Ritualen, gesprochen wird (Ebd. und Galuska 2004: 11),
meint spirituelles Bewusstsein zunächst alles, was das Ich transzendiert und
„einen geistigen Raum oder eine Erfahrung jenseits des diskursiven Denkens
erschließt" (Assländer2004: 210). Vom lateinischen Wortstamm her (spiritus = Geist; spiritualis = geistlich) ist Spiritualität das, „was menschliches
Leben mit Geist erfüllt, was es „inspiriert", ihm Sinn, Tiefe, Mitte gibt" (Honecker & Lechner 2003: 224).

Solch ein Verständnis von Spiritualität, das Selbsttranszendenz impliziert,
ist zugleich eine Absage an alle so genannten spirituellen Techniken, die
beim Kreisen um das eigene Ich verharren. Spiritualität ist mehr als ein Sich-
Wohlfühlen, mehr als Selbstfindung und Selbstverwirklichung. Sie ist kein
Egotrip, sondern verweist immer auf ein größeres Ganzes, dem sich der
Mensch verbunden weiß (Assländer & Grün 2006: 139). Damit aber führt jede echte spirituelle Erfahrung in eine Offenheit, „die immer auch eine Offenheit für andere ist" (Jäger & Quarch 2004: 95) und die eine Haltung der
„Aufmerksamkeit im alltäglichen Leben" (Steffensky 2005: 19) hervorbringt.

Gestalten Menschen ihr Leben in dieser Gesinnung und aus dieser Haltung, werden sie nicht nur sensibel für die eigenen Empfindungen, für die eigene Freude und den Schmerz, sondern auch für die Wahrnehmungen ihrer
Mitmenschen. Darüber hinaus werden sie ihren Umgang mit den Dingen dieser Welt reflektieren und danach fragen, ob sie diese ausschließlich benutzen
und über sie verfügen oder ob sie diese als Gaben und Geschenke begreifen
können, die es zu achten gilt (Ebd.).

Lässt sich Spiritualität generell also als ein Phänomen skizzieren, das unsere materielle Welt übersteigt, auf einen größeren Zusammenhang hinweist,
im Inneren des Menschen wirkt und sein Denken, Fühlen und Handeln leitet,
geht eine christlich verstandene Spiritualität über dieses Verständnis hinaus,
so dass auch diese ein wenig entfaltet werden soll.

2.   Was meint „christliche Spiritualität"?

Während spirituelles Bewusstsein den Menschen über sich selbst hinausführt und ihn mit dem Göttlichen und Heiligen in Berührung bringt (Frick 2002: 43), wobei „das Göttliche nicht immer personhaft, sondern auch als unpersönliche Kraft oder Energie gedeutet wird" (Mathiae 2005: 182), ist christliche Spiritualität nicht vom Christusereignis zu trennen. Sie nimmt Maß an der Person Jesu Christi, an seiner Verkündigung des Gottesreiches, seinem Tod und seiner Auferstehung. Sie gewinnt ihr Profil vom Geist Jesu Christi, der dieser Welt inhärent und jedem Menschen zugesagt ist. Kurz und präzise formuliert, ist „christliche Spiritualität …die konkrete geistgewirkte Weise, in der jemand seinen Glauben, seine Bindung an Christus vollzieht" (Benke: 2004: 33), womit impliziert ist, dass es so viele Spiritualitäten gibt wie Christgläubige. Jeder einzelne Christ praktiziert seine individuelle, je eigene geistliche Ausrichtung, wobei die eine gesamt-christliche Spiritualität einmündet in das aus der frühchristlichen Liturgie stammende Bekenntnis: ‚Jesus ist der Herr' (1 Kor 12,3) (Sudbrack 1999: 81).

Ohne hier den Anspruch erheben zu wollen, christliche Spiritualität in ihrer Fülle zu erfassen, seien doch einige ihrer Merkmale und Kriterien genannt, die in einem Gebet Dom Helder Camaras zum Ausdruck kommen: *„Sende uns, Herr, deinen Geist, denn nur er kann die Erde erneuern, nur er kann die Selbstsucht aufbrechen, nur er kann uns helfen, eine menschlichere, eine christliche Welt aufzubauen"* (Ebd.: 48).

Sudbrack sieht in diesem Gebet drei Anliegen einer christlichen Spiritualität, die m.E. ganz zentral sind:

> *„– das Erneuern, das Aufbrechen in noch unbekannte, noch nicht festgelegte Dimensionen, der offene Blick in Gottes Zukunft hinein.*
>
> *– die Hinwendung zur christlichen und deshalb menschlichen Weltgestaltung, der wache Blick in Gottes Gegenwart hinein.*
>
> *– das Vertrauen auf Gottes Kraft, wie der lukanische Name für Gottes Geist lautet: nur von ihm kommt der geistgetragene Mut zur Zukunft"* (Ebd.).

Deutlich wird hier, dass christliche Spiritualität mehr ist als Innerlichkeit. Sie zielt auf eine Transformation von Mensch und Welt und lebt aus dem Vertrauen, dass mit Hilfe des Geistes Gottes Veränderung zu mehr Humanität möglich ist, wobei dieser Prozess noch nicht abgeschlossen ist (Plattig 2003: 13).

Wenn Dom Helder Camara in seinem Gebet eine menschlichere Welt mit einer christlichen Welt gleichsetzt, kommt darin die Überzeugung zum Ausdruck, dass ein Leben in der Nachfolge Jesu Christi zu mehr Humanität führt. Dieser Anspruch ergibt sich aus dem Bekenntnis zum Kreuz Christi, das für Christen zweierlei beinhaltet: Zum einen werden die unzähligen Kreuze dieser Welt nicht negiert, vielmehr nehmen Christen das unermessliche Leid, das Sinnlose und Nichtige wahr. Zum anderen glauben sie aber daran, dass all diese Kreuze letztlich von der Liebe Gottes durchkreuzt werden: Gottes Liebe ist stärker als der Tod.

Wer sich auf diese Botschaft mit Leib und Seele einlässt, der weiß sich in seiner Begrenztheit und Endlichkeit unbegrenzt und unendlich von Gott geliebt. Solch ein Mensch lebt aus dem Vertrauen, dass Gottes Liebe, die größer ist als unser Herz (1 Joh 3,20), ihn, alle Menschen und die gesamte Schöpfung umfängt. Dieser Glaube an den Schöpfergott, an seine Zuwendung und Nähe, an seine unbedingte Zusage in Jesus Christus, ist nun allerdings alles andere als harmlos, sondern hat radikale Konsequenzen, wie Jesu Leben und sein Sterben zeigen. In und durch Jesus Christus erkennen Christen nämlich, dass jeder Mensch unabhängig von seiner Leistung und Kompetenz, seiner Stellung und seinem Prestige von Gott unbedingt erwünscht ist. Jeder Mensch ist Ebenbild Gottes, hat eine unantastbare Würde, deren Urheber und Garant Gott selber ist. Echte Spiritualität misst sich demzufolge daran, wie sie vom Menschen denkt und zu welchem Handeln sie führt. Auf Jesus Christus berufen kann sich nur der, der sich in seinem Leben bemüht, sich selbst, die Anderen und die ganze Welt als Gottes gute Schöpfung zu begreifen und dementsprechend zu agieren.

Eine sich christlich nennende Spiritualität impliziert also immer eine Ethik, die sich an der Würde jedes Menschen orientiert und die für den Respekt gegenüber jedem Menschen eintritt, besonders derjenigen, die am Rande stehen und deren Würde mit Füßen getreten wird. Dies korrespondiert exakt mit dem Verhalten Jesu selbst, der sich mit jedem Menschen, insbesondere den Ärmsten, solidarisiert, ja identifiziert hat: „Was ihr für einen meiner geringsten Brüder getan habt, das habt ihr mir getan" (Mt 25, 40).In diesem Zusammenhang ist dann auch der Einsatz für Frieden, Gerechtigkeit und Bewahrung der Schöpfung indispensabel; denn nur so können Menschen erahnen, dass Gott allen ein Leben in Fülle eröffnen will (Joh 10, 10).

Beten Christen wie Dom Helder Camara um den Geist Gottes, lässt sich daran auch ablesen, dass sie um die Unverfügbarkeit des Geistes Gottes wissen. Mit den biblischen Schriften sind sie zutiefst davon überzeugt, dass Menschen sich für das Wirken des Heiligen Geistes öffnen können, erzwingen lässt sich dieser Geist, der weht, wo er will, aber nicht. Lassen sich Menschen allerdings vom Geist Jesu Christi ergreifen, geben sie diesem Raum in ihrem Leben, ermöglicht er ihnen an Leib und Seele oft solche Erfahrungen, die ihr bisheriges Leben auf den Kopf stellen: Sie überwinden tödliche Einstellungen und Muster und erschließen sich und Anderen neue, ungeahnte Lebensmöglichkeiten (Frasch & Weiß 2005: 13).

Schließlich begründet der Glaube an den Gott Jesu Christi auch die Hoffnung, dass der Gott, der diese Welt ins Leben gerufen hat, sie auch vollenden und jeden einzelnen Menschen dorthin führen wird, „wonach dieser sich aus ganzem Herzen sehnt: zu sich selbst, zu seiner eigenen Ganzheit, die auf Unendlichkeit, auf Gott angelegt ist" (Sudbrack 1999: 151). Wenn Gott es aber ist, der allein Mensch und Welt heil und ganz machen kann, ist eine Umkehr von der „Machermentalität" unserer Gesellschaft dringend erforderlich. Hier ist Christsein eine echte Alternative, verstehen Christen sich doch zuallerst als Empfangende, als Menschen, die gratis, aus der gratia (= Gnade) Gottes, aus seiner Zuwendung und Zusage leben. Diese bleibende Zusage befähigt sie dann aber wiederum, in der Freiheit der Kinder Gottes die eigene Verantwortung wahrzunehmen und Gott als Freund des Lebens in all seinen Dimensionen in Wort und Tat zu bezeugen.

Wie aber ist solch eine Spiritualität, die Christus zum Orientierungskriterium macht und ihn so als Weg, Wahrheit und Leben (Joh 14,6) verkündet, mit einem supervisorischen Konzept vereinbar, das sich vornehmlich aus der systemisch-konstruktivistischen Theorie speist? Dieser Frage gilt es im nächsten Schritt nachzugehen.

3. Christliche Spiritualität im Kontext einer systemisch-konstruktivistischen Supervision

Wenn im Zentrum einer am systemisch-konstruktivistischen Denken orientierten Supervision die Prämisse steht, dass jeder Mensch sich seine eigene Wirklichkeit konstruiert, dass also keine Sicht der Dinge den Anspruch erheben kann, die Wahrheit vollständig abzubilden, stellt diese Grundannahme in mehrfacher Hinsicht eine Herausforderung für eine christliche Spiritualität dar.

So lässt sich u.a. fragen, wie christliche Theologie unter diesen Prämissen von der Existenz Gottes und seiner Wirklichkeit sprechen kann. Wenngleich im Rahmen dieser Darlegungen eine umfassende theologische Erörterung dieser Frage nicht möglich ist, sollen doch einige Impulse aus der biblischen und kirchlichen Tradition zum weiteren Nachdenken anregen. Werfen wir einen Blick in diese Traditionen, wird schnell deutlich, dass christliche Theologie bei allem Wahrheitsanspruch sich immer auch der eigenen Begrenztheit und Endlichkeit ihres Erkennens bewusst war. Dies zeigt schon der 1. Korintherbrief, in dem der Apostel Paulus schreibt: „Wir sehen nämlich jetzt durch einen Spiegel rätselhaft, dann aber von Angesicht zu Angesicht: Jetzt ist mein Erkennen Stückwerk, dann aber werde ich ganz erkennen, wie ich auch ganz erkannt worden bin" (1 Kor 13,12).

Dass die Wirklichkeit Gottes dem Menschen unverfügbar ist und sich jeder Begrifflichkeit entzieht, kommt insbesondere in den christlichen Traditionen negativer Theologie zum Ausdruck, die untrennbar mit dem alttestamentlichen Bilderverbot zusammen gehören (Schneider-Stengel 2002: 70) und immer wieder Gott als den ganz Anderen oder die ganz Andere betonen. Nach ihnen ist göttliche Wahrheit „je größer, immer noch unbegreiflicher, noch reicher und heller als alles, was sichtbar und aufzeigbar und aussprechbar ist" (Sudbrack 1999: 174). Von hier wird sodann auch einsichtig, dass es dieser Art von Theologie primär um den Glaubensvollzug, also darum geht, dass der Mensch sich dem Geheimnis Gott öffnet.

Wie sehr die gesamte Theologiegeschichte von der Überzeugung geprägt ist, dass Gottes Wahrheit vom Menschen nicht in adäquater Weise getroffen werden kann, zeigt u.a. die dogmatisierte Aussage des IV. Laterankonzils von 1215, die Sudbrack wie folgt zitiert: „Reden und Denken (und Erfahren) von Gott sind gegenüber der Wahrheit Gottes mehr ungleich als gleich" (Ebd.). Dass menschliche Aussagen von Gott auch deshalb begrenzt sind, weil sie den Bedingungen der Geschichtlichkeit unterliegen, belegt Sudbrack mit einem Zitat des jetzigen Papstes Benedikt XVI. aus seinem Werk „Wort und Wahrheit" (1960):

> *„Die Wahrheit kann vom Menschen immer nur in menschlicher Sprache gesagt und gedacht werden, und menschliche Sprache ist immer geschichtliche Sprache, nie einfach die absolute Sprache – der ‚Logos' – der Wahrheit selbst. Gewiß, in dieser ‚Sprache' (wozu auch das Denken des Menschen gehört) wird Absolutes getroffen, die eine Wahrheit, aber doch immer nur durch das verengende Medium des menschlichen Verstehen- und Sagen-Könnens hindurch" (Ebd.: 173).*

Wird in diesen Aussagen der theologischen Tradition die Begrenztheit und Endlichkeit, die Geschichtlichkeit und Subjektivität menschlichen Denkens in den Blick genommen, zeigt sich m.E. insofern eine Kompatibilität mit systemisch-konstruktivistischen Grundannahmen, als dass auch hier konstatiert wird, dass die Wirklichkeit nicht losgelöst werden kann von dem, der sie wahrnimmt und erkennt.

Welche Wege Theologie im Kontext systemisch-konstruktivistischen Denkens gehen kann, zeigen sodann auch einige theologische Entwürfe, welche die neueren Metapherntheorien rezipiert und für sich fruchtbar gemacht haben. Bei aller Unterschiedlichkeit dieser Ansätze stimmen sie doch darin überein, dass sie in einer metaphorologischen Theologie die logische Konsequenz einer biblischen Überlieferung sehen, die in Metaphern von der göttlichen Wirklichkeit spricht (Schneider-Stengel 2002: 290f).

Eine solche metaphorologische Theologie bietet nach Schneider – Stengel eine Erweiterung des Wahrheitsverständnisses, weil „der in den Metaphern festgehaltene emotionale Gehalt sowie die in ihr reflektierte Erfahrungsebene in den theologischen Diskurs einbezogen und mit den Erfahrungen der gegenwärtigen Menschen zusammengebracht werden" (Ebd.: 291).

Wie die metaphorologische Theologie sich dem alttestamentlichen Bilderverbot verpflichtet weiß und dieses als kritische Instanz begreift, um nicht in Gefahr zu geraten, ein Bild festzuschreiben, entwickelt auch eine relationale Theologie von hier ihr „skeptisches Potential vor allem gegen fertige Weltbilder und mit Absolutheitsanspruch auftretende Gottesbilder" (Wallich 1999: 437). Im Anschluss an Martin Bubers „Dialogisches Prinzip" und an existenzphilosophische Überlegungen geht relationale Theologie davon aus, dass Gott, der die Liebe ist, in zwischenmenschlichen Beziehungen erfahren werden kann. Von hier gewinnt das dialogische Geschehen eine zentrale Bedeutung: „Wahr ist ein biblischer und dogmatischer Satz nur, insofern er existentiell nachzuvollziehen, d.h. dialogisch einlösbar ist, als Wahrheit über die dialogische Struktur des Menschen interpretiert werden kann" (Ebd.: 34) Indem relationale Theologie die Bubersche Unterscheidung von Ich-Es-Beziehungen und Ich-Du-Beziehungen aufgreift und einen Dialogbegriff des zweckfreien Miteinanders postuliert, wird für sie der Dialog zu einem Ort, an welchem nicht nur gegenseitiges Verstehen, sondern auch Gotteserfahrung ermöglicht wird: „Dem Wort ‚Gott' kommt eine neue Funktion zu: Es dient zur Artikulation tiefer Erfahrungen zweckfreier Mitmenschlichkeit, beinhaltet zugleich auch eine gesellschaftliche Option auf die Verwirklichung von Mitmenschlichkeit" (Ebd.: 446).

Als in der jüdisch-christlichen Tradition verankerte Theologie wird Christus für sie sodann zum „Prototypen dessen, der jedem Dialog die Chance auf einen Ausweg aus kommunikativen Sackgassen einräumt, der Ideologisierung abgelehnt und den immer anderen Gott menschlicher Nähe und tiefer Mitmenschlichkeit verkündet hat" (Ebd.: 447).

Fragen wir danach, inwieweit die zuletzt genannten – zugegebenermaßen recht rudimentär dargestellten – theologischen Konzeptionen mit systemisch-konstruktivistischen Prämissen vereinbar sind, gilt es m.E. zunächst festzustellen, dass diese Ansätze sich von Denkkategorien so genannter objektiver Wahrheiten verabschiedet haben. Dogmen sind für diese Ansätze keine festen Satzwahrheiten, sondern Wahrheiten relationaler Wirklichkeit (Ebd.: 449). Indem sie die existentiellen Erfahrungen der Menschen mit in den theologischen Diskurs einbeziehen, eröffnen sie einen Raum für Pluriformität, die allerdings alles andere als beliebig ist. Denn auch für diese theologischen Konzeptionen bleibt der Maßstab die eine Wahrheit Gottes, die in Jesus Christus sichtbar geworden ist. Diese Wahrheit Gottes erschließt sich allerdings letztlich nur im Glaubensvollzug, so dass alle

„Theologie eben diese Weise der Gewissheit und des damit verbundenen Reichtums gerade nicht wiederholen kann" (Klein 2003: 490).

Was allerdings Theologie – auch unter dem Paradigma systemisch-konstruktivistischer Theorie – leisten kann und m.E. auch leistet, ist ihr permanentes Ringen darum, die Rede von Gott und die damit verbundene christliche Hoffnung als rational einsichtig und für Menschen der Postmoderne als anschlussfähig zu erweisen.

Dass eine am christlichen Menschen-, Gottes- und Weltbild orientierte Supervision nicht nur mit systemisch-konstruktivistischen Perspektiven vereinbar ist, sondern darüber hinaus ein wertvolles Orientierungswissen für Menschen unserer Zeit bereit hält, davon lassen wir uns im Masterstudiengang leiten. Deshalb soll nun in einem letzten Schritt kurz erörtert werden, woran sich die spirituelle Ausrichtung des Studiengangs explizit und implizit im Curriculum festmachen lässt.

4. Wie Spiritualität im Studiengang vorkommt

Eine Herausforderung jeder Supervisionsausbildung ist die Wahl ihrer Inhalte, da Supervision als Beratung von Menschen in Arbeit sich einer Fülle
von Fakten gegenübersieht, die in diesem Prozess von erheblicher Relevanz
sind. Schon ein erster Blick in das Kompetenzprofil unseres Studienganges
zeigt, welch vielfältige Kompetenzen SupervisorInnen brauchen, um ihre
Profession adäquat ausüben zu können. Eine Konsequenz dieses Anforde-
rungskatalogs an zukünftige SupervisorInnen ist u.a., dass für die Vermittlung einer spirituellen Kompetenz nur ein begrenzter Raum zur Verfügung
steht, so dass hier – wie in anderen Feldern übrigens auch – eine Konzentration auf wesentliche Inhalte unabdingbar ist.

Ziel unserer Ausbildung ist es, die Studierenden für die spirituelle Dimension bzw. die Sinndimension im Leben sensibel und achtsam zu machen,
oder, um es mit Matthias Scharer zu sagen: „Supervision macht Sinn, wenn
sie keinen Sinn macht, sondern Menschen daraufhin begleitet, die Sinndimension ihres Lebens auf einen größeren Horizont hin offen zu halten"
(Scharer 2004: 31). Um dieses Ziel zu erreichen, geben wir den Studierenden
zunächst innerhalb der biografischen Arbeit einen Raum, sich mit ihrer eigenen Spiritualität auseinander zu setzen. Dabei lassen wir uns von der Überzeugung leiten, dass die Religion – wenngleich sie als organisierte Sozial-
form einen erheblichen Bedeutungsverlust erlitten hat – tiefe Spuren auch im
Leben unserer Studierenden hinterlassen hat: „Als wie immer bestimmte
Weltansicht bleibt sie jedoch erhalten und wirkungsvoll für Motivation,
Wahrnehmung und Handeln. Gerade ihre Unsichtbarkeit, ihre Unreflektiert-
heit lässt sie umso wirkungsvoller sein" (Klessmann & Lammer 2007: 50).

Wie entscheidend es für unsere Studierenden ist, diese unreflektierten Erfahrungen ans Tageslicht zu holen, melden sie uns immer wieder zurück. Besonders beeindruckend erleben sie dabei eine Übung, die wir mit ihnen anhand eines in der westfälischen Landschaft unübersehbaren Symbols gläubi-
ger Existenz machen: die Stiftskirche in Freckenhorst. Da wir unsere Ausbil-
dungskurse in der Nähe dieser aus dem 12. Jahrhundert stammenden fünf-
türmigen Stiftskirche durchführen, ist dieses monumentale romanische Bau-
werk für uns der ideale Ort, um unsere Studierenden zu einer Standortbe-
stimmung ihrer eigenen spirituellen Ausrichtung zu ermutigen. Diese Stand-
ortbestimmung nehmen wir vor, indem wir die Studierenden zunächst einladen, die Kirche von außen und innen auf sich wirken zu lassen. Anschließend geben wir ihnen schrittweise Impulse, ihrer Spiritualität im Laufe ihrer
Lebensgeschichte nachzuspüren, wobei sich die Studierenden für die einzelnen biografischen Stationen jeweils einen Platz außerhalb oder innerhalb der
Kirche suchen.

Die Auswertung dieser Übung mit den Studierenden dokumentiert immer
wieder, dass die Erfahrung mit diesem religiösen Symbol bei ihnen „einge-
fahrene Denk- und Verhaltensmuster" (Ebd.: 52) unterbricht und neue Per-

spektiven eröffnet. Zudem bestätigt diese meditative Übung, dass „der Mensch sich nicht nur in seinem Inneren erfindet. Er liest auch an der äußeren Welt ab, wer er als innerer sein soll" (Steffensky 1999: 24).

Eine Fortsetzung findet diese Reflexion der eigenen spirituellen Entwicklung dann in Form einer schriftlichen Hausarbeit, in der die Studierenden bedeutsame Aspekte ihrer Biografie für ihr supervisorisches Handeln auch unter dem Fokus ihrer Spiritualität erörtern.

Da das Menschenbild der SupervisorIn maßgeblich das eigene Supervisionskonzept sowie den Umgang mit SupervisandInnen prägt, thematisieren wir im Studiengang nicht nur die in unserer Gesellschaft vorherrschenden Auffassungen vom Menschen, sondern beschäftigen uns auch eingehend mit dem christlichen Menschenbild. Dies geschieht sowohl durch Theorieinputs als auch durch eine (kreative) Auseinandersetzung mit biblischen Geschichten, die von der einzigartigen Würde des Menschen und von Gottes zärtlicher Zuwendung sprechen: „Dass das Leben kostbar ist, dass Gott es liebt, dass niemandem die Zukunft versperrt sein soll, dass wir zur Freiheit berufen sind, dass die Armen die ersten Adressaten des Evangeliums sind – das sagt, singt und spielt uns die christlich-jüdische Tradition in vielen Geschichten und Bildern vor" (Ebd.:18).

Ein weiterer wichtiger Baustein in der spirituellen Ausrichtung unseres Studienganges ist für uns der jeden Tag zu Beginn der Arbeitseinheiten stattfindende Impuls, den wir mit den Studierenden kontraktiert haben und der von ihnen abwechselnd gestaltet wird. Wenn wir für diesen fünfzehnminütigen Impuls weder inhaltlich noch methodisch Vorgaben machen, lassen wir uns zum einen von der Überzeugung leiten, dass die Studierenden viele Kompetenzen mitbringen und sich mit ihren Ressourcen gegenseitig bereichern können. Zum anderen wollen wir die Studierenden nicht in ein Raster zwingen, das nur eine bestimmte Ausgestaltung von Spiritualität erlaubt, sondern ihnen Räume eröffnen, eigene Wege zu entdecken und zu gehen. Folgerichtig weisen diese Impulse dann auch eine große Bandbreite auf. Sie reichen vom Erzählen biblischer und anderer Geschichten über Kooperationsspiele und Körperübungen bis hin zu meditativen Tänzen, Schweigen und traditionellen Gebetsformen in der Kapelle des Bildungshauses.

Wenngleich nicht im Lehrplan erwähnt, gehört zur spirituellen Ausrichtung des Studienganges u.E. auch der Ort, an dem wir unsere Studienkurse durchführen: die Landvolkshochschule in Freckenhorst, ein katholisches Bildungshaus der Diözese Münster. Nicht nur mit seiner wunderschönen Kapelle (die durch ihre Glasfenster einen Blick in die Natur und den Himmel eröffnet), sondern auch mit seinen weiteren christlichen Symbolen, seiner ihm eigenen Atmosphäre lädt dieses Haus die Studierenden permanent ein, diese (spirituelle) Prägung ganzheitlich zu erfahren und sich mit ihr auseinander zu setzen.

Schließlich sei auch betont, dass die spirituelle und die ethische Ausrichtung des Studienganges untrennbar miteinander verbunden sind. Wie oben bereits dargelegt, impliziert eine christlich verstandene Spiritualität immer auch eine Ethik, so dass diese selbstverständlich auch thematisiert wird.

Ziehe ich ein Fazit meiner Ausführungen, ist hoffentlich deutlich geworden, dass die spirituelle Dimension zum Menschsein gehört und deshalb auch im supervisorischen Setting thematisiert werden kann. Damit SupervisorInnen dieser Dimension ihre Aufmerksamkeit schenken können, bedarf es eines bewussten Umgangs mit der eigenen Spiritualität. Der Studiengang leistet dazu einen Beitrag, indem er sich in einer christlich geprägten Kultur verortet, den Studierenden einige Aspekte einer christlichen Spiritualität vermittelt und sie ermutigt, im Dialog mit dieser Spiritualität eine eigene Position zu entwickeln. Im Sinne unseres vornehmlich die Elemente der systemisch-konstruktivistischen Theorie aufnehmenden Lehrplanes begreifen wir eine solche Begegnung mit christlichen Orientierungsdaten zum einen als eine Perspektiverweiterung, zum anderen als mögliche Antwort auf Sinnfindung.

Literatur

Assländer, F. (2004): Spiritualität oder „Spirit" in Unternehmen. Was können Systemaufstellungen dazu beitragen? In: Galuska, J. (Hrsg.): Pioniere für einen neuen Geist in Beruf und Business. Die spirituelle Dimension im wirtschaftlichen Handeln. Zwickau , S. 208-221.

Assländer, F./Grün, A. (2006): Spirituell führen mit Benedikt und der Bibel. Münsterschwarzach.

Benke, Chr. (2004): Was ist (christliche) Spiritualität? Begriffsdefinitionen und theoretische Grundlagen, In: Zulehner, P.M. (Hrsg.): Spiritualität – mehr als ein Megatrend. Stuttgart, S. 29-49.

Frasch, G. & Weiß, K. (2005): Begleitung im Labyrinth – Supervision und spirituelles Geschehen. In: Supervision – Mensch Arbeit Organisation, 4, S. 11-18.

Frick, E. (2002): Glauben ist keine Wunderdroge. Hilft Spiritualität bei der Bewältigung schwerer Krankheit? In: Herder Korrespondenz 56, 1, S. 41-46.

Galuska, J. (2004): Spirituelles Bewusstsein in Wirtschaftsprozessen. In: Ders.: a.a.O. S. 11-32.

Honecker, S./Lechner, M. (2003): Spiritualität in der kirchlichen Jugend (verbands)arbeit. In: Lewkowicz, M./Lob-Hüdepohl, A. (Hrsg.): Spiritualität in der sozialen Arbeit. Freiburg, S. 221- 228.

Jäger, W./Quarch, Chr. (2004): „...denn auch hier sind Götter". Wellness, Fitness und Spiritualität. Freiburg.

Klein, A. (2003): >> Die Wahrheit ist irgendwo da drinnen...?<< Zur theoligischen Relevanz (radikal-)konstruktivistischer Ansätze unter besonderer Berücksichtigung neurobiologischer Fragestellungen. Neukirchen – Vluyn.

Klessmann, M. (2004): Pastorale Supervision? Die Bedeutung theologischer Feldkompetenz für Supervision im Raum der Kirche. In: Wege zum Menschen 56, S. 377-390.

Klessmann, M./Lammer, K. (Hrsg.) (2007): Das Kreuz mit dem Beruf. Supervision in Kirche und Diakonie. Neukirchen-Vluyn.

Lesch, W. (2003): Vom „Gemüt herzloser Zustände" und vom „Geist einer geistlosen Welt". Ethische Zugänge zu einer Spiritualität sozialen Handelns. In: Lewkowicz: a.a.O, S. 45-68.

Mathiae, G. (2005): Spiritualität Theologisch. In: Eicher, P. (Hrsg.): Neues Handbuch theologischer Begriffe, Bd. 4. München, S. 181-193.

Plattig,, M. (2003): „Was ist Spiritualität?" In: Lewkowicz: a.a.O. S. 12-32.

Scharer, M. (2004): Supervision zwischen (strategischer) Interpretationsmacht und kommunikativer „Ohnmacht – Macht". In: Hampel, K./Köppen, H.B. (Hrsg.): Macht – Supervision – Sinn. 7. Fachtagung Supervision im pastoralen Feld. Münster, S. 13-31.

Schneider-Stengel, D. (2002): Christentum und Postmoderne. Zu einer Neubewertung von Theologie und Metaphysik. Münster.

Steffensky , F. (1999³): Das Haus, das die Träume verwaltet. Würzburg.

Ders. (2005): Schwarzbrot – Spiritualität. Stuttgart.

Sudbrack, J. (1999): Gottes Geist ist konkret: Spiritualität im christlichen Kontext. Würzburg.

Wallich, M. (1999): Autopoiesis und Pistis. Zur theologischen Relevanz der Dialogtheorien des Radikalen Konstruktivismus. St. Ingbert.

Jörg Baur

Arbeitswelten und Bildungslandschaften im Umbruch

Auswirkungen auf Kompetenzprofile in der Supervisionsausbildung

Der Begriff der „Kompetenz" boomt seit einigen Jahren wieder insbesondere in bildungspolitischen und ökonomischen Zusammenhängen. In Stellenanzeigen werden häufig Fach- und Führungskräfte mit einem umfassenden Kompetenzprofil gesucht, das eher einen Idealzustand markiert, als realistischerweise einlösbar wäre. Neben den schon selbstverständlichen „Fachkompetenzen" werden zunehmend „soziale", „interkulturelle", „personale" oder „mediale" Kompetenzen erwartet. Hochschulen profilieren sich über die Einrichtung interdisziplinär ausgerichteter „Kompetenzzentren", Personalberater, -entwickler verstehen sich zunehmend als „Kompetenzmanager". Zu verstehen ist der „inflationäre" Bedeutungszuwachs des Kompetenzbegriffs (Bodensohn 2003), nimmt man die gesellschaftlichen, bildungspolitischen und ökonomischen Veränderungen in den Blick, die unsere Gesellschaft von einer „Informationsgesellschaft" in eine „Wissensgesellschaft" transformieren (Auer/Sturz 2007; Dülmen/Rauschenbach 2004; Gorz 2004). Die Wissensgesellschaft stellt an den Arbeitsmarkt und damit an die dort arbeitenden Menschen veränderte Erwartungen hinsichtlich ihrer Qualifikationen, Kompetenzen, Mobilität und Flexibilität, die zunächst einmal bewältigt werden müssen. Die Realität zeigt, dass dieser Bewältigungsprozess für viele mit einem enormen Druck verbunden und krisen- und konfliktanfällig ist.

Die veränderten Arbeitsbedingungen betreffen damit auch fundamental das (Berufs-)Bildungssystem. Einer der wichtigsten Funktionen von Bildung ist es, Menschen auf eine möglichst umfassende gesellschaftliche Teilhabe und in der Weise auch auf eine aussichtsreiche Berufstätigkeit hin zu qualifizieren. Umbrüche in der Arbeitswelt reflektieren auf alle Berufe und die sie ausbildenden Systeme und betreffen damit auch die Profession des „Supervisors" sowie die Ausbildungsinstitutionen für Supervision. Da Supervision eine berufs- und arbeitsbezogene Beratungsdienstleistung darstellt, werden ökonomische und gesellschaftliche Veränderungsprozesse sowohl auf einer Objekt- als auch auf einer Subjektebene bedeutsam. Auf der Objektebene, also auf der Ebene des Gegenstands der Supervision als Beratungsdienstleistung, werden SupervisorInnen mit immer komplexer werdenden Erwartungen, Fragestellungen, Aufgaben, Krisen, Konflikten oder Entwicklungsanliegen konfrontiert, die ihre KlientInnen in ihren beruflichen und organisationalen Kontexten zu bewältigen haben. Auf der Subjektebene sehen sich SupervisorInnen und deren AusbilderInnen/LehrsupervisorInnen selbst mit veränderten Anforderungen konfrontiert, was ihre Qualifikationen, Kompetenzen, die Formen und Entgelte ihrer Beratungsleistung oder die Lern-/Lehrkultur im Ausbildungs- oder Studienkontext betrifft (Fellermann/Leppers 2001; DGSv 2003). Sie müssen für sich selbst individuelle Kompetenzprofile entwickeln und schärfen, um auf dem Beratungsmarkt konkurrenzfähig zu werden und zu bleiben. Das setzt eine arbeitsmarktnahe Ausbildung und darüber hinaus die Motivation für lebenslanges Lernen voraus und bedeutet, dass hier wesentliche Facetten einer auf die Zukunft gerichteten Professionalisierungsdebatte angesprochen sind. Insofern ist es notwendig, der Frage nachzugehen, welche spezifische Kompetenzen SupervisorInnen benötigen, um sich auch zukünftig am Arbeitsmarkt erfolgreich positionieren zu können.

1. „Qualifikation" und „Kompetenz" in einer sich verändernden Arbeitswelt

Der Begriff „Kompetenz" ist spätestens mit den Publikationen der Ergebnisse der PISA-Studien (OECD 2001; PISA-Konsortium Deutschland 2004) wieder in den Fokus der Bildungs- und Forschungspolitik gerückt. Er scheint den Begriff der „Qualifikation" in seiner Bedeutung abzulösen. Was allerdings im Alltagsgebrauch selbstverständlich und banal klingt, stellt sich in der wissenschaftlich geführten Kompetenzdebatte als äußerst komplex und vielfältig dar. Es gibt eine Definitionsvielfalt des Kompetenzbegriffs je nach paradigmatischem Hintergrund der entsprechenden wissenschaftlichen Disziplinen (Erpenbeck/Rosenstiel 2003: X).

„Competence" markiert im englischen einen Verantwortungs- bzw. Zuständigkeitsbereich, „competencies" zielen indessen auf das tatsächliche „selbständige Können" (Meyer 2007). Für Erpenbeck/Rosenstiel sind Kompetenzen „Selbstorganisationsdispositionen physischen und psychischen Handelns" (2003: XI, XXIX), für Maag Merki/Grob sind es Eigenschaften im Sinne von Potentialen, „welche ihre Träger/innen in die Lage versetzen, bestimmte Aufgaben erfolgreich zu bewältigen" (2003: 125). Kompetenz im Sinne einer Disposition oder eines Persönlichkeitspotentials kann unterschieden werden von der „Performanz" als die in der konkreten Situation der Praxis beobachtbare tatsächliche Verhaltensweise, in der sich Kompetenz ausdrückt oder nicht (Maag Merki/Grob 2003: 129; Orthey 2002: 7; Erpenbeck/Rosenstiel 2003: XXI). Nach Schreyögg/Kliesch (2003: 22) ist Kompetenz „ein handlungsbezogenes Konstrukt, das sich in einer erfolgreichen Bewältigung von Problemsituationen niederschlägt". Wilkens sieht als gemeinsames Grundverständnis all der heterogenen Auffassungen Kompetenz als „situationsübergreifende Handlungsfähigkeit" (2005: 7) und verweist damit auf die Handlungskompetenz als Synopse unterschiedlicher Kompetenzkategorien.

Der englische Begriff der „qualification" umfasst ein Bündel von Kompetenzstandards und damit in etwa dem, was in Deutschland als Berufsbild bezeichnet würde (Meyer 2007). Erpenbeck/Rosenstiel markieren den entscheidenden Unterschied zwischen Qualifikation und Kompetenz darin, dass sich im Kompetenzbegriff eine „Disposition selbstorganisierten Handelns" widerspiegele, das aus sich heraus Kreatives, Neues hervorbringe. Der Begriff Qualifikation hingegen stehe für „Wissens- und Fertigkeitspositionen", wie sie von außen definiert und erwartet und – etwa in einer Prüfungssituation – „sachverhaltszentriert" abgeprüft werden könnten (2003: XI).

1.1 Von der Qualifikations- zur Kompetenzgesellschaft

Die beginnende Ablösung des Qualifikationsbegriffs durch den der Kompetenz spiegelt nach Einschätzung von Mittelstraß (1999) die Transformation der „Qualifikations-" in eine „Kompetenzgesellschaft" wider als Äquivalent des Transformationsprozesses der Informations- in eine Wissensgesellschaft (Erpenbeck/Rosenstiel 2003: XI). Menschen erleben sich in beruflichen Kontexten zunehmend belastet und unter Zugzwang: die ökonomischen Bedingungen und damit der Arbeitsmarkt sind einem permanenten und schnellen, krisenanfälligen Wandel unterzogen. Die Anforderungen an die berufliche Tätigkeit und damit verbunden an das Kompetenzprofil der MitarbeiterInnen und Führungskräfte ändern sich rapide. Kaum hat man sich in neue Konzepte eingearbeitet, an veränderte Organisationsstrukturen und -abläufe adaptiert, kaum hat man sich neue Softwareprogramme oder Arbeitsabläufe angeeignet, schon werden wieder, nicht selten unter dem Deckmantel von Qualitätsprogrammen, neue Anforderungen gestellt, werden neue Programmversionen eingeführt, neue Arbeitsplätze und Strukturen geschaffen, alte dagegen abgebaut usw. Um mit diesen Umbrüchen Schritt zu halten ist eine Fähigkeit gefragt, die Orthey als „Transversalitätskompetenz" (2002: 10) bezeichnet, also die Fähigkeit der Gestaltung von biografischen, berufsbezogenen, sozialen Übergängen. Orthey vertritt in seinem Grundsatzbeitrag zur Kompetenzdebatte die These, dass sich die heutige Arbeitswelt durch eine „größere Komplexität", durch „Uneindeutigkeit", „Einzigartigkeit", durch ein hohes „Unsicherheitsniveau" und durch „Werte- und Interessenskonflikten" auszeichne (2002: 8). Damit würde der bislang gängige Begriff der Qualifikation an seine Grenzen stoßen, ziele er doch eher auf einen engen, konkretisierbaren Zusammenhang zwischen personalen Fähigkeiten auf der einen und relativ klar umschriebenen, reproduzierbaren situativen Anforderungen der Tätigkeit bzw. der Organisation auf der anderen Seite. So hätte das Berufsbildungssystem in der Vergangenheit seine Ansprüche an passgenaue, „organisierte und organisierbare Beruflichkeitsanforderungen in Qualifikationsprofilen zum

Ausdruck" gebracht. Insofern würde der Qualifikationsbegriff neben personalen Fähigkeiten immer auch eine „externe Zweckbestimmung" bezogen auf die Passung zu definierten Arbeitsanforderungen implizieren und wäre damit „sinnvorbestimmt". Mit dem Wandel der Arbeitswelt hin zu größerer Komplexität und Uneindeutigkeit passe nun das traditionelle Modell einer auf „technische Rationalität" ausgerichteten Ausbildung oder Studiums nicht mehr, mittels dessen man passgenaue Qualifikationen für feststehende, eindeutige Arbeitssituationen und -ziele mit bestimmten darauf abgestimmten Handlungserfordernissen erlerne (a.a.O.).

1.2 Kompetenz als individualisiertes Konzept

Orthey sieht im Konzept der Kompetenz die Lösung für dieses Passungsproblem. In Anlehnung an Kadishi (zit. nach Hendrich 2000: 33 in a.a.O.) wird Kompetenz als eine alleine an das handelnde Subjekt gebundene und daher individuelle Kombination von Haltungen, Fähigkeiten und Kenntnissen zur Erreichung bestimmter Ziele umschrieben. Die externe Zweckbestimmung ist damit zumindest vordergründig ausgeklammert und auf eine subtile, individuelle Ebene projiziert, auf der dann der „kompetente Arbeitnehmer" für sich entscheiden muss, welchen (externen) Zwecken sein Kompetenzprofil dienen soll. Er muss für sich selbst die Frage klären, ob sein Kompetenzprofil zu den Arbeits- und Berufsanforderungen passt, die er sich gegenwärtig und zukünftig vorstellt bzw. wünscht. Unter dieser subjektiven Kompetenzperspektive ist der Mensch heute selbst verantwortlich für die Entwicklung passender Kompetenzen zur Bewältigung uneindeutiger, komplexer, oft nicht reproduzierbarer, schnell veränderbarer Tätigkeitsanforderungen oder Problemlagen. Orthey spricht hier von „Individualisierung" und „Pädagogisierung" gesellschaftlicher und ökonomischer Problemlagen (a.a.O.) und trifft damit den wunden Punkt der Kompetenz- und Qualitätsdebatte. Diese Individualisierungstendenz ökonomischer Problemlagen verbunden mit dem ökonomischen Verwertungsinteresse des individuellen Arbeitsvermögens passt idealerweise zu jenen arbeitenden Menschen, die sowohl in vertrauten als auch in unerwartet neuen, komplexen und uneindeutigen Arbeitssituationen all ihre Potentiale aktivieren können, um die ihnen gestellten Aufgaben eigenständig effektiv und effizient zu bewältigen (Gorz 2004: 11; Orthey 2002: 10). Dieser Anspruch muss viele Menschen auf fundamentaler Ebene verunsichern und wird dadurch zu einem chronischen Stressfaktor, der im ungünstigen Fall zu Überforderungen führen kann, verbunden mit Symptomen der Frustration, Depression, Demotivation bis hin zur (inneren) Kündigung. Zahlreiche wissenschaftliche Untersuchungen belegen eine Zunahme psychosozialer Stressfaktoren und psychischer Störungen am Arbeitsplatz nicht nur in Deutschland (u.a. Bundesanstalt für Arbeitsschutz und Arbeitsmedizin 2004; Lenhardt/Priester 2005; Zok 2006).

1.3 Kompetenz als Kompensationsbegriff

Es gibt jedoch auch kritische Stimmen zum Bedeutungszuwachs des Kompetenzkonzepts. Huber (2004), der sich mit der Geschichte des Kompetenzbegriffs befasst, erklärt sich die hohe Zahl aktueller Publikationen zum Thema Kompetenz mit einem massiven Auftreten von Inkompetenzen. Was so betont werden müsse, lege im Umkehrschluss die Vermutung nahe, dass da, wo verstärkt von Kompetenz gesprochen werde, verstärkt Inkompetenz auftrete oder zumindest die subjektive Empfindung latenter Insuffizienz. Huber zitiert D. Kamper, der die Kompetenzdiskussion als eine im wesentlichen „kompensierende" Debatte betrachtet und in diesem Zusammenhang von Kompetenz als einem stilisierten Kompensationsbegriff spricht (a.a.O.). Soll damit einem bereits in den 70er Jahren mit ironischem Unterton beschriebenen Phänomen der „Inkompetenzkompensationskompetenz" (Marquard 1981) erneut das Wort geredet werden? Sie würde zumindest auf individueller Ebene eine wahrscheinlich temporäre Entlastung in der vordergründigen sprachlichen Adaption an gesellschaftliche und ökonomische Erwartungshaltungen ermöglichen, die grundsätzliche Problematik einer überfordernden Individualisierung jedoch nur kaschieren, nicht aber lösen.

2. „Kompetenz" als Leitbegriff eines neuen europäischen Bildungsraumes

Die aufgezeigten Elemente des Transformationsprozesses unserer Gesellschaft hin zur Wissens- und Kompetenzgesellschaft vollziehen sich nicht nur im Kontext des Arbeitsmarktes, sondern ebenso auf der Ebene der Schul-, Hochschul- und Berufsbildung. Die Bedingungen der Berufsbildung und -ausübung stehen in einem komplexen wechselseitigen Abhängigkeitsverhältnis. Verändern sich berufliche Anforderungen in der Weise, dass nicht mehr auf ein genau beschreibbares, einheitliches Berufsbild hin qualifiziert werden kann, sondern dass ein Konglomerat aus fachbezogenen und fachübergreifenden Kompetenzen gefragt ist, verändern sich damit auch die Anforderungen an Ziele, Didaktik und Strukturen der Bildungsinstitutionen. Wenn sich die heutigen Arbeits- und Lebensbedingungen auszeichnen durch Uneinheitlichkeit, Einzigartigkeit, Unsicherheit (Orthey 2004: 8), Komplexität, Chaos und Risiko (Erpenbeck/Rosenstiel 2003: XII), wird eine neue Kultur des Lernens und Lehrens notwendig, die „ermöglichungsorientiert, selbstorganisationsfundiert und kompetenzzentriert" ist. Eine „neue Lernkultur ist u.a. deshalb erforderlich, (i) weil die in Wirtschaft und Gesellschaft gegenwärtig ablaufenden Globalisierungs-, Differenzierungs- und Spezialisierungsprozesse nicht anders bewältigt werden können, (ii) weil der formale Bildungsstand und die Mündigkeit breiter Bevölkerungskreise so gestiegen sind, dass die Selbstorganisation des Lernens von ihnen selbst gefordert wird und (iii) weil obrigkeitsstaatliche, fremdorganisierte Steuerungsstrukturen allenthalben die Grenzen ihrer Leistungsfähigkeit erreicht haben" (Sauer 2000 in Erpenbeck/Rosenstiel 2003: XIIf.).

2.1 Berufliche Bildung: Lissabon-Strategie

Ein wichtiges Ziel europäischer Berufsbildungspolitik ist schon lange, den BürgerInnen der EU eine freie Wahl des Wohn- und Arbeitsortes zu ermöglichen. Dies setzt aber eine Vereinheitlichung beruflicher und akademischer Abschlüsse und Qualifikationen voraus. Zur Stärkung der Wettbewerbsfähigkeit des Europäischen Handels- und Wirtschaftsraumes wurden auf einer Sondertagung des Europäischen Rates im März 2000 strategische Ziele für Beschäftigung, Wirtschaftsreform und sozialen Zusammenhalt formuliert. In der so genannten „Lissabon-Strategie" wurde vereinbart, dass sich die Europäische Union bis zum Jahre 2010 „zum wettbewerbsfähigsten und dynamischsten wissensbasierten Wirtschaftraum der Welt" entwickeln sollte. Die Einführung eines „europäischen Qualifikationsrahmen" (EQR) sollte eine Vergleichbarkeit beruflicher Qualifikationen und Abschlüsse ermöglichen. Grundlegendes Prinzip des EQR ist die Orientierung an Lernergebnissen (learning outcomes), die die Gesamtheit aller von einer Person erworbenen Kenntnisse, Fertigkeiten und Fähigkeiten abbilden sollen (Meyer 2007).

2.2 Impulse des Bologna-Prozesses: Kompetenzentwicklung durch eine neue Lern-/Lehrkultur

Im Bereich der akademischen Bildung steht der Begriff „Bologna-Prozess" für diesen Transformationsprozess hin zu einer Kompetenzgesellschaft, in dem eine neue, einheitlichere europäische Bildungs- und Hochschullandschaft entstehen sollte. Gefördert werden sollten sowohl die Berufsqualifizierung und Beschäftigungsfähigkeit der HochschulabsolventInnen als auch die damit verbundene Zielsetzung des lebenslangen Lernens auf der Grundlage der im Studium vermittelten berufsbezogenen Kompetenzen und berufsübergreifenden Schlüsselqualifikationen. Zur Stärkung der Vergleichbarkeit und damit der internationalen Wettbewerbsfähigkeit der Studiengänge wurde eine Vereinheitlichung der europäischen Hochschulabschlüsse auf Bachelor- und Masterniveau verbindlich beschlossen. Eigens dafür eingerichtete nationale Akkreditierungsagenturen bekamen die Aufgabe, die Qualität der neuen Studiengänge sicherzustellen (Walter 2006; Eckardt 2005). Des weiteren wurde eine Modularisierung der Studiengänge und deren Ausstattung mit einem Leistungspunktsystem (ECTS) vorgeschrieben. Die Beschreibung von Modulen (= thematisch und zeitlich abgerundete, in sich abgeschlossene und mit Leistungspunkten versehene abprüfbare Einheiten, die Stoffgebiete zusammenfassen) sollte den Studierenden zuverlässige Informationen über Studien-verlauf, -inhalte, Anforderungen usw. zur Verfügung stellen. Dafür sind u.a. auszuführen, welche Lernziele erreicht und welche Kompetenzen und Schlüs-selqualifikationen im jeweiligen Studiengang erworben werden sollen (Kul-tusministerkonferenz 2000). Zur Qualitätssicherung und -entwicklung be-schloss die Kultusministerkonferenz (KMK) am 1.3.2002, dass die deutschen Hochschulen eine Evaluation in regelmäßigen Abständen durchzuführen ha-ben (§ 6 HRG), welche die Umsetzung und Weiterentwicklung der Qualitäts-standards zum Gegenstand hat (KMK 2002). Darüber hinaus wurden für diejenigen Masterstudiengänge, die einen Zugang zur Laufbahn des höheren Dienstes („A-13-Anerkennung") ermöglichen, ein Anforderungsprofil im Hinblick auf die zu vermittelnden Kompetenzen und Aufgabenbereiche defi-niert. Bei einer Tätigkeit im höheren Dienst geht es nicht mehr um Routine-aufgaben, sondern darum, Entscheidungsrichtlinien zu definieren insbeson-dere in den Arbeitsbereichen Führung, Lenkung, Planung, Koordination, Projektmanagement, Evaluation und Controlling. Um solche Richtlinienvor-gaben machen zu können, müssen die MasterabsolventInnen etwa „komplexe Zusammenhänge rechtzeitig erkennen und angemessene Reaktionen unter Beachtung von Folgewirkungen entwickeln können". Dies erfordere eine umfassende wissenschaftliche Ausbildung und u.a. die „Fähigkeit zu abstrak-tem, analytischem und vernetztem Denken". Neben diesen intellektuellen Kompetenzen werden darüber hinaus soziale Kompetenzen wie „Kritik-, Diskussions-, Urteilsbildungsfähigkeit" vorausgesetzt (Innen- und Kultusmi-nisterkonferenz 2002).

2.3 Unterschiedliche allgemeine Kompetenzsystematiken

Die im Zusammenhang mit dem Bologna-Prozess vorgeschlagenen Kompe-tenzsystematiken markieren unterschiedliche Schwerpunktsetzungen.

Die deutsche Hochschulrektorenkonferenz schlägt als Kompetenzsyste-matik im Qualitätsrahmen für deutsche Hochschulabschlüsse eine Dreitei-lung der Kompetenzbereiche in „Wissen", „Verstehen" und „Können" vor, die dann auf der jeweiligen Ebene der Hochschulabschlüsse (Bachelor, Mas-ter, Promotion) konkretisiert werden. Auf Masterebene geht es im Kompe-tenzbereich Wissen z.B. um Wissensverbreiterung und -vertiefung, im Be-reich des Verstehens z.B. um ein breites, detailliertes und kritisches Ver-ständnis auf neuestem Wissensstand. Der Kompetenzbereich des Könnens ist wiederum dreigeteilt in „instrumentale", „systemische" und „kommunikati-ve" Kompetenzen (Wittek et al. 2005).

Das „Tuning-Projekt der Europäischen Union („Tuning Educational Structures in Europe") zielt auf die Vergleichbarkeit der unterschiedlichen Curricula europäischer Studiengänge. Ein Ansatzpunkt ist die Empfehlung der Verwendung der beiden Kompetenzdimensionen: „subject-related com-petencies" (Fachkompetenzen) und „generic competencies" (fachunabhängige Kompetenzen). Zu den Fachkompetenzen gehören Orientierungswissen, Erklärungswissen und Handlungswissen. Zu den generic competencies gehören soziale Kompetenz, Selbstkompetenz, ethische Kompetenz, interkulturelle Kompetenz, Gender-Kompetenz, Medienkompetenz/ästhetische Kompetenz und Methodenkompetenz.

Das BLK-Projekt (Bund-Länder-Kommission für Bildungsplanung und Forschungsförderung: Entwicklung eines Leistungspunktesystems an Hochschulen) dagegen entwirft eine stärker auf das Wissen zielende Systematik. Kompetenz umfasst demnach die Elemente der (selbständigen) „Wissensaneignung", des „Wissenstransfers" und der „Wissensgenerierung" (a.a.O.).

Im Handbuch Hochschullehre wird eine Kompetenzsystematik von vier Kernkompetenzen: „soziale, fachliche, methodische und personale Kompetenzen" vorgeschlagen, wie sie sich in der Praxis der beruflichen Bildung entwickelt hat (Berendt et al. 2003; Rosenstiel et al. 2005: 403f.; Pfäffli 2005: 63ff.) Die Fachkompetenz zielt auf den Erwerb verschiedener Arten von Wissen und kognitiver Fähigkeiten, die Methodenkompetenz spiegelt die Fähigkeit wider, Fachwissen geplant und zielgerichtet bei der Lösung von beruflichen, wissenschaftlichen oder anderen Aufgaben umzusetzen. Sozialkompetenzen sind Fähigkeiten, mit denen soziale Beziehungen im beruflichen Kontext bewusst gestaltet werden und personale bzw. Selbstkompetenz umschreibt die Fähigkeit, die eigene Person als wichtiges Werkzeug in die berufliche Tätigkeit einzubringen (Berendt et al. 2003 in Wilkens 2005: 278).

3.   Kompetenzprofile in der Supervisionsausbildung

Die veränderten Arbeitsbedingungen und die damit einhergehenden Reformen der europäischen Bildungslandschaft beeinflussen von außen auch die intern geführte Professionsdebatte um Qualitätsstandards und Kompetenzprofile im Bereich der Supervision. Wie bereits erwähnt, sind SupervisorInnen in subjekt- und objektbezogener Hinsicht betroffen, jedoch aus der Tradition der Entwicklung der Supervision in Deutschland aus der Sozialen Arbeit heraus nicht unvorbereitet. Supervision als berufsbezogene Beratungstätigkeit in Deutschland wurde in der 70er Jahren im Bereich Sozialer Arbeit als eigenständiges Handlungs- bzw. Beratungskonzept entwickelt, um – insbesondere auch in schwierigen Arbeitssituationen zwischen Klientensystem und professionellem (Hilfe-)System – Qualität und Produktivität von Sozialer Arbeit zu sichern und zu verbessern. Entsprechende Impulse aus den USA haben die Entwicklung der Supervision in Deutschland kontinuierlich angeregt und wurden von der Katholischen Fachhochschule Nordrhein-Westfalen (KFH NW) bereits seit ihrem Bestehen als eine der ersten Institutionen in Deutschland aufgegriffen und als wesentlicher Bestandteil strukturell in die angebotenen Studiengänge im Bereich Praxisberatung, -anleitung und Supervision integriert (siehe Baur/Krapohl in diesem Buch).

3.1 Supervision als professionelles Beziehungshandeln unter Ungewissheit

Soziale Arbeit allgemein verstanden als Profession mit dem Ziel der Verhinderung oder Reduktion sozialer Problemlagen einerseits und Förderung gesellschaftlicher Teilhabe andererseits, ist traditionell immer Handeln unter Komplexität, Uneindeutigkeit, Chaos, Nichtvorhersagbarkeit und Unsicherheit gewesen. Was Orthey (2002) und Erpenbeck/Rosenstiel (2003) insgesamt als Ausdruck einer aktuell veränderten Arbeitsmarktsituation begreifen, gehört bereits traditionell zu den Kompetenz- und Wissensbeständen der Sozialarbeitsprofession. Berufliche klientenbezogene Dienstleistungen sind grundsätzlich nicht standardisierbar, weil professionelles Beziehungshandeln immer „Handeln unter Ungewissheit" ist (Overbeck 1999; Helsper et al. 2003 in Hechler 2005: 298). Die entsprechenden Erfahrungen führten ja letztlich mit zur Entwicklung der Supervisionsprofession aus der Sozialen Arbeit heraus: das berufliche Handeln in interaktionellen Beziehungskontexten vor dem Hintergrund von Komplexität und Ungewissheit zu reflektieren und weiter zu entwickeln. Dafür stellt Supervision einen geschützten Reflexions-, Übungs- und Lösungsraum zur Verfügung. Solche geschützten Räume werden heute umso wichtiger, je mehr KlientInnen die beschriebenen Individualisierungsprozesse von Problemlagen des Arbeitsmarktes bewältigen müssen. „Supervision ist....eine Form, mit den Chancen, Risiken und Zumutungen des Lebens, des Arbeitens und Lernens reflexiv zurechtzukommen und dabei entstehende Metawissen in die Erfahrungskontexte zu integrieren und es für Lebens-, Arbeits- und Lerngestaltung zugänglich zu halten" (Orthey 2002: 12).

Der Erfahrungsvorsprung im Umgang mit uneindeutigen Situationen bedeutet jedoch nicht, dass sich die Supervisionsprofession selbstgefällig zurücklehnen und sich aus der aktuellen Kompetenz- und Qualitätsdebatte heraushalten kann. Im Gegenteil: sie ist aufgefordert, mit ihren Professionserfahrungen und -kompetenzen wesentliche Beiträge zu einer gelingenden Transformation unserer Gesellschaft in eine Kompetenzgesellschaft zu leisten, insbesondere in der für die Menschen und Institutionen so wichtigen Frage des Umgangs mit rapiden Veränderungsanforderungen. Die Zeitschrift „Supervision" hat sich dieses Themas bereits 2002 ausführlich angenommen. Darin sieht Orthey (2002: 12f.) als zentrale zukünftige Kompetenzanforderung an Supervision den von Schön (1983) im Konzept des „reflective Practitioners" aufgeführten Handlungstyps „Reflexion über die Handlung". Mit dieser „Meta-Reflexionskompetenz" könne Supervision „sinngebend" Individuen dahingehend unterstützen, Sinnzusammenhänge in ihren komplexen Arbeits- und Lebenssituationen zu konstruieren und zu dekonstruieren, Handlungsprobleme prozesshaft zu bearbeiten, in dem über Lernprozesse 2. und 3. Ordnung Verhaltensmuster aufgespürt und perturbiert werden, um so unbekannte und ungeahnte Selbstveränderungsprozesse zu initiieren und zu unterstützen. Supervision begleite darüber hinaus biografische Übergänge in beruflicher oder arbeitsplatzbezogener Hinsicht und die damit verbundenen Selektionsentscheidungen. Orthey (2002: 13) bezieht sich hierbei auf die von Geißler (1974) ins Zentrum der Supervision gestellten „kritisch-reflexiven Kompetenz" als Fähigkeit zur Rekonstruktion und zur interpretatorischen Aufarbeitung biografischer Erfahrungen, die auf den Aufbau der beruflichen Identität ziele. Insofern könne die Zentrierung auf ein stärker qualitativ orientiertes Meta-Kompetenzverständnisses als gegensteuernde Alternative zu Kompetenzkonzepten gesehen werden, die eine rein quantitative Aufsummierung einer Vielzahl von Einzelkompetenzen beinhalten.

3.2 Unterschiedliche Kompetenzsystematiken in der Supervisionsausbildung

Nicht nur die SupervisorInnen selbst, sondern gerade und zuallererst die Ausbildungsinstitute müssen sich mit der Frage eines marktfähigen und professionsspezifischen Kompetenzprofils von SupervisorInnen auseinandersetzen. Nichthochschulische Ausbildungseinrichtungen machen eher allgemeine, weniger differenziert operationalisierte Angaben darüber, welches Kompetenzprofil sie mit ihrem Ausbildungsangebot anstreben und vermitteln. Akkreditierte Supervisionsstudiengänge müssen hingegen eine deutliche Kompetenzsystematik vorweisen. Insgesamt lassen sich auch im Bereich der Supervisionsausbildung bzw. -studiums Individualisierungstendenzen feststellen. Meist sind die AusbildungteilnehmerInnen oder Studierende angehalten, sich ihr je eigenes Profil als angehende SupervisorIn zu konstruieren, oft aus einem Sammelsurium an verschiedenen Optionen, was die paradigmatische Grundausrichtung (z.B. systemisch-konstruktivistisch, kognitiv-behavioristisch, humanistisch, psychoanalytisch, gestaltpsychologisch usw.), die Art der Interventionen (erlebnisaktivierende, darstellende, kreative, kognitive usw.) oder die Formen von Supervision (Fall-, Gruppen-, Teamsupervision, Coaching, Karriereberatung usw.) betrifft. Das ist ein notwendiger Prozess der individuellen Konstruktion des Profils der eigenen SupervisorInnenpersönlichkeit. Aber reicht das aus? Gibt es institutionsübergreifende Kompetenzstandards, die von „guten" SupervisorInnen erwartet werden und daher auf jeden Fall vermittelt werden sollten? Bei der Beantwortung der Frage, was „gute" supervisorische Kompetenz ausmacht, wird es kaum gelingen, allgemeingültige Kriterien festzulegen. Die Art der KlientInnen, das Setting und die Form der Supervision – aber auch die Perspektive der KlientInnen, der AuftraggeberInnen, der Ausbildungsinstitutionen, Verbände und FachautorInnen spielen hierbei eine wichtige Rolle. Dennoch wäre es hilfreich, konkrete Standards zu formulieren, an denen sich Ausbildungsinstitutionen und SupervisorInnen orientieren können und die letztlich auch die Qualität des professionellen Handelns der SupervisorInnen evaluierbar machen.

Auch die Deutsche Gesellschaft für Supervision (DGSv) hat in ihrem Arbeitspapier zu Grundsatzfragen eine rein summative Auflistung einzelner und durchaus unverzichtbarer Kompetenzen vorgenommen, ohne diese jedoch in eine professionsleitende Systematik zu überführen, welche sich von anderen Beratungsformaten unterscheidet (DGSv 2007: 17). Die amerikanische „Association for Counselor Education and Supervision" (ACES) hat Kompetenzkriterien für SupervisorInnen publiziert, bei denen an einigen Stellen noch die traditionell amerikanische „Therapielastigkeit" von Supervision durchscheint. Beschrieben werden elf Kernbereiche effektiver SupervisorInnen, die sowohl fachliches Wissen und Kompetenzen als auch persönliche Charakteristika umfassen und nach Meinung des amerikanischen Verbands zumindest Augenschein-Validität beanspruchen können. Im Einzelnen sind es „1. tätigkeitsentsprechendes Wissen und Können, 2. rollenadäquates Verhalten, 3. Arbeit im Einklang mit ethischen, juristischen, berufsständischen und administrativen Richtlinien der Profession, 4. Herstellen einer unterstützenden professionellen Supervisionsbeziehung, 5. Einsatz von Methoden und Techniken in Abhängigkeit vom jeweiligen Zweck, 6. Berücksichtigung von Entwicklungsaspekten der Supervision, 7. adäquate Unterstützung von Supervisanden bei deren Fallkonzeptualisierung und -bearbeitung, 8. Praktizieren adäquater Kompetenzen bzgl. Diagnostik, Therapieplanung und Evaluation, 9. Identifikation mit der Notwendigkeit qualitätssichernder Maßnahmen und dementsprechende Methoden der Dokumentation und Evaluation, 10. adäquate Beurteilung des Kompetenzniveaus von Supervisanden inkl. Feedback für Lernfortschritte und 11. hinreichende Kenntnisse des aktuellen Stands der Supervisions- bzw. Therapieforschung sowie deren Nutzung für den Supervisionsprozess" (Bernard & Goodyear 1992 in Schmelzer 1997: 179ff.).

Neben den Fachverbänden haben sich auch Fach-Autoren zum Thema Supervisionskompetenz geäußert. Beispielsweise orientiert sich Mordock (1990 in Schmelzer 1997: 181) an den grundlegenden „administrativen", „supportiven" und „edukativen" Funktionen der Supervision. Administrative Kompetenzen sieht er z.B. in der Personalentwicklung, der Beachtung der Institutionsphilosophie, der Ingangsetzung von Konfliktlösungsmechanismen in Organisationen usw.. Supportive Kompetenzen zeigen sich u.a. in der Bestätigung des Selbstwertes der SupervisandInnen, in einer Hilfe im Umgang mit Belastungen, in einer Erhöhung der Arbeitsmotivation, in einer Verstärkung effektiver und kompetenter Arbeit. Beispiele edukativer Kompetenzen wären die Weitergabe von Wissen und Können, die Klärung von Lernbedürfnissen oder die Feststellung bzw. Vermittlung erforderlicher Kompetenzen für bestimmte Aufgaben.

Eine weitere Kompetenzsystematik aus verhaltenstherapeutischer, lerntheoretischer Sicht der Supervision psychotherapeutischer Prozesse stellt Schmelzer vor. Es werden „theoretische" Kompetenzen (Wissen) und „praktische" Kompetenzen (Handeln) unterschieden. Zu den theoretischen Kompetenzen gehören u.a. Diagnose-/Hypothesenbildung, die Verhaltensanalyse, die Operationalisierung von Therapiezielen, Therapieplanung. Als praktische Kompetenzen werden angeführt: ein adäquater Interaktionsstil, Flexibilität, Strukturierung, Kooperation, Förderung verhaltensorientierter Einstellung, Umgang mit Krisen- und Konfliktsituationen, Selbstreflexion, Anwendung von verhaltenstherapeutischen Methoden (Schmelzer 1997: 170ff.).

3.3 Die Kompetenzsystematik als integraler Bestandteil akkreditierter Supervisionsstudiengänge

Mit der Notwendigkeit, auch die bisherigen Supervisionsstudiengänge mit Diplomabschluss auf ein Masterniveau umzustellen, das die strukturellen, inhaltlichen und didaktischen Zielsetzungen der Bologna-Beschlüsse berücksichtigt, ergeben sich entlang der Themen: Berufsqualifizierungs-, Arbeitsmarkt-, Beschäftigungs-, Ziel- und Kompetenzorientierung externe Impulse für einen internen Selbstvergewisserungsprozess der hochschulischen Ausbildungsinstitutionen. Für eine erfolgreiche Akkreditierung müssen beispielsweise Ziele und Leitideen der Supervisionsstudiengänge dargestellt werden und wie sich die aktuelle wissenschaftliche Diskussion in diesen Zielen widerspiegelt. Darüber hinaus muss der Bezug der Studienziele zu den Erwartungen und Erfordernissen des Arbeitsmarktes ausgeführt werden. Ein wichtiges Akkreditierungselement ist der Nachweis der Berufsfeldorientierung, mit dem dargelegt wird, für welche Felder die Studierenden qualifiziert, welche Kompetenzen und Schlüsselqualifikationen dafür vermittelt und welche Maßnahmen ergriffen werden, um die notwendigen Kompetenzen und Qualifikationsprofile zu evaluieren. Die Akkreditierungsbedingungen zwingen die Hochschulen, Farbe zu bekennen, d.h. ihre je eigene Kompetenzsystematik und die daraus abgeleiteten Kompetenzvermittlungsziele und Schlüsselqualifikationen auf Modulebene für die Öffentlichkeit transparent zu machen. Dies bedeutet, dass die InteressentInnen, die sich für ein Supervisionsstudium entscheiden, wissen, welches Supervisionsprofil der entsprechende Supervisionsstudiengang vertritt und wie sich dieses Profil im vorgeschriebenen Evaluationsprozess bewährt.

Das Kompetenzprofil des Masterstudiengangs Supervision der Katholischen Fachhochschule Nordrhein-Westfalen (KFH NW)

Das Kompetenzprofil des Masterstudiengangs Supervision der KFH NW setzt sich beispielsweise zusammen aus den fünf Kernkompetenzbereichen Fach-/Sach-, Methoden-, Beziehungs-, Person- und als Synopse Beratungskompetenzen sowie den entsprechend zuordenbaren fachübergreifenden Schlüsselkompetenzen. Damit lehnt es sich an die bereits beschriebene Kompetenzsystematik des Handbuchs Hochschullehre an (Berendt et al. 2003)

und übersetzt sie auf den Bereich der Supervision. Durch die Operationalisierung der Kernkompetenzbereiche in konkrete Einzelkomponenten sind die
Voraussetzungen geschaffen worden für eine weitergehende Evaluation der
Kompetenzsystematik (siehe Baur/Janssen in diesem Buch). Damit ist neben
der curricularen Integration von Supervisionsforschungs- und Theorieele-
menten ein weiterer bedeutender Unterschied zwischen hochschulischen und
nicht hochschulischen Ausbildungsinstitutionen markiert. Inwieweit sich dadurch tatsächlich eine zunehmende Qualitätsdifferenzierung ergibt, müssen
weitergehende Evaluationen zeigen.

3.4 Schlussbetrachtung

Veränderte Arbeitswelten und Bildungslandschaften fordern die Profession
Supervision heraus, sich immer wieder über die Aktualität, Qualität und Zu-
kunftsfähigkeit ihrer eigenen Kompetenzstandards zu vergewissern. Es reicht
nicht aus, sich allgemein auf den traditionellen supervisorischen Wissens-
und Kompetenzbestand des „Handelns unter Ungewissheit" zu verlassen. Für
die KlientInnen von Supervision sollte das spezifische Kompetenzprofil ihrer
SupervisorInnen von vorneherein erkennbar und im Supervisionsprozess erlebbar sein. Dasselbe gilt für alle hochschulischen und nichthochschulischen
Ausbildungsinstitutionen: für die AusbildungskandidatInnen und Studierende
müsste transparent sein, auf welches spezifische Kompetenzprofil hin mit
welchem Erfolg ausgebildet wird und wie sich dieses Profil am Arbeitsmarkt
verortet und letztlich bewährt. Dafür ist eine reliable und valide Evaluation
notwendig, der sich allerdings bislang nur die Hochschulen mit ihren Master-
studiengängen Supervision stellen müssen. Eine evaluative Supervisionsforschung ist in der Lage, Qualitätsfortschritte (nicht nur) im Bereich supervisorischer Kompetenzen zu dokumentieren und damit die Kompetenzdebatte
sachlich zu untermauern.

Eine ausufernde, kompensierende Kompetenzdebatte hingegen wird auch
negative Folgen haben. Auf der Seite der AbnehmerInnen von Supervision
kann die kontraproduktive Erwartung entstehen oder verstärkt werden, dass
SupervisorInnen zugleich Feld-, Diagnose- und ProblemlösungsexpertInnen
sein müssen, die aufgrund ihrer Expertise bereits passende Problemlösungen
mitbringen, die über das Honorar eingekauft werden. Die Beratungsdienstleistung wird dann schnell zur lösungsbezogenen Anspruchsleistung. Auf der
anderen Seite können zu hohe Kompetenzerwartungen zu einem latenten In-
suffizienzgefühl der SupervisorInnen führen, weil in einer authentischen
Selbstbetrachtung ein Idealprofil kaum erreicht werden kann. Dies um so
mehr, als dass zumindest bei der Akquise bei vielen auftragsabhängigen SupervisorInnen der Druck entstehen kann, sich an überzogene Erwartungen
anpassen zu müssen, um einen Supervisionsauftrag zu erhalten. Hier sind
Gegensteuerungen notwendig, soll die Kompetenzdebatte zu einer produkti-
ven Weiterentwicklung der Supervisionsprofession beitragen. Eine Möglich-

keit besteht im Ausbau von Supervisionsforschung, die beispielsweise über eine summative und formative Evaluation von Supervisionsprozessen Aussagen über tatsächliche und nicht nur vermutete Wirkmechanismen und Wirkungen machen kann (Berker 1998; Petzold et al. 2003; Bergknapp 2007). Nicht ohne Grund hat die DGSv dieses Thema wiederentdeckt und dazu 2006 sowohl ein Verzeichnis wissenschaftlicher Arbeiten zu verschiedenen Forschungsfragestellungen herausgegeben (DGSv 2006) als auch in Frankfurt am Main eine Fachtagung zur Supervisionsforschung in Kooperation mit dem Sigmund-Freud-Institut veranstaltet. Die DGSv sowie die ihr angehörigen Ausbildungsinstitutionen sind aufgefordert, diesen Weg der Integration von Wissenschaft und Praxis offensiv weiterzuverfolgen. Perspektivisch könnte eines der Etappenziele darin bestehen, die „Ungewissheit" supervisorischen Beziehungshandelns zu einer „gewissen Ungewissheit" fortzuentwickeln, in der wissenschaftlich (zumindest vorläufig) gesicherte Wissensbestände integriert und immer mehr ausgebaut werden.

Literatur

Agentur für Qualitätssicherung durch Akkreditierung von Studiengängen (Aquas) (2007): Bewertungsbericht zur Akkreditierung des Masterstudiengangs Supervision an der Katholischen Fachhochschule Nordrhein-Westfalen. Bonn: MS. (unveröff.).

Auer, Th./Sturz, W. (Hrsg.) (2007): ABC der Wissensgesellschaft. Reutlingen.

Barthelmess, M. (2003): Von der Hybris zur Expertise. Was ist eigentlich Beratungskompetenz. In: Familiendynamik 4/2003, S. 454-466.

Baur, J./Janssen, A. (2007): Evaluation des Masterstudiengangs Supervision der KFH NW und des Bistums Münster. Aachen: MS. (unveröff.).

Berendt, B./Voss, H-P./Wildt, J. (Hrsg.) (2003): Neues Handbuch Hochschullehre. Berlin.

Bergknapp, A. (2007). Supervisionsforschung – zum Stand der Forschung und Perspektiven für die Zukunft . In: Supervision, 1/2007, S. 6-12.

Berker, P./Buer, F. (Hrsg.) (1998). Praxisnahe Supervisionsforschung: Felder – Designs – Ergebnisse. Münster.

Bodensohn, R. (2003): Die inflationäre Anwendung des Kompetenzbegriffs fordert die bildungstheoretische Reflexion heraus. In: Frey, A./Jäger, R. S./Renold, U. (Hrsg.): Kompetenzmessung (Empirische Pädagogik, 17, 2). Landau, S. 256-271.

Bundesanstalt für Arbeitsschutz und Arbeitsmedizin (Hrsg.) (2004): Psychische Belastungen und Beanspruchungen im Berufsleben. Gesundheitsschutz 23. Dortmund.

Bund-Länder-Kommission für Bildungsplanung und Forschungsförderung (BLK) (2005): Entwicklung eines Leistungspunktsystems an Hochschulen – Abschlussbericht zum BLK-Programm, Heft 124. http://www.blk-bonn.de/papers/heft124.pdf (27.09.2007).

Deutsche Gesellschaft für Supervision e.V. (Hrsg.) (2003): Berufsbild Supervisor/in. Köln.

Deutsche Gesellschaft für Supervision e.V. (Hrsg.) (2006): Der Nutzen von Supervision. Verzeichnis wissenschaftlicher Arbeiten. Köln.

Deutsche Gesellschaft für Supervision e.V. (Hrsg.) (2007): Supervision 2007. Ein Arbeitspapier zu Grundsatzfragen. Köln.

Dülmen, R. v./Rauschenbach, S. (Hrsg.) (2004): Macht des Wissens. Die Entstehung der modernen Wissensgesellschaft. Köln, Weimar, Wien.

Eckardt, Ph. (2005): Der Bologna-Prozess. Entstehung, Strukturen und Ziele der europäischen Hochschulreformpolitik. Norderstedt.

Erpenbeck, J. (1997): Selbstgesteuertes, selbstorganisiertes Lernen. In: Arbeitsgemeinschaft Qualifikations-Entwicklungs-Management (Hrsg.): Kompetenzentwicklung. Berufliche Weiterbildung in der Transformation – Fakten und Visionen. Münster, S. 309-316.

Erpenbeck, J./Heyse, V. (1999): Die Kompetenzbiographie. Strategien der Kompetenzentwicklung durch selbstorganisiertes Lernen und multimediale Kommunikation. Münster.

Erpenbeck, J./v. Rosenstiel, L. (2003): Handbuch Kompetenzmessung. Erkennen, Verstehen und Bewerten von Kompetenzen in der betrieblichen, pädagogischen und psychologischen Praxis. Stuttgart.

Faix, W./Laier, A. (1991): Soziale Kompetenz. Das Potential zum unternehmerischen und persönlichen Erfolg. Wiesbaden.

Fellermann, J./Leppers, M. (Hrsg.) (2001): Veränderte Arbeitswelt – eine Herausforderung für das Beratungskonzept Supervision. Münster.

Frey, A./Balzer, L. (2003): Soziale und methodische Kompetenzen. In: Frey, A./Jäger, R. S./Renold, U. (Hrsg.): Kompetenzmessung (Empirische Pädagogik, 17, 2). Landau, S. 148-175.

Galuske, M. (1998): Methoden der Sozialen Arbeit. Eine Einführung. München.

Geißler, K.-H. (1974): Berufserziehung und kritische Kompetenz. München.

Gorz, A. (2004): Wissen, Wert und Kapital. Zürich.

Haubl, R. (2006): Supervisionsforschung zwischen Praxis und Verwissenschaftlichung. http://www.dgsv.de/pdf/Vortrag_Haubl_2006.pdf?PHPSESSID=5ebf62faba8361c579 1db692ca77d19b (27.09.2007).

Hechler, O. (2005): Psychoanalytische Supervision sozialpädagogischer Praxis. Frankfurt am Main.

Heyse, V./Erpenbeck, J. (1997): Der Sprung über die Kompetenzbarriere: Kommunikation, selbstorganisiertes Lernen und Kompetenzentwicklung von und in Unternehmen. Bielefeld.

Huber, H. D./Lockemann, B./Scheibel, M. (2004): Visuelle Netze. Wissensräume in der Kunst. Ostfildern-Ruit, S. 31-38.

Innen- und Kultusministerkonferenz (2002): Zugang zu den Laufbahnen des höheren Dienstes durch Masterabschluss an Fachhochschulen. http://www.kmk.org/hschule/zugang.pdf (26.11.2007).

Kultusministerkonferenz (KMK) (2000): Rahmenvorgaben für die Einführung von Leistungspunktsystemen und die Modularisierung von Studiengängen. http://www. kmk.org/doc/beschl/leistungspunktsysteme.pdf (26.11.2007).

Kultusministerkonferenz (KMK) (2002): Künftige Entwicklung der länder- und hochschulübergreifenden Qualitätssicherung in Deutschland. http://www.kmk.org/doc/ beschl/kuenentw.pdf (26.11.2007).

Lenhardt U./Priester, K. (2005): Flexibilisierung – Intensivierung – Entgrenzung: Wandel der Arbeitsbedingungen und Gesundheit. In: WSI Mitteilungen 9/2005, S. 491-497.

Maag Merki, K./Grob, U. (2003): Überfachliche Kompetenzen. In: Frey, A./Jäger, R. S./Renold, U. (Hrsg.): Kompetenzmessung (Empirische Pädagogik, 17, 2). Landau, S. 123-147.

Mayring, Ph. (2007): Qualitative Inhaltsanalyse: Grundlagen und Techniken. Weinheim, Basel.

Marquard, O. (1981): „Inkompetenzkompensationskompetenz". In: ders. : Abschied vom Prinzipiellen. Stuttgart.

Meyer, R. (2007): Qualifikationsentwicklung und -forschung für die berufliche Bildung. Besiegelt der Europäische Qualifikationsrahmen den Niedergang des deutschen Berufsbildungssystems? http://www.bwpat.de/ausgabe11/meyer_bwpat11.shtml (25.09. 2007).

62   Jörg Baur

Mittelstraß, J. (1999): Lernkultur: Kultur des Lernens. In: Arbeitsgemeinschaft Qualifikations-Entwicklungs-Management (Hrsg.): Kompetenz für Europa: Wandel durch Lernen – Lernen im Wandel. Referate auf dem internationalen Fachkongress Berlin 1999.
Berlin, S. 49-64.

Organisation für wirtschaftliche Zusammenarbeit und Entwicklung (OECD) (2001): Lernen für das Leben – erste Ergebnisse der internationalen Schulleistungsstudien – PISA
2000. Paris.

Olk, T. (1989): Abschied von Experten. Sozialarbeit auf dem Weg zu einer alternativen
Professionalität. München.

Orthey, F.M. (2002): Der Trend zur Kompetenz. Begriffsentwicklung und Perspektiven.
In: Supervision, 2002, 1, S. 7-14.

Petzold, H.G./Schigl, B./Fischer, M./Höfner, C. (2003). Supervision auf dem Prüfstand.
Wirksamkeit, Forschung, Anwendungsfelder, Innovation. Opladen.

Pfäffli, B.K. (2005): Lehren an Hochschulen. Bern.

Rosenstiel, L. v./Molt, W./Rüttinger, B. (2005): Organisationspsychologie. 9. Aufl. Stuttgart.

PISA-Konsortium Deutschland (Hrsg.) (2004): PISA. 2003. Der Bildungsstand der Jugendlichen in Deutschland – Ergebnisse des zweiten internationalen Vergleichs. Münster.

Schmelzer, D. (1997): Verhaltenstherapeutische Supervision. Theorie und Praxis. Göttingen, Bern, Toronto, Seattle.

Schreyögg, G./Kliesch, M. (2003): Rahmenbedingungen für die Entwicklung Organisationaler Kompetenz. QUEM-Materialien 48/2003. Berlin.

Walter, Th. (2006): Der Bologna-Prozess. Ein Wendepunkt europäischer Hochschulpoli-
tik? Wiesbaden.

Wilkens, U. (2005): Erfassung von Wirkungsbeziehungen zwischen Kompetenzebenen. In:
QUEM-BULLETIN, 6/2005. Berlin. S. 6-11.

Wittek, A./Ludwig, H.-R./Behr, I. (2005): Synoptische Darstellung empirischer Studien
zum Kompetenzbegriff für die Entwicklung Modularisierter Ingenieurstudiengänge.
http://www.eng.monash.edu.au/uicee/gjee/vol9no3/Wittek.pdf (27.11.2007).

Zok, K. (2006): Personalabbau, Arbeitplatzunsicherheit und Gesundheit. Ergebnisse einer
repräsentativen Umfrage. In: Badura, B./Schellschmidt, H./Vetter, C. (Hrsg.): Fehl-
zeitenreport 2005 – Arbeitsplatzunsicherheit und Gesundheit. Berlin, Heidelberg, S.
147-166.

Jörg Baur und André Janssen

Ein Forschungsbeitrag zur Kompetenzdebatte: Konstruktion und Evaluation des Kompetenzprofils des Masterstudiengangs Supervision der Katholischen Fachhochschule Nordrhein-Westfalen und des Bistums Münster

Der bereits im Jahre 2000 vom Wissenschaftsministerium genehmigte Masterstudiengang Supervision der Katholischen Fachhochschule Nordrhein-Westfalen (KFH NW) war der erste deutsche Masterstudiengang in Supervision (siehe Baur/Krapohl in diesem Buch). Aufgrund des Beschlusses der Kultusministerkonferenz (KMK) im Kontext des Bologna-Prozesses musste auch für diesen Masterstudiengang ein Modul- und Leistungspunktesystem übernommen und die Studienstruktur modifiziert werden. Hierzu konstruierte die Studiengangsleitung 2006 ein entsprechendes Kompetenzmodell, das sowohl die neuen Anforderungen an einen Masterstudiengang, als auch die Erwartungen des Supervisionsmarktes integriert. In einer anschließenden Befragung wurden 2007 alle Einzelkompetenzen des neuen Kompetenzmodells durch die bisherigen AbsolventInnen des Studiengangs evaluiert. Mit dieser Evaluation wurden Einschätzungen zur a) generellen Bedeutsamkeit der einzelnen Kompetenzen für die supervisorische Tätigkeit und b) zur persönlichen Ausprägung dieser Kompetenzen bei den AbsolventInnen erfasst. Im Folgenden sind die Schritte der Konstruktion und Evaluation des Kompetenzmodells in einem Schaubild dargestellt und beschrieben.

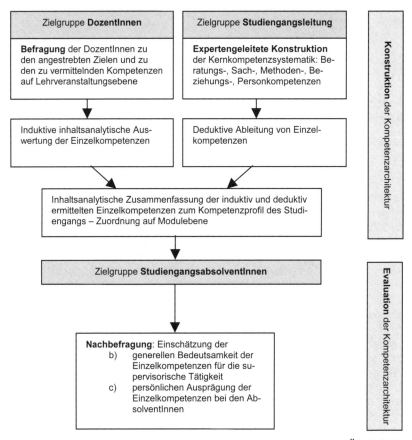

Abb. 1: Konstruktion und Evaluation des Kompetenzmodells im Überblick

1. Das Kompetenzmodell des Masterstudiengangs Supervision der KFH NW

1.1 Die Konstruktionsschritte

Um ein evaluations- und zugleich praxisgeeignetes Kompetenzmodell zu konstruieren, wurden zwei verschiedene Zielgruppen einbezogen. In einem induktiven Verfahren wurden zunächst alle lehrenden DozentInnen des Studiengangs, die zugleich selbst über jahrelange Praxiserfahrungen als (Lehr-) SupervisorInnen verfügen, befragt, welche Qualifikationsziele sie in ihrer Lehre anstreben und welche Kompetenzelemente und Schlüsselqualifikationen sie für die Studierenden zur Erreichung dieser Ziele als notwendig erachten. Diese wurden auf der Modulebene nach Mayring (2007) inhaltsanalytisch ausgewertet. Parallel dazu entwarf die Studiengangsleitung eine zum Studiengang passende Kompetenzsystematik, die sich aus den als relevant eingestuften allgemeinen Kernkompetenzbereichen: „Beratungs-, Methoden-, Sach-, Beziehungs- und Personkompetenz" zusammensetzt (Berendt et al. 2003; Erpenbeck/Rosenstiel 2003). Diesen Kernkompetenzbereichen wurden über einen deduktiven Operationalisierungsprozess wiederum berufsspezifische Kompetenzelemente und berufsunspezifische Schlüsselqualifikationen zugeordnet, die die Studiengangsleitung (und der Träger) als unbedingt notwendig einstuften. Beide Systeme, die induktiv ermittelten Lehrziel- und Kompetenzelemente aus der Sicht der DozentInnen auf Modul- und Lehrveranstaltungsebene und die deduktiv operationalisierten Kernkompetenzen aus der Sicht der Studiengangsleitung wurden zueinander in Beziehung gebracht und somit das spezifische Kompetenzprofil des Studiengangs herausgearbeitet. Allerdings ließen sich etwa Person- oder Beziehungskompetenzen nicht einfach linear einzelnen Modulen zuordnen. Denn die Studienpraxis zeigt, dass solche selbst- oder interaktionsbezogenen Kompetenzen prozessual als Querschnittsaufgabe, d.h. über alle Module hinweg, vermittelt bzw. aufgebaut werden müssen.

1.2 Das Kompetenzprofil

Die KFH NW geht in Anlehnung an Erpenbeck/Heyse (1999) von einem in der Arbeits- und Betriebspsychologie gängigen Kompetenzbegriff aus, der die Fähigkeit von Menschen zu „selbstorganisierten Handlungen" beschreibt, die geistige Handlungen (z.B. kreative Denkprozesse) ebenso umfasst wie instrumentelle (z.B. Arbeitstätigkeiten), kommunikative (z.B. Gespräche) und reflexive Handlungen (z.B. Selbsteinschätzungen). Nach Erpenbeck/Rosenstiel bezeichnen Kompetenzen Selbstorganisationsdispositionen physischen und psychischen Handelns, wobei unter Dispositionen die bis zu einem bestimmten Handlungszeitpunkt entwickelten inneren Vorraussetzungen zur Regulation der Tätigkeit verstanden werden. Damit umfassen Dispositionen nicht nur individuelle Anlagen, sondern auch Entwicklungsresultate. Kompetenzen sind folglich eindeutig handlungszentriert und primär auf divergent-selbstorganisative Handlungssituationen bezogen (Erpenbeck/Rosenstiel 2003: XXIX).

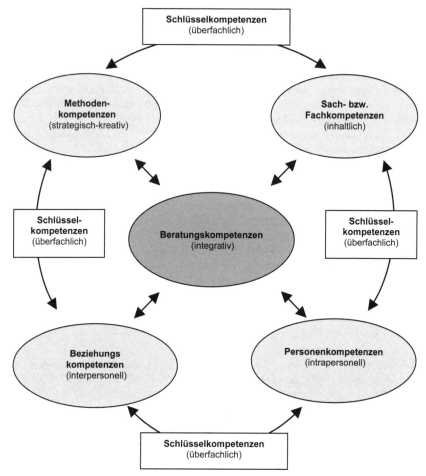

Abb. 2: Das Kompetenzprofil

Schlüsselkompetenzen

Schlüsselkompetenzen sind berufsübergreifende, d.h. „überfachliche Kompetenzen" (Maag Merki/Grob 2003: 125f.; Rychen/Salganik 2001), die zu selbstorganisiertem Handeln befähigen und damit die spezifische Handlungskompetenz steigern sollen. Schlüsselqualifikationen sind auf der höchsten bzw. abstraktesten Ebene anzusiedeln und bezeichnen kompetenztheoretisch „die allgemeine Fähigkeit, konkrete Handlungen (Tun, Sprechen, Denken) jeweils situationsgerecht zu generieren (erzeugen) bzw. zu aktualisieren" (Reetz 1990 in Schewior-Popp 1998: 17). Sie ermöglichen den professionellen Umgang mit fachlichem Wissen, indem sie sich aus einem breiten Spektrum übergreifender Fähigkeiten, Einstellungen, Strategien und Wissenselemente zusammensetzen. Schlüsselkompetenzen können in verschiedenen Situationen und Funktionen flexibel und innovatorisch eingesetzt und übertragen werden und gewährleisten damit Transferleistungen innerhalb und außerhalb des Bereichs der Supervision (z.B. in andere Tätigkeitsfelder wie Coaching, Organisationsberatung usw.).

Berufsbezogene Kompetenzen

Aus der Definition von Kompetenz als selbstorganisiertes geistiges, kommunikatives, instrumentelles und reflexives Handeln lassen sich in Anlehnung an Erpenbeck/Rosenstiel (2003: XVII) und unter Bezugnahme auf die im Handbuch Hochschullehre aufgeführte Systematik (Berendt et al. 2003) fünf für die Supervision als berufsbezogene Beratung relevante Kompetenzbereiche ableiten: Beratungs-, Methoden-, Beziehungs-, Sach- und Personkompetenzen.

Unter „Sach-/Fachkompetenzen" werden Dispositionen verstanden, geistig selbstorganisiert zu handeln, d.h. mit fachlich-inhaltlichen Kenntnissen, Fähigkeiten und Fertigkeiten Wissen sinnorientiert zu aktualisieren, zu vermehren, einzuordnen, zu verstehen und zu bewerten. Sachkompetenzen beinhalten das Spezialwissen bzw. die Verfügung über Fachwissen, über die „operativen Wissensbestände einer Profession" (Olk 1989: 89; Erpenbeck/Rosenstiel 2003: XVI).

Unter „Methodenkompetenzen" werden Dispositionen verstanden, instrumentell selbstorganisiert zu handeln, d.h. Tätigkeiten, Aufgaben und Lösungen methodisch-strategisch kreativ zu gestalten und von daher auch das geistige Vorgehen zu strukturieren. Sie beinhalten neben der Anwendung von Konzepten und Techniken zur Problemlösung auch die Analyse der Problemlage, das Formulieren von Zielen und die Etablierung von Rahmenbedingungen, unter denen sich methodisches Handeln vollzieht (Galuske 1998: 21; Erpenbeck/Rosenstiel 2003: XVI).

Unter „Beziehungskompetenzen" werden Dispositionen verstanden, kommunikativ und kooperativ selbstorganisiert zu handeln, d.h. sich interpersonell kreativ auseinander- und zusammenzusetzen, sich gruppen- und beziehungsorientiert zu verhalten, um Pläne, Ideen zu entwickeln und Ziele zu erreichen (Erpenbeck/Rosenstiel 2003: XVI). Der Begriff der Beziehungskompetenz umfasst somit im wesentlichen bestimmte Einstellungen und darauf basierende Verhaltensweisen, die in der Interaktion mit anderen Individuen zum Tragen kommen und die das Austarieren eigener und fremder Bedürfnisse, Wünsche und Interessen als wesentliches Merkmal betrachten (Faix/Laier 1991: 63f.; Richter 1995: 35).

Unter „Personkompetenzen" werden Dispositionen verstanden, „reflexiv selbstorganisiert zu handeln, sich selbst einschätzen, produktive Einstellun-

gen, Werthaltungen, Motive und Selbstbilder zu entwickeln, eigene Bega-
bungen, Motivationen, Leistungsvorsätze zu entfalten und sich im Rahmen
der Arbeit und außerhalb kreativ zu entwickeln und zu lernen" (Erpenbeck/
Rosenstiel 2003: XVI). Personkompetenzen beziehen sich somit auf einen
kompetenten Umgang mit der eigenen Person, deren Möglichkeiten und
Grenzen und stehen in engem Zusammenhang mit der Beziehungskompetenz.

Unter „Beratungskompetenzen" als Äquivalent zur Handlungskompetenz
werden Dispositionen verstanden, gesamtheitlich selbstorganisiert zu handeln. Beratungskompetenz als Ganzes ergibt sich aus dem synergetischen
Zusammenwirken und als Schnittmenge der Bereiche Sach-, Methoden-, Be-
ziehungs- und Personkompetenz sowie der entsprechenden Schlüsselkompetenzen (Heyse/Erpenbeck 1997; Sonntag/Schaper 1992). Im Masterstudiengang Supervision wird der Begriff Beratungskompetenz als Äquivalent zum
Begriff der Handlungskompetenz verwendet, da die Gesamtstruktur der allgemeinen Handlungskompetenz auf den engeren Bereich der Supervision als
berufsbezogene Beratung zielt. In Anlehnung an Barthelmess zielt Beratung
darauf ab, „für die Betreffenden selbstorganisiertes Lernen zu ermöglichen,
so dass die Klienten bzw. Kunden mit Hilfe des Beraters, gleichzeitig jedoch
selbstverantwortlich und eigenständig, Weiterentwicklung und Wachstum
generieren können" (Barthelmess 2003: 456).

2. Evaluation: Kompetenzmessung über Selbsteinschätzungsverfahren im Rahmen einer Nachbefragung

2.1 Grundsätzliches zur Kompetenzmessung

Sind Kompetenzen objektiv, valide und reliabel erforschbar, d.h. beobachtbar, beschreib- bzw. messbar? Werden Kompetenzen als personale, relativ
situationsunabhängige Dispositionen oder Potentiale aufgefasst, sind sie per
se nicht direkt beobachtbar ähnlich den Konstrukten „Intelligenz" oder „Einstellung". Beobachtbar hingegen wäre die situative „praxisbezogene Performanz", von der jedoch auch wieder auf die zugrunde liegende Kompetenz-
ausstattung des beobachteten Probanden rückgeschlossen werden müsste.
Kompetenzen sind „nicht direkt prüfbar, sondern nur aus der Realisierung
der Dispositionen erschließbar und evaluierbar" (Erpenbeck 1997: 311).

Die Erforschung von Kompetenz kann insoweit immer im Spannungsfeld
zwischen einem nomothetischen Anspruch der Objektivität im Sinne etwa
einer metrischen Kompetenzmessung oder unter einem idiografischen Anspruch im Sinne etwa einer qualitativen subjektiven Kompetenzeinschätzung
betrachtet werden.

Wenn mittels Kompetenzmessung eine outcomebezogene Evaluation eines auf Kompetenzerwerb und -entwicklung aufgebauten Masterstudiengangs Supervision durchgeführt wird, so bieten sich subjektive Kompetenzeinschätzungs- und -beschreibungsverfahren an, „die zwar auch Kompetenzen metrisch quantifizierend und skalierend einordnen können, aber nicht vorgeben, objektiv vom Beobachteten wie vom Beobachter Abgehobenes zu erfassen" (Erpenbeck/Rosenstiel 2003: XIX). „Das menschliche Subjekt als vermittelndes Glied zwischen wissensbasierter Kompetenz und praxisgestützter Performanz kann nämlich nicht allein durch anonyme „objektivierte" Regeln und Messungen erschlossen werden. Das Selbst und seine Selbstorganisation erfordern auch eine qualitative, verstehensorientierte Erfassung" (a.a.O.: XXI).

So wird die Frage relevant, ob die von den Probandinnen selbst eingeschätzten Kompetenzen die tatsächlich vorhandenen Kompetenzpotentiale reliabel und valide repräsentieren. Eine Validierungsmöglichkeit wäre nach Maag Merki/Grob (2003), die subjektiven Eigeneinschätzungen mit den tatsächlichen Verhaltensweisen zu vergleichen. Sie verweisen auf Ergebnisse aus verschiedenen Studien, die offenbar systematische Zusammenhänge zwischen dem Selbstkonzept der eigenen Kompetenzen und spezifischen Leistungsdaten belegen (u.a. Fend 1997 und Rost/Hanses 2000 in a.a.O.: 130).

Bei der Anwendung von Selbsteinschätzungsverfahren werden „selbstbezogene Kognitionen" der ProbandInnen erfasst, die hypothetisch in bedeutsamer Beziehung zu den jeweiligen Kompetenzen und den entsprechenden Handlungsweisen stehen. Maag Merki/Grob (2003: 128) beziehen sich auf die Selbstkonzept- und Selbstregulationsforschung. Dort gelten selbstbezogene Kognitionen für die Ausgestaltung der eigenen subjektiven Handlungstheorie als zentral.

2.2 Vor- und Nachteile von Kompetenzselbsteinschätzungsverfahren

Da Kompetenzen mehr sind als abprüfbares Wissen und direkt beobachtbare Fertigkeiten und Fähigkeiten, sondern auch implizite Einstellungen und Haltungen umfassen, sind sie am besten aus der Beobachtung und Interpretation des konkreten supervisorischen Handelns, also aus der Performanz erschließbar (Erpenbeck/Rosenstiel 2003: X). Allerdings ist diese Art qualitativer Forschung sehr zeitaufwändig und mit einem hohen Kostenaufwand verbunden. Kompetenzdiagnostik bzw. -messung durch Selbstbeurteilungsverfahren etwa mittels Fragebögen haben dagegen den Vorteil, dass sie in kürzester Zeit ohne großen finanziellen Aufwand von vielen Personen ausgefüllt werden können. Bei quantitativen Selbstbeurteilungsverfahren wird in Bezug auf die Einschätzung beruflicher Kompetenzen davon ausgegangen, dass die betreffende Person selbst am besten Auskunft über sich geben kann (Amelang/Bartussek 2001 in Frey/Balzer 2003: 155). Solche Selbsteinschätzungen als Elemente des Selbstkonzepts strukturieren zukünftiges Handeln entscheidend mit und haben somit handlungsleitenden Charakter. Selbsturteile besitzen daher nach Maag Merki/Grob eine größere prognostische Validität, als ihnen üblicherweise zugesprochen wird (2003: 128). Voraussetzung allerdings wäre eine gute Selbsteinschätzungskompetenz der ProbandInnen, d.h. sie können ihre eigenen Potentiale und Verhaltensweisen (retrospektiv) realistisch wahrnehmen, interpretieren und einschätzen. Die Güte der Selbsteinschätzung ist, wie alle Erhebungsverfahren, von weiteren Faktoren abhängig. Es können bewusste und unbewusste Verzerrungseffekte durch Beschönigungstendenzen, durch soziale Erwünschtheit oder Akquieszenz auftreten, die oft abhängig sind vom Selbstvertrauen der Befragten (Kauffeld/Grote 2000) und von den erwarteten Konsequenzen (Sonntag/Schäfer-Rauser 1993).

2.3 Kompetenzmessung bei den StudiengangsabsolventInnen

Vor dem Hintergrund des Evaluationsinteresses der KFH NW sollte die neue Kompetenzarchitektur des Masterstudiengangs Supervision auf ihre grundsätzliche Relevanz für die supervisorische Tätigkeit überprüft und die persönliche Ausprägung der Kompetenzen bei den bisherigen AbsolventInnen untersucht werden. Dabei stellte sich das Problem, dass zur Entwicklung und Evaluation des neuen Kompetenzmodells nur Studierende befragt werden konnten, die auf der Grundlage des bisherigen und noch nicht modifizierten Curriculums studierten. Dieser Kohorteneffekt muss daher in der Ergebnisinterpretation berücksichtigt werden.

Zur Befragung wurde ein standardisierter Fragebogen mit den fünf operationalisierten Kernkompetenzbereichen entwickelt, der allen 63 AbsolventInnen der letzten 3 Studiendurchgänge vorgelegt wurde mit der Bitte, diese in zweierlei Hinsicht einzuschätzen. Erstens sollten die generelle Bedeutsamkeit der aufgeführten Einzelkompetenz-Items für die supervisorische Arbeit und zweitens die persönliche Ausprägung dieser Items bei den Befragten selbst eingeschätzt werden. Der Rücklauf betrug 40%, sodass ein möglicher Milde-Effekt in Betracht gezogen werden muss. Zugrunde gelegt wurden zwei 5-stufige Antwortformate. Aussagen zur generellen Bedeutsamkeit der Einzelkompetenzen konnten mit Hilfe der Antwortalternativen „1 = sehr wichtig" bis „5 = sehr unwichtig" und Aussagen im Bereich der persönlichen Ausprägung mit den Antwortalternativen „1 = in sehr hohem Maße vorhanden" bis „5 = in sehr geringem Maße vorhanden" bewertet werden. Da nur Items zur differenzierten Einschätzung vorgelegt wurden, die aus der Sicht der DozentInnen und der Studiengangsleitung als bedeutsam erachtet wurden, war eine linkssteile Verteilung der Ergebnisse zu erwarten.

2.4 Ergebnisse der Nachbefragung

Im Folgenden sind die Ergebnisse dieser Nachbefragung aufgeführt. Die Sach/Fach- und Beratungskompetenzergebnisse werden vollständig dargestellt. Aus der Vielzahl der Einzelergebnisse aus den Bereichen Methoden-, Beziehungs- und Personkompetenzen werden jedoch nur aussagekräftige Beispiele aus dem vorderen und hinteren Bereich der Rangreihen (R) (auf der Basis von Mittelwerten = MW) herausgegriffen und insbesondere auf allgemeine Trends hin interpretiert, um Anhaltspunkte oder Diskussionsimpulse für eventuelle Fortschreibungen des Curriculums oder Veränderungen in der Modulstruktur zu erhalten. Dafür wird an dieser Stelle auf eine differenziertere statistische Auswertung verzichtet.

Kernkompetenzbereich: Sach- und Fachkompetenzen

R	Generelle Bedeutsamkeit des Sach- und Fachwissens über	MW
1	Strukturen und Prozesse in Organisationen	1,24
2	das Existenzial Arbeit und den damit zusammenhängenden Aspekten der Berufsrolle	1,52
3	verschiedene Formen der Supervision	1,72
4	allgemeine Grundlagen von Supervision	1,76
5	theoretische, wissenschaftsbezogene Grundlegung supervisorischer Konzepte	1,96
6	supervisionsrelevante Arbeitsfelder und deren spezifische Bedingungen	2,46

Abb. 3: Rangreihe: Generelle Bedeutsamkeit von Sach- und Fachwissen

Eine sehr wichtige generelle Bedeutsamkeit wird dem Sach- und Fachwissen über „Strukturen und Prozesse in Organisationen" und über „das Existenzial Arbeit und den damit zusammenhängenden Aspekten der Berufsrolle" beigemessen. Sach- und Fachwissen über „verschiedene Formen der Supervision", „allgemeine Grundlagen" und über die „theoretische, wissenschaftsbezogene Grundlegung supervisorischer Konzepte" wird als wichtig eingeschätzt. Eine mittlere Bedeutsamkeit wird dem Sach- und Fachwissen über „supervisionsrelevante Arbeitsfelder und deren spezifischen Bedingungen" zugeschrieben.

R	Persönliche Ausprägung des Sach- und Fachwissens über	MW
1	das Existenzial Arbeit und den damit zusammenhängenden Aspekten der Berufsrolle	2,08
2	allgemeine Grundlagen von Supervision	2,12
	verschiedene Formen der Supervision	2,12
4	Strukturen und Prozesse in Organisationen	2,20
5	theoretische, wissenschaftsbezogene Grundlegung supervisorischer Konzepte	2,48
6	supervisionsrelevante Arbeitsfelder und deren spezifische Bedingungen	2,58

Abb. 4: Rangreihe: Persönliche Ausprägung von Sach- und Fachwissen

Ein vergleichsweise hohes Kompetenzniveau in Bezug auf die eigene persönliche Ausprägung attestieren sich die Befragten im Sach- und Fachwissen über „das Existenzial Arbeit und den damit zusammenhängenden Aspekten der Berufsrolle", über „verschiedene Formen" und „allgemeine Grundlagen der Supervision" sowie über „Strukturen und Prozesse in Organisationen". Eine mittlere Kompetenzausprägung ist für das Fachwissen über die „theoretische, wissenschaftsbezogene Grundlegung supervisorischer Konzepte" und über „supervisionsrelevante Arbeitsfelder und deren spezifische Bedingungen" feststellbar.

Interpretation der Ergebnisse in Bezug auf die Sach-/Fachkompetenzen

Das gegenstandsbereichsbezogene Wissen (über Arbeit, Organisation und Berufsrolle) wird generell als noch wichtiger eingeschätzt als das auf die Supervision selbst bezogene Wissen (Grundlagen, Formen der Supervision). Die persönliche Ausprägung sowohl des gegenstands- als auch des supervisionsbezogenen Wissens wird zwar als hoch eingeschätzt, ist allerdings im Trend schwächer ausgeprägt als die Einschätzung der generellen Bedeutsamkeit. Dies insbesondere beim organisationalen Wissen. Wenngleich die Werte der persönlichen Ausprägung und der generellen Bedeutsamkeit aufgrund der beiden unterschiedlichen Skalen nur vorsichtig miteinander verglichen werden können, lassen sich aus den genannten Unterschieden Diskussionsimpulse für curriculare Veränderungsbedarfe im Hinblick auf eine stärkere Berücksichtigung organisationaler und theoretisch-wissenschaftsbezogener Wissenselemente ableiten.

Kernkompetenzbereich: Methodenkompetenzen

R	Generelle Bedeutsamkeit ausgesuchter Methodenkompetenzen	MW
1	Gespräche kongruent, emphatisch, wertschätzend und authentisch führen können	1,12
	Perspektiven erweitern oder umdeuten sowie Ressourcen/Potentiale erschließen können	1,12
3	Prozessorientiert und hypothesengeleitet personale, interpersonale und organisationale Strukturen und Prozesse erkennen, beschreiben, analysieren und interpretieren können	1,24
4	Handlungsalternativen aufzeigen und/oder konstruieren können	1,40
5	aktiv zuhören, sich verständlich machen und sich präsentieren können	1,44
...	...	...
21	Supervisionsrelevante Entwicklungsbedarfe der Praxis erkennen, Praxisentwicklungen begleiten, unterstützen, auswerten und dokumentieren können	2,16
22	Forschungsthemen selbständig recherchieren, wissenschaftlich bearbeiten und präsentieren/dokumentieren können	2,88
23	Forschungsfragestellungen operationalisieren und mit quantitativer und/oder qualitativen Forschungsmethoden bearbeiten können	3,12

Abb. 5: Rangreihe: Generelle Bedeutsamkeit von Methodenkompetenzen

Das Wissen über spezifische Arbeitsfeldbedingungen der Supervision (Feldkompetenzen) wird im Hinblick auf dessen generelle Bedeutsamkeit ebenso im mittleren Bereich eingestuft, wie die entsprechende persönliche Ausprägung. Dies ist möglicherweise Ausdruck der Grundausrichtung des Studiengangs, nicht zu sehr auf spezifische Arbeitsfelder hin auszubilden, sondern übergreifende Felderkundungs- bzw. -forschungskompetenzen zu vermitteln in der Wahrnehmung, des Verstehens und Mitgestaltens der je spezifischen Felddynamik (Berker 1992: 4ff.).

Im Bereich der Methodenkompetenzen werden Gesprächsführungs-, Analyse-/Diagnose- und Problemlösekompetenzen als generell sehr wichtig bzw. wichtig eingeschätzt. Das betrifft auch die hier nicht näher aufgeführten Interventionskompetenzen. Eine mittlere Bedeutsamkeit wurden hingegen Forschungs (-methoden)kompetenzen jenseits von Praxisentwicklungsfragestellungen zugeschrieben.

R	Persönliche Ausprägung ausgesuchter Methodenkompetenzen	MW
1	Gespräche kongruent, emphatisch, wertschätzend und authentisch führen können	1,40
2	aktiv zuhören, sich verständlich machen und sich präsentieren können	1,68
	Handlungsalternativen aufzeigen und/oder konstruieren können	1,68
	Perspektiven erweitern oder umdeuten sowie Ressourcen/Potentiale erschließen können	1,68
...	...	...
10	Prozessorientiert und hypothesengeleitet personale, interpersonale und organisationale Strukturen und Prozesse erkennen, beschreiben, analysieren und interpretieren können	2,08
...	...	...
21	Forschungsthemen selbständig recherchieren, wissenschaftlich bearbeiten und präsentieren/dokumentieren können	2,76
22	Supervisionsrelevante Entwicklungsbedarfe der Praxis erkennen, Praxisentwicklungen begleiten, unterstützen, auswerten und dokumentieren können	2,79
23	Forschungsfragestellungen operationalisieren und mit quantitativer und/oder qualitativen Forschungsmethoden bearbeiten können	3,28

Abb. 6: Rangreihe: Persönliche Ausprägung von Methodenkompetenzen

Eine sehr hohe bzw. hohe persönliche Ausprägung ist bei einzelnen Gesprächsführungskompetenzen und eine hohe Ausprägung bei einzelnen Analyse-/Diagnose-, Interventions- und Problemlösekompetenzen festzustellen.

Eine mittlere Einschätzung ihrer Kompetenzen sehen die AbsolventInnen in ihren Supervisionsforschungs- und Praxisentwicklungskompetenzen.

Interpretation der Ergebnisse in Bezug auf die Methodenkompetenzen

Grundsätzlich gibt es in den Rangpositionen der generellen Bedeutsamkeit und der persönlichen Ausprägung der Methodenkompetenzen keine großen Unterschiede.

Auf die supervisorische Praxis bezogene Methodenkompetenzen, insbesondere Gesprächsführungs-, Diagnostik-, Problemlöse- und Interventionskompetenzen werden generell als wichtig eingeschätzt. Hingegen sind Kompetenzen, die auf die forschende Tätigkeit von SupervisorInnen abzielen, offenbar nur zum Teil bedeutsam. Dies spiegelt sich auch in den persönlichen

Einschätzungen wider. Die insgesamt sehr hohen und hohen persönlichen Methodenkompetenzausprägungen deuten darauf hin, dass dieser Studiengang eine starke Fokussierung der Lehre praxisbezogener Methodenkompetenzen vornimmt, also in diesem Kompetenzbereich besonders effektiv ausbildet.

Die mittleren Werte in Bezug auf Supervisionsforschung und Praxisentwicklung können in Zusammenhang gesehen werden mit der aktuell verstärkt geführten Professionalisierungsdebatte, in der die Frage der Verwissenschaftlichung vs. Praxisnähe von Supervision durchaus kontrovers diskutiert wird. Eine generelle Aufwertung und Stärkung der Forschungs- und Praxisentwicklungskompetenzen muss jedoch nicht per se zulasten praxisbezogener Methodenkompetenzen gehen.

Kernkompetenzbereich: Beziehungskompetenzen

R	Generelle Bedeutsamkeit ausgesuchter Beziehungskompetenzen	MW
1	mit Widerständen und Abwehrprozessen adäquat umgehen können	1,08
2	mit unterschiedlichen Menschen eine professionelle, situationsadäquate und wertschätzende Beziehung aufbauen, unterhalten und beenden können	1,12
3	sich einfühlen können und wollen	1,20
4	Konflikte aushalten und regulieren können	1,32
5	empathisch und sensibel für die soziokulturelle „Realität" von Menschen sein	1,36
6	ein gutes Gespür für die Stimmungen anderer Menschen haben	1,48
7	bereit und fähig sein, in Beziehungen zuwendungs- und anerkennungsunabhängig zu handeln	1,52
...	...	...
12	sich leicht auf verschiedene Situationen einstellen können	1,76
13	geschlechtsspezifische Einflüsse auf das Beziehungsgeschehen angemessen beachten können	1,84
14	Kompromisse schließen können	2,45

Abb. 7: Rangreihe: Generelle Bedeutsamkeit von Beziehungskompetenzen

Beziehungskompetenzen werden insgesamt als sehr wichtig bzw. wichtig für die supervisorische Tätigkeit eingeschätzt. Diesbezüglich besonders wichtig sind einzelne Konflikt- und Beziehungskompetenzen sowie die Fähigkeit zur Sensitivität. Nur der Fähigkeit zum „Schließen von Kompromissen" wird ein mittlerer Grad der generellen Bedeutsamkeit beigemessen.

Sensitive Beziehungskompetenzen, beispielsweise Sensibilität und Empathie sind bei den AbsolventInnen stark, einzelne Konfliktkompetenzen hingegen nur mittelstark ausgeprägt.

R	Persönliche Ausprägung ausgesuchter Beziehungskompetenzen	MW
1	sich einfühlen können und wollen	1,60
	empathisch und sensibel für die soziokulturelle „Realität" von Menschen sein	1,60
3	ein gutes Gespür für die Stimmungen anderer Menschen haben	1,64
4	sich leicht auf verschiedene Situationen einstellen können	1,76
5	mit unterschiedlichen Menschen eine professionelle, situationsadäquate und wertschätzende Beziehung aufbauen, unterhalten und beenden können	1,84
6	Kompromisse schließen können	1,88
7	geschlechtsspezifische Einflüsse auf das Beziehungsgeschehen angemessen beachten können	1,92
...	...	...
12	Konflikte aushalten und regulieren können	2,40
	mit Widerständen und Abwehrprozessen adäquat umgehen können	2,40
14	bereit und fähig sein, in Beziehungen zuwendungs- und anerkennungsunabhängig zu handeln	2,45

Abb. 8: Rangreihe: Persönliche Ausprägung von Beziehungskompetenzen

Interpretation der Ergebnisse in Bezug auf die Beziehungskompetenzen

In den Rangpositionen bzw. Mittelwerten der generellen Bedeutsamkeit und der persönlichen Ausprägung der auf Sensitivität und Beziehungsfähigkeit bezogenen Einzelkompetenzen sind keine nennenswerten Unterschiede festzustellen. Dies gilt jedoch nicht für den Bereich der Konfliktfähigkeit. Diese wird zwar generell als für die supervisorische Arbeit sehr wichtig eingestuft, der persönliche Ausprägungsgrad bewegt sich jedoch im mittleren Bereich. Auch unter Berücksichtigung eines möglichen Milde-Effekts weisen die insgesamt hohen Selbsteinschätzungswerte bei den Beziehungskompetenzen der AbsolventInnen darauf hin, dass dieser Studiengang eine deutliche Fokussierung der Vermittlung interpersonaler und sozialer Kompetenzen vornimmt. Möglicherweise wirkt sich auch die durchgängige Präsenz der Kursleitung in allen Lehrveranstaltungen positiv auf die Förderung von Sensitivität und Beziehungsfähigkeit der Studierenden aus. Andererseits sollte sie aber in der gruppendynamischen Begleitung der Studienkurse die Stärkung der Konfliktkompetenzen deutlicher in den Fokus nehmen.

Kernkompetenzbereich: Personkompetenzen

Personkompetenzen, bezogen auf die Fähigkeit zur Intuition/Urteilsbildung, Belastbarkeit, Selbstorganisations-, Reflexions- und Kritikfähigkeit sowie auf die Entwicklung der eigenen Beraterpersönlichkeit und einer spirituellen Werthaltung werden ausschließlich als sehr wichtig bzw. wichtig für die supervisorische Tätigkeit eingeschätzt.

R	Generelle Bedeutsamkeit ausgesuchter Personkompetenzen	MW
1	die eigene Intuition wahrnehmen und nutzen können	1,24
2	die eigenen Grenzen und die anderer Menschen wahrnehmen und wahren können	1,29
3	die eigenen Emotionen und Affekte wahrnehmen und kontrollieren können	1,36
	Kritik konstruktiv aufnehmen und wertschätzend und authentisch äußern können	1,36
	das eigene Beratungskonzept mit den Besonderheiten der eigenen Beraterpersönlichkeit in Einklang bringen können	1,36
6	eigene Überzeugungen und Wertvorstellungen einer kritischen Selbstreflexion unterziehen können und wollen	1,44
7	Ungewissheiten und Widersprüche aushalten können	1,48
...	...	...
11	sich mit den spirituellen Dimensionen des Lebens auseinandersetzen können und wollen	1,76
...	...	...
16	die motivationalen Aspekte der Supervisionstätigkeit bewusst machen können	2,12

Abb. 9: Rangreihe: Generelle Bedeutsamkeit von Personkompetenzen

R	Persönliche Ausprägung ausgesuchter Personkompetenzen	MW
1	sich mit den spirituellen Dimensionen des Lebens auseinandersetzen können und wollen	1,52
2	die eigene Intuition wahrnehmen und nutzen können	1,60
3	eigene Überzeugungen und Wertvorstellungen einer kritischen Selbstreflexion unterziehen können und wollen	1,68
...	...	...
6	das eigene Beratungskonzept mit den Besonderheiten der eigenen Beraterpersönlichkeit in Einklang bringen können	1,88
...	...	...
9	die eigenen Grenzen und die anderer Menschen wahrnehmen und wahren können	1,92
	Kritik konstruktiv aufnehmen und wertschätzend und authentisch äußern können	1,92
...	...	...
12	die eigenen Emotionen und Affekte wahrnehmen und kontrollieren können	2,04
...	...	...
15	die motivationalen Aspekte der Supervisionstätigkeit bewusst machen können	2,20
16	Ungewissheiten und Widersprüche aushalten können	2,32

Abb. 10: Rangreihe: Persönliche Ausprägung von Personkompetenzen

Eine sehr starke persönliche Kompetenzeinschätzung attestieren sich die AbsolventInnen in ihrer ethisch-spirituellen Werthaltung. Alle anderen Personfähigkeiten werden als stark ausgeprägt erlebt. Alleine die Fähigkeit, „Ungewissheiten und Widersprüche aushalten zu können", erhielt einen mittleren Ausprägungsgrad.

Interpretation der Ergebnisse in Bezug auf die Personkompetenzen

Personkompetenzen werden generell als sehr wichtig bzw. wichtig und die persönliche Ausprägung verschiedener Personkompetenzen wird fast durchgängig als stark eingeschätzt. Der mittlere Ausprägungsgrad der Fähigkeit, „Ungewissheiten und Widersprüche auszuhalten", trifft auf die gerade in dieser Hinsicht stetig wachsende Anforderung an die Supervisionsprofession:

aufgrund der sich rapide verändernden Arbeitswelt müssen SupervisorInnen gegenstandsbezogene Unsicherheiten, Unklarheiten und Widersprüche aushalten und bewältigen können. Diese Entwicklung könnte noch stärker in den Blick genommen werden.

Die hohen Werte im Bereich der persönlichen Auseinandersetzung mit spirituellen Lebensfragen könnten einerseits mit dem bereits erwähnten möglichen Milde-Effekt zusammenhängen, andererseits aber auch ein Beleg dafür sein, dass der Studiengang eine explizite curriculare Ausrichtung der Lehre auf verantwortungsvolles Handeln, Wissen und Können sowie auf eine auch ethisch und spirituell reflektierte persönliche Einstellung und Haltung vornimmt.

Kernkompetenzbereich: Beratungskompetenzen

R	Generelle Bedeutsamkeit der Beratungskompetenzen	MW
1	Supervisionen professionell akquirieren, kontraktieren, leiten, reflektieren und abschließen können	1,36
2	den personalen, interpersonellen, organisationalen und gesellschaftlichen Kontext der Supervision berücksichtigen können	1,48
3	den Gegenstandsbereich der Supervision wissenschaftlich durchleuchten können	2,56

Abb. 11: Rangreihe: Generelle Bedeutsamkeit von Beratungskompetenzen

Den umfassenden, auf die Supervision selbst und auf den praxisrelevanten Gegenstandsbereich bezogenen Beratungskompetenzen wird generell eine wichtige Bedeutung beigemessen. Eine mittlere Bedeutsamkeit hingegen wird der Fähigkeit beigemessen, „den Gegenstandsbereich der Supervision wissenschaftlich durchleuchten zu können".

R	Persönliche Ausprägung der Beratungskompetenzen	MW
1	Supervisionen professionell akquirieren, kontraktieren, leiten, reflektieren und abschließen können	2,16
2	den personalen, interpersonellen, organisationalen und gesellschaftlichen Kontext der Supervision berücksichtigen können	2,40
3	den Gegenstandsbereich der Supervision wissenschaftlich durchleuchten können	2,88

Abb. 12: Rangreihe: Persönliche Ausprägung von Beratungskompetenzen

Es ist eine starke persönliche Ausprägung der auf die Supervision selbst und eine mittlere Ausprägung der auf den praxis- und forschungsrelevanten Gegenstandsbereich bezogenen Beratungskompetenzen erkennbar.

Interpretation der Ergebnisse in Bezug auf die Beratungskompetenzen

Im Bereich der Beratungskompetenzen als Synopse der Sach-, Beziehungs-, Methoden- und Personkompetenzen werden der Rangreihe des Grads der persönlichen Ausprägung äquivalente Gewichtungen zu ihrer generellen Be-

deutsamkeit angegeben. Mit dem mittleren Bedeutungs- und Ausprägungsgrad der Kompetenz zur wissenschaftlichen Durchleuchtung des Gegenstandsbereichs der Supervision in der supervisorischen Praxis scheint sich ein professionelles Grundverständnis von Supervision zu entwickeln, in dem diese
wissenschaftsbezogenen Beratungsfähigkeiten zwar nicht im Vordergrund
des SupervisorInnenprofils verortet, aber dennoch integraler Bestandteil der
eigenen Professionslogik geworden sind.

2.5. Zusammenfassung: Schwerpunkte und Entwicklungsoptionen bei der Kompetenzvermittlung im Masterstudiengang Supervision der KFH NW

Welche Hinweise auf das Kompetenzprofil des Studiengangs und auf mögliche
Veränderungsoptionen ergeben sich anhand der Evaluationsergebnisse? In der
Gesamtschau wird deutlich, dass der Studiengang die Studierenden in allen an-
gesprochenen Kompetenzbereichen offenbar wirksam und fundiert ausbildet.
Dabei lässt sich eine besondere Schwerpunktsetzung auf die Entwicklung von
Person-, Beziehungs- und praxisorientierten Methodenkompetenzen feststellen.
Da etwa Beziehungs- und Personkompetenzen vorwiegend über den gesamten
Studienverlauf, also modulübergreifend vermittelt werden müssen, ist die Implementation einer prozess- und erfahrungsorientierten Lernkultur innerhalb einer modular vorgeschriebenen Studienstruktur wesentlich. Die hohe personale
Reflexionsfähigkeit, die der Studiengang vermittelt, sollte auch zukünftig genutzt werden, um im Studienprozess etwa im Rahmen von Zwischenbilanzen
immer wieder auf die persönlichen Kompetenzentwicklungsfortschritte einzugehen und diese bewusst zu machen bzw. zu halten.

Im Einzelnen könnten aus den Evaluationsergebnissen curriculare Ent-
wicklungsbedarfe diskutiert werden im Blick auf eine noch stärkere Berücksichtigung organisationalen Sach-/Fachwissens auf der einen und einer noch
stärkeren Förderung von Kompetenzen im Umgang mit Konflikten und Unsicherheiten bzw. Widersprüchlichkeiten auf der anderen Seite. Durch die
ständige Lehrveranstaltungspräsenz der Studiengangsleitung sowie die Begleitung der Studierenden in den Einzel- und Triadenlehrsupervisionen sind
dafür günstige Settings bereits vorhanden. Sie sollten noch gezielter für konstruktive Konfliktbewältigungserfahrungen genutzt werden. Darüber hinaus
wird mit den selbstorganisierten Lerngruppen eine Lehrveranstaltungsform
angeboten, mit der durch teamorientiertes interdisziplinäres Arbeiten bei flachen Hierarchien und hoher Eigenständigkeit und -verantwortung eine Analogie zu modernen Arbeitsstrukturen und deren Konflikt- und Ambiguitäts-
dynamiken hergestellt ist.

Bei den Sach-/Fach- und Methodenkompetenzen liegen die Ausprägun-
gen derjenigen Einzelkompetenzen, die auf Forschung und Praxisentwicklung zielen, auf mittlerem Niveau. Da der Masterstudiengang eher anwen-

dungs- als forschungsorientiert ausgerichtet ist, sind diese Werte mit dem angestrebten Professionsbild eines/einer vor allem praxisnahen Supervisors/-in kompatibel, der/die mit dem Abschluss Master of Arts zugleich wissenschaftlich ausgewiesen ist. Inwieweit eine noch stärkere wissenschaftliche Ausrichtung für die Profession der Supervision notwendig ist, etwa in den Feldern qualitativer Supervisionsforschung, lässt sich aus diesen Ergebnissen nicht ableiten. Hier befinden sich auch die Professionellen selbst auf dem Weg einer grundsätzlichen Umorientierung des beruflichen Selbstverständnisses, die eine wissenschaftlichere Ausrichtung in die praxisbezogene Tätigkeit integriert und die noch nicht abgeschlossen ist.

Literatur

Barthelmess, M. (2003): Von der Hybris zur Expertise. Was ist eigentlich Beratungskompetenz. In: Familiendynamik 4/2003, S. 454-466.

Berendt, B./Voss, H-P./Wildt, J. (Hrsg.) (2003): Neues Handbuch Hochschullehre. Berlin.

Berker, P. (1992): Felddynamik. In: Supervision, 21/2003, S. 3-9.

Erpenbeck, J. (1997): Selbstgesteuertes, selbstorganisiertes Lernen. In: Arbeitsgemeinschaft Qualifikations-Entwicklungs-Management (Hrsg.): Kompetenzentwicklung 97: Berufliche Weiterbildung in der Transformation – Fakten und Visionen. Münster, S. 309-316.

Erpenbeck, J./Heyse, V. (1999): Die Kompetenzbiographie. Strategien der Kompetenzentwicklung durch selbstorganisiertes Lernen und multimediale Kommunikation. Münster.

Erpenbeck, J./v. Rosenstiel, L. (2003): Handbuch Kompetenzmessung. Erkennen, Verstehen und Bewerten von Kompetenzen in der betrieblichen, pädagogischen und psychologischen Praxis. Stuttgart.

Faix, W./Laier, A. (1991): Soziale Kompetenz. Das Potential zum unternehmerischen und persönlichen Erfolg. Wiesbaden.

Frey, A./Balzer, L. (2003): Soziale und methodische Kompetenzen. In: Frey, A./Jäger, R. S./Renold, U. (Hrsg.): Kompetenzmessung (Empirische Pädagogik, 17, 2). Landau, S. 148-175.

Galuske, M. (1998): Methoden der Sozialen Arbeit. Eine Einführung. München.

Heyse, V./Erpenbeck, J. (1997): Der Sprung über die Kompetenzbarriere: Kommunikation, selbstorganisiertes Lernen und Kompetenzentwicklung von und in Unternehmen. Bielefeld.

Kauffeld, S./Grote, S. (2000): Persönlichkeit und Kompetenz. In: Arbeitsgemeinschaft Qualifikations-Entwicklungs-Management (Hrsg.): Flexibilität und Kompetenz: Schaffen flexible Unternehmen kompetente und flexible Mitarbeiter? Münster, S. 187-196.

Maag Merki, K./Grob, U. (2003): Überfachliche Kompetenzen. In: Frey, A./Jäger, R./Renold, U. (Hrsg.): Kompetenzmessung. Landau, S. 123-147.

Mayring, P. (2007): Qualitative Inhaltsanalyse: Grundlagen und Techniken. Weinheim; Basel.

Olk, T. (1989): Abschied von Experten. Sozialarbeit auf dem Weg zu einer alternativen Professionalität. München.

Richter, C. (1995): Schlüsselqualifikationen. Alling: Sandmann.

Rychen, D. S./Salganik, L.H. (Eds.) (2001): Defining and selecting key competencies. Seattle, Bern.

Schewior-Popp, S. (1998): Handlungsorientiertes Lehren und Lernen in Rehabilitationsberufen. Stuttgart.

Sonntag, K.-H./Schaefer-Rauser, U. (1993): Selbsteinschätzung beruflicher Kompetenzen bei der Evaluation von Bildungsmaßnahmen. In: Zeitschrift für Arbeits- und Organisationspsychologie, 37/1993, 163-171.

Sonntag, K.-H./Schaper, N. (1992): Förderung beruflicher Handlungskompetenz. In: Sonntag, K. H. (Hrsg.): Personalentwicklung in Organisationen. Göttingen, S. 187-210.

2. Supervision und Forschung

Peter Berker

Forschung und Supervision – zu selten gestellte Fragen

In der Darstellungsform häufig gestellter Fragen werden einführende Überlegungen zum Verhältnis von Supervision und Forschung zusammengestellt. Meines Erachtens werden diese Fragen noch immer zu selten gestellt und noch immer zu sparsam beantwortet. Ziel ist eine Ermutigung von Supervisoren, ihre Praxis für Forschung zu öffnen und sich selbst an forschenden Prozessen zu beteiligen. Gerade weil sich der Autor einer Erkenntnistheorie verbunden weiß, die mit den Begriffen Nominalismus und Konstruktivismus verbunden werden kann, ist die Erhellung von Supervision und Entzauberung von Supervisorinnen und Supervisoren durch aufklärende Forschung eine erwünschte Nebenwirkung. Ich bitte um Verständnis dafür, daß ich im weiteren Text die Genderperspektive wissentlich nicht weiter ausleuchte und auf weitere sprachliche Geschlechterdoppelungen konsequent verzichte.

1. Welche Bedeutung hat Forschung?

Die Mehrheit aller Forscher der gesamten Menschheitsgeschichte forscht heute. Diese These muß einen gezählten Beweis schuldig bleiben. Allerdings argumentiere ich mit Plausibilität. Das rasante Wachstum der Erdbevölkerung, die Freistellung einer zunehmend hohen Prozentzahl der Bevölkerung vom täglichen Kampf um Nahrung durch Industrialisierung und Arbeitsteilung, der rasche Anstieg der Studierendenzahlen, der weltweite Ausbau von Hochschulen und Forschungseinrichtungen in den letzten Jahrzehnten, die öffentliche Diskussion über Informationsgesellschaft und Wissensgesellschaft – all dies sind Argumente die dazu beitragen eine These in verbürgtes Wissen zu überführen. Dieser Vorgang der Überführung von Wahrnehmungen, von Behauptungen, von Vermutungen in verbürgtes, d.h. wissenschaftlich erworbenes Wissen wird gemeinhin schlicht als Forschung bezeichnet.

2.   Wo entstehen Forschungsfragen?

Am Anfang jeder Forschung steht eine Frage, die eine Antwort fordert. Wo entstehen Forschungsfragen? Klassischerweise wird dies in einem Theorie-Praxis-Modell beschrieben. In der Praxis entstehen Fragen, die in der Theorie mittels Forschung bearbeitet und beantwortet werden. Bekanntlich hat dieses Denkmodell Kritiker. Weder hält die Praxis die Theorie für sonderlich nützlich, noch ist die Theorie mit der Praxis sonderlich zufrieden. Ob die Parameter Nützlichkeit und Wertschätzung für eine Analyse des meist als Dilemma beschriebenen Verhältnisses von Theorie und Praxis ausreichen, sei hier nicht weiter reflektiert. Jan Weiser hat eine anregende, erweitere Perspektive vorgeschlagen. Nach seinem Modell wird aus dem Begriffspaar ein begriffliches Dreieck. Forschung wird generiert in einem Dreieck bestehend aus den Punkten öffentliches Thema/öffentliches Problem – gesellschaftliche Praxis – wissenschaftliche Theorie (vgl. Weiser 2002,77). Die Eckpunkte des Modells lassen sich systemtheoretisch auch als autopoietische, eigenständige Systeme verstehen, die sich wechselseitig als Umwelt wahrnehmen und die durch strukturelle Koppelungen einander zu beeinflussen suchen. Auf der Ebene der Akteure läßt sich dieses Modell anschaulicher formulieren: Politiker/ Journalisten als Vertreter öffentlicher Interessen – Praktiker in Gestalt einer oder mehrerer Professionen – Wissenschaftler/Forscher als Vertreter einer Disziplin werden immer wieder thematisch miteinander in Kommunikationen gezwungen, obwohl ihre jeweiligen Systeme eigenen Sinn und eigene Handlungslogiken herausgebildet haben.

Ich will dieses Modell für die Supervision kurz skizzieren: im Kontext der durch Industrialisierung und Verstädterung entsteht Soziale Arbeit. Nahezu parallel wird Mitte des 19. Jahrhunderts auf drei Ebenen die Soziale Frage gestellt: Wie will die Gesellschaft mit einer dramatisch steigenden Verelendung der durch extensive Arbeit Reichtum erzeugenden Bevölkerung umgehen? Diese Frage wird im politischen System und in den bürgerlichen Zeitungen diskutiert und behandelt, diese Frage wird in den Wissenschaften der Nationalökonomie, der Pädagogik und der Theologie untersucht und diskutiert (vgl. Kronen 1980, Dollinger 2006), diese Frage wird praktisch vor Ort in Gemeinden und Initiativen diskutiert und durch Handlungen partiell beantwortet. Daraus entsteht sowohl innerhalb der Praxis, wie auch in der (Fach-)Öffentlichkeit die Frage: Wie können diese personenbezogenen und ressourcenintensive Hilfen gegen Verelendung verbessert und deren Mittelvergabe kontrolliert werden? (vgl. Kadushin 1976, Wieringa 1990, Weigand 1990). Daraus entsteht zunächst als Teil der Sozialarbeit eine weitere Praxis. Diese Praxis wird Jahrzehnte später in Deutschland Supervision genannt. und dann auch auf weitere Berufsfelder übertragen. Wenn eine solche Praxis eine gesellschaftlich relevante Größe erreicht hat, verstärken sich die Fragen in der Öffentlichkeit und die Fragen in der Praxis bzw. innerhalb der dort sich entwickelnden Profession (en) nehmen zu. Parallel entsteht dann der Bedarf nach einer Theorie bzw. nach einer wissenschaftlichen Disziplin, die sich der Theoriebildung und Theorieentwicklung widmet. Ob und wann aus dem Bedarf dann auch tatsächlich eine Disziplin entsteht, das ist eine wissenschaftspolitische Frage und hat dann primär mit Entscheidungsprozessen im Wissenschaftssystem zu tun. Wenn eine Disziplin sich Fragen und Aufgaben widmet, dann wird diese Praxis Forschung genannt. Die oben grundgelegten Forschungsfragestellungen können nun aus jedem Teilelement des Modells heraus formuliert werden – also sowohl aus der Öffentlichkeit, wie auch aus der Praxis, wie auch aus der Wissenschaft selbst. Wenn diese Forschung dann auch von außerhalb des Wissenschaftssystems (mit-)finanziert wird, dann beschleunigt dies die disziplinbildenden Entscheidungsprozesse. Das ist aber ein neues Thema, das auf die Supervisionsforschung nicht zutrifft.

Die Disziplinbildung in Sachen Supervision ist jedoch in Anfängen. Allerdings sind seit der Gründung der Deutschen Gesellschaft für Supervision (DGSv) als Berufs- und Fachverband Entwicklungen erkennbar (vgl. Berker/ Buer 1998 und www.dgsv.de 2007). Durch die zunehmende Platzierung der Ausbildungen zum Supervisor an Hochschulen erhält die Forschungsorientierung der Supervision weitere Anstöße (beispielsweise Uni Kassel, EFH Freiburg, KFH Nordrhein-Westfalen, Hochschule Mittweida).

3. Was kann Forschung?

Welchen Nutzen hat das Wissenschaftssystem oder anders gefragt: was kann Forschung? Zwei Energien zeichnen Forschung aus: Forschung erzeugt erstens Ordnung (en) und Unterscheidungen (en). Forschung erzeugt zweitens neues Wissen. Der sogenannte forschende Blick erzeugt also zum einen Unterscheidungen. Aus dem alltäglichen, beweglichen Gewusel einer lebendigen Praxis werden mittels Selektionen gezielt ausgeleuchtete Standbilder. Dabei werden Unterscheidungen getroffen. Wer etwas in den Blick nimmt, der dunkelt zugleich anderes ab. Dabei werden Ordnungen aufgebaut. Es werden Einzelelemente definiert, Zusammenhänge konstruiert, Ereignisketten entdeckt. Kurzum es werden Begriffe und Begriffssysteme ersonnen, die Ordnung ins Chaos, Licht ins Dunkel, Unterscheidungen ins Fliessende bringen. Der Aufbau einer Systematik ist eine erste große Energie von Forschung.

Neues Wissen zu erzeugen, ist eine zweite Energie. Die Erfolge naturwissenschaftlich angelegter Forschung sind in unserem Alltag augenfällig. Die Erfolge der Sozialforschung sind anders gestaltet. Entsprechend dem Forschungsgegenstand – das Soziale – ist die örtliche und zeitliche Reichweite des Erkenntnisgewinns begrenzt. Soziales Wissen ist kontextgebunden. Welche Folgen das für die Forschungsstandards hat, darauf komme ich weiter unten zurück. Hier sei nur betont, dass Sozialforschung viel neues Wissen generiert. Die Transformation dieses Wissens in neue soziale Szenen ist fragil und eine ganz eigene, neue Energieleistung.

Was ereignet sich, wenn in einem Forschungsprozess neues Wissen erzeugt wird? Wenn bislang so einfach von Wissen gesprochen wurde, so sei hier kurz auf die Unterscheidung von Daten, Informationen und Wissen hingewiesen (näheres dazu Schaffner in diesem Band, S. **XXX**). Wir sind es schon so gewohnt in Vielzahlen zu denken, daß den meisten von uns der Singular von Daten gar nicht mehr präsent ist: Dat, Data oder Datum? Der Duden empfiehlt letzteres. Aus einem Datum bzw. aus mehreren Daten, die wir unterscheiden, erzeugen wir Informationen. Diese Informationen sind also Daten, denen wir einen Sinn, ein Verständnis zuordnen. Ab einem subjektiv bestimmbaren, qualitativ und quantitativ erkennnbaren Punkt wird aus Informationen alltägliches Wissen. Damit ist die Stabilität der Informationen bis auf weiteres gesichert. Aus einem vom Baum fallenden braunen Blatt (wohl schon mehrere Daten) können wir das Verständnis Herbst erzeugen (aus den Daten werden Informationen). Gekoppelt an weitere Daten (z.b. weitere Bäume, Temperatur) kann aus der Information ein Wissen werden. Wissenschaftliches Wissen und alltägliches Wissen lassen sich durch Standards und Verfahren des Wissensgewinns unterscheiden. Verbürgtes wissenschaftliches Wissen wird durch reflektierte Forschungsvorhaben erzeugt.

4.   Wie läßt sich ein Forschungsvorhaben gestalten?

Die Frage nach dem Design eines Forschungsvorhabens ist zunächst unabhängig von der Größe. Für alle Untersuchungspläne, Forschungsarrangments, Forschungskonzeptionen gilt eine Dreiteilung. Es sind zu unterscheiden der Entdeckungszusammenhang, der Begründungszusammenhang und der Verwertungszusammenhang.

Im Entdeckungszusammenhang ist das Erkenntnisinteresse, möglicherweise auch im Plural, zu benennen und zu reflektieren. Die Auswahl der Leitfrage ist bereits die erste Unterscheidung. Die Wahl dieser Frage und der daraus abgeleiteten weiteren Fragen ist eine erste, frühe Vorformung des Ergebnisses. Ein Bildhauer bestimmt über Auswahl und Größe eines Steines die ersten Prägungen der späteren Skulptur. Dies gilt erst recht, wenn zusätzlich zum Eigeninteresse des Forschers weitere externe Auftraggeber hinzukommen. Die Reflexion des Erkenntnisinteresses dient auch der Perspektiverweiterung. Es geht in diesem ersten Stadium des Forschungsprozesses darum, ein Maximum an Vorblickbahnen (Henningsen 1969, 157), an Suchbewegungen (Berker 1989, 71), an Perspektiven (Schreyögg 1992, 93, Buer 1999, 238) oder an unterschiedlichen Brillen (Kersting 2002, 164)auf den zu untersuchenden Sachverhalt hin zu entwickeln. Die Notwendigkeit von Denkpartnern, von Teamarbeit wird hier sichtbar.

Im Begründungszusammenhang ist der konkrete Ablauf des Forschungsvorhabens zu bestimmen. Insbesondere sind die Verfahren der Datenerhebung und der Datenbewertung auszuwählen. Auf diese Verfahren komme ich weiter unten nochmals zurück.

Schließlich ist der Verwertungszusammenhang zu reflektieren. Wer hat welches Interesse an den Ergebnissen des Forschungsvorhabens? Auch vom Ende eines Forschungsprozesses her werden die Ergebnisse vorgeformt. Externe Auftraggeber sichern sich oft vertraglich sogar Verwertungsrechte zu. Tatsächliche oder phantasierte Leser bestimmen nicht nur die Wahl der Worte und der Literaturangaben. Wissenschaftliche Qualifizierungsarbeiten sind auf andere Verwertungen hin ausgerichtet als Aufträge von Arbeitgebern oder gar von Betroffenen. So ist vor allem der Begründungszusammenhang in wissenschaftlichen Qualifikationsarbeiten überproportional dargestellt. Dies ist eine der prägendsten Eigenlogiken des Systems Disziplin an einer Hochschule.

5. Welche Verfahren sind in der Supervisionsforschung nützlich?

Im weiten Kontext von Supervisionsforschung lassen sich drei Grundtypen von Verfahren der Datenerhebung unterscheiden: Beobachtung, Befragung und Inhaltsanalyse. Bei der Eingrenzung auf supervisionsrelevante Verfahren sind einige Auslassungen (z.B. Test, Testverfahren, Experiment) und einige weitere Vereinfachungen vorgenommen worden. Bei den Auslassungen habe ich mich grundsätzlichen Erwägungen zur Kommunikationssituation innerhalb von Supervision leiten lassen, auf die ich weiter unten zurückkomme. Zu jedem Verfahren und zu den meisten Varianten dieser Verfahren ist eine Fülle nützlicher Literatur veröffentlicht worden. Ich beschränke mich auf die Nennung einiger Texte: Flick 2002, Mayring 2002, Greve/Wentura 1997, Lamnek 1998, Glinka 1998, Schütze 1983 Bei dem Kriterium der Nützlichkeit habe ich vor allem Verfahren im Blick, die die kommunikative Komplexität des zu untersuchenden Gegenstandes angemessen einfangen können. Grundsätzlich sind dafür eher komplexere Verfahren geeignet, wie beispielsweise eine Gruppendiskussion oder ein narratives Interview. Sehr geeignet sind zudem Verfahren Inhaltsanalyse, die mit transskribierten Texten oder mit Federzeichnungen operieren, wie beispielsweise die langjährige Kasseler Forschungslinie in Anlehnung an das Instrumentarium von Fritz Schütze. Verknüpfungen verschiedener Typen wie beispielsweise Inahltsanalyse und Beobachtung erzeugen einen ganz besonderen Mehrwert.

6. Wo bleibt die Diskussion qualitativer und quantitativer Verfahren?

Zugegebenermaßen wollte ich dieser Frage gerne ausweichen. Ich halte sie für wenig erkenntnisfördernd. Anhand der benutzten Literatur kann mein bevorzugter Standpunkt leicht erkannt werden. Es ist jedoch nicht so, daß ich quantitative Verfahren ablehne. Mir geht es um die Reichweite eines Verfahrens und seiner Ergebnisse. Inwieweit sind Ergebnisse auf andere Personengruppen und Sachverhalte auszuweiten? In wieweit werden Komplexität und Widersprüchlichkeit von Aussagen, Meinungen und Handlungen erfasst? Zählen und Messen sind ohne Zweifel ressourcenschonende Verfahren. Wer allerdings menschliche Kommunikate möglichst vollständig beobachten, abbilden, beschreiben, interpretieren oder verstehen will, der benötigt Verfahren, die unsere alltäglichen Konstruktionen und kommunikativen Bewegungen feiner erfassen und komplexer sichtbar machen. Anschaulicher formuliert: zwischen repräsentativen Untiefen und einmaligen Abgründen führen die Pfade des Forschens. Ich will dies in der gebotenen Kürze an den Standards der Sozialforschung weiter ausführen.

Die klassischen Standards lauten: Objektivität, Reliabilität und Validität. Ein Gegenstand soll objektiv, das heißt wertfrei und kontextunabhängig erfasst werden. Ein Gegenstand soll reliabel, das heißt zuverlässig unabhängig von Person, Raum und Zeit erfasst erfasst werden. Ein Gegenstand soll valide, das heißt gültig im Sinne der Leitfrage erfasst werden, das heißt weiter, alternative Erklärungshypothesen müssen ausgeschlossen werden. Uwe Flick hat diese Diskussion ausführlich dargestellt und gelangt zu überzeugenden Annäherungen. Statt um Objektivität sich zu mühen, fordert er eine Bestätigbarkeit der Ergebnisse. Statt Reliabilität sind Verlässlichkeit und Auditierbarkeit der Ergebnisse notwendig. Das Kriterium der Validität wird differenziert in interne und externe Validität. Hier spricht Flick dann von Begriffen wie Glaubwürdigkeit/Authentizität und Übertragbarkeit/Passung. (Flick 2002, 333ff.). Kurz zusammengefasst: Wissenschaftliches Wissen muß so gewonnen werden, daß der Weg der Erkenntnisgewinnung dargestellt und nachvollzogen werden kann.

7. Welche Forschung kann im Kontext von Supervision stattfinden?

Forschung im Kontext von Supervision lässt sich unterscheiden in Supervision als Gegenstand von Forschung und Supervision als Mittel zur Forschung.

Supervision als Gegenstand von Forschung ist bislang unter drei Leitfragen besonders untersucht worden. Erstens unter dem Gesichtspunkt der Evaluation – hier werden Erkundungen über die Wirkung von Supervision vorgenommen. Zumeist werden hier Elemente der Befragung eingesetzt. Meist sind diese Befragungen aus einer Perspektive und zu einem Zeitraum erfolgt. Mir nicht bekannt sind Befragungen, die sowohl die Perspektive der Supervisanden wie auch der Supervisoren wie auch der Auftraggeber/Vorgesetzte erkunden und zudem auch zu unterschiedlichen Zeitpunkten (z.B. vorher, während, nachher, 1 Jahr später) eines Supervisionsprozesses erhoben worden sind. Der Aufwand solcher Befragungsdesigns ist offenbar nicht mit den zeitlichen und finanziellen Ressourcen zusammenzubringen. Evaluation ist wie in der sonstigen Sozialwissenschaft eher der Legitimation als der Erkenntnisgewinnung verpflichtet. Zweitens werden Verfahren unter dem Gesichtspunkt der Biographieforschung angewandt – hier wird den Lebensläufen und Lebensthemen von Supervisoren, gelegentlich auch denen von Supervisanden oder Supervisandengruppen (z.B. Berufsanfänger, Stellenwechsler) nachgegangen. Drittens wird unter dem Gesichtspunkt der Rekonstruktion geforscht – hier werden Transkripte und/oder Bildaufzeichnungen von Supervisionssitzungen analysiert. Diese Falldokumentationen können auch in Gruppen von Supervisoren sowohl innerhalb der Ausbildung als auch auf wissenschaftlichen Tagungen analysiert werden. Weiterhin ist es auch möglich im Kontext von Life-Supervision zu wissenschaftlich abgesicherten Ergebnissen zu gelangen.

Die weitere Supervisionsliteratur ist diskussionsorientiert. Sie beruht auf einer stetig anwachsenden Fülle von Praxisvignetten, die Erfahrungen, Behauptungen und Argumentation auf unterschiedlichen Ebenen von Plausibilität, Transparenz und Akzeptabilität (vgl. Haubl 2007,2) illustrieren. Konzeptuelle Orientierungen, Formate und Verfahren, Felderkundungen werden so in den Supervisionsdiskurs eingefügt. Das soll nicht kritisiert werden. Die eindeutige Schlagseite der Publikationen ist allerdings fragwürdig. In Zeiten heftiger Expansion war es offenbar nicht notwendig Supervision wissenschaftlich zu untermauern. Erfolg erklärt sich von selbst. Das Ausebben der Modewelle Supervision und die wirtschaftliche Stagnation führen zur Notwendigkeiten der Legitimation und der Untermauerung von Alltagswissen durch wissenschaftliches, verbürgtes Wissen.

Insbesondere die Rekonstruktion der Kommunikationen und Interaktionen in Supervisionsprozessen verspricht erhebliche neue Erkenntnisse über die Wirkkraft von Supervision. Die Arbeit in rekonstruktiven Forschungssettings entspricht auf einer weiteren Ebene der Arbeit im Supervisionssetting selbst. Reflexiv und kommunikativ werden die Falldokumentationen Satz für Satz analysiert. Supervisionsforschung wird hier zu einer Beobachtung Dritter Ordnung. (1.Ordnung: Klient – Supervisand, 2. Ordnung: Supervisand – Supervisor, 3. Ordnung: Supervisor – Supervisionsforscher). Ein besonderer Gesichtspunkt ist hier die Analyse durch Fachkollegen. Bereits in der Ausbildung habe ich sehr produktive Erfahrungen mit diesem Forschungssetting gemacht. Erkenntnisse über Phasen, Entscheidungen, Unterscheidungen und Interventionsfolgen sind in Fachgruppenzusammenhängen faszinierend gut zu gewinnen.

Supervision ist nicht nur als Gegenstand von Forschungsbemühungen sondern auch als Mittel zur Forschung zu betrachten. Supervision weist eine strukturelle Nähe zur qualitativen Forschung auf. In Supervisionsprozessen werden gigantische Mengen von Daten erhoben und bewertet. Diese Daten sind zunächst gesammelte Alltagsbeobachtungen. Aus diesen Beobachtungen werden dann in kollegialem Austausch Informationen, die dann wiederum zu neuem Wissen führen können. Es gibt jedoch kaum systematische Dokumentation dieser Prozesse. Wenn Geschäftsführer eines Wohlfahrtsverbandes oder Schulleiter oder Mitarbeiter einer Wohngruppe in der stationären Erziehungshilfe ihren beruflichen Alltag bearbeiten, dann entsteht neues Wissen über die berufliche Wirklichkeit dieser Supervisanden. Dieses neue Wissen über den Umgang mit belasteten Jugendlichen, über die Schüler und Lehrer von Schultypen und über die Lage von Wohlfahrtsverbänden in Zeiten des Wettbewerbs wird nicht dokumentiert und systematisch erhoben. Diese wissenschaftliche Dokumentation und Systematisierung von Daten und deren Bewertung ist offenbar eine zusätzliche Mühe, die einem erfolgreichen Erkenntnisprozeß nachgelagert wäre. Aufwand und Ertrag geraten so in ein sehr ineffizientes Verhältnis. Warum sollte ein Supervisor sich die Mühe machen, Erkenntniswege nachträglich aufzuarbeiten, wenn ihm das Ergebnis bereits vorliegt? Forschung hat hier den Charme einer nachträglichen Beschreibung eines Tores beim Fußball. Der schwächelnde Charme erklärt die geringe Anwendungsbreite von Supervision als Forschungsinstrument. Allerdings sei dem entgegen gehalten, dass Forschung eben nicht nur Ergebnisse festhält und diese sortiert. Forschung stellt diese inhaltlichen Ergebnisse auch den Nicht-Anwesenden zur Verfügung. Hier liegt noch ein weites Feld der Erkenntnis brach und wartet auf Arbeitskraft.

Literatur

Berker, P./Buer, F. (1998): Praxisnahe Supervisionsforschung, Münster.
Berker, P.: Das Unfertige und Unverstandene – Versuch über den Erfolg der Supervision. in: Zeitschrift „Supervision", Heft 16, 1989, 69-71.
Buer, F. (1999): Lehrbuch der Supervision, Münster.
Dollinger, B. (2006): Die Pädagogik der Sozialen Frage, Wiesbaden.
Flick, U. (2002): Qualitative Sozialforschung, Hamburg.
Glinka, H. (1998): Das narrative Interview, Weinheim, München.
Greve, W./Wentura, D. (1997): Wissenschaftliche Beobachtung, Weinheim.
Haubl, R. (2006): Supervisionsforschung zwischen Praxis und Verwissenschaftlichung. Vortrag auf DGSv-Tagung v. 22/23.9.2006, www:dgsv.de/pdf/Vortrag_Haubl_2006
Henninsen, J. (1969): Kinder, Kommunikation und Vokabeln, Heidelberg.
Kadushin, A. (1976): Supervision in social work New York/London.
Kersting, H. (2002): Zirkelzeichen, Aachen.
Kronen, H. (1980): Sozialpädagogik, Frankfurt am Main.
Lamnek, S. (1998): Gruppendiskussion, Weinheim.
Mayring, P. (2002): Qualitative Sozialforschung, Weinheim, Basel.
Schreyögg, A. (1992): Supervision – ein integratives Modell, Paderborn.

Schütze, F. (1983): Zur Praxisforschung im Supervisionsstudiengang. Drei Papiere. in: Lippenmeier, N. Beiträge zur Supervision, Kassel, S. 23-60.

Weisser, J. (2002): Einführung in die Weiterbildung, Weinheim, Basel.

Weigand, W. (1990): Zur Rezeptionsgeschichte der Supervision, in: Supervision 18, S. 43-57.

Wieringa, C. F. (1990): Entwicklungsphasen der Supervision, in: Supervision 18, S. 37-42

www.dgsv.de/wissenschaft und forschung

Bardo Schaffner

„Wenn die Lehrer wüssten, was Sie wissen…"
Wissensmanagement-Schule-Supervision

Der folgende Beitrag beschäftigt sich mit der Frage, ob und wenn ja, welches Wissen durch TeilnehmerInnen an Supervisionsangeboten im Kontext von Schule generiert wird.

So ganz langsam ist Supervision dabei, sich als gefragte Form der berufsbezogenen Beratung für Lehrpersonen und Schulleitungsmitglieder zu etablieren. Wie es sich für eine veränderungsresistente Organisation, wie Schule, gehört, braucht dieser Prozess allerdings seine Zeit. Tradierte Muster der Kommunikation und Kooperation in der Schule stehen dem entgegen. Gut sind dem Autor noch Szenen zum Thema: Supervision und Schule und Anfangssituationen in Lehrergruppen vom Beginn der Neunziger Jahre in Erinnerung:

– Ein Gymnasiallehrer erzählt einem Kollegen davon, dass er jetzt in einer Supervisionsgruppe mitarbeitet. Kommentar des Kollegen: „Wenn Sie das nötig haben!"
– Bei einer Konferenz von SchulleiterInnen an katholischen Schulen informiert der Autor über das Thema: Schule und Supervision. Während der anschließenden Diskussion drückt einer der anwesenden Schulleiter sein Bedauern darüber aus, dass der Referent kein katholischer Priester sei. Auf die verwunderte Frage, wie er denn darauf käme, antwortet der Schulleiter, für ihn sei die „Hochform" der Supervision die Beichte. Leider könne der Referent und Supervisor als Nicht-Priester aber keine „gültige Absolution" erteilen.
– Anfangsszenen aus zwei verschiedenen kollegiumsinternen Lehrersupervisionsgruppen:
    – Erstes Treffen einer kollegiumsinterne Gruppe an einem Gymnasium in einem Klassenraum, der heftige Gebrauchsspuren zeigt. Der Autor als Supervisor räumt vor Beginn mit einem anwesenden Kollegen die Tische zur Seite und bildet einen Stuhlkreis. Kurze Zeit später bei der Anfangsrunde äußert ein Teilnehmer vehement den Wunsch, an Tischen zu arbeiten und dann ein Referat über „Grenzen und Möglichkeiten von Supervision an der Schule zu hören". Etwa zur gleichen Zeit:

- Erstes Treffen einer kollegiumsinternen Gruppe an einer Förder-
schule. Wir treffen uns zuhause im großen Wohnzimmer einer Kollegin. Es gibt selbstgebackenen Kuchen, Kekse, Chips. Dazu alle Arten
von Getränken inklusive Sekt, usw. Nur mit Mühe kann der Autor als
Supervisor eine Arbeitsatmosphäre herstellen. Es gibt soviel zu erzählen, dass man auch ohne Supervision gut beschäftigt wäre.

Seit Beginn der Neunziger Jahre hat sich Supervision einen festen Platz in
der Schule erobert. Szenen, wie die oben beschriebenen, werden seltener vorkommen. Ein Blick nach NRW zeigt: Supervision ist selbstverständlicher
Teil der Schulleiterfortbildung geworden, Bezirksregierungen und Kirchen
machen Supervisionsangebote für Lehrpersonen, selbst Schulaufsichtsbeamte
nehmen Supervision/Coaching in Anspruch. (Neuschäfer 1995) Trotz dieser
positiven Entwicklungen hat Supervision im System Schule noch lange nicht
den Stellenwert erreicht, den sie etwa für MitarbeiterInnen in der sozialen
Arbeit hat.

So neu und ungewohnt für Lehrpersonen und die Institution Schule das
Thema: Supervision ist, so vertraut ist für diese das Thema: Wissen bzw.
Wissensvermittlung.

Selbstverständlich wird sich Schule als Ort verstehen, wo Wissen gesammelt, didaktisch aufbereitet und „weitervermittelt" wird. Die Lehrpersonen z.B. eines Gymnasiums oder eines Berufskollegs verfügen durch ihre
Ausbildung und berufliche Erfahrung über eine Fülle von Wissen, die eigentlich nur noch durch das Kollegium einer Universität übertroffen wird.

Nicht ganz so selbstverständlich wird der Gedanke sein, dass durch Supervision in der Schule nicht nur Lehrpersonen interessante und hilfreiche
Erfahrungen machen, sondern auch individuelles und organisationales Wissen „vermittelt" und generiert wird. Zu sehr sitzt es Lehrpersonen noch in den
„Knochen" bzw. Schulen in den „Mauern", dass Wissen an Universitäten gebildet, dort an die Studierenden weitergegeben wird, diese das Wissen als Lehrpersonen mit in die Schule bringen und es hier an die Schüler weitergeben.

Für die Lehrerfortbildung, den Tätigkeitsbereich des Autors dieses Beitrages, bedeutet ein solches Verständnis, dass Wissensvermittlung in der
Form stattfindet, dass ein Referent sein Wissen in einem Vortrag an Interes-
senten weitergibt, die dann eigentlich nur noch das Gehörte mit „etwas gutem
Willen und moralischer Zackigkeit" (*Ausspruch eines Schulaufsichtsbeam-
ten*) umzusetzen brauchen.

1.   Wissen, subjektive Theorien und Wissensmangement

Auf Platon geht das Verständnis zurück, dass Wissen eine wahre und begründete Meinung sei. Hier wird unterstellt, dass Wissen objektiv und wahr
sein müsse und könne. Im Alltag von Lehrerfortbildung zeigt sich dieses

Verständnis darin, dass von Auftraggebern und Teilnehmern der Lehrerfortbildung erwartet wird, „richtiges und objektiv beweisbares" Wissen darüber, was ein „guter Lehrer" sei, ließe sich in lehr- und lernbare Pakete packen und müsse dann nur noch in angemessener Weise vom Lehrerfortbildner an die Adressaten weitergegeben werden. Hier angekommen, entwickele es dann Kraft der in ihm wohnenden Überzeugung eine Motivation beim Empfänger, der das neue Wissen unverzüglich anwende. Gelingt dies nicht, waren die „Wissensportionen" nicht gut gepackt, hat der Lehrerfortbildner versagt oder der Empfänger war ignorant oder gar dumm. Obwohl diese Vorstellungen um die „ rechte Wissensvermittlung" in unzähligen wissenschaftlichen Untersuchungen widerlegt worden sind, halten sie sich doch mit fast mythischer Kraft. Auf die eben beschriebene Weise wird jedoch bestenfalls „träges Wissen" gebildet. Dieses Wissen zeichnet sich dadurch aus, dass es wenig Relevanz für Handeln hat. Ja sogar manchmal dem „gesunden Menschenverstand" im Wege steht und sachgerechtes berufliches Handeln behindert. Um „träges Wissen" dürfte es sich auch bei den im Studium erworbenen Didaktikkenntnissen von deutschen Lehrern handeln, wenn Bromme (Bromme 1992: 2) aufgrund eigener und fremder Untersuchungen zu der Einschätzung kommt, dass deutsche Lehrer in der Regel in ihrer Praxis keines der im Studium erlernten didaktischen Modelle anwenden.

So ist es nahe liegend, dass Supervision in der deutschen Schule einen schweren Stand hat. Werden doch hier keine Vorträge gehalten = Wissenspakete verteilt und die Supervisoren sind auch nicht bereit, Experten für fertige Lösungen zu sein.

Um der Frage nachzugehen, ob und wenn ja welchen Beitrag Supervision zur Generierung von Wissen in der Schule leistet, lohnt es sich zunächst noch einige wissenschaftliche Erkundungen nach verschiedenen relevanten Begriffen vorzunehmen.

Was ist Wissen ?

In den verschiedenen wissenschaftlichen Disziplinen gibt es keine allgemeingültige Definition dessen, was Wissen bedeutet. Alleine im Wörterbuch der Kognitionswissenschaft (Stube u.a. 1996) findet man 40 verschiedene Unterbegriffe des Wissensbegriffes. Für die hier aufgeworfene Fragestellung erscheint der strukturgenetische Wissensbegriff weiterführend. Dieser geht zurück auf die Erkenntnistheorie und Entwicklungspsychologie Jean Piagets. In Anlehnung an Steiner (Steiner 2001: 137ff.) und Reinmann (Reinmann 2005: 7ff.) lässt sich Wissen bei Piaget begreifen als ein ständiger Prozess von Assimilation und Akkomodation. Wissen entsteht demnach nicht durch die schrittweise Abbildung von Wirklichkeit, sondern durch die Adaption der Umwelteinflüsse in vorhandene kognitive Strukturen (Assimilation) und durch die Veränderung und Erweiterung im Sinne von Anpassung der kognitiven Strukturen an die Umwelt (Akkomodation).

„Drei Aspekte sind in der strukturgenetischen Perspektive (...) besonders
wichtig: Subjektbezug, kognitive Strukturen und die Idee der Genese:

–   Subjektbezug meint, dass das (personale) Wissen von Individuen Basis
    allen Wissens ist. Wissen setzt kein allgemeines Erkenntnisvermögen vo-
    raus, sondern geht auf vielfältige Erkenntnistätigkeiten von Individuen
    zurück und kann auch nur durch Erkenntnistätigkeit von Individuen re-
    aktiviert (*und damit z.b. angewendet und weitergegeben B.S.*) werden.
–   Kognitive Strukturen (...) sind die Basis für menschliches Erkennen,
    Verstehen und Wissen. Sie entwickeln und verändern sich in dynami-
    scher Auseinandersetzung des Individuums mit der Wirklichkeit. Nun
    darf der Begriff der kognitiven Struktur aber nicht einseitig kognitions-
    psychologisch verstanden und mit der kognitiven Dimension des Lernens
    (im Sinne von Wahrnehmen, Denken, Problemlösen und Gedächtnis)
    gleichgesetzt werden. Der Begriff der kognitiven Struktur bezieht sich
    zum einen auf die mentale Fähigkeit, bestimmte (abstrakte) Gedanken zu
    denken und zum anderen auf Handlungsbereitschaften und Handlungs-
    vollzüge. Es sind also darüber hinaus auch motivationale Tendenzen, Ge-
    fühle und Werte mit kognitiven Strukturen untrennbar verbunden (...).
–   Mit der Idee der Genese kommt die zentrale Frage ins Spiel, wie Wissen
    oder kognitive Strukturen entstehen und wie sie sich verändern. Kogniti-
    ve Strukturen sind grundsätzlich flexibel und dynamisch. Sie sind sowohl
    Ausgangspunkt als auch Mittel und Ergebnis konstruktiver Prozesse des
    Individuums. (...) (*Diese*) Prozesse bedingen sich (...), sind aber auch
    von vielen zufälligen Faktoren und Gewichtungen beeinflusst und damit
    algorithmisch nicht fassbar." (Reinmann 2005: 7ff.).

Ein zentraler Begriff im strukturgenetischen Denken ist der der kognitiven
Strukturen. Wissen besteht demnach aus Systemen solcher Strukturen. Diese
entstehen und verändern sich durch subjektive Konstruktionen von Individu-
en. Diese Konstruktionstätigkeit wiederum ist nur vorstellbar als Ergebnis
eines aktiven Prozesses der Interaktion mit Umwelt und anderen Menschen.
Dass Menschen sich bei aller Subjektivität ihres Wissens überhaupt darüber
mit Anderen verständigen können, liegt darin begründet, dass sich Gruppen
von Menschen oder auch ganze Gesellschaften bis hin zur Weltgemeinschaft
über die Bedeutung bestimmter Wissensinhalte geeinigt und diese Inhalte in
Zeichensystemen (Bsp. Sprache) niedergelegt haben. Dieses Wissen kann als
„objektiviertes Wissen" bezeichnet werden.
   In ihrem „Münchner Modell" des Wissensmanagement unterscheidet
Reinmann – Rothmeier zwischen Informationswissen und Handlungswissen.
(Reinmann – Rothmeier 2001: 11ff.) Der Begriff Informationswissen trägt
der Objekthaftigkeit von Wissen Rechnung: Wissen als etwas, was man in
digitalisierter Form besitzen und beliebig transferieren kann. Der Begriff
Handlungswissen rekurriert auf die Prozesshaftigkeit von Wissen: Wissen
wird hier in enger Verbindung zum Handeln gesehen. Wissen als etwas Sub-

jekthaftes, das sich ein Individuum aneignen muss. Reinmann-Rothmeier vergleicht die verschiedenen „Zustandsformen des Wissens" (S. 12) mit den Aggregatzuständen des Wassers: „Das Wissensverständnis im Münchener-Modell lässt sich auch an einer einfachen Analogie – der Wasser-Analogie – veranschaulichen: Jeder kennt das Element *Wasser* – die häufigste chemische Verbindung, die ca. drei Viertel der Erdoberfläche bedeckt. Es gibt Wasser in drei Zustandsformen, nämlich *flüssig* als den Zustand, den man gemeinhin mit dem Begriff Wasser verbindet, fest als Eis und *gasförmig* als Wasserdampf. Überträgt man dieses Bild auf den Wissensbegriff, sind die Ähnlichkeiten nahe liegend: Wissen ist etwas, das uns in der heutigen Gesellschaft allzeit und überall begegnet und unser Handeln erheblich beeinflusst. Dabei ist Wissen ständig in einer Art Bewegung und nähert sich einmal mehr dem Pol des „gefrorenen" Informationswissens, das gut greifbar und leicht handhabbar ist, ein anderes Mal mehr dem Pol des „gasförmigen" Handlungswissens, das schwer zugänglich und wenig steuerbar ist." (S. 13)

Ergänzend zum strukturgenetischen Wissensverständnis sollen an dieser Stelle noch weitere Sichten einbezogen werden, die u.a. organisationales Wissen und die Funktionalität von Wissen berücksichtigen.

Davenport/Prusack definieren Wissen als „eine fließende Mischung aus strukturierten Erfahrungen, Wertvorstellungen, Kontextinformationen und Fachkenntnissen, die in ihrer Gesamtheit einen Strukturrahmen zur Beurteilung und Eingliederung neuer Erfahrungen und Informationen bietet. Entstehung und Anwendung von Wissen vollzieht sich in den Köpfen der Wissensträger. In Organisationen ist Wissen häufig nicht nur in Dokumenten und Speichern enthalten, sondern erfährt auch eine allmähliche Einbettung in organisatorische Routinen, Prozesse, Praktiken und Normen". (Davenport/Prusak: 1998: 32).

Systemtheoretische und konstruktivistische Sichtweisen unterscheiden zwischen Daten, Informationen und Wissen. Daten sind demnach immer „beobachtungsabhängig" (Willke 1998: 7ff. auch zu dem Folgenden). Sie entstehen im „Auge des Beobachters". Seine (die des Beobachters) Sichtweisen, Überzeugungen und „blinde Flecke" entscheiden darüber, was wahrgenommen wird und was nicht. „Daten müssen in irgendeiner Form codiert sein, um existent zu werden, um Realität zu gewinnen. (…) Was nicht in diese Codierungsformen gepresst werden kann, ist als Datum nicht existent." (Willke 1998: 7) So werden Beiträge nonverbaler Kommunikation und Emotionen erst dann zu Daten, wenn sie in Zeichen (Wörter, Bilder usw.) ausgedrückt werden. Wenn aber im Sinne von Paul Watzlawick gilt, dass die Bedeutung der Botschaft vom Empfänger bestimmt wird, ist bei der Übertragung von Daten nicht gesichert, dass die Bedeutung auch so verstanden wird, wie sie gemeint war. In diesem Sinne kann es zwar eine Vermittlung von Daten geben aber keinen Informationsaustausch. Erst wenn Daten nach systemeigenen Kriterien gedeutet werden und so Relevanz erlangen, werden sie zu Informationen. Wie wird nun aus Informationen Wissen? Für Willke entsteht Wissen

„durch den Einbau von Informationen in Erfahrungskontexte, die sich in Genese und Geschichte als bedeutsam für Überleben und Reproduktion (*des
Menschen B.S.*) herausgestellt haben" (Willke 1998: 11). Insofern ist Wissen
immer kontextgebunden.

Ein Verständnis von Wissen, das seine Funktion im Hinblick auf die Lösung von Problemen verdeutlicht ist das von Probst u.a. „Wissen bezeichnet
die Gesamtheit der Kenntnisse und Fähigkeiten, die Individuen zur Lösung
von Problemen einsetzen. Dies umfasst sowohl theoretische Kenntnisse als
auch praktische Alltagsregeln und Handlungsanweisungen. Wissen stützt
sich auf Daten und Informationen, ist aber im Gegensatz zu diesen immer an
Personen gebunden. Es wird von Individuen konstruiert und repräsentiert deren Erwartungen über Ursache-Wirkungs-Zusammenhänge". (Probst u.a.
1999: 46).

An ein Verständnis, das Wissen in seiner Funktion für die Lösung von
Problemen hier insbesondere im Feld: Schule sieht, knüpft Hameyer an. Er
beschäftigt sich mit dem Thema Wissen im Kontext des Themas Schulentwicklung. Für ihn ist Wissen die Basis für Schulentwicklung. Er unterscheidet dabei Wissen in unterschiedlichen „Repräsentationsformen" (Hameyer
2001: 26ff.):

- Prozedurales Wissen. Gemeint ist damit Wissen um Prozesse der Innova-
  tion.
- Diskursives Wissen. Gemeint ist damit Wissen, das durch Reflexion,
  Evaluation eigenen Tuns gewonnen wird.
- Divergentes Wissen. Diese Form des Wissens denkt die gängige Praxis
  „gegen den Strich". Es geht hier um alternative, kreative und ungewohnte
  Sichtweisen auf „alte" Probleme.
- Strukturales Wissen. Diese Form des Wissens reflektiert Schule als kom-
  plexes System miteinander verwobener Subsysteme. Veränderungen in
  dem einen Bereich ziehen Veränderungen in anderen Bereichen nach
  sich.
- Formatives Wissen. Gemeint ist damit Wissen um die Struktur von Ent-
  wicklungs- und Kommunikationsprozessen.

Der Umgang mit Wissen in der wissensbasierten Organisation Schule zeigt
nun, dass die Fülle des Wissens, das zweifellos durch die individuellen Wissensbestände der Lehrpersonen in der Organisation vorhanden ist, nur sehr
begrenzt von der Organisation genutzt wird.

Zweifellos erwirbt eine Lehrperson im Laufe ihres beruflichen Lebens eine wahre Fülle von Wissen. Wissen in den Fächern, die sie unterrichtet hat
und auch „pädagogisches" Wissen über Lernen, Entwicklung, Kommunikation usw. Geht man nun davon aus, dass dieses Wissen in aller Regel nur im
Kopf der Lehrkraft existiert, dann wird dieses Wissen auch mit ihr in Pension
gehen. Geht man weiter davon aus, dass in den nächsten Jahren sehr viele
Lehrkräfte – in manchen Kollegien sind dies bis zur Hälfte aller Lehrperso-

nen – in Pension gehen, dann wird deutlich, dass demnächst ein nicht uner-
heblicher Bestand des Wissens in und über Schule „in den Ruhestand" gehen
und damit aus den Schulen verschwinden wird.
  Diese Situation wirft die Frage nach Wissensmanagement in der Schule
auf.
  Neben dem berufsbezogenen Wissen, das durch die Lehrkräfte zweifellos
in den Schulen vorhanden ist, aber nicht ausreichend genutzt wird, gibt es offensichtlich noch organisationale Wissensbestände, die wenig bewusst, aber
dafür in bestimmten Situationen handlungsleitend sind. Wenn etwa in einer
Realschule wider „besseres Wissen" und zum Entsetzen aller fragwürdige
Entscheidungen getroffen werden:
  Der Schulleiterin war es gelungen, erhebliche Projektmittel der Landes-
regierung und des Schulträgers in Aussicht gestellt zu bekommen. Viele Jahre lang hatten sich die Schüler und die Lehrkräfte mit sehr beengten räumli-
chen Verhältnissen bescheiden müssen. Mit diesen Mitteln wäre eine deutliche Verbesserung der baulichen Situation möglich gewesen. Sogar ein Raum
für eine Lehrerbibliothek, die schon lange und vehement vom Kollegium gefordert wurde, hätte eingerichtet werden können. Es hing lediglich noch an
einer entscheidenden Abstimmung in der Lehrerkonferenz über die Zustimmung zum Ganztagsunterricht. Obwohl alle wussten, dass eine Ablehnung
dazu führte, dass die Projektmittel und auch die zusätzlichen Mittel des
Schulträgers nicht zur Verfügung standen und obwohl alle wussten, dass eine
Ablehnung des Ganztagsunterrichts bestenfalls aufschiebende Wirkung haben und voraussichtlich rückläufige Schülerzahlen eine erhebliche Stellenun-
sicherheit für die Lehrkräfte bedeuten würde, wurde die Zustimmung, wenn
auch knapp, verfehlt. Während der Diskussion in der Lehrerkonferenz war
das Stichwort „Überlastung" aufgetaucht. Dieses Stichwort hatte offensichtlich bei der Mehrzahl der Lehrpersonen eine „partielle Amnesie" im Hinblick
auf die vielen Vorteile eines positiven Votums über den Ganztagsunterricht
ausgelöst. Die Konferenzteilnehmer waren nach der Abstimmung beschämt
bis entsetzt. Hier war offensichtlich nicht das explizite Wissen der Lehrerkonferenz handlungsleitend gewesen.
  Breiter beschrieben in Anlehnung an das sog. Mülltonnen – Modell von
Cohen/March/Olsen Schulen als soziale Organisationen, die folgende Merkmale aufweisen:
  „Unklare Ziele, die erst durch Handlungen ermittelt werden, statt sie a
priori zu setzen, unklare Verfahren, d.h. den Mitarbeiterinnen und Mitarbeitern sind die ablaufenden Prozesse und die Ursache-Wirkungs-Beziehung
nicht deutlich, schwankende Beteiligung, sowohl zeitlich als auch inhaltlich.
Am Ende eines Entscheidungsprozesses stehen nicht selten Ergebnisse, die
ursprünglich von niemandem intendiert waren, d.h. Entscheidungen werden
eigentlich nicht getroffen, sondern oft erst im Nachhinein als solche rekonstruiert. Die Mülltonne enthält unsortiert verschiedene Elemente: Probleme
bzw. Streitfälle, fertige Problemlösungen, Alternativen, Organisationsmit-

glieder mit wechselnden Zielen und plötzliche Situationsgelegenheiten für Entscheidungen. In der «organisatorischen Anarchie» herrscht in der Mülltonne eine hohe Dynamik, d.h. es können beliebige Elemente hinzukommen oder verschwinden bzw. sich wieder vermischen. Schaut man hinein, so gibt es Probleme, die eine Gelegenheit suchen nach oben zu kommen bzw. Streitfragen, die nach Klärung suchen. Die dank der arbeitsteiligen Struktur und durch zuvor festgelegte Koordinationsmechanismen bzw. -instanzen vorgefertigten Problemlösungen sind ebenfalls auf der Suche nach einem passenden Problem, das sie lösen können. In Organisationen existieren immer wieder Probleme, die nach einer Entscheidung suchen (sowohl routinemäßig als auch neu und plötzlich), und es befinden sich zahlreiche Organisationsmitglieder in der Mülltonne mit unterschiedlichen wechselnden Zielen, die wiederum nach Problemen suchen oder an Entscheidungsfindungsprozessen teilnehmen wollen." (Breiter 2002: 5) Offensichtlich hat in o.g. Beispiel aus einer Realschule die anarchistische Mülltonnen-Dynamik zugeschlagen.

Für die Frage nach dem Wissen, das neben dem expliziten Wissen handlungsleitend ist, gibt das Beispiel auch einen Hinweis auf implizite Wissensbestände, die organisationales Handeln bestimmen können.

Implizites Wissen

Um die Überlegungen zu der Fragestellung, welchen Beitrag Supervision zur Generierung von Wissen in der Institution Schule leisten kann, weiter voran zu bringen, ist es notwendig, den Begriff des „impliziten Wissens" zu erläutern. Dieser Begriff geht auf den ungarisch-britischen Chemiker und Philosophen Michael Polanyi zurück. Polanyi spricht davon, „dass wir mehr wissen, als wir zu sagen wissen" (1985: 14). So wie Vorschulkinder in der Regel nicht die Grammatikregeln explizieren können, die sie befolgen, wissen fahrradfahrende Erwachsen in der Regel nicht um all die physikalischen Gesetze, die sie anwenden, um sich auf dem Rad zu halten. Gleichwohl gelingt ihnen dies immer wieder, wenn sie es einmal, in der Regel, durch Versuch und Irrtum gelernt haben. Wir wissen demnach ganz viel, ohne zu wissen, dass wir es wissen. Denkt man den Begriff des Wissens im Zusammenhang mit Bewusstsein, dann stellt Minnameier (2005: 197) mit Recht die Frage, ob man bei dem Phänomen, das mit dem Begriff „implizites Wissen" beschrieben wird, überhaupt von Wissen sprechen könne oder nicht vielmehr von „implizitem Können" (Ebd.) sprechen müsse.

Sinnvoll erscheint bei dem Begriff des „impliziten Wissens" die Unterscheidung zwischen dem Wissen, das für Hackl „in den Händen oder in den Füßen (*steckt und das B.S.*) im Leib inkorporiert (*ist*)" (Hackl 2005: 71) und dem impliziten Wissen, das wir unserer Reflexion zugänglich machen können und auch explizieren können. Alle Aktivitäten unseres Körpers zeichnen sich dadurch aus, dass sie sich vollziehen, ohne dass wir darum im Einzelnen wissen oder wissen müssen. Würde man z.B. alle Bewegungsabläufe, die wir

beim Laufen vollziehen, bewusst gestalten wollen, würden wir wahrscheinlich sehr schnell auf der Nase liegen. Neben diesem „inkorporiertem Wissen"
gibt es ein implizites Wissen, das z.b. Lehrpersonen in ihrem Handeln steuert, ohne dass diesen bewusst ist, was sie wissen. Dieses Wissen lässt sich in
aller Regel bewusst machen und damit in explizites Wissen transformieren.
    Je mehr Lehrkräfte in alltäglichen Unterrichtssituationen und Gesprächen
mit Eltern, Kollegen und der Schulleitung unter Druck geraten, umso siche-
rer greifen sie auf ihre impliziten Wissensbestände zurück. Leider sind diese
nicht immer sach- und personengerecht. Wenn z.b. eine Lehrerin an einer
Grundschule zum xtenmal mit einer „fordernden" Mutter, die auch zum xtenmal ihrer Überzeugung Ausdruck verleiht, dass ihr Sohn nicht ausreichend
fürs Gymnasium vorbereitet wird, ein Gespräch führt, dann weiß sie schon,
wenn sie jetzt das ausspricht, was ihr auf der Zunge liegt, wie die Mutter
antwortet, und sie weiß auch schon, was sie selbst erwidert... Trotzdem
spricht sie das aus, was ihr auf der Zunge liegt. Es scheint so, als hätten die
Beiden sich irgendwann einmal verabredet, nach welchen Regeln sie kommunizieren wollen. An diese Regeln halten sie sich, seien sie auch noch so
unsinnig. Selbst, wenn man sich noch nicht gut kennt, lösen manche Schlüs-
selwörter/-sätze bei Lehrpersonen vorhersehbare Verhaltensabläufe aus. Ein
solcher Satz ist z.b. die Bemerkung von Eltern: „Bei ihrem Vorgänger hatte
mein Sohn noch nicht diese Probleme!" Auf diesen Satz reagieren Lehrpersonen in der Regel mit stereotypen emotionalen, körperlichen und kognitiven
Befindlichkeiten. Man könnte vermuten, alle Lehrpersonen hätten ein stan-
dardisiertes Elternreaktionstraining im Rahmen ihrer universitären Ausbildung genossen. Mit anderen Worten: Hier wird offensichtlich implizites
Wissen in Handeln umgesetzt. Wenn Wissen sich jeweils in bestimmten
Kontexten in spezifischen kognitiven Strukturen manifestiert, dann sind diese
impliziten Strukturen für das berufliche Handeln von Lehrkräften offensichtlich von überragender Bedeutung.
    Implizites Wissen „passt sich allen Situationen dynamisch an, vermehrt
sich durch Gebrauch statt sich abzunutzen, lässt sich aber nur schwer identifizieren und auch nur schwer verteilen oder konservieren. Andererseits entsteht nur mit stillem Wissen *(= implizitem Wissen B.S)* so etwas wie Innovation, denn – bei allem Fortschritt – Datenbanken werden auf absehbare Zeit
nicht selbst denken können. Und am allerwichtigsten: Entscheidungen fallen
in der Regel auf der Basis von stillem Wissen – insbesondere unter Zeit-
druck" (Schütt 2000: 78ff.).
    Wie bildet sich nun „implizites Wissen"? Die wichtigsten Quellen für den
Erwerb impliziten Wissens sind zweifellos das Lernen durch Nachahmung
und das Lernen durch Versuch und Irrtum. Insbesondere unser Wissen um
zwischenmenschliche Beziehungen und soziale Verhaltensweisen haben wir
auf diesem Wege erworben. Wir wissen nicht, was wir alles wissen, aber
gleichwohl wenden wir das so Gewusste ständig an. Dieses implizite Wissen
erweitert und verändert sich durch Anwendung in immer neuen Kontexten.

Da dieses Wissen internal oft mit bestimmten Emotionen gekoppelt ist, erweist es sich als sehr beständig. Auch wenn dieses Wissen in der Regel nicht reflektiert wird, so ist es der individuellen Reflexion jedoch grundsätzlich zugänglich und damit explizierbar.

Subjektive Theorien

Das Bemühen darum, diese impliziten Wissensbestände der Reflexion und damit auch der Veränderung zugänglich zu machen, kennzeichnet den Forschungsansatz zu den sog. „subjektiven Theorien" (Groeben u.a. 1988). Im Lexikon für Psychologie (2002) werden subjektive Theorien beschrieben als die „Alltagstheorien des Menschen (implizite Theorien, Alltagspsychologie). *(Als)* persönliche Überzeugungen, deren Gültigkeit unterstellt wird und die bei der Beurteilung von Personen (…), Situationen u.a. mit einfließen, ohne dass eine vertiefte kritische Analyse erfolgt. (...) Bei der Bewältigung von Situationen des Alltagslebens orientieren sich Menschen häufig an subjektiven Annahmen über den Zusammenhang von Sachverhalten – im Gegensatz zu wissenschaftlichen Theorien, die schriftlich ausformuliert und mit anerkannten Methoden empirisch überprüft werden (explizite Theorien)." (Ebd. auch zu dem folgenden) Subjektive Theorien enthalten u.a. Plausibilitätsannahmen über

– die Persönlichkeit von Menschen. Nach diesen Theorien wird z.B. aus dem Auftreten bestimmter Verhaltensweisen auf die Existenz bestimmter Charaktereigenschaften bei Menschen geschlossen.
– Erziehung und Bildung. Nach diesen Annahmen hat „man" mit bestimmten Schülern auf eine ganz bestimmte Weise umzugehen und Lernen findet immer nur so statt, wie es diese Annahmen nahe legen.

Ihre Plausibilität erhalten diese Annahmen durch eine durch sie selbst bedingte „selektive Wahrnehmung", durch eine daraus resultierende „sich-selbst-erfüllende-Prophezeiung" und dadurch, dass solche Annahmen in der Regel von vielen anderen Menschen geteilt werden.

Dieses sich selbst erklärende und in seiner Gewissheit sich immer wieder selbst verstärkende System subjektiver Theorien erklärt wohl auch ihre außerordentliche Resistenz gegenüber Veränderungsprozessen. So resümiert etwa Wahl (Wahl 2001) die Ergebnisse einer empirischen Untersuchung von Haas (1998): „In der (…) gründlichsten und durchdachtesten empirischen Untersuchung, die bislang zum alltäglichen Planungshandeln von Lehrpersonen vorgelegt wurde, kommt er *(Haas B.S.)* zu dem erschreckenden Ergebnis, dass die im Lehrerstudium an Pädagogischen Hochschulen und Universitäten (1. Phase der Lehrerausbildung) erlernten allgemein-didaktischen und fach-didaktischen Theorien ebenso wie die im eineinhalbjährigen Referendariat (2. Phase der Lehrerausbildung) im Mittelpunkt stehenden didaktischen Leitlinien im Laufe der Berufsausübung nahezu vollständig verschwinden. Übrig bleibt ein rudimentäres Planungshandeln, das an Schlichtheit fast nicht

mehr zu unterbieten ist. Um so planen zu können, hätte man keine Lehrerausbildung von durchschnittlich 5 Jahren durchlaufen müssen; das wäre auch in
fünf Stunden erlernbar gewesen!" (Wahl 2001: 157)

In dem Forschungsansatz zu „subjektiven Theorien" bei Lehrpersonen
spielt noch ein weiterer Begriff eine wichtige Rolle: der des „Skripts". Blömeke u.a. verstehen unter Skripts „spezifische mentale Repräsentationen zum
Ablauf des Unterrichts. (...) Skripts wiederum stehen in Beziehung zu subjektiven Theorien. Bei diesen handelt es sich um komplexe Aggregate von
Kognitionen der Selbst- und Weltsicht (...). Skripts und dazugehörige subjektive Theorien können unter dem abstrakten Begriff der Handlungsmuster
zusammengefasst werden." (Blömeke u.a. 2003: 104).

Blömeke u.a. weisen daraufhin, dass das „genaue Zusammenspiel von
subjektiven Theorien-als *gegenstandsbezogene* handlungsleitende Kognitionen – und Skripts als *situationsbezogene* handlungsleitende Kognitionen –
(...) allerdings noch als weitgehend ungeklärt gelten (*muss*)" (Ebd.: 106)".

Wahl unterscheidet zwei unterschiedliche Strukturen: Einmal sind dies
„Situationsklassen" oder „Situationstypen" (Wahl 2001: 158 und ausführlich
auch zu dem Folgenden Wahl 2005). Diese Strukturen ermöglichen Lehrpersonen eine relativ schnelle Orientierung in beruflichen Situationen. So wie
ein guter Schachspieler mehrere Tausend „Schachszenen" gespeichert hat,
hat eine Lehrperson viele innere Szenen gespeichert, die ein Wiedererkennen
und damit Orientierung ermöglichen.

Zum anderen kennt Wahl noch „Handlungsklassen". Dies sind internale
Handlungsanweisungen, die die Lehrperson entsprechend der erkannten Si-
tuationsklasse handeln lässt. Situationsklassen und Handlungsklassen sind so
„gerastert" (Wahl 2001: 158), dass sie einige Leerstellen enthalten, die von
der Lehrperson, je nach Situation, eingesetzt werden können. So sind etwa
Personen (z.B. Schüler) in Situations- und Handlungsklassen in der Regel
austauschbar. Bauer formuliert eine ähnliche Position, wenn er, im Kontext
einer Klärung des Begriffes „pädagogische Professionalität", über Experten-
tum schreibt: „Der Experte greift auf einen Wissenskern zurück, aus dem
heraus er in Interaktionssituationen explizites Wissen generiert. Um nun diese nicht bewussten, nur teilweise explizierbaren, nur begrenzt kognitiven
Wissensbestände, die dem Können zugrunde liegen, zu bezeichnen, wird hier
der Begriff ‚Handlungsrepertoire' verwendet. Das Handlungsrepertoire besteht aus motorischen Abläufen, die mit Wissenskernen in hochverdichteter
Form verknüpft sind und zügiges, flüssiges, gekonntes Interagieren ermöglichen. Diese Kombinationen von motorischen Abläufen und Wissenskernen
bilden vermutlich Gruppen, die untereinander kombinierbar sind. Sie werden
mit Wahrnehmungen und Situationsinterpretationen verknüpft, die ebenfalls
nicht vollständig explizierbar sind." (Bauer 1998: 345)

Lehrpersonen berichten in Supervisionsgruppen immer wieder von
schwierigen Situationen in Klassen. Schüler und Schülerinnen halten sich
nicht an die Bitten und Anweisungen von Lehrkräften. Sie „stören" den Un-

terricht. So z.B. Kevin, er ist Schüler in der siebten Klasse eines Gymnasiums. Obwohl er schon an einem Einzeltisch sitzt, nimmt er häufig Kontakt mit seinem Nachbarn auf, verwickelt ihn in ein Gespräch und gelegentliche Raufereien. Immer wieder steht er auf, geht durch die Klasse zum Papierkorb und kneift unterwegs einzelne Mitschüler in den Arm oder nimmt ihnen Stifte o.ä. weg. Bei der Reflexion dieser oder ähnlicher Situationen zeigt sich, dass Lehrpersonen Beschreibungen für Situations- und Handlungsklassen wählen, die sich mit der „Dompteursmetapher" kennzeichnen lassen. In dieser „Dompteursmetapher" sehen sich Lehrkräfte nicht in einem Klassenraum, sondern sie befinden sich in einem Raubtierkäfig in einer Zirkusarena. „Störende" Schüler werden zu Tigern o.ä. Raubkatzen und die „unbeteiligten" Schüler werden zu Zuschauern. Vor allem wird die Lehrkraft selbst zu einem Dompteur. Es gilt, mit „furchtloser Entschlossenheit" und nur mit einer Peitsche „bewaffnet", die Tiger dazu zu bringen, brav auf ihrem Hocker zu sitzen oder durch einen brennenden Reifen zu springen.

Lehrpersonen, die sich in dieser inneren „Dompteurs-Szene" bewegen, werden mehr oder weniger selbstverständlich eine bestimmte Auswahl unter verschiedenen denkbaren Handlungsalternativen treffen. Ob diese dann personen- und sachgerecht sind, kann bezweifelt werden.

Wahl hat in seiner Forschungsarbeit herausgefunden, dass die Zuordnung von Situations- zu Handlungsklassen in der Regel im Verhältnis 1:1 gelegentlich auch 1:2 vorgenommen werden kann. Das heißt, Lehrpersonen verfügen über eins bis zwei Verhaltensalternativen je wiedererkannter Situation. Diese Zuordnung ermöglicht rasches Handeln. Gerade in der Interaktion mit anderen Menschen bleibt in der Regel wenig Zeit, bzw. Lehrpersonen nehmen sich nicht die Zeit, mit neuen Handlungsklassen zu experimentieren. Es wird dann auf das, was in der Situation konsequent zu sein scheint, zurückgegriffen, auch wenn es nicht nur nicht zieldienlich ist, sondern betroffene Lehrkräfte zudem in äußerst schwierige Situationen bringt: Ein Lehrer an einer Hauptschule berichtet in einer Supervisionsgruppe von einem Schüler der Jahrgangsstufe 10, mit dem er häufig Auseinandersetzungen hat. Dieser Schüler hat regelmäßig zu Beginn des Unterrichts den Kopfhörer seines MP3-Players im Ohr. Aufforderungen des Lehrers, das Gerät und den Kopfhörer zur Seite zu legen, ignoriert der Schüler und beginnt ein Gespräch mit den Worten: „Das stört doch keinen, außerdem kann ich trotz Kopfhörer zuhören!" Ein Wort gibt das andere. Der Lehrer fordert den Schüler schließlich auf, den Klassenraum zu verlassen. Dieser weigert sich mit den Worten: „Sie haben mir gar nichts zu sagen!" Sehr schnell entsteht im Erleben des Lehrers die o.g. „Dompteursszene". Die Situation eskaliert und der Lehrer-innerlich im Raubtierkäfig-verhält sich in Bezug auf diese Szene konsequent-packt den Schüler am Kragen und zerrt ihn vor die Tür. So konsequent er sich als Dompteur verhalten hat, so inadäquat hat er sich als Lehrperson verhalten.

Schlee hat sich mit der Frage beschäftigt, „wie sich die Subjektiven Theorien von Menschen verändern" (Schlee 1994: 497). Er geht davon aus, dass subjektive Theorien sich nicht wesentlich sondern nur graduell von wissenschaftlichen Theorien unterscheiden. „Zur Veränderung von wissenschaftlichen Theorien (...) (*rekurriert er auf B.S.*) drei Modelle

a) Das Kumulationsmodell. Danach verändern sich Theorien dadurch, dass sich mit der Zeit durch neue Erkenntnisse theoretisches Wissen vermehrt und ausdifferenziert.

b) Das Evolutionsmodell. Danach ergeben sich Veränderungen dadurch, dass sich in der Konkurrenz unterschiedlicher Teiltheorien, die alle auf denselben Grundannahmen beruhen, die erklärungstärkste gegenüber den erklärungsschwächeren durchsetzt.

c) Das Revolutionsmodell. Veränderungen nach diesem Modell entsprechen dem so genannten Paradigmawechsel, d.h. es erfolgt eine Veränderung bzw. ein Austausch in den Kernannahmen, wodurch sich völlig neue (Problem-)Sichtweisen und Schlussfolgerungen ergeben." (Schlee 1994: 497)

Für die meisten Probleme von Lehrpersonen sieht Schlee nicht die Möglichkeiten kumulativer Veränderungen: Die bloße Belehrung führt demnach nicht weiter.

Die besten Chancen zur Veränderung subjektiver Theorien von Lehrpersonen sieht er in evolutionären Prozessen. Für ihn ist Supervision bzw. kollegiale Beratung dabei eine sehr hilfreiche Form.

Wissensmanagement und Schule

Bei den wissenschaftlichen Erkundungen, die ich bisher zu den Begriffen: Wissen-Supervision-Schule angestellt habe, fehlen noch die nach dem Begriff: Wissensmanagement und dem Zusammenhang zwischen Wissensmanagement und Schule. Versteht man als erste Annäherung an den Begriff Wissensmanagement darunter „den zielgerichteten Umgang mit Wissen" (Reinmann 2005: 10), so ist Schule die Großinstitution in unserer Gesellschaft, die (neben den Hochschulen) die meiste Erfahrung im Umgang mit Wissen hat (oder haben müsste). Hier wird professionell mit Wissen verfahren, hier dreht sich alles um die Organisation von Lernprozessen. Wissensbestände aus verschiedenen Fächern werden in der Schule von Lehrkräften so aufbereitet, dass junge Menschen sich dieses Wissen aneignen können (sollen). In den Schulen liegt demnach das ureigenste Feld des Wissensmanagements. Erwähnt man Lehrpersonen insbesondere Schulleitungspersonen gegenüber diesen Begriff, kann man entweder mit freundlichem Nicht-Wissen (um die Bedeutung dieses Begriffes) oder aber mit einem leichten Zurückzucken und dem Satz: „Nicht auch das noch!" rechnen. Nach „Qualitätsmanagement" jetzt auch noch „Wissensmanagement" sagen Lehr- und Schulleitungspersonen und wehren damit tatsächliche oder vermutete Ansprüche an Schule ab. Der Widerstand entsteht an der Stelle, wo Management-Konzepte aus dem Bereich der Wirtschaft vermeintlich „unreflektiert" in die Schule übertragen werden sollen.

Für den Bereich der pädagogischen und psychologischen Wissenschaften weist Reinmann daraufhin, dass „Ansätze mit pädagogisch-psychologischem Akzent (...) innerhalb der Wissensmanagement-Bewegung nur vereinzelt zu finden *(waren oder sind B.S)*" (Ebd.). Die Hauptwurzeln liegen in den Ingenieurwissenschaften als Weiterentwicklung des Konzeptes: Informationsmanagement bzw. in betriebswirtschaftlichen Zielsetzungen, die Ressource „Wissen" als Beitrag zur Wertschöpfung in Unternehmen zu nutzen. Ungeachtet dessen haben sich Soziologen und Wissenschaftstheoretiker schon lange mit „Wissen" beschäftigt.

Reinmann (Ebd.: 11) unterscheidet zwischen einer individuellen und einer organisationalen Sicht auf Wissensmanagement. Mit Blick auf das individuelle Wissensmanagement betont sie die Nähe zur Metakognitionsforschung. Unter Metakognition versteht sie: „die Fähigkeit (...),

a) das eigene Wissen zu kennen,
b) über das eigene Denken nachzudenken,
c) sich bei der Lösung von Problemen selbst zu beobachten und
d) notwendige Prozesse wie auch Hilfsmittel beim Lernen effektiv zu organisieren" (Reinmann 2005, 11).

Für sie ist individuelles Wissensmanagement nur möglich über Prozesse der Selbstreflexion und über das Wissen um die Möglichkeiten und Grenzen der eigenen Erkenntnistätigkeit. Es setzt „reflexives Bewusstsein" (Ebd.:12) des Einzelnen voraus.

Aus organisationaler Sicht versteht sie unter Wissensmanagement „die Gestaltung und Metasteuerung von Rahmenbedingungen sowie die Förderung von Wissensträgern derart, dass ein verantwortungsvoller und intelligenter Umgang mit Informations- und Handlungswissen wahrscheinlicher wird. (...) Darüber hinaus ist gerade die Bewegung von der Information zum Handeln Gegenstand des Wissensmanagements. So gesehen hat Wissensmanagement zunächst einmal eine integrative Wirkung zwischen Information und Handeln" (Reinmann-Rothmeier 2001: 15).

Mit Blick auf Organisationen definiert Willke: „Wissensmanagement meint die Gesamtheit organisationaler Strategien zur Schaffung einer ‚intelligenten Organisation' " (Willke 1998: 39)

Friehs fasst Willkes Verständnis intelligenter Organisationen im Unterschied zu intelligenten Mitarbeitern zusammen: „Dazu muss die Organisation über Beobachtungsinstrumente verfügen, die es ihr ermöglichen, Daten zu generieren, die die Organisation in ihrem Kontext betreffen. Weiter benötigt die Organisation eigenständige systemisch übergreifende Beobachtungsregeln und Relevanzkriterien für die Bewertung von Daten und die Konstruktion von Informationen, und drittens muss die Organisation dafür Sorge tragen, dass sie einen zusammenhängenden Erfahrungskontext entwickelt und lebendig hält, innerhalb dessen spezifisch organisationales Wissen erzeugt wird, welches über das Wissen von Individuen und Gruppen hinausgeht" (Friehs 2003: 27).

Bezieht man dieses Verständnis auf Schule, so wird deutlich, dass es hier zunächst einmal nicht um Management von „Schulwissen" im Sinne von „Vermittlung" von Lernstoff an SchülerInnen geht, sondern es geht darum, wie Schulleitung und Lehrpersonen das durch die Mitarbeiter in der Anstalt vorhandene Wissen zielgerichteter nutzen können.

In den unterschiedlichen Schulen des Wissensmanagement wurden verschiedene Konzepte über den Umgang mit Wissen entwickelt. (Nonaka/Takeuchi (1997); Probst/Raub/Romhardt (1998); Rehäuser/Krcmar (1996); Pawlowsky (1998); Reinmann-Rothmeier (2001) und Schüppel (1996).

Für das Anliegen dieses Beitrages, herauszuarbeiten, welchen Beitrag Supervision zur Generierung von Wissen und zum Wissensmanagement im System Schule leisten kann, sind insbesondere zwei Konzepte weiterführend: Zunächst das Modell der „Wissensspirale" von Nonaka/Takeuchi (Nonaka/Takeuchi 1997: 71).

Dieses Konzept versucht eine Antwort auf die Frage, wie in Organisationen Wissen (weiter) entwickelt wird. Die Autoren beschreiben den Prozess, in dem persönliches Wissen einzelner Mitarbeiter durch Interaktion mit anderen Mitarbeitern/Vorgesetzten/Externen zu organisationalem Wissen wird, das nützlich bei der Erledigung von Aufgaben der Organisation und zur Erreichung ihrer Ziele ist.

Nonaka/Takeuchi beschreiben diesen Prozess als „Wissensspirale" in zwei Dimensionen:

– der epistemologischen Dimension. Hier geht es um die Unterscheidung nach den Wissensarten: implizites und explizites Wissen und um den Übergang vom einen zum anderen.

– Der ontologischen Dimension. Hier werden verschiedene Träger von Wissen unterschieden. Zwar können nach diesem Konzept nur Individuen Wissen erzeugen, da aber Organisationen den Interaktionsrahmen dafür bieten, gelten sie auch als potentielle Träger von Wissen.

Bei dem Übergang von implizitem zu explizitem Wissen (epistemologische Dimension) unterscheiden die Autoren vier aufeinander bezogene und mit einander verbundene Formen der Transformation:

– Sozialisation (Übertragung impliziten Wissens in implizites Wissen). Insbesondere durch Nachahmung lernt ein Mitarbeiter vom anderen. Dabei wird das Gelernte nicht in Sprache gebracht.

– Externalisierung (Übertragung impliziten Wissens in explizites Wissen). Insbesondere durch Reflexion und Austausch wird implizites Wissen expliziert und kann damit Gegenstand bewusster Lernprozesse werden. Für Nonaka/Takeuchi ist diese Transformation der „Königsweg", um Wissen zu generieren.

- Kombination (Übertragung expliziten Wissens in explizites Wissen). Bei dieser Form tragen Mitarbeiter ihr vorhandenes explizites Wissen zusammen. Ordnen es neu oder fassen es zusammen. Dabei kann neues explizites Wissen entstehen.
- Internalisierung (Übertragung expliziten Wissens in implizites Wissen). Damit ist die Aneignung expliziter Wissensbestände durch Individuen gemeint. Auf diesen Effekt hofft jeder Lehrer bei seinen Schülern und jeder Fortbildner bei seinen Teilnehmern. Insbesondere durch die Anwendung neuen expliziten Wissens und die damit verbundene Erfahrung wird die Aufnahme dieses Wissens in implizite Wissensbestände begünstigt.

In der ontologischen Dimension soll der Prozess der Generierung von Wissen zunächst auf der individuellen Ebene der Selbstreflexion beginnen und dann immer mehr zu einem Anliegen von Kollegen, Teams bis hin Austausch zwischen Organisationen werden.

Auch wenn dieser Ansatz nicht ohne Kritik geblieben ist (Schreyögg/Geiger (2003), so hat er doch in der Diskussion um Wissensmanagement große Resonanz gefunden.

Ein weiteres Konzept von Wissensmanagement, das insbesondere auch psychologische und pädagogische Fragestellungen reflektiert, ist für das Anliegen dieses Beitrages nützlich. Das sog. „Münchner Modell" von Reinmann-Rothmeier. (Reinmann-Rothmeier 2001: 18ff.) Dieses Modell unterscheidet vier unterschiedliche Prozesse des Umgangs mit Wissen:

- Wissensrepräsentation. Bei der Repräsentation von Wissen geht es darum, Wissen so aufzubereiten, dass es „festgehalten" und weitergegeben werden kann. In der oben erwähnten „Wasser – Analogie" geht es darum, Wissen „einzufrieren". Organisationalen Notwendigkeiten Wissen zu repräsentieren, stehen nicht selten auf Seiten der „Wissensträger" Angst vor Bedeutungs- und Machtverlust entgegen.
- Wissensnutzung. Bei der Nutzung von Wissen geht es um den Prozess, in dem aus Wissen Handeln wird. „Träges Wissen" hat für Individuen und Organisationen wenig Relevanz, wenn es nicht umgesetzt wird. In der „Wasser-Analogie" geht es darum „Wissensdampf" aufsteigen zu lassen und dafür zu sorgen, dass er an geeigneten Stellen kondensiert. Subjektive Theorien einzelner Mitarbeiter und informelle Regeln in Organisationen, die Veränderungen und Innovationen gegenüber ablehnend sind, verhindern mitunter die sachgerechte Umsetzung von Wissen in Handeln.
- Wissenskommunikation. Hier geht es um den Austausch und die Vernetzung von Wissen. Dies hat die technische Seite, Wissensbestände in Zeichensysteme zu übersetzen und in adäquater Weise zu distribuieren. Es hat auch die soziale Seite, Interaktionsräume zu schaffen, die zur Wissenskommunikation einladen. In der „Wasser-Analogie" geht es darum, den „Wissensfluss" sicher zu stellen. All die psychologischen „Widerstände", die der

Repräsentation und der Nutzung von Wissen entgegenstehen, sind auch bei der Wissenskommunikation wirksam.
- Wissensgenerierung. Nur Menschen können neues Wissen erzeugen. Hier geht es darum, Daten und Informationen in relevantes Wissen umzuwandeln. Ohne Wissensgenerierung findet in Organisationen keine Innovation statt. In der „Wasser-Analogie" geht es darum, die Quelle des „Wissensflusses" am Fließen zu halten und dafür zu sorgen, dass der Fluss nicht versickert.

Zusammengefasst hat die Erkundigung nach den Begriffen: Wissen und Wissensmanagement folgenden Ertrag gebracht:

- Wissen besteht aus Systemen kognitiver Strukturen
- Wissen ist Informations- oder Handlungswissen.
- Wissen ist kontextgebunden
- Wissen ist nicht übertragbar – es muss von jedem Individuum neu angeeignet werden.
- Organisationswissen ist in organisationale Routinen eingebundenes Wissen.
- Wissen ist implizit oder explizit.
- Implizites Wissen ist „inkorporiertes" Wissen oder Wissen, das der Reflexion zugänglich ist.
- Subjektive Theorien sind gegenstandsbezogene und Skripts sind situationsbezogene handlungsleitende Kognitionen.
- Subjektive Theorien lassen sich durch Belehrung kaum verändern.
- Wissensmanagement beschäftigt sich u.a. mit der Umwandlung von impliziten in explizites Wissen.
- Individuelles Wissensmanagement geschieht im Wesentlichen über Selbstreflexion.
- Organisationales Wissensmanagement beschäftigt sich u.a. mit den Wegen vom Wissen zum Handeln.

2. Der Beitrag von Supervision bei der Generierung von Wissen in der Schule.

Supervision in der Schule

Welchen Beitrag kann nun Supervision bei der Generierung von Wissen in der Schule leisten? Ein Verständnis von Supervision, das in der Fachöffentlichkeit weitgehend akzeptiert werden dürfte, formuliert Rappe-Giesecke: „Supervision ist personenbezogene berufliche Beratung für Professionals. Ihre Aufgabe ist es, Einzelne, Gruppen oder Teams von Professionals zu individueller und sozialer Selbstreflexion zu befähigen. Ziel dieser Reflexion ist die Überprüfung und Optimierung des beruflichen und methodischen Handelns. (Rappe-Giesecke 2003: 3)

Schreyögg benennt als grundlegende Wirkfaktoren supervisorischer Arbeit: Einerseits „die Neuentwicklung von Deutungs- und Handlungsmustern, andererseits die Umstrukturierung vorhandener Deutungs- und Handlungsmuster. Deutungs- und Handlungsmuster beziehen sich auf das berufliche Verständnis und Verhalten entweder gegenüber Klienten oder bezüglich des beruflichen Kontexts der Supervisanden". (Schreyögg, 1992: 498).

Supervision zielt demnach auf die Entwicklung bzw. Veränderung kognitiver Strukturen der Deutung und des Handelns der Supervisanden. Es geht dabei um „Wissenserweiterung und um Kompetenzentfaltung" (Braun/Pohl, 2004: 61)

Supervision generiert damit Wissen.

Empirische Befunde über die Wirkungen von Supervision auf das Selbst- und Professionsverständnis von Lehrpersonen bestätigen diese These:

In den letzten zehn Jahren sind nach meinem Informationsstand zwei größere empirische Untersuchungen zu den Wirkungen von Supervisionsarbeit auf das Selbst- und Professionsverständnis von Lehrpersonen veröffentlicht worden.

Denner hat im Jahr 2000 eine solche Untersuchung vorgelegt. Sie fasst ihre Ergebnisse in zehn Thesen zusammen. Demnach hat schulinterne Gruppenberatung folgende Effekte:

1. Die „Erweiterung der Perspektiven".
2. „Entlastung"
3. Die erlebte Entlastung befördert Kooperation und diese wiederum Entlastung.
4. Sie befördert den fachlichen Austausch und hilft die Erwartungen daran zu konkretisieren.
5. Sie hilft „rigides Denken" und Einzelkämpfertum zu überwinden und „erweitert den Blick für das Ganze".
6. Die „Institutionenanalyse" im Rahmen der Supervision befördert das Engagement für die Weiterentwicklung der Schule.
7. Die pädagogische und didaktische Expertise der Teilnehmenden wird durch „die Thematisierung des Unterrichts" in der Gruppe gestärkt.
8. Die „Mitgestaltungskompetenz" der Teilnehmenden wird gestärkt und „führt zur Selbstintegration der Lehrer und Lehrerinnen in die schulischen Gestaltungsinitiativen".
9. Die „Erweiterung der beruflichen Kompetenzen" wird verbessert. Dieser Effekt lässt sich in Gruppen bis acht Teilnehmenden nachweisen.
10. Gruppenberatung ist besonders attraktiv für Frauen. Männer weisen dieses Format eher „Verlierertypen" und Frauen zu. (vergl. Denner 2000: 378)

Eine weitere empirische Untersuchung zur Professionalisierung von Lehrpersonen unter Supervision wurde 2007 von Erbring veröffentlicht. Sie untersuchte die Veränderung der Kommunikation in einer Supervisionsgruppe während eines Jahres. Dabei wies sie nach, dass sich die Anteile „professioneller" und „habitueller" Kommunikation in diesem Zeitraum nahezu umkehrten. Der Anteil „professioneller Kommunikation" stieg von 10% auf etwa 70% und der „habitueller Kommunikation" verringerte sich von 70% auf weniger als 20%. (Erbring 2007: 226) Die Ausprägung professioneller Kommunikation macht sie an folgenden Merkmalen fest:

- Auskunft geben und Explikation eigenen Wissens über Sachverhalte.
- Anerkennung der Sichtweisen und Erfahrungen der Anderen sowie Übernahme der Selbstverantwortung für das eigene Verstehen.
- „Fragen stellen" (ohne Ausfragen und Maßregeln) und „Offenlegen eigenen Nichtwissens".
- „Strukturierung des Lernprozesses" und der Lernumgebungen, dadurch Ermöglichung der Selbstverantwortung der Lernenden bei gleichzeitiger „Erfüllung eigener Lehrfunktion" in voller Selbstverantwortung.
- Selbstverantwortliche Darlegung der „persönlichen Beteiligung" und der „eigenen Beweggründe" am Lernprozess.
- „Humorvolle Kommentare" und „Ausleben eigener Spontaneität".

Die Ausprägung habitueller Kommunikation macht Erbring an folgenden Merkmalen fest:

- „Instruktionistische Einflussnahme" und „Verdecken eigenen Wissens"
- Beschämende Äußerungen von Lehrpersonen über den „Wissensstand" von Lernenden und „Aufwertung" der eigenen Sichtweisen der Lehrpersonen.
- Verhinderung von Selbstverantwortung durch „Demotivierung mittels Hilfe" und „Überhöhung eigener Macht".
- „Versteckter Druck" und verstecktes Einfliesenlassen eigener Interpretationen.
- „Indirekter Appell" und „Verbergen eigener Beweggründe".
- „Unnötige Selbstrechtfertigung" und „Verteidigen eigener Beweggründe". (Erbring 2007: 121 ff.)

Beispiele aus der supervisorischen Praxis

Die These, dass Supervision Wissen generiert, soll im Folgenden anhand einiger Beispiele aus der supervisorischen Arbeit in der Schule verdeutlicht werden:

Psychologisches Wissen-Formatives Wissen

In der Auswertung von Supervisionsprozessen wird immer wieder deutlich, dass SupervisandInnen für sich formulieren, dass sie einen Zugewinn an psychologischem Wissen feststellen. Insbesondere die Reflexion von Kommunikationsprozessen auf internaler und interaktioneller Ebene bedeutet die Anwendung entsprechender Theorien und gibt SupervisandInnen so die Möglichkeit, ihr Wissen um kommunikative Zusammenhänge zu erweitern. Die folgenden Beispiele mögen dies erläutern:

Eine junge Lehrerin Frau A., im dritten Jahr ihrer Berufstätigkeit, unterrichtet die Klasse 7 eines Gymnasiums in Mathematik. Einer ihrer Schüler, Kevin, hat in den letzten drei Klassenarbeiten die Note: Mangelhaft bekommen. In einem Gespräch mit Kevins Mutter Frau B. ,ebenfalls einer Lehrerin, kommt es zu folgender Szene: Nachdem Frau A. ausführlich die Inhalte des Mathematikunterrichts in der Jahrgangsstufe 7 und die schriftlichen und mündlichen Leistungen von Kevin erläutert hat, fragt Frau B.: „Ach Frau A., was ich Sie noch fragen wollte, wie erklären Sie sich eigentlich, dass unser Kevin in der Klasse 6 bei Ihrem Kollegen, Herrn M., noch befriedigende Leistungen gezeigt hat und erst, seitdem Sie ihn unterrichten, so sehr in seinen Leistungen abgesunken ist?" Frau A. wird „knallrot" im Gesicht und beginnt sich stotternd zu rechtfertigen, dass ja auch die Anforderungen höher geworden seien. Immer noch unter dem Eindruck der für sie höchst unangenehmen Situation erzählt Frau A. mit Tränen in den Augen davon in einem Supervisionstreffen. Sie fühlte sich von Frau B. „vorgeführt". Am meisten ist sie darüber wütend, dass sie sprachlos war, nicht angemessen reagiert hat und darüber, dass Frau B. all dies gemerkt hat. In der anschließenden Reflexion wird deutlich, dass Frau A. in langen „Selbstgesprächen" sich selbst verurteilt und mit ihrer „Unfähigkeit" hadert. Über eine Visualisierung lernt sie die Mitglieder ihres „inneren Teams" (Schulz von Thun 1998) zu identifizieren und kann nachvollziehen, wie sehr die Frage von Frau B. sie in ihrem „Selbstwertgefühl" getroffen hat. Sie beginnt, sich die Erlaubnis zu geben, sich ggf. auch einmal deutlicher von verdeckten Elternvorwürfen abgrenzen zu dürfen. Vor allem lernt sie, mehr auf ihr Selbstwertgefühl zu achten.

Das Modell des „inneren Teams" hat sich m.E. in der Supervisionsarbeit mit Lehrpersonen außerordentlich bewährt, um den TeilnehmerInnen ihre inneren Prozesse und auch die von Schülern, Eltern und Kollegen verstehbar zu machen. Damit gewinnen sie formatives Wissen (Hameyer 2001), das die eigene Handlungsfähigkeit deutlich erweitert.

Herr A., ein erfahrener Lehrer an einem Berufskolleg, ist dort insbesondere in einer Fachschule für Sozialpädagogik eingesetzt. Seit vielen Jahren ist er auch als Mentor für Referendare/Referendarinnen tätig. In einer Supervisionsgruppe berichtet er davon, dass er sehr viel Zeit und Mühe in die Begleitung und Unterstützung seiner aktuellen Referendarin Frau D. investiert habe. Sie habe sich in fast allen schulischen Bereichen sehr schwer getan. Er habe sich immer schützend vor sie gestellt, bis hin dazu, dass er ihr die Unterrichtsentwürfe mehr oder weniger erstellt habe, weil sie mehrfach krank geworden sei und sich so nicht auf die Fachleiterbesuche ausreichend vorbereiten konnte. Jetzt, nachdem sie in ihrer Prüfung im unterrichtspraktischen Teil „nur" mit der Note 3,3 abgeschlossen habe, habe sie ihm eine „bitterböse" E-Mail geschickt, voller Vorwürfe, er habe sie nicht „vernünftig" ausgebildet und er sei jetzt daran Schuld, wenn Sie wegen der schlechten Abschlussnote keine Stelle bekäme. Herr A. ist zutiefst enttäuscht und verletzt. Er sieht sein Engagement „mit Füßen getreten" und denkt darüber nach, keine Referendare mehr auszubilden. In der supervisorischen Reflexion wird deutlich, dass Herr A. immer wieder an solche „hilflosen" Menschen gerät, für die er sehr viel Engagement aufbringt, das dann „mit Füßen" getreten wird. Mit Hilfe des sog. „Dramadreiecks" (siehe dazu Joines/Stewart 1990: 331ff.) gelingt es, Herrn A. zu verdeutlichen, dass weder alle Menschen zutiefst undankbar sind, noch er unfähig. Er kann sein Verhalten als Teil eines komplexen unbewussten „Spiels", in dem er die Retterrolle übernimmt, verstehen ‚und er kann all die „hilflosen" Menschen in ihrer Opferrolle wahrnehmen. So lernt er Kommunikation in ihrer problematischen Variante als in Muster eingewoben verstehen.

Wissen um eigene subjektive Theorien-diskursives Wissen

Wie in dem Abschnitt über subjektive Theorien dargelegt worden ist, sind es diese Theorien, auf die Lehrpersonen gerade in Stresssituationen zurückgreifen und die handlungsleitend sind. Supervisorische Reflexion kann hier sehr hilfreich sein, sich seiner eigenen subjektiven Theorien bewusst zu werden und sie gegebenenfalls zu revidieren. Folgendes Beispiel aus der supervisorischen Praxis mag dies verdeutlichen: Die Schulleiterin eines Berufskollegs mit sozialpädagogischem Schwerpunkt in ländlichem Umfeld berichtet von einem „schwierigen" Mitarbeiter. Dieser ist zu Beginn des letzten Schuljahres von einem Berufskolleg im Ruhrgebiet auf eigenen Wunsch versetzt worden. Es handelt sich um einen berufserfahrenen Lehrer dessen (allgemein bildende) Fächerkombination in dem Berufskolleg außerordentlich willkommen gewesen sei. Er hatte sich von seiner bisherigen Schule, einem Berufskolleg mit gewerblichem Schwerpunkt, versetzen lassen, weil er mit seiner neuen Lebenspartnerin zusammenziehen wollte. Die Schulleiterin berichtete davon, dass der neue Kollege herzlich und mit offenen Armen empfangen worden sei. Nach einigen Monaten sei der Kollege in dem neuen eher familiär geprägten Umfeld dadurch „aufgefallen", dass er sehr laut und sehr direkt seine Sichtweisen Schülern, Eltern und Kollegen gegenüber vertreten habe. So habe er einer Schülerin gegenüber geäußert: „So blöd kannst Du doch gar nicht sein!" In einer Fachkonferenz habe er die Sitzung mit dem Kommentar: „Was soll die ganze Scheiße hier?" vorzeitig verlassen. Die Schulleiterin hatte mehrfach mit dem Kollegen gesprochen und ihm mehrfach behutsam versucht zu verdeutlichen, dass an Ihrer Schule ein anderer Umgang gepflegt würde. Außer dem Kommentar: „Psychokacke!" habe der Kollege ihr nur mitgeteilt, wer mit ihm ein Problem habe, solle es ihm direkt sagen. Seit einiger Zeit beobachte sie außerdem, dass er sich zunehmend aus dem Kollegium zurückziehe. Die Frage der Schulleiterin an die Supervisionsgruppe war, ob sie sich in dem Charakter dieses Kollegen so getäuscht habe, ob er sich überhaupt noch ändern könne und wenn ja, was sie dazu tun könne? Ihre These war offensichtlich, dass dieser Lehrer einen aggressiven Charakter habe, der möglicherweise nicht mehr zu ändern sei.

In das Gespräch zu diesem Fall stieg ein anderes Gruppenmitglied, Schulleiter an einer Hauptschule im Ruhrgebiet mit der Frage ein, wo eigentlich das Problem sei, in seiner Schule sei dieser Umgangston relativ normal, da käme niemand auf die Idee, sich solche Gedanken über den Charakter von Lehrpersonen zu machen.

In der supervisorischen Reflexion wurde u.a. deutlich, dass die Fallgeberin vom Verhalten des Lehrers, das sie und andere in ihrem Kollegium als aggressiv empfanden, auf seinen Charakter geschlossen hatte: Wer sich so aggressiv verhält, muss aggressiv sein. Durch die Identifikation der anderen Supervisionsteilnehmer mit der Fallgeberin und auch mit dem „aggressiven" Lehrer wurde ihr die Kontextgebundenheit ihrer Sichtweisen deutlich und wie sehr sie sich hatte von subjektiven Theorien über den Zusammenhang von Verhalten und Charakter leiten lassen.

Wissen um die Funktionsweise des Systems-Strukturales Wissen

Supervision kann helfen, Wissen um die Funktionsweise des Systems (strukturales Wissen) zu generieren. Die Themen, um die es in der Supervision geht, bewegen sich in dem Dreieck zwischen Person-Rolle-Organisation. Über die Reflexion der Funktionsweise von Organisationen lässt sich das vorhandene Wissen, insbesondere von Leitungskräften in Schulen über Organisationen erheblich erweitern:

In einer Supervisionsgruppe von Schulleitungspersonen verschiedener Schulformen berichtet Herr K., dass an der von ihm geleiteten Realschule alle Innovationsversuche stecken bleiben. Die von einigen Kollegen immer wieder ins Feld geführte Überlastung durch den schulischen Alltag erstickt jegliche Innovationen, weil diese ja möglicherweise zu neuen Belastungen führen könnte. So scheitert die engere Zusammenarbeit in den Jahrgangsstufen daran, dass damit ja zusätzliche Besprechungstermine im Team verbunden sind. Die mögliche Entlastung, die durch die Teamarbeit entstehen könnte, wird somit gar nicht erfahrbar und alles bleibt beim Alten. Herr K. wird im Laufe der supervisorischen Arbeit gebeten, sich selbst und wichtige Personen seines Kollegiums über Stellvertreter aus der Supervisionsgruppe in einer Organisationsaufstellung (Sparrer 2001) zu positionieren. Er stellt sich, seinen Stellvertreter und je einen Vertreter für die mittelgroße Fraktion der „Innovativen", die große Fraktion der „Gleichgültigen" und für die kleine aber „mächtige" Fraktion der „Verhinderer" sehr eng beieinander. Er, sein Stellvertreter und der „Innovative" stehen dem „Verhinderer" gegenüber, während der „Gleichgültige" von der Seite auf alle anderen schaut. Gebeten noch einen Repräsentanten für die Schüler oder die Aufgabe der Schule dazu zu stellen, weiß er zunächst nicht, wohin er diesen Repräsentanten stellen soll. Schließlich positioniert er ihn ganz am Rande des Geschehens ohne richtigen Blickkontakt mit irgendeinem der Beteiligten. Durch verschiedene Änderungen in der Aufstellung rückt die Aufgabe wesentlich näher an alle Beteiligten heran ,und es entsteht eine deutliche „Hierarchiegrenze" zwischen Kollegium und Schulleitung.

Herr K. fasst das Ergebnis dieser Arbeit für sich so zusammen, dass er gelernt habe, dass Lehrerkollegien zunächst aufgabenorientierte Systeme sind und keine familienähnlichen Verbände und dass diese Systeme zur effektiven Wahrnehmung ihrer Aufgaben Leitung benötigen, die auch als solche aus der Gruppe des Kollegiums hervortritt.

Sicher hätte man diese Einsichten auch in einem Lehrbuch der Arbeit mit und in Organisationen nachlesen können, vermutlich wird jedoch die Aufstellung und die damit verbundenen Erfahrungen das Wissen von Herrn K. über Organisationen nachhaltiger bereichern als die o.g. Lektüre.

Indem Supervision ein Experimentierfeld für „neue" Verhaltensweisen anbieten kann, wenn z.B. ein Supervisand ein anstehendes Elterngespräch in einer Sitzung „probt", bietet sie die Möglichkeit Handlungswissen zu erwerben, indem z.B. eine „Gesprächsstrategie" erarbeitet wird ,und sie bietet die Möglichkeit, dieses erworbene Wissen in (Probe-)Handeln umzusetzen. Damit kann Supervision einen wichtigen Beitrag zum Wissenstransfer leisten.

Externalisierung von implizitem Wissen. Supervision als Beitrag zum Wissensmanagement in der Schule.

Durch die Berufserfahrungen und die so gewonnene Expertise der Lehrpersonen verfügt ein Lehrerkollegium nicht nur über großes explizites, sondern auch über nicht kleineres implizites Wissen. Es wäre zu wünschen, dass diese impliziten Wissensbestände gerade nachwachsenden Berufsgenerationen zur Verfügung gestellt werden könnten.

Supervision kann in einer besonderen Weise dazu beitragen, dass implizites Wissen Einzelner, Teams und Organisationen explizit gemacht und damit weitergehend genutzt werden kann. Systemtheoretisch gibt es in einem System nichts Überflüssiges, auch wenn es ein Problem ist. Diese Sichtweise geht davon aus, dass Probleme in einem bestimmten Kontext Lösungen (für andere Probleme) sind. Supervision kann dazu beitragen, diese Kontexte aufzudecken. So kann ein wertschätzender Blick auf implizites Wissen möglich werden. Dieses Reframing (vergl. von Schlippe 2002: 177ff.) ermöglicht es ebenfalls, die in diesem impliziten Wissen schlummernden Ressourcen zu nutzen.

Der Schulleiter eines Gymnasiums wendet sich an den Verfasser dieses Beitrags mit der Bitte, ihn und sein Kollegium dabei zu beraten, die Zusammenarbeit in Lehrerkonferenzen effektiver zu gestalten. Auf Anfrage erzählt er von der letzten Konferenz, bei der er das Thema: Pausenaufsichten mit der Absicht auf die Tagesordnung gesetzt habe, dass diese von seinen Mitarbeitern zuverlässiger wahrgenommen würden. Es sei dann so gelaufen, dass in der Konferenz 45 Minuten über die Frage diskutiert wurde, ob der Hausmeister in der Pause Süßigkeiten verkaufen dürfe; zu dem Thema: Aufsichten sei man dann nicht mehr gekommen. Der Schulleiter war aufgrund dieser konkreten Erfahrung und der überwiegend schlechten Stimmung nach dieser und den Konferenzen der letzten Jahre zu der Auffassung gelangt, hier stimme doch etwas nicht. Es könne doch nicht sein, dass ca. 70 hochbezahlte akademisch gebildete Menschen 45 Minuten über ein irrelevantes Thema diskutieren, das auf nicht der Tagesordnung stand, keine Konsequenzen hatte und damit nur „Frust" verbreitete. Auf den ersten Blick kann man dieser Auffassung durchaus zustimmen. Wenn man die „vertane Arbeitszeit" bedenkt, könnte der Hausmeister mit dem so vergeudeten Geld mehrere Monate Süßigkeiten verschenken. Auf den zweiten Blick und nach Gesprächen mit dem Schulleiter und dem Lehrerrat entsteht ein völlig anderes Bild: Sprach man mit dem Schulleiter über sein Leitungsverständnis, so wurde deutlich, dass er gerne so etwas wie ein „guter Papa" für seine Mitarbeiter sein wollte: Immer für die Nöte seiner Mitarbeiter da, wohlwollend und väterlich gütig, allerdings nicht zuständig für deren alltägliche „Insubordinationen" und Konflikte, die mit unangenehmen Auseinandersetzungen verbunden wären.

Sprach man mit dem Lehrerrat, einem Vertretungsgremium des Kollegiums, so wurde deutlich, dass in dieser Schule die Meinung vertreten wurde, dass hier jeder Lehrer sich selbst leite. Zwar nahm man den vorhandenen Schulleiter zur Kenntnis, aber eher als Repräsentationsfigur und keinesfalls als jemand, der eigene Ansprüche im Kollegium durchsetzt.

Man stelle sich vor, dieser Schulleiter habe mit dem Tagesordnungspunkt: Pausenaufsichten „ernst gemacht", dann wäre er nicht mehr der gute Papa gewesen. Er hätte dann nämlich seine Kritik an der Nicht-Wahrnehmung der Aufsichten klar benannt und bei weiteren Pflichtverletzungen Konsequenzen angekündigt.

Alle Lehrer hätten dann realisiert, dass sie sich nicht nur selbst leiten.

So ist es doch in gewisser Weise eine „intelligente" Lösung, das Thema: Wer leitet diese Schule? elegant zu umgehen, indem man 45 Minuten über ein irrelevantes Thema diskutiert, sich anschließend furchtbar über die ineffektiven Besprechungen aufregt, aber ansonsten alles so lässt, wie es ist.

Probleme können so Lösungen (für andere Probleme) sein. Offensichtlich verfügt dieses Kollegium und die Schulleitung über „implizites Wissen", wie man mit solch schwierigen Problemen, wie dem von Autonomie der einzelnen Lehrpersonen und den Leitungsnotwendigkeiten einer Schule, umgehen kann. Selbstverständlich ist die praktizierte Vorgehensweise mit unangenehmen „Nebenwirkungen" verbunden. Gleichwohl ermöglicht der Blick auf das implizite Wissen dieses Kollegiums als Ressource eine wertschätzende Perspektive auf mögliche Veränderungen. Der systemische Blick auf Probleme als Lösungen und damit auf eine Form impliziten Wissens bei Einzelnen und in Organisationen ermöglicht Supervision einen ganz spezifischen Zugang zur „Externalisierung" (Nonaka/Takeuchi 1997) dieses Wissens.

3. Ausblick

Supervision in der Schule generiert Wissen nicht nur durch die Reflexionsarbeit von Lehr- und Schulleitungspersonen – sie leistet auch einen Beitrag zum Wissensmanagement.

Lehrpersonen, die durch Aus- und Fortbildung Beratungskompetenzen erworben haben (als SupervisorInnen, BeratungslehrerInnen usw.) berichten, dass ihnen diese Kompetenzen geholfen haben, ihr Selbstverständnis als Lehrende zu verändern: vom „Wissensvermittler" zum „Lernberater". Dieses veränderte Selbstverständnis könnte dazu beitragen, dass junge Menschen sich ihr implizites Wissen und ihre subjektiven Theorien z.B. darüber bewusst machen, wie sie am besten lernen. Dies wäre zweifellos eine Form, Wissen in der Schule zu generieren, die für das Leben der SchülerInnen wesentlich relevanter wäre, als sie „träges" Wissen anhäufen zu lassen.

Literatur

Bauer, K.-O. (1998): Pädagogisches Handlungsrepertoire und professionelles Selbst von Lehrerinnen und Lehrern. In: Zeitschrift für Pädagogik (44), S. 343-359.

Bernler, G./Johnson, L. (1993): Supervision in der psychosozialen Arbeit. Weinheim.

Blömeke, S./Eichler, D./Müller, C. (2003): Rekonstruktion kognitiver Strukturen von Lehrpersonen als Herausforderung für die empirische Unterrichtsforschung. In: Unterrichtswissenschaft, 31,2, S. 103-121.

Braun, M./Pohl, M. (2004): Vom Zeichen zum System. Coaching und Wissensmanagement in modernen Bildungsprozessen. Waltrop.

Bromme, R. (1992): Der Lehrer als Experte. Zur Psychologie des professionellen Wissens. Bern.

Breiter, A. (2002): Wissensmanagement in Schulen oder: Wie bringe ich Ordnung in das Chaos. www.medienpaed.com/02-2/breiter1.pdf

Denner, L. (2000): Gruppenberatung für Lehrerinnen und Lehrer. Eine empirische Untersuchung zur Wirkung schulinterner Supervision und Fallbesprechung. Bad-Heilbrunn.

Erbring, S. (2007): Pädagogisch professionelle Kommunikation. Eine empirische Studie zur Professionalisierung von Lehrpersonen unter Supervision. Baltmannsweiler.

Friehs, B. (2003): Wissensmanagement im schulischen Kontext. Frankfurt am Main.

Groeben, N./Wahl, D./Schlee, J./Scheele, B. (1988): Das Forschungsprogramm Subjektive Theorien. Eine Einführung in die Psychologie des reflexiven Subjekts. Tübingen.

Haas, A. (1998): Unterrichtsplanung im Alltag. Eine empirische Untersuchung zum Planungshandeln von Hauptschul-, Realschul- und Gymnasiallehrern. Regensburg.

Hackl, B. (2005): Explizites und implizites Wissen. In: Hackl, B. Hrsg), Zur Professionalisierung pädagogischen Handelns. Münster. S. 69-112.

Hameyer, U. (2001): Landkarte des Wissens. In: Journal für Schulentwicklung, Heft 1, S. 26-41.

Joines, V./Stewart, I. (1990): Die Transaktionsanalyse. 2.Aufl. Freiburg.

Lexikon der Psychologie auf CD-ROM, Heidelberg (2002).

Minnameier,G. (2005): Wissen und Können im Kontext interferentiellen Denkens. In: Heid, H. (Hrsg): Verwertbarkeit. Wiesbaden (2000): VS Verl. F. Sozialwissenschaften. S. 183-203.

Neuschäfer, K. (1995): Supervision in der Lehrerfortbildung. In: Schulverwaltung NRW. 1995, 9, S. 244.

Nonaka, I./Takeuchi, H. (1997): Die Organisation des Wissens: Wie japanische Unternehmen eine brachliegende Ressource nutzbar machen, Frankfurt.

Pawlowsky, P. (1998): Integratives Wissensmanagement. In: Pawlowsky, P. (Hrsg.): Wissensmanagement: Erfahrungen und Perspektiven, Wiesbaden. S. 9-45

Polanyi, M. (1966/1985): Implizites Wissen. Frankfurt/Main.

Probst, G. J. B./Raub, S./Rombach, K. (1999): Wissen managen. Wie Unternehmen ihre wertvollste Ressource optimal nutzen, 3. Aufl. Wiesbaden.

Rappe-Giesecke, K. (2003): Supervision für Gruppen und Teams. 3.Aufl. Berlin.

Reinmann, G. (2005): Individuelles Wissensmanagement – ein Rahmenkonzept für den Umgang mit personalem und öffentlichem Wissen. (Arbeitsbericht Nr. 5) (Konzeptpapier). Augsburg: Universität Augsburg, Medienpädagogik.

Reinmann-Rothmeier, G. (2001).Wissen managen: Das Münchener Modell (Forschungsbericht Nr. 131). München: Ludwig-Maximilians-Universität, Lehrstuhl für Empirische Pädagogik und Pädagogische Psychologie.

Rehäuser, J./Krcmar, H. (1996): Wissensmanagement im Unternehmen, in: Schreyögg, G./ Conrad, P. (Hrsg.): Managementforschung, Bd. 6: Wissensmanagement, Berlin. S. 1-40.

Scheir, P. (2002): Wissensmanagement zur Unterstützung von Kundenbeziehungsmanagement. Konzepte, Technologien und ein Prototyp. Magisterarbeit an der TU Graz.

Schlee, J. (1994): Kollegiale Beratung und Supervision. Hilfe zur Selbsthilfe. In: Die Deutsche Schule, 86 (1994) 4, S. 496-505.

Steiner, G. (2001): Lernen und Wissenserwerb. In: A. Krapp/B.Weidenmann (Hrsg), Pädagogische Psychologie. Ein Lehrbuch. (S. 137-205). Weinheim. S. 137-205.

Schlippe, A. v./Schweitzer, J. (2002): Lehrbuch der systemischen Beratung und Therapie. 8. Aufl. Göttingen.

Schreyögg, A. (1992): Supervision- ein integratives Modell. Lehrbuch zu Theorie und Praxis. 2. Aufl. Paderborn.

Schreyögg, G., Geiger, D. (2003): Kann die Wissensspirale Grundlage des Wissensmanagements sein? Berlin: Diskussionsbeiträge des Instituts für Management der Freien Universität Berlin.

Schulz von Thun, F. (1998): Miteinander reden. Band 3. Das „innere Team" und situationsgerechte Kommunikation. Reinbek.

Schüppel, J. (1996): Wissensmanagement: organisatorisches Lernen im Spannungsfeld von Wissens- und Lernbarrieren, Wiesbaden.

Sparrer, I. (2001): Wunder, Lösung und System. Heidelberg.

Wahl, D (2001): Nachhaltige Wege vom Wissen zum Handeln. In: Beiträge zur Lehrerbildung, 19 (2), S. !57-174.

Wahl, D. (2005): Lernumgebungen erfolgreich gestalten. Bad-Heilbrunn.

Willke, H. (1998): Systemisches Wissensmanagement. Stuttgart.

Cäcilia Scholten

„Schon…aber noch nicht" – Die Kontraktbeziehung im Supervisionsprozess

Ein Beitrag zur Praxisforschung in der Supervision

„Schon ... aber noch nicht!", diese Kurzformel benennt in theologischen Grunddiskursen den eschatologischen Vorbehalt: Das Reich Gottes (und damit das Heil) ist den Menschen zugesagt, es ist **schon** angebrochen, **aber noch nicht** vollendet. In diesem Sinne verstehe ich auch die Schließung eines Kontraktes und die Kontraktbeziehung in der Supervision. Es werden Möglichkeiten geschaffen, die Hoffnung auf Veränderung signalisieren; auf Veränderungen, die (hoffentlich) heilsam für die Betreffenden sind.

Im Rahmen einer Praxisforschung habe ich deshalb die Bedeutung des Kontraktes und der Beziehung zwischen SupervisandInnen (SD) und SupervisorInnen (SV) im Rahmen einer Vorstudie näher beleuchtet. Es ist mein Interesse, den verschiedenen Bedeutungsanteilen, die der Kontrakt und die Kontraktbeziehung in der Supervision haben, auf die Spur zu kommen. Mit Hilfe eines von mir entwickelten Fragebogens habe ich *„Unterschiede erforscht, die einen Unterschied machen"*... beim Kontraktgespräch und im Kontraktprozess, solange die Kontraktbeziehung zwischen SupervisandIn und SupervisorIn andauert (von Schlippe 1996: 77).

1. Die Kontraktbeziehung in der Supervision: Grundannahmen der Studie

Da die vorhandene Literatur – wenn überhaupt – nur sehr knapp auf die Schließung des Kontraktes eingeht, möchte ich meine eigenen Erfahrungen aus den Supervisionsprozessen mit einbringen, die ich im Laufe meiner Tätigkeit sammeln konnte.

Die Bedingungen, unter denen ein Supervisionskontrakt zustande kommt und sich demnach auch die Kontraktbeziehung gestaltet, sind von Fall zu Fall sehr unterschiedlich: Je nach Supervisionssetting (Einzel-, Gruppen-, Team- oder Projektsupervision), je nach Rahmenbedingungen (Dreieckskontrakt oder Kontrakt zwischen SV und SD direkt), nach der theoretischen Grundlagenorientierung und den persönlichen Voraussetzungen der SupervisorInnen

sowie den inhaltlichen Zielen im Kontrakt unterscheidet sich die Kontraktgestaltung und damit auch die Beziehung zwischen den PartnerInnen bei der
Arbeit.

Ich habe diese Unterschiede im Fragebogen anhand der Rahmendaten bei
den einzelnen Probanden erfragt und möchte sehen, ob sich relevante Unterschiede zeigen. Wo es mir notwendig und sinnvoll erscheint, werde ich einzelne Aspekte beleuchten.

1.1 Bedingungen im Supervisionssetting: Chancen und Grenzen für die Kontraktbeziehung

Mit K. Scala (1997) halte ich das Supervisionssetting für das wirkungsvollste
Instrument in der Supervision. Die Errichtung des Settings ist zentraler Bestandteil der Arbeit, der ausgehandelte Auftrag zur Supervision begrenzt die
Möglichkeiten der Veränderung in der Supervision und wirft ein Licht auf
die Bedingungen der Kontraktbeziehung (vgl. Scala 1997: 81ff.).

Wenn ich von der „Kontraktbeziehung" spreche, so meine ich eine Beziehung, die sich durch die Schließung eines „Arbeitsvertrages" definiert. Sie
unterliegt der Aushandlung zweier oder mehrerer BeziehungspartnerInnen
bei ihrer Arbeit in der Supervision. Die Beziehung verstehen, heißt den Prozess zu verstehen, weil es...

„einen symbiotischen Zusammenhang zwischen Kommunikation und Beziehungsentwicklung gibt. Die Art der Kommunikation beeinflusst die Entwicklung der Beziehung und wird ihrerseits (oder gleichzeitig) von der Entwicklung der Beziehung zwischen den Partnern beeinflusst" *(Miller 1977: 15).*

Bei einer Kontraktbeziehung handelt es sich um eine möglichst eindeutig definierte Arbeitsbeziehung über einen ebenso definierten Zeitraum. Die Kontraktbeziehung im Supervisionsprozess kann sehr unterschiedlich gestaltet
werden; sie sollte – und das ist ein zentrales Element – durch Verabredungen
transparent und damit für den Arbeitsprozess nutzbringend eingesetzt werden. Welche Bedingungen vorliegen müssen, damit sie für die SupervisandInnen tatsächlich nützlich sein kann, möchte ich anhand einiger grundlegender Merkmale für das Supervisionssetting erläutern: Menschenbild, systemischer Blickwinkel und Ressourcenorientierung, Grundlegendes aus der
Kommunikationstheorie, Prozess- und Lösungsorientierung sowie die Balance im Setting.

1.2 Die Grundhaltung als SupervisorIn – oder: Ressourcenorientierung, Menschenbild und systemischer Blickwinkel

Das grundlegendste Element des Selbstverständnisses eines/r SupervisorIn
für seine/ihre Arbeit ist das Menschenbild und damit die Einstellung zum Le-

ben insgesamt. Je nach Ausgangspunkt führt das Menschenbild in der konkreten Arbeit zu unterschiedlichen Entscheidungen und Handlungskonsequenzen: Eine Grundorientierung an den Defiziten und Schwächen der SupervisandInnen wird den/die SupervisorIn zu anderen Interventionen in der Supervision führen als ein Menschenbild, das an den Stärken und Ressourcen des Gegenübers ansetzt. Gleiches gilt für die Einstellung zum Leben insgesamt, also ob von einem linearen oder illinearen Entwicklungsmodell des Menschen und der Welt ausgegangen wird.

Betrachten wir den Menschen als Subjekt seiner Aktivitäten im Alltag und in der Konsequenz auch als Subjekt in der Supervision oder wird er/sie zum Objekt der Bemühungen des/der SupervisorIn?

Eine weitere Komponente betrifft den systemischen Blickwinkel als Grundorientierung in der Supervision. Demgegenüber stehen monokausale Denkweisen, die den Menschen nicht als (Teil-)System in Beziehung zu anderen (Teil-)Systemen und großen, komplexen Organisationssystemen sehen, die sich gegenseitig in ihren Handlungen und/oder Wirkungen beeinflussen. So geht z.B. der psychoanalytische Ansatz davon aus, dass der Mensch überwiegend triebgesteuert ist, d.h. er folgt u.a. notwendigerweise inneren Prozessen der Triebsteuerung (Autiquet 1998).

1.3 Kommunikation in der Beziehung – oder: Grundlegendes aus der Kommunikationstheorie

„Man kann nicht nicht kommunizieren", nennt P. Watzlawick sein erstes Axiom zur Kommunikationstheorie. Und: „Jede Kommunikation verfügt über einen Sach- und einen Beziehungsaspekt." Mit F. Schulz von Thun (1999) kann angenommen werden, dass jede Nachricht vier Seiten enthält. Er differenziert den Beziehungsaspekt weiter aus und benennt den Appell und die Selbstoffenbarung als dritte und vierte Seite einer Nachricht zwischen zwei oder mehreren Personen. Jeder Mensch lernt im Verlauf seiner Sozialisation für ihn typische Interaktionsmuster. Diese Kommunikationsstile können hilfreich bei der Bewältigung von Alltagsproblemen sein, sie vermögen jedoch auch Verständigung zu verhindern. Hinter diesen Kommunikationsstilen stehen Grundannahmen: wie die Person sich selbst sieht, wie sie Kommunikationspartner sieht und wie sie meint, erfolgreich in Situationen kommunizieren zu können. Bei der Beziehungsgestaltung in der Supervision spielen diese Kommunikationsgrundlagen eine vielfache Rolle: Es treffen sich zwei oder mehr Menschen mit je unterschiedlichen Interaktionsmustern, die sich entweder fördern oder behindern. Es gilt daher, sie bei der Beziehungsgestaltung im Setting im Auge zu behalten und für das Lernen in der Kontraktbeziehung zu nutzen, um Perspektiven zu erweitern.

1.4 Von der Zuwendung zu den SupervisandInnen – oder: Prozessorientierung in der Supervision

Supervision unterliegt – wie jedes Gruppengeschehen – den Regeln von Prozessen. Aus den Forschungen der Gruppendynamik liegen uns verschiedene Phasenaufteilungen von Gruppenprozessen vor, die – unterschiedlich differenziert – zumeist fünf Phasen umfassen: Voranschluss oder Orientierung; Machtkampf oder Kontrolle; Vertrautheit oder Intimität; Differenzierung; Trennung oder Ablösung. (Baudry, Buchner & Knapp 1992) Bei der Gestaltung der Kontraktbeziehung im Rahmen supervisorischer Prozesse führt das Wissen über solche Regelmäßigkeiten zu differenzierten Entscheidungen der/des SupervisorIn bei der Auswahl der Interventionen: Dies betrifft die Anfangsphase der Supervision, wo z.B. die Entwicklung der Kontraktbeziehung besonderes Augenmerk bedarf. Es setzt sich fort z.b. in der Entscheidung über die Verarbeitungstiefe in der zweiten und dritten Phase und der Erarbeitung grundsätzlicher Problematiken in der Differenzierungsphase. In der Ablösungsphase kann z.B. die Aufmerksamkeit besonders bei der Entwicklung eigenständiger Problemlösungsstrategien des/r SupervisandInnen liegen (Holloway 1998).

Für die Schließung des Kontraktes zu Beginn des Settings zeigen sich folgende Fragen:

- Was kann, was soll oder gar muss in dieser Phase der Arbeit bereits angesprochen werden?
- Wie sollen z.B. Störungen der Beziehung geregelt werden?
- Welche Vereinbarungen müssen zu den Rahmenbedingungen, zu den Inhalten, zur Arbeitsweise getroffen werden?

Dem/Der SupervisorIn kommt die Aufgabe zu, diese Fragen zu Beginn und während des ganzen Supervisionsprozesses anzusprechen, und den richtigen Umgang mit Grenzen und Bedürfnissen der Beteiligten auszuloten (Belardi 1998: 59ff).

1.5 Die Aufgabe im Visier – oder: Lösungsorientierung in der Supervision

Lösungsorientierung in der Supervision bedeutet, sich nicht mit der Frage nach Ursachen von Problemen zu beschäftigen, sondern stattdessen vorwiegend Lösungen zu suchen, genauer: zu konstruieren (von Schlippe 1996: 105ff). Dabei steht am Anfang immer eine Frage, die beantwortet werden soll. In der Supervision sollte deshalb zunächst die Wirklichkeitskonstruktion eines/r SupervisandIn in den Blick genommen werden, um zu entdecken, was ein bestimmtes Problem aufrechterhält. In der Möglichkeitskonstruktion werden Lösungen entwickelt, die die/der SupervisandIn neue/andere Perspektiven zur eigenen Wirklichkeitskonstruktion ermöglichen. (Walter & Peller 1996). Lösungsorientierung in der Supervision setzt voraus:

- „es gibt Lösungen
- es gibt mehr als eine Lösung
- Lösungen sind konstruierbar
- SupervisandIn und SupervisorIn können sie konstruieren". (Walter & Peller 1996: 21)

Lösungsorientierung bedeutet für SupervisorInnen, einer inhaltlichen Grundorientierung zu folgen, die die Bearbeitung von Aufgaben in den Mittelpunkt der Supervision rückt. Insofern gehorcht sie einer Themenzentrierung bei der Arbeit im Setting.

1.6 Die Balance im Setting – oder: Hilfreiche Konstruktionen aus der Themenzentrierten Interaktion

Die Themenzentrierte Interaktion (TZI) bietet mit ihrem Grundlagenmodell des Dreiecks im Kreis viele wertvolle Ansatzmöglichkeiten für das Arbeiten in und an der Kontraktbeziehung in der Supervision (vgl. Löhmer und Standhardt 1992). Die Elemente des Dreiecks ICH, ES und WIR, die im Kreis vom GLOBE umschlossen werden, verweisen auf die verschiedenen Elemente, die es bei der Arbeit zu berücksichtigen gilt. Das ICH verweist auf die biographischen, individuellen Bedingungen der Beteiligten im Setting, während das ES, die Sache oder Aufgabe, die Inhalte und Themen der Supervision in den Blick nimmt. Das WIR benennt die Beziehungsebene innerhalb des Rahmens der Supervision, der GLOBE fokussiert die Rahmenbedingungen der Arbeit. Alle einzelnen Elemente stehen miteinander in Verbindung und sollen während der Arbeit in Balance gehalten werden, um das Störungspotential so gering wie möglich zu halten. (vgl. Langmaack, 2001: 48ff.). Wenngleich es an dieser Stelle zu weit führen würde, alle Möglichkeiten der TZI für die Supervision auszuleuchten, möchte ich auf einen für den Zusammenhang dieser Arbeit bedeutsamen Beitrag von H. Reiser (1997) hinweisen, in welchem der Autor Ziele für die einzelnen Elemente des Strukturmodells aufzeigt, die auch mir hilfreich erscheinen:

- „ICH = Das Leitziel ist Unterstützung
- ES = Das Leitziel ist Transparenz
- WIR = Das Leitziel ist Kooperation
- GLOBE = Das Leitziel ist Effizienz"
(Reiser 1997: 27ff)

Bedeutsam ist, dass Reiser für die Supervisionsarbeit einen doppelten Globe konstatiert. Er unterscheidet den Globe im Setting der Supervision und den Globe, der durch die Arbeit an der Profession des/der SupervisandInnen beleuchtet wird. Somit erhalten die Leitziele Transparenz und Effizienz eine doppelte Wichtigkeit bei der supervisorischen Tätigkeit. Mithilfe beispielsweise des Übertragungskonzeptes, beim Umgang mit Spiegelungen oder Widerständen kann im doppelten Globe in doppelter Weise an Transparenz und Effizienz gearbeitet werden (Roth 1985).

1.7 Kernfaktoren der Kontraktbeziehung und Kernkompetenzen des/der SupervisorIn

Wie bereits ersichtlich wird, handelt es sich bei der Kontraktbeziehung im Supervisionsprozess um ein multifaktorielles Geschehen, das den situativen wie organisatorischen Bedingungen der KontraktpartnerInnen angepasst werden muss. Da ich im Rahmen meiner Befragung das Interesse verfolge, die überdauernden Merkmale der Beziehung – als das dynamische Element in der Supervision – im Kontraktgespräch sowie im Kontraktprozess zu erfragen und miteinander zu vergleichen, ist es an dieser Stelle geboten, die Kernfaktoren der Kontraktbeziehung zu benennen und sich auf Kernkompetenzen des/der SupervisorIn festzulegen.

Um die **Kernfaktoren der Kontraktbeziehung** einzugrenzen, habe ich mich für das Systembezogene Supervisionsmodell von Holloway (1998) entschieden. Sie differenziert Supervisionsfunktionen und Supervisionsaufgaben, wobei die Supervisionsfunktionen alle möglichen Supervisionsaufgaben festlegen, während die Supervisionsaufgaben das verabredete Setting zwischen den PartnerInnen darstellen. E. Holloway benennt drei Kernfaktoren, die die Kontraktbeziehung beeinflussen: Der Vertrag, die Phase und die Struktur. Diese differenziert sie in vier Kontextfaktoren, welche die Kontraktbeziehung unmittelbar beeinflussen: Die Institution, der/die SupervisorIn, die/der KlientIn (im Arbeitsbezug) und die/der SupervisandIn.

Aus den Kernfaktoren der Kontraktbeziehung lassen sich die **Kernkompetenzen** ableiten, derer es bedarf, um den unterschiedlichen Rollen- und Beziehungsanforderungen in der Supervision gerecht zu werden:

- **Fachliche Kompetenzen**: z.B. theoretische Grundlagenkenntnisse; Fähigkeit, den Supervisionsprozess zu gestalten
- **Soziale Kompetenzen:** z.B. Beziehungsfähigkeit, Vertrauenswürdigkeit, Verschwiegenheit
- **Methodische Kompetenzen**: z.B. Kenntnisse in Gesprächsführung, Strukturgebung, Fokussierung
- **Spirituelle Kompetenzen/ethische Grundprinzipien:** z.B. gemachte Erfahrungen im Glauben vertiefen, z.B. eigene Normen und Werte transparent gestalten
- **Institutionelle Kompetenzen**: z.B. Kenntnis von Organisationsstrukturen und Organisationsentwicklungsprozessen
- **Feldkompetenzen:** z.B. Kenntnis des Arbeitsbereiches des Sd, Erfahrung in verschiedenen Arbeitsfeldern

Beide – Kernfaktoren und Kernkompetenzen – spielen im Fragebogen eine zentrale Rolle. Während die Kernfaktoren von mir so operationalisiert worden sind, dass sie abfragbar werden, habe ich bei den Kernkompetenzen den direkten Weg gewählt und sie lediglich durch einige Beispiele erläutert.

2. Die Kontraktgespräch als Beginn der Supervision

2.1 Kontraktgespräch als Vertragsabschluß: Erste Festlegung von Möglichkeiten und Grenzen

Das Kontraktgespräch besiegelt die Arbeitsbeziehung von SupervisandInnen und SupervisorIn. Am Ende dieses Gespräches steht ein mehr oder weniger formaler Abschluss (z.B. in Form eines schriftlichen Vertrages) für die gemeinsame Arbeit.

C. J. Leffers benennt Einflussgrößen der Kontraktgestaltung zu Beginn des Prozesses (Leffers 1992):

- Institutionelle Relevanz von Beratung und Gefragtsein des/der Beraterin
- Kompetenz und Autorität des/der BeraterIn
- Abhängigkeit/Unabhängigkeit von Aufträgen
- Geld/Honorar
- Feldaffinität
- Geschlecht Mann/Frau als BeraterIn
- Herstellbarkeit versus Nichtrealisierbarkeit geeigneter Rahmenbedingungen

Ich möchte auf der Grundlage meiner Erfahrungen für das Kontraktgespräch verschiedene Inhalte zugrundelegen. Sie sind im Folgenden in zehn Leitfragen festgehalten, die ich mitunter wie einen roten Faden in der Kontraktsitzung benutze:

- **Wer ist wer?** – oder: Welche Menschen kommen in der Supervision zusammen?
- **Wie ist dieser Kontakt zustandegekommen?** – oder: Klärung des Supervisionsanlasses und der Auswahl des/der SupervisorIn?
- **Was soll am Ende dabei rauskommen?** – oder: Entwicklung einer Vision, einer Nutzenbestimmung.
- **Was muss der/die SupervisandIn wissen?** – oder: Erklärungen zur Arbeitsweise und Grundhaltung, Möglichkeiten und Grenzen von Supervision.
- **Welche Inhalte/Themen sollen besprochen werden?** – oder: erste Zielbestimmung und Ausloten der Arbeitsweise.
- **Welche Rückwirkungen auf den Arbeitsprozess sind gewünscht?** – oder: erste Klärung des äußeren Globe
- **Welche Rahmenbedingungen** (Ort, Zeit, Dauer, Vertrag etc.) **für das Supervisionsetting werden gewünscht?** – oder: Klärung des inneren Globe

- **Was ist dem/der SupervisandIn hilfreich bei der Arbeit, was darf auf keinen Fall passieren?** oder: erste Klärung der Funktion des/der Supervisorin bzw. bei Gruppen und Teams auch die der anderen SupervisionsteilnehmerInnen
- **Wollen SupervisorIn und SupervisandInnen miteinander arbeiten?** oder: Abfragen des formalen Vertragsabschlusses (evt. wird dieser Schritt nach einer Bedenkzeit erfolgen)
- **Was ist organisatorisch jetzt noch zu klären?** oder: Was muss geschehen, damit organisatorisch alles seinen Weg gehen kann?

2.2 Beziehung zwischen SupervisandIn und SupervisorIn

Im Kontraktgespräch wird, insofern es vorher nicht schon Kontaktphasen (z.B. am Telefon) gegeben hat, die Beziehung zwischen den Beteiligten aufgenommen. Sie soll im Rahmen des Kontraktgespräches in eine Passung zueinander gebracht werden, ähnlich wie auch das inhaltliche Angebot die SupervisorInnen ansprechen soll.

Aus den zehn Leitfragen fokussieren verschiedene Gesprächsanteile die Auslotung der (gewünschten) Beziehung zwischen SupervisandInnen und SupervisorIn: Im engeren Sinne des Wortes „schon... aber noch nicht!" dienen die Punkte eins bis drei auch dem Aufnehmen der Beziehung zwischen den Beteiligten. Während die Leitfragen vier bis sechs wiederum die inhaltlich/fachlichen Ebenen des gemeinsamen Kontraktes in den Blick nehmen (Analyse des Auftrags), sollen Fragen sieben und acht die Grenzen und Möglichkeiten der Beziehung in der Supervision betonen. Frage neun beinhaltet die formale Auftragsbestätigung, die auch eine Bestätigung für das Eingehen der Kontraktbeziehung beinhaltet. („Ich kann es mir (nicht) gut vorstellen, mit Ihnen zu arbeiten.") Frage 10 schließlich organisiert den Arbeitskontrakt und regelt die Rahmenbedingungen bis zur ersten Sitzung. „Schon... aber noch nicht!" bedeutet für das Kontraktgespräch, dass einzelne Aspekte der Kontraktbeziehung bereits thematisiert werden (können), andere jedoch erst im Kontraktprozess sichtbar werden und zu späteren Zeitpunkten geklärt bzw. bearbeitet werden.

Im Kontraktgespräch ist die Kontraktbeziehung schon aufgenommen, kann aber noch nicht in allen (sach-)dienlichen Bestandteilen bearbeitet werden.

2.3 Gesamtkontrakt als Rollenklärung, als Arbeit an und mit den Beziehungen sowie den Themen der SupervisandInnen

Im Kontraktgespräch wird der Gesamtkontrakt über eine bestimmte Anzahl von Sitzungen abgestimmt. Damit kommen beiden VertragspartnerInnen verschiedene Aufgaben und Rollen zu. Mir erscheint das Konzept von C. Rappe-Giesecke (1990) einleuchtend: Sie benennt das ideale Setting der Gruppen- und Teamsupervision: Bei näherer Betrachtung halte ich es auch für übertragbar auf Einzelsupervisionen.

Den beiden zu unterscheidenden Rollen, die des/der SupervisandInnen und die der SupervisorInnen, lassen sich verschiedene Funktionen zuordnen: Der/dem SupervisorIn kommen dabei drei Funktionen zu: RepräsentantIn des Systems, soziale Rolle aufgrund der Arbeitsaufgaben und die Funktion, ein Element des Systems zu sein (Rappe-Giesecke 1990: 54). Das Besondere an diesen Funktionen ist, dass der/die SupervisorIn aufgrund des professionellen Wissens die besondere Fähigkeit und Aufgabe hat, Distanz zwischen sich und das System zu bringen, um über reflexive Arbeit Transparenzen für das bestehende Setting zu schaffen.

Den SupervisandInnen kommt im Wesentlichen die Funktion der sozialen Rolle zu, wobei im Rahmen von reflexiven Selbstthematisierungen drei Aufgaben zu beschreiben sind:

– Selbstreflexivität zu den Vorgängen in der Gruppe und zur eigenen Position darin
– Selbstreflexivität zur Beziehung zwischen seiner Persönlichkeit und der professionellen Rolle im Arbeitskontext
– Selbstreflexivität zu seiner Position innerhalb der eigenen Institution (Rappe-Giesecke 1990: 55).

Aufgrund dieser Funktionen und Aufgaben hat der Gesamtkontrakt, der im Kontraktgespräch geschlossen wird, **zunächst einmal** seine Grenzen an den Zielen und Wünschen der SupervisandInnen. Zunächst einmal deshalb, weil sich die Ziele der Supervision und damit die Aufgaben des/der SupervisorIn und die Beziehung zwischen den KontraktpartnerInnen im Prozessverlauf spezifizieren bzw. verändern.

3. Die Kontraktbeziehung im Supervisionsprozess

3.1 Die Aufnahme der Beziehung im Kontakt- und Kontraktgespräch: Ziele entwickeln und an der Umsetzung arbeiten

Für die Kontraktbeziehung im Supervisionsprozess spielt seinerseits das Kontraktgespräch eine wichtige Rolle. Grundlagen, die im ersten Kontakt bzw. im Kontraktgespräch nicht angesprochen oder geklärt wurden, können sowohl die Beziehung als auch den inhaltlichen Arbeitsprozess empfindlich stören. Sie müssen im Verlauf der Supervision nachgeklärt bzw. bei Veränderungen neu geklärt werden. Wenn im Kontraktgespräch Grenzen und Möglichkeiten der Supervision näher ausgeleuchtet werden, erhält der/die Supervisorin erste Hinweise auf möglichen Klärungsbedarf für den Supervisionsprozess. Aufmerksamkeitspunkte sind hierbei die Erwartungen des Supervisanden an die Beziehung zum/r SupervisorIn (evt. auch einer ganzen Gruppe) und an sich selbst bzw. an die inhaltlichen Ziele der Arbeit. Geschieht im Kontraktgespräch eine Abklärung der Rahmenbedingungen, so gehört m.E. zum Kontraktgeschehen am Anfang des Prozesses auch eine Spezifizierung von Zielen. Mit Peller (1996) möchte ich Kriterien für eindeutig definierte Ziele benennen (Peller 1996: 72ff.):

– sie sollen positiv formuliert sein (ich möchte... statt: ich möchte weniger...)
– sie sollen prozesshaft dargestellt sein (ich möchte mehr von...)
– sie sollen im hier und jetzt liegen (SupervisandIn beginnt direkt mit der Lösungssuche)
– sie sollen so spezifisch wie möglich sein (je genauer sie formuliert sind, desto größer der Aufforderungscharakter an den/die SupervisandIn)
– sie sollen im Kontrollbereich der SupervisandInnen liegen (nur dort liegt das Änderungspotential)
– sie sollen in der Sprache der SupervisandIn formuliert sein (um die eigene Konstruktion fortentwickeln zu können)

Die Zielbestimmung in der Supervision dient damit zwei wichtigen Anliegen: Sie fordert die SupervisandInnen auf, den eigenen Lernprozess in die Hand zu nehmen und die Verantwortung hierfür zu behalten. Ebenso erhält der/die SupervisorIn einen Auftrag und kann seine Beziehung zum/r Supervisandln dem jeweiligen Auftrag anpassen. Häufig stelle ich z.B. meinen SupervisandInnen zum Ende der Zielfindung die Frage: Wie kann ich dabei hilfreich sein? Die Antworten, die ich auf diese Frage erhalte – und damit die Erwartungshaltung ausdrücken – bewegen sich im Bereich der sozialen und fachlichen Kompetenzen, manchmal werden Feldkompetenzen benannt.

3.2 Veränderungen der Beziehung in einzelnen Sitzungen

Beziehungen sind so vielfältig wie die Menschen, die sie gestalten. Außerdem sind sie immer auch mit bedingt durch die unterschiedlichen Rollen, in denen einzelne Begegnungen und längerfristige Beziehungen stattfinden. Aus den unterschiedlichen Theorien, Rollen- und Beziehungsgefüge zu beschreiben, möchte ich für die Veränderungen in Beziehungen über einzelne Supervisionssitzungen zwei grundlegende Ansätze herausgreifen, weil sie mir für die Supervision besonders brauchbar erscheinen: Den Selbstwertansatz von Satir (1990) und die Hilfesysteme von Ludewig (1990).
    Satir nennt den Selbstwert den „Topf", auf den niemand achtet. Des weiteren versteht sie ihn als Quelle der persönlichen Energie. Der Selbstwert jedes Menschen ist Schwankungen unterworfen: je nach persönlicher, körperlicher Verfassung, je nach sozialen oder Umweltfaktoren, hat jeder Mensch in seinem

eigenen Rhythmus einen hohen oder niedrigen Selbstwert. Wenn man von dieser Idee als Tatsache ausgeht – und meines Erachtens spricht vieles dafür – so verändert sich die Tagesform jedes Supervisanden und damit auch die Arbeitsfähigkeit in einzelnen Supervisionssitzungen. Wenn wir dieser Rechnung tragen wollen, tun wir gut daran, die Arbeitsbeziehung den jeweiligen „Töpfen" der Beteiligten in den einzelnen Sitzungen anzupassen (Satir 1990: S. 25-78).

Einen anderen Beitrag liefert Ludewig: er unterscheidet fünf Hilfesysteme voneinander, die SupervisorInnen unterstützen können, ihre Rolle und die Beziehung der jeweiligen Situation und dem Thema der Supervision anzupassen.

Die Ziele der Hilfestellung liegen zwischen Konvergenz und Differenz, Ziele der Hilfesuche zwischen Verringerung und Erweiterung: Daraus ergibt sich ein Koordinatensystem (Ludewig 1990, 121ff). Anhand des Koordinatensystems und der Unterscheidung der Hilfearten können professionelle Helfer und Supervisoren überprüfen, ob sie im Interesse der Hilfesuchenden, also auftragsgerecht arbeiten oder ob sie eigene Ziele verfolgen:

a) **Anleitung**: Hilf uns, unsere Möglichkeiten zu erweitern (Fehlen oder Mangel an Fertigkeiten, Zurverfügungstellung von Wissen, Dauer offen)

b) **Beratung**: Hilf uns, unsere Möglichkeiten zu nutzen (Interne Blockierung des Systems, Förderung vorhandener Strukturen, Dauer begrenzt, je nach Umfang des Auftrags)

c) **Begleitung**: Hilf uns, die Lage zu ertragen (Unabänderliche Probleme, Stabilisierung des Systems durch fremde Strukturen, Dauer offen.

d) **Therapie**: Hilf uns, unser Leiden zu beenden (Veränderliche Problemlage, Beitrag zur Auflösung des Problemsystems, als Vorgabe begrenzt)

e) **Selbstentdeckung**: Hilf mir, mich selber besser kennen zu lernen (kein akuter Problemdruck, Bereitstellung therapeutischer Kompetenz, Dauer offen, frei vereinbart)

In der Praxis kann das Schema dimensional benutzt werden, um nach und während einzelner Sitzungen festzustellen, ob und welche Hilfesysteme in Anspruch genommen werden. Kurt Ludewig ist klinischer Therapeut, deshalb versteht er den Begriff Therapie auch im klinischen Sinne. Nach meiner Erfahrung spricht vieles dafür, ihn in der pastoralen Supervision auch im biblischen Sinne zu verstehen: Nach dem griechischen Wortstamm „therapeuä" = „heilen", geht Jesus in vielen Geschichten der Bibel „heilend" mit den Menschen um: Ich bin fest davon überzeugt, das auch Supervision in der Lage ist, in diesem Sinne „heilend" zu wirken. (Natürlich sind die Grenzen zwischen Supervision und klinischer Therapie deutlich und einzuhalten).

Interessant ist in diesem Zusammenhang auch, dass Ludewig in seinem ursprünglichen Schema die Selbstentdeckung (noch) nicht integriert hatte. Er hat sie später angefügt: M.E ist die Selbstentdeckung eine grundlegende Triebfeder für Menschen, z.B. Supervision oder andere psychosoziale und pastorale Dienstleistungen in Anspruch zu nehmen.

3.3 Veränderungen der Beziehung über den Supervisionsprozess

Bei der Gestaltung der Kontraktbeziehung im Rahmen supervisorischer Prozesse führt das Wissen über Regelmäßigkeiten von Gruppenprozessen zu differenzierten Entscheidungen der/des SupervisorIn bei der Auswahl der Interventionen: In der Anfangsphase der Supervision steht die Aufnahme der Beziehung im Vordergrund. Der Aufbau kooperativer Strukturen, die Entwicklung partnerschaftlichen Arbeitens, ist zentrales Element am Anfang des Prozesses (Vom GLOBE über das ICH zum WIR, im Sinne der TZI). Wird dieses Thema nicht mit der notwendigen Sorgfalt bearbeitet, kann es im weiteren Prozess zu Störungen kommen, Missverständnisse müssen (nach)-geklärt werden. Es setzt sich fort z.b. in der Entscheidung über die Verarbeitungstiefe in der zweiten und dritten Phase und der Erarbeitung grundsätzlicher Problematiken in der Differenzierungsphase. Mit Reiser (1997) lässt sich sagen, dass in diesen Prozessphasen das ES (mit dem Ziel Transparenz) im Sinne der TZI fokussiert wird. In der Ablösungsphase kann z.b. die Aufmerksamkeit besonders bei der Entwicklung eigenständiger Problemlösungsstrategien des/r SupervisandInnen liegen (Holloway, 1998). Oder – im Sinne H. Reisers vom ICH zurück in den GLOBE.

Wie viel Konfrontation, Provokation, Unterstützung und Forcierung von Entwicklung im Supervisionsprozess möglich ist, hängt m.E. entscheidend vom Kontraktgespräch und vom Beginn des Supervisionsprozesses ab. Wird hier gründlich vorgegangen, ist der/die SupervisandIn eher in der Lage, sich auf zunehmende Verarbeitungstiefe und damit auf tiefgreifende Veränderungsprozesse einzulassen. Zusammenfassend ausgedrückt: Es ist die Kunst der Angleichung der Beziehung an die Prozess- und Psychodynamik innerhalb der Supervision.

3.4 Von der Asymmetrie der Beziehung zwischen SupervisandIn und SupervisorIn

Rappe-Giesecke (1990: 54ff.) beschreibt treffend die verschiedenen Aufgaben der Kontraktbeziehung. Für den/die SupervisandIn sind die wesentlichen Aufgaben das Aushandeln von Rahmenbedingungen, das Auswählen von Fällen zur Bearbeitung, die Selbstthematisierung, der Beitrag zur Institutionsanalyse und Aktivitäten zur Aufrechterhaltung des Supervisionssettings. Sie fasst die wesentlichen Aktivitäten des/der SupervisorIn zusammen:

- Organisation des Settings
- Interventionen zur Aufrechterhaltung des Settings
- Regulation von Abweichungen und Anleitung zur Selbstregulation
- Steuerung des Wechsels zwischen den (Reflexions-)Programmen
- Klärung der Psychodynamik der Professional-Klient-Beziehung
- Klärung der Gruppendynamik im Programm Selbstthematisierung

– Analyse der Differenz zwischen Selbstbeschreibung und institutioneller Wirklichkeit.

Sie leitet daraufhin eine dreifache Asymmetrie in der Beziehung zwischen SV und SD ab, die ich beachtenswert finde:

a. Eine Asymmetrie besteht darin, dass der Supervisor der Repräsentant des Systems ist, und die Supervisanden in der Beziehung als Elemente des Systems auftreten und agieren.

b. Eine weitere Asymmetrie besteht in der Tatsache, dass zwar alle Beteiligten auch Elemente des Systems sind, jedoch im Programm Selbstthematisierung unterschiedliche Aufgaben haben: Der Supervisor bringt keine eigenen „Fälle" ein, er ist lediglich für die Thematisierung und Reflexion der Beziehung zwischen SD und SV zuständig.

c. Die dritte Asymmetrieebene besteht aus der Tatsache, das der/die SD als Lernende/r den Rat und die Hilfe eines/r Fachmanns/Fachfrau sucht, die aufgrund der professionellen Kompetenz in der Lage sind, Rat und Hilfe zu geben sowie als Lehrende aufzutreten (ebenda, 1990, S. 62ff.).

Für die Schließung des Kontraktes und das Eingehen der Kontraktbeziehung heißt das nun, dass sich beide auf diese Asymmetrie einlassen müssen. Dabei scheint mir wichtig zu sein, dass es sich bei den Asymmetrien nicht um ein Über-Unter-Ordnungsverhältnis handelt, sondern dass aus den unterschiedlichen Rollen und Aufgaben ein partnerschaftliches Lern-Verhältnis erwächst. Lernverhältnis deshalb, weil auch der/die Supervisorin in einer Supervision lernt, auch wenn sich das Lernen auf anderen Ebenen vollzieht als beim SD.
Eine Ergänzung möchte ich noch vornehmen: M.E. kommt dem/der SupervisorIn noch eine wichtige Aufgabe zu: Das Entwickeln und Vorschlagen einer methodischen Vorgehensweise. Diese Aufgabe liegt unterhalb der vorgeschlagenen Aktivitätenebene und spielt m.E. für die SD eine bedeutende Rolle für die Arbeit in Beziehung zum SV.

4. Evaluation und Evaluationsforschung in der Supervision: Aufbau, Ziele und Erstellung meiner Vorstudie

4.1 Die Bedeutung des Kontraktes für die Supervision und die Supervisionsforschung

Ein sorgfältig geschlossener Kontrakt, bei dem z.B. Ziele formuliert werden, bietet allen Beteiligten die Möglichkeit, den Fortgang der Arbeit an dieser „Rahmenlinie" zu messen. Der Erfolg einer Supervision hängt elementar davon ab, ob die Ziele erreicht werden (können). Mit Hilfe eines klaren Kontraktgeschehens bietet dieser auch die Möglichkeit, Wirksamkeit zu messen und zu beschreiben. Wenn mit dieser Studie ein Beitrag zur Evaluation und Evaluationsforschung in der Supervision geleistet werden soll, dann bezieht sich dieser weniger auf Wirkungsforschung als die eine Form praxisnaher Evaluation, sondern auf die Erforschung von Programmen in dem Sinn, dass Einstellungen und damit Arbeitsgrundlagen von SV erfragt und differenziert werden sollen (Rappe-Giesecke, in: Berker & Buer, 1998, S. 237ff.). Damit stellt sie sich als kommunikative Sozialforschung in den Rahmen der Beiträge, die Supervision selbst als Forschungsmethode sieht (Weigand, in: Berker & Buer 1998: 5ff.).

Evaluation ist ein vieldeutiger Begriff und es gibt verschiedene Definitionen. Er ist dem Englischen entlehnt und meint zunächst einmal irgendeine Art von Beurteilung. Will, Winteler und Krapp (1987: 13) bezeichnen Evaluation sowohl im vorwissenschaftlichen wie auch im wissenschaftlichen Sprachgebrauch als den Vorgang bzw. das Ergebnis einer bewertenden Bestandsaufnahme. Diese erfolgt auf der Grundlage expliziter und impliziter Bewertungskriterien. Darüber hinaus ist Evaluation ziel- und zweckorientiert: Sie hat das Ziel, praktische Maßnahmen zu verbessern, zu legitimieren oder über sie zu entscheiden. Deshalb muss vor einer Festlegung von Bewertungskriterien zunächst das Ziel einer Evaluationsmaßnahme bestimmt werden.

Der Begriff der Evaluation unterscheidet sich von dem Begriff der Evaluationsforschung. Evaluationsforschung kann definiert werden als systematische Anwendung sozialwissenschaftlicher Forschungsmethoden zur Beurteilung von Konzeption, Ausgestaltung, Umsetzung und Nutzen sozialer Interventionsprogramme (Rossi, Freeman & Hoffmann 1988). **Gegenstand meiner Forschungsarbeit ist in diesem Sinne die Erfassung und Beurteilung der Kontraktbeziehung im Kontraktgespräch sowie im Supervisionsprozess. Sie hat das Ziel, Differenzierungen im Kontraktgeschehen aufzuspüren und anhand verschiedener Kriterien zu untersuchen. Damit stellt sie gleichermaßen einen Beitrag zur Evaluation und zur Evaluationsforschung dar.**

Thierau (1991) schlüsselt vier unterschiedliche Modelle zur Evaluation einer Maßnahme auf: Sie unterscheidet ergebnis-, prozess-, ebenen- und handlungsorientierte Ansätze voneinander und unterteilt sie in die Aspekte der „Ebenen der Handlungssteuerung" und den „Phasen des Handlungsablaufs". Die vorliegende Arbeit liefert einen Beitrag im Rahmen der ergebnisorientierten und der handlungsorientierten Evaluationsansätze.

Ziel ist hierbei, Ergebnisse zu erhalten, die die verschiedenen Phasen des Handlungsablaufs beleuchten, Prozessebenen unterscheiden und die Ebenen der Handlungssteuerung in der Supervision berücksichtigen.

Insbesondere bei handlungsorientierten Evaluationsansätzen, welche traditionelle Evaluation mit dem Konzept der neueren Handlungsforschung verbinden (Thierau 1991: 76ff.), werden Ergebnisse der Evaluation weiter kommuniziert und zeigen in der Praxis ihre unmittelbare Wirkung:

„Bei kleineren, praxisorientierten Evaluationsprojekten innerhalb überschauba-
rer Organisationseinheiten kann es ... vorteilhaft sein, die kaum vermeidbaren,
dynamisierenden Wirkungen von Evaluation nicht nur zu analysieren und zu kon-
trollieren, sondern sie gezielt zu nutzen. Mit ihnen lassen sich Akzeptanz, Ablauf,
Inhalt, Ergebnis und Transfer des laufenden Treatments unterstützen. Solcherart
eingesetzte Evaluation erfüllt dann nicht mehr nur herkömmliche Evaluations-
funktionen, sondern entwickelt sich zur flankierenden Maßnahme für ein Treat-
ment, wird zur Intervention" (Will & Blickhan 1987: 49f.).

Evaluation ist damit kein Anhang an eine – wie auch immer sich gestaltende
– Praxis mehr, sondern ein integraler Bestandteil derselben. Handlungsorientierte Evaluation stellt damit die derzeit günstigsten Voraussetzungen für
Weiterbildungsmaßnahmen dar (Thierau 1991: 99f). **Damit verfolge ich**
auch das Ziel, Kommunikation im Feld der SupervisorInnen anzuregen
und sie über die Befragung sowie deren Ergebnisse zu informieren.
Gleichzeitig stellt der Fragebogen selbst eine Intervention im Feld dar.
     Mit P. Berker (1998: 10ff) lassen sich noch weitere Ziele konkretisieren. Er
differenziert für den Bereich der Qualität von Supervision Struktur- und Rah-
menqualität, Prozess- und Verlaufsqualität sowie Produkt- und Ergebnisquali-
tät.
     Für die Entwicklung von Qualitätsstandards und für die Qualitätssicherung
konstatiert er, dass sie Formen der Steuerung von Arbeit darstellen und damit
unmittelbar auf die Arbeit in der Supervision einwirken bzw. von ihr ausgehen.
     Insofern soll diese Studie einen Beitrag zur Qualität und zur Quali-
tätssicherung auf den oben beschriebenen Ebenen leisten.

4.2   Die Wahl des Untersuchungsdesigns

Im Rahmen meiner Studie werden mit Hilfe eines Fragebogens Unterschiede
in der Einschätzung der Probanden zum Gegenstand der Kontraktgestaltung,
zum Kontraktprozess und zur Beziehungsgestaltung von Seiten der SupervisorInnen erfragt.
     Bei dem von mir gewählten Untersuchungsdesign handelt es sich um eine
einmalige Messung, die ich zunächst ohne Kontrollgruppe ausgewertet habe.
Gleichzeitig habe ich mich für ein Design mit zwei verschiedenen konstruierten Kontrollgruppen entschieden, da mein Interesse sich auch auf die Unterschiede zwischen „älteren" und „jüngeren" KollegInnen und auf geschlechtsspezifische Unterschiede bezieht. Dazu habe ich die Gesamtgruppe
jeweils unterteilt. Die Kontrollgruppen sind insofern „konstruiert", als sie
sich von zufällig zusammengesetzten – also randomisierten – Kontrollgruppen unterscheiden. Auf die Vorstellung der Unterschiede zwischen unterschiedlichen Supervisionsarten und -schulen habe ich verzichtet, sie kann zu
einem späteren Zeitpunkt aus dem vorliegenden Datenmaterial geschehen.

4.3 Mein Forschungsinteresse: Grundannahmen, Arbeitshypothesen und Operationalisierungen für den Fragebogen

4.3.1 Grundannahmen

Als Grundannahmen für die Kontraktbeziehung im Supervisionsprozess möchte ich folgende Punkte setzen:

- Die Beziehung zwischen SupervisandInnen (SD) und SupervisorInnen (SV) unterscheidet sich von anderen Beziehungen (von daher Kontraktbeziehung). Sie ist eine Arbeitsbeziehung, die durch den Kontrakt definiert ist. Sie unterliegt damit näher zu bestimmenden Bedingungen.
- Der Kontrakt ist nicht nur im Kontraktgespräch von Bedeutung, sondern spezifiziert sich im Laufe des Supervisionsprozesses sowohl in einzelnen Sitzungen als auch über den Prozess als Ganzes.
- Die Beziehung zwischen SV und SD variiert folglich je nach Themen und Ziel des SD sowohl in einzelnen Sitzungen als auch über den Prozess als Ganzes.
- Die SupervisandInnen kommen mit einer groben Vorstellung in die Supervision: Zumeist ist dies eine Problembeschreibung oder ein Entwicklungswunsch. Diese müssen im Prozess näher spezifiziert werden und haben Auswirkungen auf die Gestaltung der Beziehung.
- Im Gesamtkontrakt der Supervision stellen die Einhaltung der Vereinbarungen aus dem Kontraktgespräch die Grundlinie und die (sich zunehmend spezifizierenden) Ziele von Supervisandin und Supervisor die angestrebte Oberlinie der gemeinsamen Arbeit dar. Supervisionen können hiernach evaluiert werden.
- Die Beziehung von SV und SD muss im Supervisionsprozess immer neu geklärt bzw. transparent gehalten werden: Sie orientiert sich am Grundverständnis und der Einstellung der Supervisorin sowie am Arbeitswunsch der Supervisandin.

4.3.2 Arbeitshypothesen

Die folgenden Arbeitshypothesen leiten mich bei der Operationalisierung des Fragebogens:

- Die Beziehung zwischen SupervisorIn und SupervisandIn ist das wichtigste Arbeitsinstrument in der Supervision: Verwendete Arbeitsformen und Methoden treten dahinter zurück. Die Beurteilung der Bedeutung der Beziehung für den Prozess steigt mit der Berufsdauer der SupervisorInnen.
- Das Kontraktgespräch steckt den Rahmen der Supervision ab: Grobziele, Gegenstand, Arbeitsweise und Methoden, Rahmenbedingungen.

- Mit dem Kontraktgespräch ist die Beziehung zwischen Supervisorin und Supervisandin noch nicht geklärt. Sie bedarf der Spezifizierung und Ausgestaltung im Supervisionsprozess.
- Im Prozess der Supervision werden Gegenstand und Ziele der Supervision näher spezifiziert. Die Bedeutung der Beziehungsqualität nimmt zu.
- Die Beurteilung der Kontraktbeziehung ist abhängig vom eigenen Erfahrungshorizont des Supervisors, d.h. abhängig von Praxisjahren, theoretischen Schwerpunkten, Geschlecht des/der SupervisorIn und der SupervisandInnen sowie der überwiegend gegebenen Supervisionsform.

Die Operationalisierung von Hypothesen für einen Fragebogen stellt eine der schwierigsten Aufgaben in der Forschungsarbeit dar. Mich leiten dabei zwei wichtige Gesichtspunkte: Erstens möchte ich die Arbeit nicht so eng anlegen, dass sie allenfalls Details erfragt, gleichzeitig darf der Rahmen auch nicht so weit gesteckt sein, dass es keine Ergebnisse gibt, die ohne praktische Relevanz wären. Zweitens möchte ich mit dieser Arbeit zu einer Differenzierung beitragen, die das Kontraktgeschehen/Beziehungsgeschehen in den Blick nimmt und dabei (vermutlich) höchst unterschiedliche Grundeinstellungen bei den SupervisorInnen zunächst unberücksichtigt lässt.

Um meine Arbeitshypothesen zu operationalisieren, habe ich mich deshalb für ein dreifaches Verfahren entschieden: Ich habe den Fragebogen teiloffen angelegt, um Möglichkeiten der Ergänzung und Veränderung zu schaffen. Außerdem sollen die Bedingungen für das Kontraktgespräch und für den Kontraktprozess einzeln abgefragt werden. Um Nuancierungen erheben zu können, werden vergleichbare Fragen für die Kontraktgestaltung zu Beginn des Supervisionsprozesses und für den Kontraktprozess als Ganzes erstellt.

Zuletzt interessieren mich auch noch die Unterschiede in der Wahrnehmung der eigenen Rolle und Funktion und die vermutete Erwartung durch die SupervisandInnen. Durch diese Konstruktion erhalte ich einen Fragebogen, der in sich konsistent ist und in dem inkonsistente Antworten der ProbandInnen sofort auffallen (als Maß für die Abweichung von meiner zugrunde liegenden Einstellung). Gleichzeitig bietet die Konstruktion auch eine Überprüfung der Reliabilität, ohne eine mehrfache Messung durchführen zu müssen.

Um das Kontraktgespräch als konstituierendes Merkmal für die Supervision zu überprüfen, wird dieses in einer Doppelfrage zu Beginn abgefragt (eigene Einschätzung und aus Sicht der SD). Hier steht der Stellenwert der Beziehung für das Zustandekommen des Kontraktes im Mittelpunkt der Betrachtungen.

Des Weiteren interessieren mich die Bestandteile des Kontraktgespräches in der Gewichtung zum Kontraktprozess: Gibt es Schwerpunktsetzungen bei den ProbandInnen, bei den unterschiedlichen Vergleichsgruppen?

Welche Kernkompetenzen benötigt ein/e SV für die Supervision und wie sind sie gewichtet? Liegt die soziale Kompetenz (und damit die Beziehungsfähigkeit) in der Priorität ganz hoch?

Zusätzlich sollen die ProbandInnen Beziehungsfähigkeiten des SV getrennt nach Kontraktgespräch und -prozess einschätzen und in Selbsteinschätzung und Fremdeinschätzung bewerten. Zuletzt interessiert mich noch, wie viele Beziehungsvariablen die ProbandInnen für die Wahrnehmung ihrer Rolle in der Supervision attribuieren. Um die Auswertung zu erleichtern, um Streuungen und Mittelwerte errechnen zu können, habe ich überwiegend mit Ratingskalen und Balkendiagrammen gearbeitet, die jeweils zum Kontraktgespräch und zum Kontraktprozess parallel formuliert sind. Das erleichtert die statistische Auswertung.

4.3.3 Testphasen und Rücklauf der Fragebögen

Die Erstellung und Durchführung des Tests wurde in **drei Testphasen** eingeteilt. Die **erste Testphase** umfasste die Befragung von sechs LehrsupervisorInnen, um die Vorversion des Fragebogens auf Stimmigkeit und Verständlichkeit zu überprüfen. Diese erste Überprüfung der Vorlage machte Unstimmigkeiten in den Formulierungen, Ergänzungen und Doppelungen deutlich. Aus den Rückmeldungen konnte ich jedoch auch entnehmen, dass ich über den Gesamtaufbau meines Fragebogens noch einmal nachdenken musste: Aus einem einfach konstruierten Fragebogen entstand ein doppelter Fragebogen, der Kontraktgespräch und Kontraktprozess getrennt abfragt.

Auf eine umfassende Reliabilitäts- und Validitätsprüfung habe ich im Vorfeld verzichtet.

Die erste wie die zweite Testphase meiner Befragung können jedoch im Sinne einer Vorarbeit zu Reliabilitäts- und Validitätsstudien zur Kontraktbeziehung in der Supervision betrachtet werden.

In der **zweiten Testphase** habe ich vier SupervisorInnen außerhalb der Untersuchungsgruppe gebeten, den vorliegenden Fragebogen auszufüllen und Rückmeldung zu geben, falls ihnen etwas widersprüchlich oder unverständlich erscheint. Ich habe mit allen ein Gespräch geführt, um nochmals eine Gesamteinschätzung zu meinem Vorhaben zu erhalten. Die zweite Testphase führte zur nochmaligen Überarbeitung der Items in drei Fragen und der Verbesserung von Reliabilität und Validität des Fragebogens.

Die **dritte Testphase** umfasst die Befragung der Probanden mit der letzten gültigen Fassung des Fragebogens.

Testgruppe waren alle SupervisorInnen, die im und für das Bistum Münster Supervision geben, die ich als Stichprobe mit den KollegInnen aus meiner Ausbildungsgruppe zur Supervision verglichen habe.

Von den 39 angeschriebenen Testpersonen haben 19 den Fragebogen zurückgesandt (47,5%), aus meiner Kursgruppe habe ich alle Fragebögen zurück erhalten (20 Exemplare, 100%), so dass sich eine Rücklaufquote von insgesamt 65% ergibt: Sie ermöglicht die statistische Berechnung mit einer Kontrollgruppe, für die mindestens 15 Fragebögen erforderlich sind.

Auch bei der Verteilung von Männern und Frauen ermöglicht mir die hohe Rücklaufquote eine differenzierte Auswertung, bei der Signifikanzen festgestellt werden können. Insgesamt ergeben sich aus den eingegangenen Fragebögen 6825 Daten aus den Items, die zu 175 Datensätzen zusammengefasst sind. Durch die Kontrollvergleiche (Vergleiche von Kontraktgespräch und Kontraktprozess, ältere und jüngere KollegInnen, Frauen und Männer) werden alle Datensätze dreifach ausgewertet, so dass meine Berechnungen sich auf 525 Datensätze beziehen. Hinzu kommen die Auswertungen für die offenen Fragen.

5. Ergebnisse der Studie

5.1 Vergleiche von Kontraktgespräch und Kontraktprozess

Wo kaum Unterschiede sind, lassen sich auch keine zusammenfassen. Als einzig bedeutsames Ergebnis für die Ziele dieser Arbeit lässt sich die klare Beziehungsbetonung in der Fremdeinschätzung benennen. Mich überrascht die Einmütigkeit für Kontraktgespräch und Kontraktprozess sehr. Darüber können auch die beiden signifikanten Ergebnisse in der Zielorientierung (Vergleich 8 und 11) und bei den Zeitabsprachen (Vergleich 7 und 13) nicht hinweg täuschen. Wenn also Ergebnisse zu verzeichnen sind, so liegen sie eher neben den von mir gesetzten inhaltlichen Wichtigkeiten: Im Kontraktgespräch werden die Rahmenbedingungen geklärt, Ziele vereinbart. Die Beziehung liegt als ein überdauerndes Merkmal unterhalb der Differenzierungsmarke zwischen Kontraktgespräch und Kontraktprozess. So zeigen mir diese Ergebnisse auch die Grenze der methodischen Vorgehensweise.

5.2 Vergleiche von älteren und jüngeren KollegInnen

Viele Teilergebnisse fügen sich zu einem Bild zusammen, ohne dass viele eindeutige Signifikanzen vorliegen. Sie liegen eher in den „bedeutungsvollen" Unterschieden der Ergebnisse. Es bleibt festzuhalten, dass es Tendenzen zwischen Kontraktgespräch und Kontraktprozess gibt, die von den beiden Teilgruppen anders gesehen bzw. gehandhabt werden. Am deutlichsten treten die unterschiedlichen Bewertungen für das **Kontraktgespräch** hervor: Zugunsten eines Beziehungsaufbaus vernachlässigen die älteren KollegInnen eher die Abklärung der Rahmenbedingungen. Dies lässt sich auch an den unterschiedlichen Bewertungen der elementaren Dinge für Kontraktgespräch und Kontraktprozess ablesen. Besonders herausragend ist das unterschiedliche Ergebnis bei den **Sozialen Kompetenzen**: Die Betonung der sozialen Kompetenzen für das Kontraktgespräch durch die erfahrenen KollegInnen ist ein deutlicher Hinweis auf unterschiedliche Betrachtungsweisen beider Gruppen. Eine Detailanalyse würde hier noch mehr Aufschluss geben, ob dieser Trend nur rein rechnerisch im Prozess nicht ins Gewicht fällt. Die feinen Unterschiede bei der Beurteilung von **sicherem Auftreten und loyalem Verhalten** über alle Fragen sind ein weiteres Indiz dafür, dass hier bei den erfahrenen KollegInnen „Reifung über die Zeit der Tätigkeit" vorliegen könnte: Sind sie nicht mehr so abhängig von der Bewertung der SD? Eine ähnliche Tendenz lässt sich meines Erachtens auch aus der unterschiedlichen Bedeutung eines **schriftlichen Vertrages** über alle Fragen bei den Gruppen interpretieren. Das Item **Empathie** wird über die Fragen am unterschiedlichsten eingeschätzt: Hier lässt sich jedoch keine eindeutige Tendenz in Richtung einer der beiden Teilgruppen erkennen. Bei einem Vergleich von Selbst- und Fremdeinschätzungen fällt auf, dass die AusbildungskollegInnen eher die inhaltlich-fachlichen Items für die Zielgruppe hoch bewerten.

5.3 Vergleiche von Frauen und Männern

Insgesamt sind die Unterschiede zwischen den Einschätzungen von Männern und Frauen weitaus größer als die zwischen den beiden Ausbildungsgruppen: Dies zeigt sich vor allem in den Streuungsbreiten, die häufiger bis zu zwei ganzen Punkten auseinander liegen.

In den Beziehungskategorien fallen die **Schweigepflicht** und die **Vertraulichkeit** besonders deutlich als geschlechtsspezifische Unterschiede auf. Beiden werden von allen Frauen im Kontraktgespräch mit 6.0, also der höchsten Itemzahl belegt. Die Männer bewerten beide Items zwar auch hoch (5.95 und 5.87), unterscheiden sich durch die unbedeutende Standardabweichung bei den Frauen jedoch trotzdem signifikant.

Frauen und Männer schätzen **Flexibilität in der Beziehungsgestaltung** durch den gesamten Fragebogen unterschiedlich ein. Bei der Beurteilung für das Kontraktgespräch liegt der Mittelwert bei den Frauen um 0.7 höher als bei den Männern, so dass diese knapp innerhalb der Streuungsbreite bei den Frauen angesiedelt ist (0.77). Bei den anderen Fragen liegen die Frauen konstant – bis auf eine Ausnahme – 0.5 über den Männern. Die Ausnahme ergibt sich bei der eigenen Einschätzung zum Kontraktgespräch bei den Männern. Hier bewerten sie die Flexibilität in der Beziehungsgestaltung deutlich (0.5) höher. Die Fremdeinschätzung hatten beide Gruppen mit 4.1 und 4.2 fast identisch abgegeben. Ob hier ein Indiz für gewünschte Wichtigkeit seitens der Männer oder tatsächliche Gegebenheiten vorliegen, darüber möchte ich nicht spekulieren. Es wäre eine weitere Detailanalyse wert.

In zwei von vier Items zur **Arbeitsweise** gibt es signifikante Ergebnisse in Höhe einer halben bis ganzen Standardabweichung beim Kontraktgespräch, in drei von vier beim Kontraktprozess. Frauen bewerten Grundlagenorientierung (0.5) und methodisches Angebot (0.8) höher als Männer, günstige Lern- und Arbeitsformen (Mittelwert 4.3) werden von beiden Geschlechtern gleich wichtig angesehen. Für den Kontraktprozess sind die Einschätzungen noch unterschiedlicher. Die Mittelwertsdifferenzen liegen bei allen drei Items höher als einen Punkt, wobei die Streuungen bei den Männern unterschiedlicher sind (alle 1.2). Die Frauen legen mit 0.67 für die Lern-/Arbeitsformen ein hochgipfliges Ergebnis vor. Außerdem lässt sich im Vergleich von Kontraktgespräch und Kontraktprozess deutlich feststellen, dass die Frauen die Klärung der Arbeitsweise im Prozess angesiedelt sehen; bei den Männern lässt sich keine Tendenz erkennen. – Beim Vergleich der Mediane zu den **Kernkompetenzen von SupervisorInnen** fällt deutlich ins Gewicht, dass die Frauen die sozialen Kompetenzen an die erste Stelle rücken. Ihnen folgen die methodischen und fachlichen Kompetenzen. Spirituelle, institutionelle und Feldkompetenzen werden nicht unterscheidbar bewertet. Für die Männer liegen die fachlichen Kompetenzen an erster Stelle, gefolgt von methodischen Kompetenzen. Soziale Kompetenzen nehmen Platz 3 der Rangfolge ein. Hier liegt das deutlichste Ergebnis meiner Studie vor.

Nachdem der **schriftliche Vertrag** ein uneinheitliches Ergebnis bei Ausbildungs- und Vergleichsgruppe erbrachte, interessierte mich, ob es geschlechtsspezifische Unterschiede in dieser Frage gibt. Mit Werten von 3.0 bis 3.2 unterscheiden sich die Ergebnisse zwischen Männern und Frauen sowohl für das Kontraktgespräch als auch für den Arbeitsprozess nicht. – Frauen unterscheiden sich in Höhe von einer Standardabweichung in der Kategorie **Honorar**. Bei den Frauen liegt der Mittelwert bei 4.6, bei den Männern bei 3.0. Dabei ist die Streuung bei den Frauen mit 1.1 ungefähr normal verteilt, bei den Männern liegt sie mit 1.4 deutlich darüber. Dieses lässt sich mit der Zusammensetzung der Gruppen erklären: Meine Vermutung ist, dass der hohe Priesteranteil bei den Männern zu diesem uneinheitlichen Ergebnis führt, zumal in der Gruppe der älteren KollegInnen der Priesteranteil höher ist als in der Ausbildungsgruppe. Die Unterschiede der Bedeutung des Honorars für den Kontraktprozess ziehen sich durch alle Bereiche des Fragebogens hindurch, die Unterschiede sind bei Männern und Frauen am deutlichsten.

Zuletzt interessiert mich noch, ob Frauen und Männer dem **Geschlecht/Alter des/der Supervisorin** unterschiedliche Bedeutungen in der Kontraktbeziehung zumessen. Die Unterschiede zwischen Frauen und Männern liegen bei allen Fragen mindestens um 0.4 bei den Mittelwerten. Bei der Fremdeinschätzung für den Kontraktprozess ist das Ergebnis signifikant, bei der Selbsteinschätzung hochsignifikant, d.h. Männer und Frauen schätzen die Bedeutung der Kategorie Alter/Geschlecht höchst unterschiedlich ein. Interessant ist auch, dass der Wert von Fremd- auf Selbsteinschätzung im Kontraktprozess bei beiden Geschlechtern leicht sinkt, d.h. die ProbandInnen meinen, das Alter/Geschlecht für sie weniger Bedeutung hat als für die SupervisandInnen.

Literatur

Autiquet, M. (1998): Die Psychoanalyse. Bergisch Gladbach.

Bachmair, S. (1998): Beraten will gelernt sein, ein praktisches Lehrbuch für Anfänger und Fortgeschrittene. Weinheim.

Barthelmess, M. (1999): Systemische Beratung, Eine Einführung für psychosoziale Berufe. 2. Auflage 2001, Weinheim, Basel.

Baudry, E./Buchka, M./Knapp, R. (Hrsg.) (1992): Pädagogik, Grundlagen und Arbeitsfelder, Studienbücher für Soziale Berufe. Neuwied, Berlin.

Belardi, N., (1998): Supervision, Eine Einführung für soziale Berufe. 2. aktualisierte Auflage, Freiburg i.b.

Berker, P./Buer, F. (Hrsg.) (1998): Praxisnahe Supervisionsforschung, Felder-Designs-Ergebnisse. Münster.

Berker, P. (1998): Qualität durch Supervision – Qualität von Supervision. in: FoRuM Supervision, Sonderheft Nr. 2, S. 10-18.

Bortz J./Döring N. (1995): Forschungsmethoden und Evaluation für Sozialwissenschaftler. 2. Auflage, Heidelberg.

Holloway, E. (1989: Supervision in psychosozialen Feldern: Ein praxisbezogener Supervisionsansatz. Paderborn.

Langmaack, B. (2001): Einführung in die Themenzentrierte Interaktion, Leben rund ums Dreieck. Mannheim, Basel.

Leffers, C.-J. (1992): Einflußgrößen der Kontraktgestaltung aus der Sicht des Beraters. In: Supervision – Zeitschrift für berufsbezogene Beratung, Heft 22, S. 8-13.

Löhmer, C. (1994): Themenzentrierte Interaktion: die Kunst, sich selbst und eine Gruppe zu leiten. 2. Auflage, Mannheim.

Ludewig, K. (1990): Systemische Therapie, Grundlagen klinischer Theorie und Praxis. 3. Auflage 1992, Stuttgart.

Pfingsten, U./Hinsch, R. (1991): Gruppentraining sozialer Kompetenzen (GSK), Grundlagen, Durchführung, Materialien. 2. überarb. Auflage, Weinheim.

Rappe-Giesecke, K. (1990): Theorie und Praxis der Teamsupervision. Paris, Tokyo, Hong Kong.

Rappe-Giesecke, K. (1998): in: Berker, P./Buer F. (Hrsg.), Praxisnahe Supervisionsforschung, Felder-Designs-Ergebnisse. Münster.

Reiser, H. (1997): Die Themenzentrierte Interaktion als Rahmenkonzept für Supervision. In: Themenzentrierte Supervision. Mainz.

Rossi, P. H./Freeman, H. E./Hofmann, G. (1988): Programm-Evaluation. Eine Einführung in die Methoden angewandter Sozialforschung. Stuttgart.

Roth, J. K. (1984): Hilfe für Helfer. Originalausgabe, 2. Auflage 1985, München.

Satir, V. (1996): Selbstwert und Kommunikation, Familientherapie für Berater und zur Selbsthilfe. Leben lernen 18, 12. Auflage, München.

Satir, V. (1990): Kommunikation, Selbstwert, Kongruenz: Konzepte und Perspektiven familien-therapeutischer Praxis. 3. Auflage 1992, Paderborn.

Scala, K. (1997): Supervision in Organisationen: Veränderungen bewältigen – Qualität sichern – Entwicklung fördern. Weinheim, München.

Scholten, C. (2002): Schon … aber noch nicht! Die Kontaktbeziehung im Supervisionsprozess – Masterarbeit im Rahmen des Weiterbildungsstudienganges Supervision an der KFH NW; Münster.

Schmidt, E. R. (1995): Beraten mit Kontakt, Gemeinde- und Organisationsberatung in der Kirche, ein Handbuch. Offenbach/M.

Schulz von Thun, F. (1981) (1989) (1999): Miteinander reden (Band 1-3), Psychologie der Kommunikation. Reinbek bei Hamburg.

Thierau, H. (1991): Analyse und Empirische Überprüfung wissenschaftlicher Evaluationskonzepte in der betrieblichen Weiterbildung. Unveröffentlichte Dissertation. Bochum.

von Schlippe, A. (1996): Systemische Therapie und Beratung. 2. durchges. Aufl., Göttingen, Zürich.

Walter, J. L./Peller, J. E. (1994): Lösungsorientierte Kurzzeittherapie, Ein Lern- und Lehrbuch. 3. Auflage 1996, Dortmund.

Watzlawick, P./Weakland, J. H./Fisch, R. (1992): Lösungen. Zur Theorie und Praxis menschlichen Wandels. 5. Auflage, Bern, Göttingen, Toronto.

Weigand, W. (1998): in: Berker, P./Buer F. (Hrsg.), Praxisnahe Supervisionsforschung, Felder-Designs-Ergebnisse. Münster.

Will H./Blickhan, C. (1987): Evaluation als Intervention. In: Evaluation in der beruflichen Aus- und Weiterbildung. Heidelberg.

Will H./Winteler A./Krapp A. (1987): Von der Erfolgskontrolle zur Evaluation. In: Evaluation in der beruflichen Aus- und Weiterbildung. Heidelberg.

Wottawa H./Thierau, H. (1990): Evaluation. Bern, Stuttgart, Toronto.

Rita Paß und Ursula Tölle

Der supervisorische Blick und die Fragehaltung empirischer Sozialforschung

Einleitung

Anstoß zu diesem Artikel ist die Konzipierung eines qualitativen Forschungsprojektes zu „professionsspezifischen Einflüssen auf die Gestaltung
von Kooperationen im Bereich ganztägiger Angebote an Schulen". Zentraler
Gedanke dieses Projektes ist die Annahme, dass die jeweilige berufliche Sozialisation der kooperierenden Akteure (Lehrer, Sozialarbeiter/-pädagogen)
und der sich entwickelnde spezifische Berufshabitus einen ebenso großen
Einfluss auf ein Ge- bzw. Misslingen von Kooperationen haben wie strukturelle Rahmenbedingungen. Untersucht werden sollen in diesem Projekt neben strukturellen Aspekten das Selbstverständnis der Beteiligten, die Auswirkungen dieses Selbstverständnisses auf die konkrete Ausgestaltung der
Kooperationsbeziehungen wie auch deren Wirkungen auf die Ergebnisquali-
tät der Kooperation.

Das Forscherinnenteam aus drei Kolleginnen bringt analog zum Untersuchungsfeld selbst die Verschiedenheit professioneller Prägungen ein; prägend für das Forschungsdesign ist zum einen der Blick der Sozialwissen-
schaftlerin auf Abläufe und Methoden der empirischen Sozialforschung. Für
die inhaltliche Ausrichtung – und das soll hier Gegenstand sein – sind spezifische Sichtweisen und Zugänge der beiden Erziehungswissenschaftlerinnen
mit ihrer Zusatzqualifikation als Supervisorinnen bedeutsam. Aus vielfältiger
Supervisionserfahrung ist für beide deutlich, dass auch bei besten Rahmenbedingungen die Qualität ganztägiger Angebote an Schulen dann nicht optimal ist, wenn prozessuale Faktoren störend wirken. Allein diese Differenzierung von Struktur- und Prozessebene ist eine typisch supervisorische Vorgehensweise. Die dieser Annahme folgende Fokussierung auf berufssozialisato-
rische und -habituelle Hintergründe der kooperierenden Professionen ist also
nicht nur als Ergebnis einer bisherigen Vernachlässigung durch die Koope-
rationsforschung zu verstehen, sondern auch als Ausdruck eines spezifischen
supervisorischen Verständnisses, dass neben strukturellen Aspekten immer
auch interpersonale und intrapsychische Aspekte als bedeutsam und steuernd
für Kooperationsbeziehungen versteht (näheres hierzu im Buchbeitrag von
Krapohl) . Für die Autorinnen ergibt sich daraus die Erfahrung, dass eine supervisorische Kompetenz in der qualitativen empirischen Sozialforschung
hilfreich ist und mit der möglicherweise größere Übereinstimmungen zwi-

144 Rita Paß und Ursula Tölle

schen Supervision und Sozialforschung herstellbar sind als diese bei einem einfachen Vergleich der Institutionen Beratung, (Subjektivität) und Forschung (Objektivität) angenommen wird.

1. Der erste Blick

1.1 Aufmerksamkeit im Erstkontakt

Ein Anruf, die Nachfrage um eine Supervision, die Vereinbarung für ein Gespräch zum Kennen lernen: schon jetzt entstehen erste Assoziationen, Bilder, Eindrücke. Aufmerksame Wahrnehmung mit allen Sinnen ist mit das wichtigste Instrument supervisorischer Arbeit; ihre Reflexion bildet die Grundlage für eine gelingende Arbeitsbeziehung und die Formulierung des Beratungsauftrags. In dieser Phase deutet sich bereits eine erste Diagnose des Problems an und werden erste Hypothesen gebildet.

Besondere Aufmerksamkeit gilt den Beteiligten in einem Dreieckskontrakt: die auftraggebende Institution formuliert explizit und implizit Erwartungen und löst Bilder über die Problemlage aus. Der Supervisand bzw. das zu supervidierende Team zeigen ihre Erwartungen, ebenso teils offen, teils verdeckt und es zeigt sich, wo Übereinstimmungen und auch Abweichungen zum Auftrag der Institution liegen. Beide Gesprächszusammenhänge sind wertvolle Informationsquellen für den Beratungsverlauf.

Der Auftrag für ein Projekt der empirischen Sozialforschung ist in der Regel nicht unmittelbar mit einem leibhaftigen Gegenüber verbunden; Informationsquellen sind schriftliche Dokumente wie Ausschreibungstexte, Voruntersuchungen und Dokumente des Auftraggebers. Auch sie führen zu Bildern über offene Ziele und implizite Erwartungen, die sich mischen mit Informationen der Forschenden zum Feld. So können sich z.B. Vorkenntnisse über politische Zusammenhänge mit Angaben zum Forschungsauftrag vermischen.

Die Ausschreibung des o.g. Forschungsvorhabens wurde durch das Bundesministerium für Bildung und Forschung über das Internet und direkte Anschreiben veröffentlicht. Der Titel des Projektes bietet bereits die wesentliche Information darüber, dass es eingebunden ist in eine bundesweite bildungspolitische Initiative zur quantitativen und qualitativen Ausweitung der Angebote ganztägiger Bildung an Schulen. Der Verwendungszweck der Forschungsergebnisse ist damit eindeutig formuliert. Aufgabe der Forschenden ist es, dieses erkenntnisleitende Interesse (Habermas) kritisch zu reflektieren und mit der eigenen Interessenlage abzustimmen.

Dazu wurde für das Forschungsprojekt der KFH NW aus der Fülle der in der Ausschreibung angebotenen Schwerpunkte ein Akzent ausgewählt, der mit den Vorerfahrungen der Forschenden korrespondiert (vgl. Zum Umgang mit Kontextwissen, P.2.2) und der auch für den Auftragnehmer eine mittelfristige Relevanz hat (z.b. Ergebnisse für Konzeption der Studiengänge nutzen).

Sollte das Projekt wie geplant im Januar 2008 beginnen, wird sich in ersten Kontakten zu Partnern und den Akteuren im Untersuchungsfeld die Auftragssituation verändern, da – ganz im Sinne des Dreieckskontraktes – dann deren Erwartungen erkennbar werden. Die Forschenden werden in dieser Phase ihren aufmerksamen Blick auf Übereinstimmungen und Differenzen der Interessen von Bundesministerium, Verantwortlichen vor Ort und Handelnden im Feld richten. Jeweils ist dieser erste Blick und die Reflexion der Wahrnehmung handlungsleitend für die wissenschaftliche Untersuchung.

1.2 Die Dimension der Beziehung

In der Anfangsphase einer Supervision schält sich also das zu bearbeitende Problem, die zentrale Frage heraus. Sie als Ziel zu formulieren ist bereits ein wesentlicher Schritt der Arbeit. Es folgt der Prozess einer gemeinsamen Suchbewegung nach neuen Wegen, nach Lösungen. Supervisor und Supervisand agieren mit ihrem jeweiligen Hintergrund und ihrer je eigenen Stellung zum Thema, gehen ihre eigenen Wege und oft auch unbewussten Motiven nach. Im Dialog beziehen sie sich aufeinander und bieten sich so Reflexionsmöglichkeiten an. Dieser Versuch einer schwingenden Bewegung aufeinander zu ist das, was in der Supervision mit oszillierendem Verstehen definiert wird. In dieser Weise wird Supervision zentral bestimmt von der gestalteten Beziehung.

Supervisorische Beziehungen sind geprägt von einer Grundhaltung der Neugier. „Das Erkennen des Sichtbaren und die Suche nach dem Verborgenen braucht unsere dauernde aufmerksame Neugier in der Entwicklung zwischenmenschlichen Verstehens." (Leuschner 2007: 14)

Schließlich sind Einfühlung und Empathie wesentliche Voraussetzungen und Kennzeichen einer supervisorischen Beziehung. Durch sie soll in mehrfacher Weise gelingen, Verständnis zu entwickeln: des Supervisors für den Supervisanden, des Supervisanden für sich und für andere am Fall Beteiligten, ob sie in einer Teamsupervision anwesend sind oder durch Berichte eingebracht werden. Einfühlung des Supervisors fördert das Vertrauen des Supervisanden und hindert nicht an der Überparteilichkeit in der Sache. In der Balance von empathischem Verstehen und fördernder Konfrontation liegt die Möglichkeit, neue Perspektiven zu eröffnen.

Neugier ist schlechterdings auch die Grundhaltung allen wissenschaftlichen Tuns. Sozialforschung, die das Leben und die Dynamik des Sozialen zum Gegenstand hat wird zudem beflügelt vom Interesse an Menschlichem; wird sie betrieben von Erziehungswissenschaftlern, kommt als weiterer Motor das Wissen um die Neugier des Lernens und das Streben nach dieser reinen, kindlichen Aufmerksamkeitshaltung hinzu.

Neugierig macht im Kontext des Forschungsvorhabens besonders das kooperative Geschehen der Menschen, die ganztägige Angebote für Kinder und
Jugendliche konzipieren und umsetzen. Auf den Ebenen des pädagogischen
Prozesses, der Interaktion der Beteiligten und der Kommunikation im Forschungsprojekt kommt der Dimension der Beziehung eine absolut herausragende Bedeutung zu. Geplant sind Untersuchungen zu der Frage, „inwieweit
es gelingt, im Kooperationsgeschehen die verschiedenen professionsspezifischen Haltungen zu kommunizieren und für die gemeinsamen Handlungs-
vollzüge konstruktiv werden zu lassen." (Tölle/Paß/Schmidt-Koddenberg
2007: 31) Dementsprechend wird folgenden Fragen nachgegangen:

> *„Welche Ziele, Inhalte und Methoden setzen sich in der gemeinsamen Entwick-
> lung eines Arbeitsprogramms durch und welche Arbeitsteilung ist daran gekop-
> pelt? Wie genau gestalten sich die Entscheidungs- und Kommunikationsprozesse
> im Team?" (Tölle/Paß/Schmidt-Koddenberg 2007: 34).*

Zur Ermittlung sind subjekt- und prozessorientierte Methoden erforderlich,
wie z.B. die Feststellung des beruflichen Selbstverständnisses und des jeweiligen Bildungsverständnisses durch leitfadengestützte Interviews, dabei die
Schaffung möglichst offener Kommunikationssituationen mit Raum für narrative Äußerungen, die die je subjektive Perspektive widerspiegeln, die Validitätsprüfung, d.h. den Abgleich dieser Ergebnisse mit anderen Perspektiven
durch schriftliche Befragungen.

„Folgt man (…) der Annahme, dass die vielfach aufgeschichteten Wissensbestände der Professionellen größtenteils automatisch in routinisierten
Handlungen eingebunden werden und diese folglich als latente Hintergrund-
folie von den sozialpädagogischen AkteurInnen quasi inkorporiert werden
und nicht abgefragt werden können (vgl. Südmersen 1983)" (Thole/Cloos
2000: 287), so sind zur Rekonstruktion und Entschlüsselung dieser verdeckten Wissensbestände vor allem rekonstruktive Verfahren der Datenerhebung
und -interpretation einzusetzen.

Die Beziehungsdynamik der Professionellen im Feld wird besonders
sichtbar in Teamsitzungen. Das Instrument der teilnehmenden Beobachtung
soll Zugang zu solchen Informationen herstellen, die wegen ihrer Selbstverständlichkeit für die Handelnden durch Befragung nicht zugänglich wären.
Ähnliches gilt für das Forschungsinstrument der Gruppendiskussion, für die
in diesem Fall möglicherweise die Zusammensetzungen wegen des multipro-
fessionellen Aspektes konstruiert werden.

Problematisch erscheint – und auch diese Sicht resultiert aus supervisorischer Erfahrung, dass teilnehmende Beobachtung eines externen Forschenden im Gruppensetting das zu Beobachtende verfälscht. „So bietet sich teilnehmende Beobachtung nur dann an, wenn der Beobachter eine definierte
Rolle im sozialen Feld übernehmen kann" (Diekmann 2007: 564).

Angemerkt sei in diesem Zusammenhang, dass auch die Selbstreflexion
der Forschenden, ganz so, wie es Supervisoren praktizieren, als Untersu-
chungsform der teilnehmenden Beobachtung verstanden werden kann, näm-

lich als Selbstbeobachtung, als Introspektion; sie „bezieht sich (…) auf die Beobachtung des eigenen Verhaltens, der eigenen Gefühle und Verhaltensmotive" (Diekmann 2007: 568).

2. Die Fragehaltung

2.1 Objektivität versus Verstehen

Die vom Supervisor im Erstkontakt einzunehmende offene Haltung setzt sich in der eigentlichen Problembearbeitung fort. Supervisanden, die ja Experten ihres Handlungsfeldes sind würden in einer Abhängigkeit bleiben, ginge es nur um Handlungsanleitungen oder Empfehlung (Instruktionen) im Hinblick auf den Umgang mit Problemen des beruflichen Alltags. Größere Autonomie bzw. Handlungsfreiheit lässt sich hingegen nur durch Verstehen von Prozessen und Bedeutungsgehalten herstellen, den die verschiedenen Akteure einer Situation, einem Problem, einer Struktur etc. geben. Spätestens seit dem Wissen um eine konstruktive Systemtheorie sucht Supervision dabei nicht mehr nach objektivierbaren Wahrheiten, sondern nach den latenten und manifesten Sinnstrukturen einer Kommunikation um diese den Beteiligten zugänglich zu machen. Supervision trachtet danach, etwas von diesen Sinnherstellungsprozessen sichtbar zu machen und zu verstehen.

„Verstehen" in diesem Sinne ist in der Supervision keine objektiv zu bestimmende Kategorie. Ohne Reflexion und Kommunikation steht sie leicht in der Gefahr, ihr Gegenüber zum Objekt zu machen. Hinz-Rommel nennt ein vorschnelles Verstehen in interkulturellen Kontexten „pseudo-understanding" (Hinz-Rommel 1994: 100). Verstehen setzt den Nachvollzug von Bedeutungszuschreibungen eines Gegenübers voraus, das mit den Erkenntnissen der Systemtheorie nicht mehr aus einer objektiven, distanzierten Beobachtungsposition erfolgen kann, sondern nur noch in einer rekonstruktiven, reflexiven und kommunikativen Weise mit den Beteiligten. Vor einem solchen Hintergrund meint Verstehen sich seiner als Akteur bewusst und sich seiner selbst unsicher zu sein. Über eine Ausbildung mit hohen selbstreflexiven Anteilen und einem Selbstverständnis, das kontinuierliche Reflexion als Bestandteil professioneller Identität versteht, sind Supervisoren in der Steuerung eines solchen Prozesses besonders geschult. Nur in diesem Wechselspiel und in der Überprüfung der gewonnenen Erkenntnisse an der jeweils konkreten Situation kann Verstehen erfolgen und erhalten Deutungen ihre Gültigkeit.

Auch der qualitativen Forschung geht es um die Sichtbarmachung einer Innenperspektive (emic view) (Moser 1995: 99) der Betroffenen. Über narrative Verfahren wird den „Befragten die Chance gegeben, ihre lebensgeschichtlichen Erfahrungen auf die (…) (ihnen) richtig und wichtig erscheinende Art zu erzählen. Sie wählen die Themen ihrer Lebensgeschichte, gestalten ihre biographischen Rekonstruktionen selbst und kommen mit ihrer Sprache und mit ihren Deutungen zu Wort" (Steinhilber 1999: 62). Erzählgenerierende Fragen befördern eine solch freie Erzählstruktur, während mit verständnisgenerierenden Fragen eher neue Sinnverstehungsmuster entstehen können. Durch die Nutzung von Techniken aus der Gesprächstherapie (Spiegelung von Aussagen) wird die Selbstreflexivität der Betroffen gestützt.

Im Hinblick auf das skizzierte Forschungsprojekt besteht bei den Antragstellerinnen die Annahme, dass Schwierigkeiten in den Kooperationsprozessen nicht nur Ergebnis struktureller Unklarheiten oder Disparitäten sind, sondern zu einem nicht unerheblichen Teil auch in fehlenden Kenntnissen über die jeweiligen professionsspezifischen Selbstverständnisse entstehen. Verstehen meint in diesem Zusammenhang den Nachvollzug spezifischer beruflicher Sozialisationsprozesse, die zu den eigenen in einer Differenz stehen und die nur über prozessorientierte und rekonstruierende Verfahren sichtbar gemacht werden können.

2.2 Zum Umgang mit Kontextwissen

Über die Aufforderung zur frei erzählten Darstellung z.B. eines Falles, einer Teamdynamik erfahren Supervisoren etwas über die Situationswahrnehmung und -deutung ihres Gegenübers. Durch ein breites Spektrum an Kenntnissen und der Fähigkeit, eigene Affekte, Emotionen, Wahrnehmungen auf der Metaebene zu reflektieren, können diese zu den Erzählungen des Supervisanden kontrastiert werden und zu weitergehenden, verständnisgenerierenden Fragestellungen führen. So lässt sich beispielsweise aus der Differenz einer Wahrnehmung die Frage nach der Entstehung oder Bedeutung dieser Differenz für die Beteiligten anschließen. Nicht die Suche nach einem „richtig" oder „falsch" ist hier handlungsleitend, sondern die Frage nach der Bedeutung der Wahrnehmung. Die Einbeziehung eigenen Kontextwissens ist dabei kein zu verleugnender, sondern ein bewusster und gewollter Vorgang. Auf einer theoriebezogenen Deutungsebene stellt Supervision beispielsweise eine Verknüpfung von Psychodynamik und Soziodynamik her und bietet diese dem Supervisanden als Erweiterung seiner Sicht an. In Bezug auf die Gestaltung eines Handlungsfeldes ist Supervision damit absichtslos, in Bezug auf ein Verstehen von Psycho- und Soziodynamik hingegen nicht.

Ein vergleichsweise ähnliches Vorgehen beschreibt Witzel mit seinem qualitativen Forschungsansatz des problemzentrierten Interviews. Ausgehend von einem allgemeinen Gesprächsimpuls zum „Forschungsproblem" orientiert sich der Interviewer in seinem Frageverhalten am Gedankengang und roten Faden des Gegenübers. Durch Nachfragen, Aufdecken von ambivalenten Aussagen oder Herstellung (Befragung) von Zusammenhängen trägt der Interviewer während des Gespräches dazu bei, bereits angesprochenen Themen eine andere Tiefe zu geben oder in eine neue Perspektive einzufügen. Der Leitfaden dient dabei als Orientierungshilfe für den Interviewer, um sicherzustellen, dass relevante Themen angesprochen werden. Durch diese Doppelstruktur der Interviewgestaltung (deduktives Einbringen theoretischen Kontextwissens und induktiver Erkenntnisgewinn durch die offene, dialogische Erzählstruktur) werden einerseits die im Vorwissen gespeicherten relevanten Themen des Interviewers eingebracht und gleichzeitig durch die narrativen Erzählmöglichkeiten bedeutsame Themen des Befragten angeregt und sichtbar. Bereits während des Interviews ist dadurch eine immer präziser werdende Fokussierung im Hinblick auf das Forschungsproblem möglich. Sowohl in der Erhebungs- als auch in der Auswertungsphase wird der Erkenntnisprozess durch ein Wechselspiel von induktivem und deduktivem Vorgehen gestaltet (Witzel 2000). Eine solche komplexe Gesprächsstrategie (Nutzung eigenen Vor- und Kontextwissens ohne Überdeckung oder Steuerung der Sicht des Gegenübers) stellt hohe Anforderungen an eine Interviewführung, die insbesondere von Supervisoren mit ihrer spezifischen Qualifikation eingelöst werden kann.

Im geplanten Forschungsprojekt verfügen die beteiligten Forscherinnen über ihre jeweiligen beruflichen Werdegänge auch über Erfahrungen und Kenntnisse differenter berufssozialisatorischer Prozesse und damit über entsprechendes Kontextwissen. Neben den bereits benannten sozial-, erziehungswissenschaftlichen und supervisorischen Kompetenzen sind dies Erfahrungen und Kenntnisse, die im Kontext von Lehramtsstudium und Sozialpädagogikstudium erworben wurde. Diese Kenntnisse und Kompetenzen werden im Sinne der oben ausgeführten Aspekte nicht als behindernd für das Forschungsvorhaben betrachtet, sondern als Erweiterung des Blickwinkels, allerdings unter dem Anspruch einer permanenten Reflexion. In diesem Sinne ist auch für das Forschungsteam die Frage nach supervisorischer Begleitung oder Balintgruppenarbeit zu stellen.

3.   Die Perspektiven der Wahrnehmung

3.1.   Mehrperspektivität

Als charakteristisches Merkmal supervisorischer Arbeit gilt, eine Frage von verschiedenen Seiten zu beleuchten, ein Problem aus mehreren Perspektiven zu betrachten. Mit dieser Sicht auf die Dinge ist Supervision auch in ihrer historischen Genese aus der Sozialen Arbeit erkennbar, die in ihrer Disziplin ebenfalls die Mehrperspektivität zur wesentlichen Kategorie insbesondere in der Diagnostik einer Problemlage zählt. Mehrperspektivität in der Supervision bezieht sich zum einen auf die Dreiecksdynamik von Person, Rolle und Institution, die als Grundmuster erfahrener Problem- und Konfliktsituationen besteht, aber auch auf Prozesse der Interaktion verschiedener Akteure im Feld, deren Verschiedenheiten sich durch Rollen, hierarchische Positionen, Professionen u.a.m. herleiten. Der Begriff der Rolle ist in der supervisorischen Bearbeitung beruflicher Zusammenhänge von zentraler Bedeutung; Supervision gilt der Anleitung zur Reflexion nicht integrierter Rollenzuweisungen und der entstehenden Intra- und Interrollenkonflikte. Durch Methoden z.b. der Identifikation in Rollenspielen, Introspektionen, Aufstellungen u.a.m. werden Sichtweisen anderer am Geschehen Beteiligter realisiert und erweitern die eigenen Perspektiven. Sich anzufreunden mit fremden oder auch ungeliebten Sichtweisen in sich und bei anderen eröffnet und erweitert Handlungsspielräume.

Die empirische Sozialforschung kennt diesen Gedankengang des Perspektivwechsels ebenfalls. Sie greift die allgemein menschliche Neigung auf, die Lösung von Problemen im bekannten, vorgegebenen Rahmen zu suchen. Beispielhaft dafür stehen Rätsel wie: „Verbinden Sie, ohne abzusetzen, die neun Punkte (sie sind als Quadrat jeweils zu dritt in drei Reihen angeordnet) mit vier geraden Linien. Die Lösung verlangt einen Perspektivwechsel und das Überschreiten des scheinbar vorgegebenen Rahmens (Diekmann 2007: 181ff.).

Die geplante Untersuchung ganztägiger Angebote an Schulen geht von der Annahme aus, dass die jeweilige Eingebundenheit in berufsspezifische Handlungsweisen Probleme in der kooperativen Gestaltung des Feldes bedingt. Eine Lösung dieser Problemlage kann in Analogie zu oben erwähnten Rätsel durch Überschreitung der eigenen Grenzen beginnen, oder, supervisorisch gesagt: das identifizierende Einfühlen in die jeweils andere Person und Profession eröffnet den Einzelnen und mehr noch dem Team neue Handlungsspielräume. Dieser supervisorische Erfahrungswert spiegelt sich im Untersuchungsdesign wider, das neben der Strukturebene (Rahmenbedingungen etc.), die Prozessebene, also die Interaktion der Beteiligten in das Zentrum rückt. Die Interdisziplinarität des Forscherteams (Erziehungswissenschaften, Soziale Arbeit, Sozialwissenschaften) trägt dem ebenso Rechnung wie das Vorhaben, für die unmittelbare Untersuchungstätigkeit wissenschaftliche Mitarbeiterinnen und Mitarbeiter zu gewinnen, die keiner der im Feld relevanten Berufsgruppen angehören. Professionsspezifische Bindungen sollen so vermieden werden.

3.2 Rolle – Person – Institution

Die historischen Wurzeln der Supervision beschreiben ein Beratungsgeschehen zwischen zwei Menschen, die sich per Kontrakt vereinbaren. „In der Geschichte der Supervision hat sich aus der dyadischen Beziehung Supervisor – Supervisand die Triade Supervisor – Supervisand – Institution entwickelt. (…) Heute ist die Institution die Erste im Dreieck. (…) Die Beziehung zum Auftraggeber ist die Voraussetzung für die Beziehung zum Beratungssuchenden" (Leuschner 2007: 17). Damit verschiebt sich die Reflexion der beruflichen Rolle tendenziell, denn sowohl der Supervisand als auch der Auftraggeber haben ein Interesse an Rollenkongruenz, verstehen diese aber verschieden. Supervision, verstanden als personenbezogene Weiterbildung, stellt die Rat suchende Person in den Mittelpunkt und dient ihrer Stärkung im beruflichen Kontext. Sie weiß um die Bedeutung des eigenen sicheren und guten Standes als Voraussetzung für Interaktion und Kommunikation.

Das Forschungsvorhaben hält in diesem Zusammenhang den Habitusansatz von Bourdieu für hilfreich, denn er bietet die Möglichkeit, „Bewusstheit für die Auswirkungen der sozialen Herkunft und die Kräfte des ‚Feldes‘ für das berufliche Handeln zu entwickeln (Buchinger 2007: 189). Abgeleitet aus empirischen Untersuchungen zu Frauen in Führungspositionen kann auch für das Zusammenspiel von Fachkräften der Sozialen Arbeit mit Lehrerinnen und Lehrern angenommen werden: „ Das Bewusstsein für die Kräfte des Feldes (...) kann ihnen helfen zu verstehen, warum sie trotz objektiv nachweisbarer Leistungen, Qualifikationen und ihrer Machtposition das Gefühl haben, nicht anerkannt zu sein" (Buchinger 2007: 189).

Selbstverständlich spielen in den Forschungsprozess die Erkenntnisinteressen des Auftraggebers (bildungspolitische Optionen), der Partner (z.B. kommunalpolitische Vorhaben) und der pädagogischen Einrichtungen (z.B. Mittelakquise, Konzeptentwicklung, Wettbewerbsvorteile) eine Rolle. Die Erfahrungen aus Dreieckskontrakten in der Supervision fordern auch das Forscherteam zu kontinuierlicher Reflexion dieser Interessenlagen heraus. Es ist beabsichtigt, dafür eine Kontrollsupervision der Untersuchenden zu installieren.

3.3 Selektive Wahrnehmung

Die selektive Wahrnehmung führt in der Wissenschaft eindeutig zu verzerrten Resultaten, wenn diese unmittelbar einfließen kann. Das Problem entsteht gerade in den Feldern der Sozialforschung, „weil bevorzugt jene Wahrnehmungen registriert werden, die lieb gewonnene Vorurteile und Hypothesen bestätigen" (Diekmann 2007: 54). Schon aus den erkenntnistheoretischen Schriften Platons wissen wir: wir können nur das denken, was uns an etwas schon Gedachtes in uns erinnert. Selektive Wahrnehmung ist ein notwendiger Vorgang zur Reduktion von Komplexität und geschieht in der Forschung bereits durch Stichprobenselektion, in der Wahrnehmung nur ausgewählter Aspekte oder in der Erinnerungsselektion, die nur einen Teil des Wahrgenommenen aufgreift (Diekmann 2007: 52). Deshalb setzt die Wissenschaft Methoden zur Kontrolle daraus resultierender Fehlschlüsse ein.

Auch die Supervision kennt die Notwendigkeit der Reduktion von Komplexität. Es ist nicht möglich, alle Facetten eines Falles zu erfassen. Im Unterschied zur Forschung konzentriert sich die Supervision aber nicht auf die Kontrolle des Ausgelassenen, sondern auf das Dargestellte. Denn die Auswahl von Aspekten der Realität wirft ein Licht auf die für den Supervisanden bedeutsame Erfahrung; er wählt nicht zufällig aus, sondern auf der Folie von zumeist unbewussten Mustern. Reduktion von Komplexität geschieht also durch die gezielte Bearbeitung dessen, was Muster wiederkehrenden Handelns erkennen lässt. Das geplante Forschungsprojekt definiert bereits im Titel und der Zielformulierung ein solches Muster: Berufsidentitäten prägen die Kooperation und damit die Qualität der Angebote.

Empirische Sozialforschung richtet ihren Blick direkt auf das Handlungsfeld, in diesem Fall auf das kommunikative Geschehen in der Gestaltung ganztägiger Angebote. Supervisoren allerdings sehen das Feld des Supervisanden nur vermittelt; sie haben nur Zugang zu den Berichten, der Wahrnehmung des Supervisanden aus seinem Feld. Das Forschungsvorhaben reagiert auf diese Unterschiedlichkeit, in dem Erkenntnisse aus Befragungen der Experten den in Gesprächen und Fragebögen ermittelten Erfahrungen der Nutzer, also der Schülerinnen und Schüler sowie der Eltern gegenübergestellt werden. Beobachtung ist eine zentrale Methode der geplanten Untersuchung. „Und da in sozialen Systemen das Beobachten selbst beobachtet, werden die Beobachtungen von Beobachtungen und der Austausch darüber bedeutsam" (Buchinger 2007: 132).

4. Die (Selbst-)Reflexion

Wenn Supervision den Verstehensprozess auch als kommunikativen Forschungsprozess begreift, so lässt sich ein solcher Prozess nicht über eine ausschließlich zielorientierte Handlungsorientierung steuern, sondern nur über die Einnahme einer reflexiven Haltung. Supervisoren, die nicht nur eine distanzierte Position der Beobachtung einnehmen, sondern im Sinne eines systemtheoretischen Paradigmas immer auch (beeinflussender) Teil des kommunikativen Geschehens sind (und sei es nur als Beobachter) können ihr Verstehen nur über kommunikative Reflexion und Selbstreflexion validieren. Neben der Betrachtung und dem Verstehen von Prozessen ist die Beobachtung und Reflexion des eigenen Handelns auch immer Bestandteil einer guten supervisorischen Arbeit. Nicht ohne Grund gehört deren Kontrolle durch Lehrsupervision (in der Ausbildung) oder Balintgruppen zum festen Bestandteil qualifizierter supervisorischer Arbeit. Diese Beobachtungen zweiter Ordnung tragen dem Umstand Rechnung, dass auch Wahrnehmungen und Deutungen von Supervisoren nicht frei sind von der sinnproduzierenden Konstruktion der Akteure und es gilt, diese als solche wahrzunehmen und zu verstehen. Die Bewusstheit des Supervisors für sein eigenes Gewordensein und die Reflexion seiner Wahrnehmungen ermöglichen eine Betrachtung in der Distanz und schaffen die Voraussetzung für eine Transparenz des Deutungsprozesses.

Während objektivierende Formen der Sozialforschung versuchen, das Verstehen über eine möglichst neutrale Form der Datenerhebung sicher zu stellen und über Rekonstruktionen zu einem Sinnverständnis und damit zu generalisierbaren Ergebnisse zu kommen, entwickeln andere Forscher zunehmend ein Verständnis für eigene Beteiligungen. Bereits 1984 formulierte Deveraux für die Forschung, dass eine objektive Beobachtung bzw. methodologische Objektivität nicht länger möglich ist, da der Forscher mit seinem Eintritt in das Untersuchungsfeld den Untersuchungsgegenstand unausweichlich beeinflusst. Deveraux ermuntert den Forscher sogar, seine eigenen blinden Flecken, Ängste und Hemmungen mit in den Blick zu nehmen. Durch die Eigenbeobachtung, nicht nur die des Objektes, wird ein Zugang zum Wesen der Beobachtungssituation eröffnet. Auch Strauss ermuntert zur Einbeziehung – reflektierter – eigener Erfahrungen „Graben Sie in ihrem Erfahrungsschatz, möglicherweise finden sie Gold!" (Strauss 1991: 36). Die Einbeziehung und Reflexion eigener Erfahrungen und eigenen Kontextwissens ist ein bewusster und gewollter Vorgang in der qualitativen Forschung. In diesem Sinne fordert auch Giesecke (1997), dass Sozialforschung, die mehr über prozesssteuernde Elemente wissen möchte, Abschied von einer Wahrnehmung in Distanz nehmen und sich verstärkt mit der Methode der Selbstreferenzialität vertraut machen sollte. Auch sie ist an der „Produktion von Daten beteiligt und kann Übertragungsprozesse keineswegs immer unter der Kontrolle der Methode halten" (Giesecke 1997: 677).

5.   Wahrheit

5.1 Die Relevanz von Wahrheit

Sind die Ergebnisse eines Forschungsprojekts die ermittelte Wahrheit, welche Relevanz haben die Ergebnisse? „Mit etwas Phantasie gelingt es häufig, verschiedene, gleichermaßen plausible Hypothesen zu formulieren. Ob freilich die Hypothesen über soziale Vorgänge auch wahr sind oder nur Ausdruck lebhafter Phantasie, ist eine Frage, die sich an die Adresse der empirischen Sozialforschung richtet" (Diekmann 2007: 61). Wenn das bedeutet, dass Wahrheit wissenschaftlich ermittelbar ist, dann kann dies als signifikanter Unterschied zur Supervision festgehalten werden. Der Wahrheitsgehalt der Aussagen eines Supervisanden zu seiner Lage ist nicht entscheidend für den Beratungsprozess. Vielleicht geht es um die Suche einer *wahren* Identität, einer, die den Einzelnen, sein soziales und berufliches System verbindet. Einen solchen Prozess begleitet Supervision, verstanden als Prozess der Ent-Wicklung und auch des Wandels dieser Identitätsbildung. Oder, systemtheoretisch erweitert: Supervision zeigt „die Vielfalt der Möglichkeiten statt der einen Wahrheit" (Buchinger 2007: 162), ausgehend vom Axiom der Kontingenz aller möglichen Identitäten. Supervision richtet ihren Blick nicht auf einen Punkt, den Ist-Zustand, sondern auf den Weg, den Prozess. Den hinlänglich bekannten Lehrsatz des Konstruktivismus können wir im gleichen Sinn bemühen: „Realität an sich gibt es nicht".

Für das geplante Forschungsprojekt heißt Wahrheitsfindung, das Geschehen im Verlauf und in seiner Qualität hinsichtlich der *wirksamen Wahrheiten* zu untersuchen. Zur Frage danach, was wie wirkt gehört der Rückblick, der Linien der beruflichen Identitätsbildung aufzeigt, die bis in das aktuelle Handeln hineinwirken.

In der erlebbaren Gegenwart wird untersucht, welche kommunikativen Aktionen und Interaktionen zu welchen Reaktionen und Wirkungen führen.

Für die Gegenwart und Zukunft wird dargestellt, welche Auswirkungen dieses kooperative Geschehen auf die Angebotsqualität hat.

5.2 Die Dimension des Prozesses

Supervision gestaltet, wie bereits ausgeführt, im Hier und Jetzt eine vertrauensvolle Arbeitsbeziehung, die die Reflexion des „bis hier hin" mit individueller, biographischer und berufssozialisatorischer Sicht ermöglicht und die das Angebot der Begleitung eines Entwicklungsprozesses macht. Dazu verabreden Supervisor und Supervisand ein Trajekt, eine Wegstrecke mit Anfang und Ziel. Dieser Rahmen vermittelt Klarheit und Verlässlichkeit, definiert Bedingungen und Setting. Vor allem die Festlegung des Endes sichert einen Prozess der berufsbezogenen Problemlösung, der sich abgrenzt von einer Psychotherapie. Das vereinbarte Ende würdigt den zu bearbeitenden Problemfall als wichtigen und zugleich als ein Detail einer größeren Gesamtheit von Aspekten.

Forschungsprozesse im sozialen Feld weisen vergleichbare Verläufe auf. Analog zur Supervision gehören zur ersten Phase jeder empirischen Untersuchung die Festlegung der Fragestellung und die Klärung der Rahmenbedingungen. Vom exakten Beginn der Arbeit mit der „Formulierung und Präzisierung des Forschungsproblems" (Diekmann 2007: 192) hängt das zielgerichtete weitere Vorgehen entscheidend ab. Die Forscherinnen in o.g. Projekt beobachten mit supervisorischer Aufmerksamkeit, dass die Arbeit bereits begonnen hat, bevor der Auftrag erteilt wurde. Zur Erarbeitung des Konzeptes gab es bereits ertragreiche Vorgespräche mit Verantwortlichen im Feld, die es als Kooperationspartner zu gewinnen galt. Ihre Sicht des Handlungsfeldes war bereits Gegenstand erster Erörterungen; ihre Interessen, Erwartungen und eigenen Möglichkeiten flossen in die formulierten letter of intend ein. Im Sinne der o.g. Aspekte des ersten Blicks, der ersten Eindrücke und auch der selektiven Wahrnehmung werden diese Informationen zu sichten und zu reflektieren sein.

Für eine angemessene Beziehung zu den Akteuren im Feld, zu denen es bisher keine persönlichen Kontakte gab, ist es umso wichtiger, eine öffentlich sichtbare Auftaktveranstaltung durchzuführen, die alle ins Boot holt. Das Vorwissen über die Wirksamkeit hierarchischer Strukturen und über das Zusammenspiel von Politik und Verwaltung im kommunalen Feld legt die Vermutung nahe, dass der ‚einseitige' Anfang sich auf den Forschungsprozess auswirken wird. Die in Methoden und Zeitablauf aufgenommenen

Schritte zur Rückkoppelung der Forschungsergebnisse mit den im Alltag Handelnden haben daher eine wichtige Funktion.

6. Fazit/Ausblick/Resümee

In der vergleichenden Betrachtung von Supervision und Forschung finden sich mehr Gemeinsamkeiten als ein erster Blick auf die Unterschiedlichkeit der Felder „Beratung" und „Forschung" erwarten ließe. Während Supervision (Beratung) im Selbstverständnis auf eine Veränderung der Sichtweisen, des Erlebens und Verhaltens in Problemlagen abzielt ist Forschung zunächst einem Erkenntnis- und Wahrheitsparadigma verpflichtet. Der Einwurf, dass empirische Sozialforschung individuelle und sozialkulturelle Phänomene nicht nur erfassen, sondern auch Hinweise zur Lösung sozialer Probleme liefern will, ändert nichts an deren grundsätzlicher Verpflichtung zur Wahrheitsfindung und Richtigkeit ihrer Erkenntnisse. Die vorangehenden Überlegungen zeigen jedoch, dass es neben der Unterschiedlichkeit der Gegenstände und deren institutioneller Verortung (Beratungspraxis versus Hochschulkontext) Gemeinsamkeiten, vor allem im Prozess des Verstehens und methodischen Arbeitens gibt und dass supervisorische Kompetenzen sich konstruktiv im Feld qualitativer Forschung einsetzen lassen. Konkretisiert haben die Autorinnen dies im Hinblick auf die Frage, wie diese Kompetenzen für Prozesse der qualitativen Forschung, hier im Kontext der Planung eines konkreten Forschungsprojektes zu professionsspezifischen Einflüssen auf Kooperationsprozesse, nutzbar gemacht werden können. Herausgearbeitet wurden dabei insbesondere die Kompetenzen der reflexiven Betrachtung eigenen und fremden Agierens als auch die Einnahme einer distanzierten Position, die immer wieder die zu einem „Verstehen" notwendigen Perspektivwechsel ermöglicht. Gerade in einem Forschungsprojekt, das Kooperationen nicht nur unter strukturellen Bedingungsaspekten, sondern in deren Prozessqualität und tiefer liegenden habitualisierten Prägungen erkunden möchte, sind Fähigkeiten eines verstehenden Nachvollzugs von besonderer Bedeutung. Umgekehrt zeigen einige Methoden der qualitativen Sozialforschung, z.B. Betroffenenbeteiligung in Gruppendiskussionen oder narrative Erzählstrukturen eine erstaunliche Ähnlichkeit zu Vorgehensweisen in der Supervision.

Die in diesem Artikel eingenommene Position, supervisorische Kompetenz für Forschung nutzbar zu machen, ließe sich natürlich auch umkehren mit der Frage, wie Forschungskompetenz für supervisorische Arbeit zugänglich gemacht werden könnte, z.B. in der Systematisierung und Dokumentation des riesigen Erkenntnis- und Erfahrungspotenzials, das Supervisoren in ihren alltäglichen Beratungsprozessen ansammeln, in der Regel aber nicht systematischen Auswertungsprozessen zugänglich machen. Zu wünschen wäre, dass Supervisoren vermehrt ihre „Praxis" für die Forschung öffnen und ihre Erkenntnisse damit nicht nur dem jeweiligen Kontraktpartner zur Verfügung stellen, sondern z.b. auch für Ausbildung zugänglich machen.

Literatur

Buchinger, K./Klinkhammer, M. (2007): Beratungskompetenz, Supervision, Coaching, Organisationsberatung. Stuttgart.

Diekmann, A. (2007): Empirische Sozialforschung, Grundlagen, Methoden, Anwendungen. Reinbek bei Hamburg.

Giesecke, M./Rappe-Giesecke, K. (1997): Supervision als Medium kommunikativer Sozialforschung. Die Integration von Selbsterfahrung und distanzierte Betrachtung in der Beratung und Wissenschaft. Frankfurt am Main.

Hinz-Rommel, W. (1994): Interkulturelle Kompetenz. Ein neues Anforderungsprofil für die soziale Arbeit. Münster, New York.

Leuschner, G. (2007), Supervision – eine Kunst der Beziehung. In: Zeitschrift Supervision, H.2/2007, s. 14-22.

Moser, H. (1995): Grundlagen der Praxisforschung. Freiburg im Breisgau.

Paß, R./Schmidt-Koddenberg, A./Tölle, U. (2007): Professionsspezifische Einflüsse auf die Gestaltung von Kooperation im Bereich ganztägiger Angebote in Schule. Forschungsantrag (unveröff.)

Steinhilber, B. (1999): Wege zu Lebenswelten und Lebensgeschichten. Qualitative Forschungsmethoden im Studium der interkulturellen Sozialen Arbeit. In: Migration und Soziale Arbeit, H.2, S. 60-63.

Strauss, A. L. (1991): Grundlagen qualitativer Sozialforschung. Datenanalyse und Theoriebildung in der empirischen soziologischen Forschung. München.

Thole, W./Cloos, P. (2000): Nimbus und Habitus. Überlegungen zum sozialpädagogischen Professionalisierungsprojekt. In: Homfeld, H.G./Schulze-Krüder, J. (Hrsg.): Wissen und Nichtwissen. Herausforderungen für Soziale Arbeit in der Wissensgesellschaft. Weinheim und München, S. 277-287.

Witzel, A. (Januar 2000): Das problemzentrierte Interview. [26 Absätze] Forum Qualitative Sozialforschung. Forum: Qualitative Social Research [On-line Journal] 1, (1). Verfügbar über: http://www.qualitative-research.net/fqs-texte/1-00/1-00witzel-de.htm, 13.1.2003

3. Systemisch-konstruktivistische Supervision

Lothar Krapohl

Systemisch-konstruktivistische Supervision – Supervision in einer veränderten Zukunft

Die ständig fortschreitenden gesellschaftlichen und individuellen Veränderungsprozesse der Postmoderne haben vor der Supervision nicht halt gemacht. Aber längst nicht alle SupervisorenInnen haben hinreichend auf den Paradigmenwechsel in Sozialwissenschaften und Gesellschaft reagiert. Konstruktivismus und Systemtheorie können, wie im Folgenden aufgezeigt, viele Phänomene der Postmoderne erklären, sie verstehbar – und für die Supervision nutzbar machen, aber die Luhmannsche Systemtheorie mit ihrer ‚Vernachlässigung' des Emotionalen und des Beziehungsaspektes stößt hier an Grenzen. Für die Supervision bedarf es einer Ergänzung durch psychodynamische Konzepte und durch die neuesten Erkenntnisse der Neurowissenschaft, die für die Supervision brauchbare Impulse hierzu liefert und darüber hinaus das Thema Lernen in der Supervision neu belebt. Der damit gespannte thematische Bogen kann im hier vorgegebenen Rahmen nicht alle relevanten Aspekte bearbeiten, sondern versucht in der gebotenen Kürze Orientierungen für die Supervision zu geben.

1. Arbeit in einer Postmodernen Gesellschaft

Kennzeichen einer postmodernen Gesellschaft sind neben der Globalisierung insbesondere ein rasches Fortschreiten von Individualisierungsprozessen und die Pluralisierung von Lebenswelten wie sie Beck in seinem Buch „Risikogesellschaft" beschrieben hat (Beck 1986). Aus ökonomischer Sicht meint Globalisierung das Entstehen weltweiter Märkte für Finanzkapital, Handel, Produkte, Arbeitsangebote und Dienstleistungen. Auf der einen Seite stehen die Chancen für Wirtschaftswachstum, Wohlstand und kulturelle Bereicherung auf der anderen Seite vielfältige Exklusionsgefahren und die Entmachtung des Nationalstaates. Problematisch erscheint mir insbesondere, dass dieser wirtschaftlichen Globalität keine politische oder gesetzgebende gegenübersteht. Es fehlt eine grenzüberschreitende demokratisch legitimierte Kontrollinstanz als Gegengewicht zu diesen Einflüssen. Die Intensivierung des Über-

schreitens nationalstaatlicher Grenzen und zunehmende internationale Vernetzungen führen nicht nur auf ökonomischer Ebene zu gravierenden Veränderungen sondern auch auf politischer, kultureller und sozialer. Es versteht
sich von selbst, dass dies massive strukturelle Veränderungen der Arbeitswelt zur Folge hat. Arbeit ist wieder zu einem umkämpften Gut geworden –
auch die supervisorische Arbeit. Zukünftiges Erwerbsleben wird sich häufig
aus Phasen von Voll- oder Teilzeitbeschäftigung unterschiedlicher Dauer und
sozialer Absicherung, eventuell unterbrochen durch Phasen der Erwerbslo-
sigkeit zusammensetzen. Pongratz und Voß (2001) sprechen vom „Arbeitskraftunternehmer" als möglichen neuen Leittypus des „idealen" Erwerbstäti-
gen. Dieser muss sich auf Arbeitgeberwechsel, Projekt gebundenes Arbeiten,
leistungsorientierte Bezahlung und auftragsabhängige Beschäftigungsdauer
einstellen und wird konfrontiert sein mit Selbstkontrolle, Ökonomisierung
und Rationalisierung der eigenen Arbeitskraft. Steuerung, Gestaltung und
Kontrolle von Arbeit – ursprünglich originär betriebliche Aufgaben- werden
auf den „Arbeitskraftunternehmer" verlagert. Von diesem wird darüber hinaus erwartet, dass er sein individuelles Handeln an den Interessen des Unternehmens ausrichtet oder diese gar zu seinen persönlichen macht, was
ethisch fragwürdig – also mehrerer Fragen würdig erscheint. Einer Verringerung unmittelbarer betrieblicher Kontrollen steht häufig eine enorme Steigerung des Leistungsdrucks gegenüber und die Zunahme vielfältiger Strategien
indirekter betrieblicher Steuerung und Kontrolle (Ebringhoff/Voß 2004).
Beide Autoren verweisen denn auch auf die weitreichenden Konsequenzen,
die diese Tendenzen zur Entgrenzung, Autonomisierung und Subjektivierung
von Arbeit zur Folge haben. In Deutschland zeichnet sich ein wirtschaftlicher
Paradigmenwechsel ab: von einer sozialen Marktwirtschaft zu einer neolibe-
ralen, von sozialen zu ökonomischen Prämissen. Der spannenden Frage, inwieweit dieser Prozess sich auch auf dem Supervisionsmarkt widerspiegelt
und welche Konsequenzen eine Anpassung der Supervision an die Marktlo-
gik für die Supervision selbst und ihre Wertorientierung hat, kann an dieser
Stelle leider nicht nachgegangen werden. Mit Blick auf den Gegenstand von
Supervision ist der genannte Paradigmenwechsel äußerst relevant, da in seiner Folge massive Veränderungen im Arbeitsverhalten und der eigenen Haltung zur Arbeitskraft als Ware stehen. Hinzu kommen die deutlich erweiterten und neuartigen Anforderungen an Führungskräfte. Organisational sind
davon alle Ebenen betroffen, Führung, Mitarbeiter, Personalentwicklung und
Betriebsorganisation. Supervision muss auf diese neuen Arbeits- und Be-
triebsverhältnisse vorbereiten können, sie erläutern, reflektieren und die damit verbundenen Ambivalenzen bewusst machen und Strukturen und Lö-
sungshilfen für die Betroffenen anbieten. Hier liefert die Systemtheorie und
insbesondere die Theorie Sozialer Systeme, wie später noch aufgezeigt wird,
der Supervision geeignete Erklärungsmodelle. Noch überwiegen klassische
Arbeitsverhältnisse mit sozial abgesicherten und vertraglich geregelten Ar-
beits- und Entlohnungsbedingungen. So genannte ‚prekäre' Beschäftigungs-

verhältnisse lassen sich signifikant häufiger in der IT-Branche, bei Versicherungen und Banken, im Handel und auf dem Kultur-, Kunst und Weiterbildungsmarkt finden. Diese Veränderungen finden wir insbesondere im Bereich neu entstehender Arbeitsplätze sowohl für gering- als auch für hochqualifizierte Mitarbeiter, die befristet oder projektgebunden beschäftigt werden. „... die Zahl der atypischen Beschäftigungsverhältnisse ist deutlich gestiegen, weshalb insgesamt der Anteil von Normalarbeitsverhältnissen zurückgegangen ist ... Diese Befunde zeigen, dass sich neben den ‚normalen‘ Formen abhängiger Erwerbstätigkeit ... verschiedene Varianten befristeter Voll- und Teilzeitbeschäftigungen sowie eine Vielzahl prekärer Arbeitsverhältnisse, insbesondere an den ‚Rändern‘ der Erwerbsgesellschaft entwickelt haben" (Mutz 2002: 21). Da Berufsanfänger zunehmend in Beschäftigungsverhältnissen arbeiten, die den Typus des „Arbeitskraftunternehmers" erfordern, wird dessen Bedeutung kontinuierlich zunehmen. Laut Institut für Arbeitsmarkt und Berufsforschung (IAB 2005) waren im Jahre 2004 knapp 13 Prozent der Beschäftigten befristet angestellt. Von den unter 20-jährigen waren es aber schon 40%. Es wird ersichtlich, dass postmoderne Erwerbsbiografien gegenüber klassischen durch weniger Planbarkeit und weniger Kontinuität gekennzeichnet sind. Die zu erwartende Zunahme an Diskontinuität der Erwerbsbiografien führt dazu, dass das Erwerbsleben seine normierende Funktion für das Privatleben verliert. Die Identitätsbildung wird sich nicht mehr so ausschließlich um Erwerbsarbeit zentrieren, Arbeit wird dann ein Lebensbereich neben anderen. Arbeit an der Work-Life-Balance (Kastner 2004) und auch Coaching bzw. „Karriereplanung" werden dann auch eine zunehmend wichtigere Aufgabenstellung für Supervision werden. Der Wunsch nach Arbeit und nach Arbeit als einer sinnerfüllenden Tätigkeit wird darüber hinaus bleiben; Wünsche, die in Supervision Thema sein müssen.

Definierte Kersting 1996 Supervision noch als „... Beratung von Menschen in ihrer Arbeit ..." (Kersting/Neumann-Wirsig 1996: 22) zeigt sich heute angesichts solcher Veränderungen in der Postmoderne, dass dieses Verständnis von Supervision erweiterungsbedürftig ist. Arbeit ist ein Existential und Supervision hat heute zur Aufgabe, Menschen beratend in ihrer Arbeit, dem permanenten Wandel von Arbeit und den Prozessen in und um Arbeit herum zu begleiten. Mein Verständnis von Supervision ist also weiter gefasst, da es nicht mehr nur Menschen *in* Arbeit sind, die um Supervision nachsuchen, sondern zunehmend auch solche Menschen, die von serieller Arbeitslosigkeit betroffen sind und versuchen, wieder in Arbeit zu kommen sowie Menschen, die berufliche Veränderungen anstreben oder anstreben müssen. Hierzu gehört auch der Bereich der Existenzgründungsberatung. Bei einigen dieser Anliegen würden manche vom Format des Coaching sprechen (Buer 2005).

Die Menschen stehen den Phänomenen der Postmoderne mit widersprüchlichsten Gefühlen gegenüber; sie lösen Hoffnungen aus aber auch Unsicherheit und Angst. „Alles deutet darauf hin, dass das Kennzeichen unserer heutigen Gesellschaft ‚ständige Veränderung' ist und dazu führt, dass alles fließt – panta rei, wie es Heraklit schon vor über zweitausend Jahren formuliert hat (Hernandez 2007). Die Welt scheint zusammenzuwachsen (global village) und andererseits auseinander zu driften. Enormen Unternehmensgewinnen, Reichtum und Überproduktion stehen Massenentlassungen – neoliberalistisch heißt das heuchlerisch „frei-"setzen (!) von Arbeitskräften – zunehmende Armut und Raubbau an Ressourcen gegenüber. Einerseits gibt es Möglichkeiten multikultureller Begegnungen mit ihren bereichernden Lern- und Lebenserfahrungen und Möglichkeitserweiterungen durch Mischung von Lebensmustern und erweiterten Informationszugängen, und andererseits gibt es die Angst vor Identitätsverlust, kultureller Bevormundung, Orientierungslosigkeit und Überforderung. Das Bewusstsein von stetig steigender Komplexität und darüber, dass alles zusammenhängt und sich gegenseitig bedingt, relativiert die Möglichkeiten eigener Einflussnahme auf Gesellschaft, Politik und Wirtschaft. Den bedenklichen und bedrohlichen Auswirkungen einer entfesselten Weltwirtschaft scheinen die meisten wehrlos gegenüber zu stehen. Für manche ist es Anlass zu Resignation und Ohnmachtgefühlen.

In jedem Falle aber hat die Postmoderne Auswirkungen auf Wahrnehmungen und Einstellungen, und das wird sich in der Supervision spiegeln. Das ist vielleicht auch eine Erklärung dafür, warum schon länger vorhandenes konstruktivistisches Gedankengut plötzlich in der Postmoderne den Durchbruch erlebt, und in unterschiedlichen Ländern und Kontinenten Wissenschaftler aus verschiedenen Wissenschaftsdisziplinen in etwa zeitgleich eine Erkenntnistheorie für kognitive Systeme erarbeiten, die davon ausgeht, dass Wissen und Wahrnehmung kognitive Konstrukte sind.

2.   Grundlagen und Strömungen des Konstruktivismus

Die weltweite Vermischung von Kulturen und die neuen Möglichkeiten der Kommunikationstechnologie wie Internet etc. haben zur Folge, dass es so etwas wie eine konsensuelle Norm in unserer Gesellschaft nicht mehr gibt. Mit der Postmoderne geht der Einheitskonsens verloren; so sind Kultur und Religion keine Einheitsgebilde mehr, sondern es gibt eine Vielfalt von Religionen und Kulturen sowie Sichtweisen von Wirklichkeit innerhalb und außerhalb unserer Gesellschaft. „Die Menschen erleben ihre gesellschaftlichen, kulturellen, religiösen oder familiären Systeme als mögliche unter sehr vielen anderen möglichen Mustern der Realitätsdefinition mit den damit verbundenen Normen, Sitten und Gebräuchen" (Kleve 2003: 35). Um damit umgehen zu können und passende Handlungsweisen zu finden braucht es eine Theorie, die diesen Umstand berücksichtigt und nicht mehr ontologisch ausgerichtet ist. Eine solche ist der Konstruktivismus, der denn auch aus der Kritik an der realistischen – oder objektivistischen – Konzeption vom menschlichen Er-

kennen und den sich daraus ergebenden Konsequenzen für wissenschaftliches Forschen hervorgegangen ist. Dabei handelt es sich nicht um eine einheitliche Denkschule oder ausformulierte Konzeption sondern im Konstruktivismus treffen sich unterschiedliche Ansätze aus Natur- und Sozialwissenschaft, deren Gemeinsamkeit der Zweifel an der Objektivität von Erkenntnis
ist, ohne den Anspruch zu haben, eine neue Weltanschauung zu sein. Es
werden frühere kritische Ansätze zum Realismus aufgegriffen, so die der
Skeptiker in der klassischen Philosophie oder auch die von Emanuel Kant,
Friedrich Nietzsche oder Ludwig Wittgenstein, die ähnliche Positionen vertreten haben und die Übereinstimmung von Wissen und Wirklichkeit in Frage stellten, und in den Stand einer „wissenschaftlichen Theorie (im metho-
dologischen Sinne ein neues Paradigma)" erhoben (Fried 2005: 34). Der
Konstruktivismus versteht sich als Kognitions- oder Erkenntnistheorie – also
als eine Theorie darüber, wie Menschen zu Erkenntnis gelangen. Anders als
Schiepek (1991) trennt Luhmann Kognition von Emotion, und nennt als
Komponenten des Bewusstseins nur Gedanken und Vorstellungen. Gefühle
hingegen übernehmen die Selektionsfunktion eines Kommunikationsmedi-
ums. (Schiepek schlägt als Komponenten psychischer Systeme Kognitions-
Emotions-Einheiten als Äquivalenz zum Begriff des „Gedankens" bei Luhmann vor.) Von Glaserfeld, einer der Hautvertreter des Konstruktivismus,
bezeichnet den Konstruktivismus treffend als Wirklichkeitsforschung. Wissen und Wahrnehmung sind kognitive Konstrukte, folglich wird davon ausgegangen, dass es keine objektive Wirklichkeit, keine allgemeingültige
Struktur der Wirklichkeit bzw. der Welt gibt, sondern nur eine von jedem
Menschen durch seine kognitiven Leistungen selbst erzeugte Welt, in der er
lebt. Wissen ist auch Bestätigung des Erfundenen (biografisches Wissen).
Wahrnehmen, Verstehen und Erinnern – zentrale Begriffe in der Supervision
– sind einerseits als Informationsverarbeitung des kognitiven Systems zu begreifen und andererseits erzeugt der Mensch via kognitivem System die Inhalte selbst durch aktive Konstruktion und weist ihnen auf der Grundlage äußerer oder innerer Reize selbsttätig Bedeutung zu auf der Basis bestehender
Bedeutungsschemata. Wie später noch aufgezeigt wird, sind nach den jüngsten Erkenntnissen der Neurowissenschaften, insbesondere der Bindungsforschung (Säuglingsforschung) und der Gehirnforschung, Emotionen hierbei
viel stärker an Konstruktionsprozessen beteiligt, als bisher angenommen.

Im Konstruktivismus ist sie, die „ (…) Welt, wie wir sie sehen, sie ist Er-
fahrungswirklichkeit" (Schmidt 1996: 43). Wenn wir also eine unabhängig
von unserem Erleben existierende Realität niemals anders als eben über unser
Erleben erfahren können, dann ist der Zweifel an der Möglichkeit objektiver
Erkenntnis die einzig logisch haltbare Antwort auf das Erkenntnisproblem.
Wissen ist nicht das Ergebnis eines Abbildens im Sinne eines Entdeckens der
äußeren Wirklichkeit sondern das Ergebnis eines Erfindens von Wirklichkeit.
Menschliche Erkenntnis ist immer subjektiv, da sie nur mittels eines selbstre-
ferentiellen Nervensystems hergestellt werden kann. „Folglich gibt es keine

Wahrheit menschlichen Wissens, denn um die absolute Gültigkeit einer Aussage nachweisen zu können, müsste es Menschen möglich sein, diese mit der Realität (also einer ontologischen Welt) zu vergleichen. Menschen können in diesem Verständnis aber nur Vorstellungen mit Vorstellungen vergleichen, da sie nicht *in* einer Welt, sondern *mit* ihr leben und sich so die Welt in ihren Vorstellungen konstruieren." (Weik/Lang 2005: 33). Das bedeutet auch, wenn wir über Wahrheit reden, dann unterhalten wir uns lediglich über unsere Sichtweisen von Wahrheit, die mehr oder weniger viabel sind. Wahrheit kann es ja geben, aber sie ist für Menschen nicht erfassbar.

Diese Erkenntnis führte zum Paradigmenwechsel in den Wissenschaften. Der Konstruktivismus stellte das herkömmliche Wissenschaftsverständnis radikal in Frage, denn Wissenschaftler sind Beobachter und Beobachtungen werden von Menschen im Selbstkontakt relativ konstruiert. Wirklichkeit ist also eine relative Kategorie – relativ zu denjenigen, die sie konstruieren. Sie ist darüber hinaus ein konsensuelles Phänomen. In sozialen Systemen werden gemeinsame Wirklichkeiten konsensuell ausgehandelt. Insofern sind Wirklichkeit und Wahrheit auf Kommunikation angewiesen.

Die ‚objektive' Welt wird vom Beobachter also nicht entdeckt sondern erfunden. Objektivität ist nach Heinz von Foerster: „... der Glaube, dass die Eigenheiten des Beobachters keinen Eingang in die Beschreibung seiner Beobachtungen findet." (von Foerster 1993a: 73) Nur dort, wo man den Beobachter ausblendet, gibt es ‚Objektivität'. Beobachten ist konstruktivistisch gesehen ein anderes Wort für Diagnostizieren – ein zentrales Thema für Supervisoren; deshalb werde ich weiter hinten diese Thematik noch Mals aufgreifen.

2.1 Neurophysiologischer Konstruktivismus

Für die naturwissenschaftliche Begründung des Konstruktivismus stehen vor allem die beiden chilenischen Biologen Humberto Maturana und Francisco Varela. Experimentelle Studien an Tauben und deren Ganglienzellen – das sind die Nervenzellen, die hinter den lichtempfindlichen Rezeptorneuronen der Netzhaut sitzen – führten zu dem erstaunlichen Ergebnis, dass zwischen einem Reizauslöser (Licht) und den Aktivitäten der Nervenzellen keine Korrelation besteht. Weitere Forschungen mit lebenden (biologischen) Systemen bestätigten, dass das Nervensystem ein selbstorganisierendes, autopoietisches System ist, und es keinen *direkten* Kontakt zur Umwelt hat. Dies ließ sich auch durch Forschungen mit dem menschlichen Gehirn und Nervensystem belegen, die ebenfalls selbstreferentiell geschlossen operieren (MaturanaVarela 1987). Die herkömmliche Vorstellung, dass mit Hilfe unserer Sinnesorgane und des Nervensystems quasi Fotos der Außenwelt angefertigt werden, ist damit widerlegt. Unser Gehirn steht in keinem direkten Kontakt mit der Außenwelt. Unterschiedliche Umweltereignisse haben somit keinen spezifischen Charakter, sondern werden ausnahmslos umgewandelt in elektrische Nervenpotentiale, in eine Art „Einheitssprache" (Roth 1987: 256ff). Die verschiedenen Formen der Sinneswahrnehmung wie Sehen, Hören, Fühlen, Riechen und Schmecken werden in einer einzigen, gleichen systemeigenen Sprache in Form von neuronalen Aktivitäten ausgedrückt. Der neuronalen Erregung ist also nicht anzumerken, welcher Sinneswahrnehmung sie entstammt bzw. durch welche Art von Signalen (optisch, akustisch, sensorisch, gustatorisch oder olfaktorisch) sie hervorgerufen wurde. Das bedeutet, dass ihre Unterscheidung nicht von den Sinnesorganen erzeugt wird, sondern vom Gehirn als Teil des menschlichen Nervensystems. Das menschliche Gehirn ist also letztlich für die Wahrnehmung verantwortlich – nicht zuvorderst die Sinnesorgane. Wahrnehmung ist nicht die adäquate Wiedergabe der äußeren Welt sondern sie ist die systeminterne Konstruktion einer systemexternen Welt (Kneer/Nassehi 1993: 52ff). Für die Supervision ist dabei wichtig, dass jedes Individuum durch komplexe Interpretationen und Bedeutungszuschreibungen der sensomotorisch empfangenen Schwingungen eine Wirklichkeit aufbaut, die zunächst einmal eine rein individuelle, von der Außenwelt unabhängige ist. Es ist für das Individuum dabei nicht bedeutsam, ob die eigene Vorstellung von der Umwelt ein ‚wahres' Bild der Wirklichkeit darstellt; was es benötigt, ist eine Vorstellung, die es ihm erlaubt sein Leben erfolgreich zu leben und brauchbare Handlungen zu generieren. Dazu werden die individuellen Konstruktionen einer Prüfung auf Brauchbarkeit – von Glasersfeld spricht von ‚Viabilität' (von Glasersfeld 1987: 284) – unterzogen. Sie werden mit den bereits vorhandenen Wirklichkeitskonstruktionen abgeglichen, in Übereinstimmung gebracht oder aber verworfen. Aus der Komplexität des Geschehens wählen Menschen bevorzugt das heraus, was zu ihren präferierten Sinnkonstruktionsmustern (Persönlichkeit, Lebensstil, Weltanschauung etc.) passt. Dies verdeutlicht , dass Wissen selbstreferentiell ist und abhängig von der eigenen Struktur des Rezipienten. Diese Strukturdeterminiertheit setzt den Veränderungsmöglichkeiten auf supervisorischer Seite deutliche Grenzen. Supervisoren können demnach nicht ‚intervenieren' also dazwischen-kommen sondern lediglich irritieren oder perturbieren. Lebende Systeme sind autopoietische, strukturell geschlossene Systeme, die zwar Umweltreize aufnehmen, diese können aber, wie schon erwähnt, höchstens irritierende oder perturbierende Wirkungen haben, keine determinierenden. Das Nervensystem reagiert also andauernd auf die Umwelt, doch wie es mit diesen Veränderungen umgeht, ist nicht von außen determinierbar oder instruktiv steuerbar sondern hängt von seiner inneren Struktur ab. Diese ist durchaus plastisch veränderbar. „ Die jeweils aktuelle Struktur determiniert, in welchen Grenzen sich ein Lebewesen verändern kann, ohne seine autopoietische Organisation zu verlieren, also zu sterben" (Neumeyer 2004: 51). Autopoietische Systeme sind also strukturdeterminiert und darüber hinaus sind autopoietische Systeme – wie ihre Bezeichnung schon andeutet (autos = selbst, poiein = (er)schaffen) lebende Gebilde, die sich ständig selbst herstellen, regulieren und erhalten (Kneer/Nassehi 1997: 48). Sie produzieren die Elemente aus denen sie bestehen selbst und erzeugen durch diese Operation fortlaufend ihre eigene Organisation. Dabei interagieren diese Elemente in einem zirkulären Prozess miteinander. Dieser zirkuläre Produktionsprozess der Komponenten ist invariant. Die Struktur des Systems, d.h. die jeweilige Abfolge und das Verhalten der Bestandteile im Produktionsprozess, ist hingegen veränderbar. Dies lässt sich auch am Beispiel der Zelle verdeutlichen: Die Zelle als autopoietisches System erzeugt auf molekularer Ebene fortlaufend die Bestandteile (Proteine, Lipide, Nukleinsäuren u.a.), die sie zur Aufrechterhaltung ihrer Organisation braucht. Diese Bestandteile (Elemente) sind in einem Netzwerk miteinander verknüpft und interagieren, so dass sie durch diese Operation – ohne Unterlass – das Netzwerk hervorbringen, durch das sie selbst hervorgebracht wurden; insofern sind sie geschlossene Systeme. Ihre organisationale Geschlossenheit, macht sie autonom gegenüber ihrer Umwelt. Das heißt, sie sind durch äußere Einflüsse nicht instruktiv steuerbar wohl aber irritierbar. Im Prozess der Aufrechterhaltung ihrer Organisation nehmen sie ausschließlich auf sich selbst Bezug, sind also selbstreferentiell. Die Produkte und Ergebnisse ihrer Operationen werden immer wieder als Grundlage für weitere Operationen gebraucht. In diesem Sinne sind autopoietische Systeme rekursiv. Es steht jedoch außer Zweifel, dass eine Zelle ohne Umwelt nicht leben kann sondern materiellen und energetischen Austausch braucht. Sie ist also auf der einen Seite organisational geschlossen und gerade deswegen andererseits umweltoffen. Die Steuerung der Umweltoffenheit, der Austausch mit der Umwelt, erfolgt einzig und allein durch das autopoietische System. Es selbst und es allein regelt diesen Austausch. Durch strukturelle Kopplung sind sie in der Lage mit anderen interagierenden lebenden Systemen in Verbindung zu treten. Mit der Entwicklung dieser Theorie autopoietischer Systeme erfolgte die neurophysiologische Begründung des Konstruktivismus. Es blieb Luhmann vorbehalten, die Theorie autopoietischer Systeme auf Soziale Systeme zu übertragen und damit seine System-Umwelt Theorie ins Leben zu rufen. Hierzu später mehr.

2.2 Kommunikationstheoretischer Konstruktivismus

Eine weitere wichtige Strömung des Konstruktivismus kommt aus der Kommunikationstheorie. Der wohl bekannteste Vertreter dieser Richtung ist Paul Watzlawick, dem wir die 5 klassischen Axiome der Kommunikation verdanken, was heute Grundlagenwissen helfender Professionen und insbesondere von Beratung ist. Er machte die Ideen von Gregory Bateson und der Palo Alto-Gruppe in Deutschland bekannt und verhalf auch der Supervision zu neuen Sichtweisen. So verdanken wir ihm z.B. die wichtige Unterscheidung zwischen Inhalts- und Beziehungsebene in der Kommunikation, mit der er auffordert, nicht nur auf die Inhalte der Kommunikation zu achten sondern auch auf die Beziehungen zwischen den Kommunikationspartnern, die mit den Inhalten transportiert werden. Eine daraus abgeleitete – für Supervision eminent wichtige – Erkenntnis ist, dass Inhaltskonflikte nur auf der Inhalts-ebene und Beziehungskonflikte nur auf der Beziehungsebene lösbar sind (Watzlawick/Beavin/Jackson: 1971). Watzlawick lenkte den Blick auf die Kreisförmigkeit der Kommunikation, also auf ihre Zirkularität und darauf, dass Diagnosen Interpunktionen sind. Eine für die Supervision Bahnbrechen-de diagnostische Erweiterung ist der Blick auf das System und dessen Re-geln, nach denen es kommuniziert. Betrachtet man Verhalten im Kontext der Systemregeln – offene wie geheime – so kann die Sinnhaftigkeit eines anson-sten verrückt erscheinenden Verhaltens und Handelns erkennbar werden. Be-reits in den 70er Jahren vertrat er die konstruktivistische These, dass die so genannte Wirklichkeit das Ergebnis von Kommunikation ist (Watzlawick 1976) und er entwickelte die Kommunikationstechnik der ‚sanften Kunst des Umdeutens‘, bei der die Selbstwahrnehmung des Gegenübers verändert wird und die unter dem Begriff ‚Reframing‘ Eingang in die systemische Famili-entherapie fand (Zu Reframing in der Supervision siehe Krapohl 1992). In seinem 1981 erschienenen Buch: „Die erfundene Wirklichkeit" stellte Watz-lawick eine Reihe konstruktivistischer Beiträge vor und kommentierte sie. Darunter auch ein äußerst bedeutsamer Beitrag von Heinz von Foerster zur Konstruktion von Wirklichkeit und der Kybernetik zweiter Ordnung, der Be-obachtung der Beobachtung.

2.3 Kybernetik zweiter Ordnung

Die Kybernetik zweiter Ordnung stellt eine weitere wichtige Strömung des Konstruktivismus dar. Kybernetik bezeichnet ein wissenschaftliches Pro-gramm zur Beschreibung der Regelung und Steuerung von komplexen Sy-stemen. Die Kybernetik erster Ordnung verstand sich als Steuerungstechnik, die sich mit der Betrachtung von Rückkopplungsprozessen beschäftigt und diese objektiv beschreiben will. Hier herrschte noch der Glaube vor, Aussa-gen über ein System machen zu können, wie es ‚wirklich‘ ist. Die Leitfragen sind: was wird gesehen oder beobachtet, wenn man ein System beobachtet? Wie können diese Beobachtungen mitgeteilt, kommuniziert werden. Von der Theorie über beobachtete Systeme führte der Entwicklungsprozess hin zur Kybernetik 2. Ordnung, einer Theorie über Beobachter, die Systeme beob-achten. Im Mittelpunkt forscherischen Interesses stand nun nicht mehr so sehr der Gegenstand der Beobachtung sondern der Prozess, die innere auto-nome Selbstorganisationslogik lebender Systeme und ihre operationale Ge-schlossenheit. Die Grenzen externer Beeinflussung werden thematisiert und die diagnostische Objektivität von Beratern und Therapeuten kritisiert. Die Kybernetik 2. Ordnung geht nicht mehr von der planbaren Steuerung und Kontrolle von Systemen aus und sucht damit nicht mehr nach objektiven Er-gebnissen sondern beobachtet, wie Beobachter beobachten, und wie sich – oder genauer er/sie – das System verändert durch die Tatsache des Vorhandenseins eines Beobachters. Sie wendet die kybernetischen Prinzipien also auf sich selbst an. Im Zuge dieser Entwicklung ergab sich auch eine bessere Differenzierung zwischen technischer Kommunikation und menschlicher Kommunikation. In ersterer werden Informationen gesendet, übermittelt und empfangen in der zweiten werden Informationen vom Empfänger erzeugt oder konstruiert. Insbesondere Heinz von Foerster ging der Frage nach, ob bzw. wie menschliche Erkenntnis kybernetisch organisiert ist. Er fand heraus, dass das Nervensystem des Menschen ein sich selbst organisierendes System ist, das eine stabile Wirklichkeit errechnet. Die Umwelt ist in dauernder Veränderung und dennoch können wir durch unser Nervensystem eine stabile Welt für uns wahrnehmen.

Zur praktischen Relevanz dieses Postulats meint von Foerster (1993c: 47): „Dieses Postulat fordert ‚Autonomie', das heißt ‚Selbst-Regelung' für den lebenden Organismus. Da die semantische Struktur von Substantiven mit dem Präfix ‚selbst-' transparenter wird, wenn dieses Präfix durch ein Substantiv ersetzt wird, wird der Ausdruck ‚Autonomie' synonym mit dem Ausdruck ‚Regelung der Regelung'. Und genau dies leistete der doppelt geschlossene, rekursiv rechnende Torus. Er regelt seine eigene Regelung. Es mag in einer Zeit wie der unseren seltsam anmuten, Autonomie zu fordern, denn Autonomie bedeutet Verantwortung. Wenn ich selbst der einzige bin, der entscheidet, wie ich handle, dann bin ich für meine Handlungen verantwortlich. Da die Regel eines der heute populärsten Spiele, das man heute spielt, darin besteht, jemand anderen für *meine* Handlungen verantwortlich zu machen – der Name dieses Spiels lautet ‚Heteronomie' –, führen meine Überlegungen, soweit ich sehe, zu einer höchst unpopulären Auffassung". Hieraus leitet Heinz von Foerster zwei Imperative ab, einen ästhetischen und einen ethischen: „Der ästhetische Imperativ: Willst Du erkennen, lerne zu handeln. Der ethische Imperativ: Handle stets so, daß (sic!) die Anzahl der Möglichkeiten wächst. So konstruieren wir aus unserer Wirklichkeit in Zusammenwirkung unsere Wirklichkeit" (von Foerster 1993c: 49). Sieht man einmal von einigen impliziten ethischen Aspekten ab, dann ist dies eine der wenigen ethischen Aussagen, die sich im Konstruktivismus finden lassen.

„Eine implizite Ethik fällt schwer in einer Welt der Worte. Das Handwerkszeug der Praktiker der Sozialen Arbeit und der Supervision besteht weitgehend aus Worten. Wobei die Worte in der Beratung als Zuspruch in und für Situationen oder zur Reflexion gebraucht werden." (Kersting 2002: 80-81) Nicht alle Konstruktivisten würden die Brauchbarkeit von Ethik in Abrede stellen, es wird aber bewusst keine ausdifferenzierte Ethik vorgegeben, sondern das ist in die Verantwortung eines jeden einzelnen gestellt. Radikale Konstruktivisten enthalten sich der Entscheidung darüber, was richtig oder falsch ist. Sie bedienen sich stattdessen höchstens der Vokabel ‚Viabilität' also Brauchbarkeit. Dieser Begriff vertritt eben keinen ontologischen Anspruch, sondern verweist auf die Relativität und Kontingenz der normativen Entscheidung ihres Benutzers. Wenngleich Konstruktivisten damit eine gewisse a-moralische (nicht unmoralische) Haltung aufweisen, so bedeutet das nicht, dass sie sich ethischen Fragen nicht stellen. Ich rechne mich zwar dem Konstruktivismus zu – wenn auch nicht dem radikalen – bin aber der Auffassung, dass ich für mein Handeln als Supervisor eine Ethik brauche; denn Supervisoren entscheiden, unterscheiden, handeln. In ihrem Handeln äußert sich implizit ihre Ethik und sie müssen ihr Handeln – sich und anderen gegenüber – begründen und legitimieren können. Betrachtet man Supervision als ein spezifisches andragogisches Geschehen, in dem Lernen und Bildung geschieht, dann ist das Normative evident. Außerdem ist zu bedenken, dass wir als Supervisoren für unsere Konstrukte verantwortlich sind. Für die Ethik, für die sich ein Supervisor entscheidet gilt: „Nur die Fragen, die prinzipiell unentscheidbar sind, können *wir* entscheiden" (von Foerster 1993d: 351).

2.4 Differenztheorie

Einen weiteren grundlegenden Zweig des Konstruktivismus lieferte der englische Logiker George Spencer Brown mit seiner Differenztheorie. In seinem Buch „Laws of Form", Gesetze der Form, vertritt er die These, dass allen Formen der Welt als wichtigste Form eine Unterscheidung zugrunde liegt, gleich ob es um Formen des Erkennens, Wissens oder Glaubens geht. Die Form der Unterscheidung ist die Form aller Formen. Auf Supervision bezogen bedeutet das, dass auch allen Beobachtungen, Diagnosen, Beschreibungen und Erzählungen ein Formenkalkül als methodologische Prämisse zugrunde liegt. Denken, sprechen supervisieren ist ohne zu unterscheiden nicht möglich (vergleiche hierzu auch: Simon 1988 und Kersting 2002). Wer beobachtet, unterscheidet, wer unterscheidet, scheidet damit immer etwas anderes, das auch hätte beobachtet werden können, ab. Alles Gesagte wird von einem Beobachter gesagt. Indem wir benennen oder beschreiben, wählen wir bestimmte Worte aus, wir machen also Unterschiede. Eine Information ist eine Unterscheidung, die Unterschiede macht. Um mit George Spencer Brown zu sprechen: ‚Draw a distinction ... and you create a univers!' Der Begriff ‚Unterscheiden' verweist auf das Vorhandensein von mindestens zwei Seiten; also mit anderen Worten auf eine Zwei-Seiten-Form. Die Entstehung biologischer, psychischer und sozialer Systeme – auf diese Unterscheidung Luhmanns werde ich später noch eingehen – kann diesbezüglich verstanden werden als das Setzen und Aufrechterhalten von System/Umwelt Unterscheidungen und die Autopoiese ist dann der systeminterne Prozess, der diese System/Umwelt-Grenzen andauernd aufrechterhält. Es bedarf also der Zwei-Seiten-Form, damit sozusagen systemintern überhaupt etwas beobachtet, erkannt werden kann. Bevor erkannt werden kann, müssen sich diejenigen, die erkennen wollen, von dem Gegenstand unterscheiden, den es zu erkennen gilt. Erst dann können weitere Unterscheidungen erfolgen.

   So unterschiedlich die vier vorgestellten Ansätze des Konstruktivismus auch sein mögen, sie haben gemeinsam:

- Komplexität nicht reduktionistisch, sondern in ihrer Gesamtheit zu betrachten,
- die Übereinstimmung von Wissen und Wirklichkeit in Frage zu stellen
- und die Subjektabhängigkeit unserer Konstruktionen zu betonen,
- die Relation von Elementen oder Variablen von Systemen nicht linearkausal zu begreifen sondern zirkulär.

Als Supervisor schätze ich am Konstruktivismus besonders die Betonung der autonomen Seite des Menschen, seiner Lernfähigkeit und damit die Betonung der Spielräume, die wir haben. Diese sichtbar oder wieder sichtbar zu machen, um dann mit den Supervisanden neue, vielleicht brauchbarere Sichtweisen und Handlungsmöglichkeiten zu erarbeiten, dafür ist Supervision da. Natürlich gibt es so etwas wie Prägungen und Chancen – Ungleichheiten, die die Verhaltensmöglichkeiten des Menschen einschränken, doch es gibt selbst dann immer noch Spielräume und die Fähigkeit des Menschen zu lernen. Hier kann auch die Unterscheidung zwischen Willens- und Handlungsfreiheit weiterhelfen; um mit Arthur Schopenhauer zu sprechen: der Mensch kann tun, was er will, aber nicht wollen, was er will. Die jüngsten Ergebnisse der neurowissenschaftlichen Forschung scheinen allerdings die systemisch-konstruktivistische Position der Autonomie bzw. der Freiheit des Menschen bezüglich seiner Konstruktionen einzuschränken. Ihr zu Folge bedeutet Lernen, bereits bestehende neuronale Bahnen zu nutzen und neue Vernetzungen herzustellen. Das Gehirn ist demnach die zentrale Schaltstelle bewusster und unbewusster Entscheidungen – es scheint autopoietisch, rekursiv und nicht linear zu funktionieren und auch diejenigen Prozesse zu determinieren, die wir als „freie" Entscheidung wahrnehmen. Die Plastizität neuronaler Kognitionssysteme (Gehirn) ist dadurch gegeben, dass aktuelle Umwelterfahrungen auf bereits gespurte neuronale Netzwerke treffen, die aus sich heraus (z.B. durch Genetik) und durch frühere Erfahrungen entstanden sind und sich ändern können. Bereits bestehende Spuren werden unter dem Einfluss aktueller Gefühle und unbewusster Gedächtnisinhalte wahrscheinlicher bedient, als dass neue Spuren angelegt werden. Je häufiger eine Synapse aktiviert wird, umso dominanter wird sie. Kasten (2007: 18) sagt: „Lernen bedeutet, dass sich neue Synapsen bilden" und weiter: „Nach der Hebb'schen Regel verbessern Nervenzellen ihre Verknüpfung, je häufiger sie gleichzeitig aktiviert sind. (…) Lernen und Verlernen sind neurobiologisch eine Veränderung der Stärke synaptischer Verbindungen (Kasten 2007: 19).

Für die supervisorische Arbeit scheint mir – trotz der genannten Einschränkungen – die Betonung seiner nicht determinierten Seite unverzichtbar; und wir sollten den Menschen weiter als zumindest weitgehend darin autonom zu betrachten, *wie* er etwas tut, und *mit welcher Haltung* er (selbst einer Zwangs-)Situation begegnet. Es gibt also immer Alternativen. Oft betrachten wir uns oder die Welt so, als seien wir determiniert, „gezwungen" durch äußere Umstände oder festgelegt durch Triebe oder Bedürfnisse. Damit konstruieren wir die Welt so, dass wir für unsere Handlungen nicht verantwortlich zu sein brauchen. Jede Handlung hat Konsequenzen, Effekte, Wirkungen. Diese sind nicht notwendig autonomiereduzierend, sie können autonomieerweiternd sein. Hier sei auch noch Mals an den ethischen Imperativ Heinz von Foersters erinnert. Ich halte für mich und mein supervisorisches Handel die Sichtweise für brauchbarer, dass jeder für sein Konstrukt selbst verantwortlich ist und für die daraus folgernden Unterscheidungen und Handlungen, und dass es immer Spielräume, Alternativen gibt. Diese Betrachtungsweise entspricht zudem der Ressourcenorientierung systemischer Supervision. Ich stimme mit Gerhard Portele (1989) überein, dass der Glaube, dass Dinge unveränderbar sind, sie unveränderbar macht. Der Glaube, dass Dinge veränderbar sind, macht sie (wenn auch nicht alle) veränderbar – allerdings auch nicht der Glaube allein. Er führt in diesem Kontext das Beispiel einer Klientin an, die Angst hat, auf die Strasse zu gehen. Diese Klientin kann nicht anders handeln, da sie sich die Welt so konstruiert, dass sie keine Alternative mehr sieht, was natürlich seine Vorgeschichte hat. Was sie nicht sieht, ist, dass sie sich die Welt so konstruiert, und was sie nicht weiß, nicht sehen kann, ist, dass sie die Welt auch anders konstruieren könnte.

3. Systemtheorie und die Theorie selbstreferentieller Systeme nach Niklas Luhmann

Die Theorielandschaft des Konstruktivismus ist mittlerweile recht vielfältig und umfangreich geworden, unter anderem, weil sie sich in unterschiedlichen Wissenschaftsdisziplinen unabhängig voneinander entwickelt hat. Davon konnten hier nur einige wenige ausgewählte Aspekte aufgezeigt werden.

Man unterscheidet heute neben der sozial-konstruktivistischen Richtung mit den zentralen Begriffen Konstruktion und De-Konstruktion noch die kognitiv-konstruktivistische (Subjektive Theorien, Landkarten) und die radikal konstruktivistische. Mit der Anwendung insbesondere der radikal-konstruktivistischen Erkenntnisse auf Systeme entstand Luhmanns Systemtheorie oder genauer: System-Umwelttheorie. (In diesem Sinne ist seine Systemtheorie ein Anwendungsfall des Konstruktivismus.) Dabei wird das Wort System benutzt, um eine Vielzahl gleichartiger Elemente, die zueinander in sinnvoller und nach außen abgrenzbarer Beziehung stehen, als Ganzheit darzustellen. Die Ganzheit des Systems ist jedoch mehr als die Summe seiner Einzelteile, also emergent. Es entsteht eine andere, zusätzliche Qualität.

Der Luhmannschen Systemtheorie liegen die zwei Leitprinzipien zugrunde, dass alle Systeme in der System/Umwelt Differenz operieren, und sie sich nach dem Autopoiesekonzept organisieren. Mit der System/Umwelt Differenz wird auch die Unterscheidung von Innen und Außen eingeführt. Das Innen ist das System selbst, zur Umwelt gehört alles, was nicht Bestandteil des Systems ist. Systeme werden unterschieden in triviale und nichttriviale Systeme oder „Maschinen" wie Heinz von Foerster mit Blick auf den Operationsmodus sagt (von Foerster 1985). Bei trivialen Maschinen bestimmt der Input (x) den Output (y). Sie sind also berechenbar, prognostizierbar. Die vom Menschen geschaffenen Maschinen sind solche trivialen Maschinen. Wenden wir diese Betrachtungsweise aber auf die Welt oder Lebewesen oder die Supervision an, dann werden wir scheitern. Hier handelt es sich nämlich um nichttriviale Maschinen, die über einen nicht determinierten inneren, Zustand (Z) verfügen. Nach Eingabe des Inputs x kommt je nach innerem Zustand z ein Output a, b, c oder ein noch anderer heraus. Portele verdeutlicht das unter Berufung auf Bateson an folgendem Beispiel (Portele 1989: 12): „Wenn ich einen Stein werfe, kann ich seinen Flug in etwa vorhersagen. Wenn ich einen Hund trete, dann folgt er vielleicht am Anfang noch der vorherbestimmten Flugbahn, aber dann...vielleicht wird er nicht nur bellen und davonlaufen, sondern mich beiß (!)en. Er hat Alternativen." Neben der Kontingenz menschlichen Handelns und der damit gegebenen Unvorhersagbarkeit wird hier auch noch Mals die Nichtinstruierbarkeit autopoietischer Systeme – wie Supervisanden – deutlich.

SupervisorenInnen rechnen gewünschte, erhoffte Verhaltensänderungen bei Supervisanden gerne ihren ‚erfolgreichen' Interventionen zu, also ihrem Input. Damit bauen sie eine fragwürdige Kausalitätskette zwischen Input und Output nichttrivialer Systeme auf und verwechseln Ursache und Anlass. Handlungen, also auch supervisorische Interventionen, können nie Ursache für Verhaltensänderungen – also Lernen – sein, wohl aber Anlass. In diesem Sinne ist ein (instruktives) „Intervenieren" gar nicht möglich, wohl aber Beeinflussung. Als Supervisoren können wir Systeme also nur irritieren, stören, anregen, in Eigenschwingung versetzen oder perturbieren. In dieser Hinsicht ist systemische Supervision die Anregung beruflicher Selbstorganisationsprozesse. Von narzisstischen Erfolgszurechnungen muss damit Abschied genommen werden zu Gunsten der entlastenden Sichtweise, dass wir nicht für das Handeln anderer verantwortlich sind, wohl aber für unsere eigenen Konstrukte. Das wiederum sollte uns verpflichten, hart an unserer Anschlussfähigkeit zu arbeiten, damit unsere Kommunikation, also unsere Einladungen zur Multiperspektivität, unsere Deutungsangebote, Sichtweisen und Spiegelungen möglichst Anschluss finden. Wir können die Bedingungen für eine Änderung des Systems günstig gestalten, denn Systeme sind besonders dann beeinflussbar, „... wenn der „Einfluss" ihrer aktuellen Struktur entspricht, „passt" (Neumeyer 2004: 51)." Die strukturelle Kopplung zweier oder mehrerer autopoietischer Systeme ist abhängig von ihren affektiv-kognitiven Strukturen. Deshalb ist es wichtig, den Supervisanden in ihrer Wahrnehmung der Welt begegnen zu können, ihre Landkarten der Welt zu verstehen. (Wichtige Hinweise hierzu hat uns das NLP geliefert). Hierzu müssen Supervisoren in der Lage sein, sich von ihrem eigenen Bezugsystem und den entsprechenden Vorlieben zu distanzieren. Mit Hilfe dieser Fähigkeiten können SupervisorenInnen die Wahrscheinlichkeit von Lernerfolgen erhöhen – aber nicht garantieren. Systemisch-konstruktivistische Supervision heißt, einander

als weitgehend autonom zu betrachten und jedem die Verantwortung für sei-
ne/ihre Konstruktionen zu lassen, wohl wissend, dass es auf beiden Seiten,
der des Supervisors und der des Supervisanden, so etwas wie Rigidität von
Wahrnehmungsverzerrungen und/oder -mustern gibt, also quasi „neuroti-
sche" Wahrnehmungsweisen. Wir sollten als SupervisorenInnen Respekt vor
den Sichtweisen, Landkarten der Welt und bisherigen Problemlösungsversu-
chen der Supervisanden haben, sie würdigend verstehen und zu vielleicht
brauchbareren Alternativen einladen und ermuntern.

Die System-Umwelt Theorie Luhmanns entstand, indem er die Erkenntnisse, die Maturana und Varela aus der biologischen Forschung gewonnen
hatten, auf Soziale Systeme übertrug. Er generalisierte den Autopoiesebegriff
als Organisationsform allen Lebendigen und ermöglichte so eine Übertragung
auf unterschiedliche Systemarten, und er erarbeitet so seine Theorie selbstre-
ferentieller-autopoietischer Systeme. Als äußersten Bezugsrahmen für seine
System/Umwelt Theorie wählt Luhmann die Welt als letzten Bezugspunkt
aller möglichen Sinnkonstitution und beansprucht damit Universalität für
seine Theorie. Diese setzt sich nämlich mit der Komplexität von Welt auseinander und versucht damit eine enorme Reduktionsleistung zu erbringen.
Will sie dies leisten, dann muss diese Theorie selbst überaus komplex sein.
Eine Theorie selbstreferentieller Systeme muss aber selbst auch selbstreferentiell sein, denn auch sie beobachtet und beschreibt andere Systeme (Fremd-
referenz) nur mit Bezug auf sich selbst (Selbstreferenz). Diesem Paradox
kann sie, und diejenigen, die sich mit ihr beschäftigen, nicht entfliehen. Auch
sprachlich stößt eine solche Theorie an Grenzen: für viele Phänomene, die in
der Systemtheorie zirkulär gedacht sind (Autopoiesis, Beobachtung, Kommunikation, Sinn u.a.) gibt es nur lineare Darstellungsmöglichkeiten. Das systemtheoretische Vokabular ist von daher gewöhnungsbedürftig. Die Vorstellung vom Menschen als psychisches System und davon, dass psychische Systeme Umwelt von sozialen Systemen (und umgekehrt) sind, trifft in der Su-
pervisorenszene oft auf Vorbehalte. Auch bleibt eine gewisse begriffliche
Unschärfe, denn bei genauerer Betrachtung müsste man sagen, dass der
Mensch ein Konglomerat an unterschiedlichen autopoietischen Systemen ist.
Dennoch ist die Luhmannsche Unterscheidung für Supervisoren äußerst
brauchbar und hilfreich, lässt sich mit ihr doch Psychisches aus Psychischem
und soziales aus Sozialem erklären.

Wie schon erwähnt unterscheidet Luhmann im Wesentlichen drei Systemarten. biologische Systeme, psychische Systeme und soziale Systeme,
wobei die letzten beiden sinnhafte Systeme sind. Diese verarbeiten Komplexität also in Form von Sinn. Alle drei sind selbstreferentiell und auf ihre je
eigene Weise autopoietisch. Sie sind auf eine Umwelt angewiesen und diffe-
renzieren sich von dieser durch den permanenten Anschluss von Operationen
des gleichen Typus.

Biologische Systeme verarbeiten bzw. reproduzieren autopoietisch Mate-
rie und erzeugen per Stoffwechsel Energie. Das Produkt ist Leben.

Die Operation *psychischer* Systeme sind Kognitionsprozesse – also Denken und Fühlen. Ihr Produkt ist Bewusstsein. Das Bewusstsein kann nicht anders als in einem andauernden Prozess Gedanke an Gedanke zu reihen. Die Elemente des autopoietischen Geschehens, die Gedanken und Vorstellungen, haben insofern Ereignischarakter, als sie im Moment ihres Entstehens auch schon wieder im Zerfall begriffen sind.

Die Operation *sozialer* Systeme ist Kommunikation, und das Produkt sind Entscheidungen. Soziale Systeme sind strukturell an biologische und psychische gekoppelt lassen sich aber eigenständig beobachten und beschreiben und sind durch Kommunikation als konstitutives Element definiert. Das bedeutet, dass es nicht Menschen als biologische Systeme oder Personen als psychische Systeme sind, die die Elemente des sozialen Systems bilden sondern die Kommunikation selbst.

Als autopoietische Systeme sind diese drei Systeme füreinander Umwelten. Sie können sich wechselseitig anregen, irritieren, stören oder perturbieren aber nicht gezielt instruieren. Soziale Systeme – also auch das Arbeitssystem Supervision – sind strukturell an biologische und psychische Systeme gekoppelt und aufeinander angewiesen, operieren aber autonom. Ein direkter Kontakt ist nicht möglich; auch ein unmittelbarer Kontakt zwischen zwei Bewusstseinssystemen (Ich – Du) ist laut Luhmann, und wie weiter vorne aufgezeigt, nicht möglich. Hier stellt sich die Frage, wie kann es zu Sozialität kommen, wenn Bewusstseinssysteme autopoietisch operieren, also in sich geschlossen sind und nicht in unmittelbaren Kontakt miteinander treten können? Luhmann (1984: 292) sagt: „Soziale Systeme entstehen auf Grund der Geräusche, die psychische Systeme erzeugen bei ihren Versuchen zu kommunizieren". Soziale Systeme sind damit Kommunikationssysteme, die auf Kommunikation beruhen und nicht auf Intersubjektivität. Psychische Systeme bzw. Bewusstseine sind lediglich beteiligt an der Kommunikation. Mit Kommunikation wird es möglich, Unsicherheit und Unberechenbarkeit in Erwartbarkeit – also Struktur – zu wandeln und die Kontingenz auf beiden Seiten der Interaktionspartner, (doppelte Kontingenz) einzugrenzen. Kontingenz bezeichnet die potentiellen anderen Möglichkeiten, die es auch im Handeln oder Erleben gegeben hätte. Wirklichkeit ist also ein kognitiver und kommunikativer Prozess. Sie ist sozial konstruiert und bewusstseinsabhängig.

4.   Supervision als soziales System

Bei der Supervision handelt es sich um ein Arbeitssystem, das die Merkmale eines sozialen Systems im Sinne Luhmanns aufweist. Wie diese grenzt sie sich von der Umwelt durch bestimmte Sinnkonstrukte als Selektionsmechanismus ab und reduziert so die Komplexität nach außen und innen. Auf diese Weise entsteht die jeweilige Systemidentität. So gesehen ist Supervision der

Versuch, durch Kommunikation gemeinsam Sinn zu erzeugen. Trotz Kontingenz und potientell möglicher neuer rekursiver Sinnvereinbarungen wissen die Mitglieder des Supervisionssystems (mindestens nach einiger Zeit) was Inhalt von Supervision sein kann und was eher nicht. Sinn reduziert sonst ungeordnete Umweltkomplexität auf ein für das System verarbeitbares Maß. Diese notwendige Reduktion und die Grenzziehung gegenüber der Umwelt ermöglichen damit die Identitätsbildung des Systems und regulieren seine kommunikative Abschottung oder Anschlussbereitschaft. Grenzen dienen der Systemerhaltung und regeln die Beziehung zwischen System und Umwelt, zwischen Innen und Außen. In sozialen Systemen wie der Supervision entstehen Grenzen durch Vereinbarungen. In der Supervision werden diese Arbeitsabsprachen, Lernzielabsprachen oder Kontrakt genannt. Damit wird geregelt, wer und was dazugehört, was die „Spielregeln" des Miteinanders und gegenüber der Umwelt sind, was Sinn der Supervision ist und demnach Sinn macht und was nicht, welche Elemente und Operationen zu ihr gehören. Sinn ist immer systemspezifisch und realisiert sich in sozialen Systemen durch Kommunikation. Es versteht sich von selbst, dass diese für das Gelingen von Supervision bedeutenden Aspekte Gegenstand der Beobachtung von SupervisorenInnen sind. Dass Systeme nicht instruierbar sind und sie ohnehin das tun, was ihrer Selbstorganisation entspricht, hat Konsequenzen für die Rolle des systemischen Supervisors. Er ist nicht mehr der Experte, der weiß, was richtig oder gut für den Supervisanden ist, sondern er ist Experte für den Umgang mit autopoietischen, sebstreferentiellen operational geschlossenen, bisweilen eigensinnigen und eigengesetzlichen Systemen. Das heißt, er legt auch aus diesem Grunde besonderen Wert auf Prozesse des Beziehungsaufbaus und der Beziehungsaufnahme.

Betrachtet man die Supervision als soziales System dann besteht sie für Luhmann, aus Kommunikation und nicht aus Personen. Soziale Systeme haben nämlich keine Gefühle. (You can never kiss a system!) Psychische Phänomene ob kognitiver oder affektiver Natur oder Intersubjektivität oder die individuellen Akteure selbst, gehören für Luhmann nicht zum System. Sie werden als psychische Systeme zu seiner jeweiligen Umwelt zugerechnet und beobachtbar sei in ihnen nur der Umgang mit der Kommunikation über Gefühle – nicht die Gefühle selbst. Gefühle und Affekte sind also auch in seinem Konstrukt des psychischen Systems nicht vorhanden und für ihn als Soziologen nicht relevant (Zur Unterscheidung von Gefühlen, Emotionen, Affekten und Empathie siehe Levold 2004). Für Supervisoren hingegen sind sie hoch bedeutsam sowohl als Verstehenshintergrund von Verhalten und Interaktionsprozessen als auch bei der Herstellung und Aufrechterhaltung einer tragfähigen Beraterbeziehung. Als andragogisches Verfahren hat Supervision immer mit Lernen, berufsbezogener Bildung und Selbstbildung zu tun. Lernen in Supervision geschieht dann am effektivsten, wenn das Lernklima stimmt. Hierzu gehört eben wesentlich der Aufbau einer professionellen, von Sicherheit und Vertrauen geprägten Beziehung. Unter dem Stichwort Rap-

portherstellung gibt hierzu das Neuro Linguistische Programmieren, ich
spreche lieber von Neuro Linguistischem Kommunizieren, wichtige Hinweise (siehe Krapohl 1992). Auch die Ergebnisse der Neurowissenschaften belegen die Bedeutsamkeit der Emotion für das Lernen (Damasio 1994). Lernen ist kein passiver Vorgang. Bei jedem Lernschritt werden neue Synapsen
gebildet und es entstehen neue Verknüpfungen. Dass Emotionale Beteiligung
Lernerfolge verbessert, haben u.a. Spitzer und Erk (2005) nachgewiesen und
belegt. Emotionen bewerten. Das ist ein wesentlicher Selektionsfaktor für die
Flut an Informationen, die täglich auf uns einwirkt, und eine notwendige und
sinnvolle Unterstützung der Kognition. Damit wird sicher gestellt, dass wir
nur die wichtigen Dinge weiter verarbeiten und so wird Überforderung vermieden und gewährleistet, dass wir auf drohende Gefahren umgehend reagieren können. Auch für das Lernen in Supervision gilt, dass „je mehr Sinnes-
kanäle angesprochen werden, um so effizienter und effektiver speichert unser
Gedächtnis" (Kraus 2006: 151). Neues lässt sich leichter lernen, wenn es an
bereits Bekanntes anknüpfen kann. Eine weiterer Beleg für die weiter oben
im Kontext von Kommunikation in sozialen Systemen thematisierte Wichtigkeit der Anschlussfähigkeit von Kommunikationen.
    Gezielte Aufmerksamkeit, Motivation und Emotionen sind für das Lernen
elementar. Lob, Freude, Stolz, Überraschung und Belohnung wirken sich positiv auf die Lernmotivation und damit auf das Lernen aus. Auch negative
Emotionen beeinflussen den Lernprozess. Wird z.B. „unter Angst gelernt
kann die Angst ‚mitgelernt' werden; das führt dazu, dass sie auch beim Abruf
des Gelernten wieder auftritt" (Netzwerk für Gehirnforschung und Schule
2004: 8). Angst und Stress sind die Gegner von Lernen. Überforderung kann
leicht zu Stress oder Resignation führen und hat negative Auswirkungen auf
das Gedächtnis, und das führt nachweisbar zu Verlusten von Neuronen im
Hippocampus. Stresshormone mindern dann die Leistungsfähigkeit. Sie reduzieren das Energieangebot durch eine verminderte Glukoseaufnahme, so
dass trotz erhöhtem Energiebedarf weniger Energie zur Verfügung steht
(Spitzer 2007: 171 und Schirp 2006: 118). Mit Hinweis auf sensible Phasen
für die Entwicklung von Synapsen und Neuroplastizität in Kindheit und Jugend und der Bedeutung ihrer stressfreien Nutzung wird immer deutlicher,
welch hohen Stellenwert die Lebensumwelt und deren Beschaffenheit hat.
Dies erhält auch Bestätigung durch die Bindungsforschung. Aber nicht nur in
diesen Phasen sind emotionale Sicherheit und ein anregendes Umfeld für das
Lernvermögen maßgeblich. Diese Erkenntnisse der Neurowissenschaften
werden die Didaktik in Schule und Erwachsenenbildung neu beleben und
auch die Supervision.
    Wie weiter oben schon erwähnt, ist die Luhmannsche Konzeption auf
Grund Ihrer Vernachlässigung emotionaler und affektiver Prozesse, hier stimme ich Tom Levold (2004) zu, für die supervisorische Arbeit nur bedingt
brauchbar. Im sozialen System Supervision werden Menschen beraten, geschieht Beziehungsarbeit, Gefühle werden kommuniziert und es wird u.U. über

Gefühle kommuniziert. Gefühle, Gedanken, Vorstellungen oder Bedeutungszuschreibungen anderer sind zwar selbst nicht direkt sichtbar, wohl aber deren Verhaltensäußerungen; damit sind sie erschließbar und benennbar. Wir können zudem genau darüber in Kommunikation treten. Supervisionssysteme „ können dann transparenter werden, wenn über die laufenden Interaktionen (z.b. durch zirkuläre Fragen) Beschreibungen der jeweils anderen Systemmitglieder gebildet werden, die es erlauben, deren Verhalten vorläufig und wahrscheinlich zu erklären. Die Beschreibungen können in der weiteren Kommunikation getestet, wenn nötig revidiert und darüber gebündelt werden" (Neumeyer 2004: 51).

5. Systemische Supervision und die Beobachtung der Beobachtung

Beobachtung ist der systemische Begriff für Diagnostizieren oder – um sprachlich konsequent zu sein – für Hypothesenbildung. Da Beobachtungen – wie bereits erwähnt – keine objektiven Wahrheiten oder Abbilder von Wirklichkeit liefern, bevorzugen systemische SupervisorenInnen den Begriff Hypothesenbildung, denn dieser impliziert, anders als „Diagnose", einen Kontingenzvorbehalt. Auch der Begriff der Intervention ist, da er Instruierbarkeit unterstellt, mit systemischem Denken nicht kompatibel und wird hier ersetzt durch Begriffe wie Irritation, Perturbation oder Störung. Interventionen sind also geplante Störungen. Diese können brauchbar sein für das jeweilige Arbeitssystem oder eben nicht und werden dann durch das Beobachtungssystem Supervision durch neue, vielleicht brauchbarere Störungen ersetzt. SupervisorenInnen sind Beobachter von Beobachtern.

Die für Hypothesenbildung in der Supervision relevanten Fragen sind nach Kersting (2002: 164, 165) folgende:

Welche Bezeichnungen werden benutzt?
Welche Unterscheidungen werden benutzt?
Welche werden ausgegrenzt? (Tabus, Geheimnisse)
Welche Beschreibungen werden damit gegeben?
Welche Erklärungen werden damit gegeben?
Welche Bewertungen werden damit gegeben?
Welche Zeitperspektive (Zukunft, Vergangenheit, Gegenwart) wird verwendet?
Welches Handeln eröffnet sich auf der Grundlage dieser Beobachtungen?

Nach Spencer-Brown heißt Beobachtung Unterscheiden und Bezeichnen (alles Gesagte wir von einem Beobachter gesagt) und ist neben dem Operieren und der Grenzziehung bzw. Abgrenzung gegenüber der Umwelt eine weitere zentrale Aktivität von Systemen. Die Beschreibung eines Systems anhand von Unterscheidungen wird Beobachtung genannt. Beobachtung findet dann statt, wenn ein System aus der Feststellung eines Unterschieds, einer Differenz, eine Information (Bezeichnung) gewinnt und verarbeiten kann. Informationen bestehen aus Unterschieden, die, wie bereits erwähnt, einen Unterschied machen. Dieser Unterschied entsteht durch die Bedeutungszuschreibung des kommunizierten Inhalts durch das Individuum. Unterscheidungen dienen zur Reduzierung der Komplexität auf ein verarbeitbares Maß. Sie geben Orientierung und sind Grundlage für das Treffen von Entscheidungen. Reduktionen sind immer auch Selektionen.

In der Beobachtung 1. Ordnung beobachtet ein Beobachter die Welt oder Ausschnitte der Welt oder auch Objekte in ihr, und zwar so, als ob sie ihm wie äußere Gegenstände gegenüber stünden. Die zentrale Fragestellung lautet: *was* wird beobachtet? Die Beobachtung erster Ordnung sieht auf Grund der einseitigen Ausrichtung auf das Beobachtete konstitutiv nur die bezeichnete Seite der Unterscheidung. Die andere, die nicht bezeichnete Seite ist ihr „blinder Fleck".

Die Beobachtung zweiter Ordnung dagegen beobachtet nun die Beobachtung erster Ordnung im Hinblick auf deren bezeichnete und unbezeichnete Seite. Sie sieht daher – im Gegensatz zur Beobachtung erster Ordnung – beide Seiten der Unterscheidung, die die Beobachtung erster Ordnung unterschieden hat und kann nun genauer nachfragen, was ist die andere Seite der Unterscheidung oder wie genau wurde unterschieden? Die Vorzugsfrage einer Beobachtung zweiter Ordnung lautet *wie*, d.h. mit welchen Unterscheidungen, beobachtet der Beobachter? (Und: „Warum so und nicht anders?").

Die Beobachtung zweiter Ordnung ist immer auch eine Beobachtung erster Ordnung. Auch sie muss ihren Gegenstand, die Beobachtung erster Ordnung, bezeichnen und dadurch von etwas unterscheiden: Was ist die andere Seite der bezeichneten Unterscheidung? Die Beobachtung zweiter Ordnung ist weniger und sie ist mehr als die Beobachtung erster Ordnung. Sie ist weniger, weil sie nur Beobachter beobachtet und nichts anderes. Sie ist mehr, weil sie nicht nur diesen, ihren Gegenstand sieht , sondern auch noch sieht, was er sieht und wie er sieht, und evtl. sogar sieht, was er nicht sieht, und sieht, dass er nicht sieht, dass er nicht sieht, was er nicht sieht" (Luhmann 1990).

Für die Supervision ist wichtig zu wissen, dass jede unserer Beobachtungen ihren blinden Fleck hat und sie sich selbst aktuell nicht sehen kann. Jede Beobachtung beginnt mit einer Unterscheidung, einer Differenz, und damit einer Zerstörung von Einheit. Beobachtungen fokussieren auf bestimmte Ausschnitte der Realität und erzeugen so einen „Rest", einen abgedunkelten, ausgegrenzten, weggelassenen Teil der Beobachtung (Weik/Lang 2001). Im Moment der Beobachtung sehen wir weder die andere Seite der Beobachtung, noch die aktuell benutzte Unterscheidung, noch die anderen auch möglichen Unterscheidungen. Diese Blindheit lässt sich nur mit Hilfe von weiteren Beobachtungen im Nachhinein beobachten, wobei diese dann aktuell selbst wieder blind sind. Blinde Flecken sind also letztlich nicht vermeidbar, wohl austauschbar.

Die Beobachtung der Inhalte der Kommunikation und der Beziehungen zwischen den Kommunikationspartnern kam mit Watzlawick in die supervisorische Arbeit. Zur Beobachtung von einzelnen Personen und deren Kommunikationsäußerungen kam mit dem systemischen Denken die Beobachtung des gesamten Systems *hinzu*. In diesem Sinne verstehe ich die systemische Sichtweise als eine Ergänzung meines Supervisionskonzeptes und nicht als ein „entweder – oder". Systemische Supervision bedeutet für mich die Beobachtung eines Sozialen Systems, mit anderen Worten: Beobachtung 2. Ordnung und die Beobachtung der Psychischen Systeme insbesondere in ihren Auswirkungen auf die Beziehungsebene. Als Beobachtungshinweise für die Supervision möchte ich deshalb den bereits oben genannten folgende noch hinzufügen:

Beobachte die Beziehungen, Gefühle und Affekte!
Beobachte die Beobachtung und die Beobachter!
Beobachte das Supervisionssystem und seine Umwelt!
Beobachte Dich selbst!

Wie vorher schon erwähnt, sind die Psychischen Systeme nach Luhmann jedoch nicht Bestandteil des Systems sondern sie sind Umwelt. Aber selbst die Luhmannsche Konzeption psychischer Systeme umfasst keine Gefühle oder Affekte sondern lediglich Gedanken, Kognition. Es ist „ein entsubjektiviertes beobachtbares, beobachtendes System." (Krause 1996: 164) Arbeitssysteme sind zwar ohne Personen nicht denkbar, aber Personen, Bewusstseinssysteme, die Supervisanden werden der Umwelt zugerechnet. Konsequenter Weise sind lediglich die *Spielregeln* des Arbeitssystems und deren Veränderung Gegenstand von Beobachtung und Ziel von Irritationen und Störungen. Diese Sichtweise halte ich zwar für brauchbar in der Supervision, allerdings sie alleine scheint mir nicht auszureichen, wie im vorigen Kapitel bereits dargelegt. Ich grenze mich hier von der radikal systemischen Auffassung ab und nutze neben der Luhmannschen Sichtweise psychodynamische Konzepte, mit denen die Individuen, Emotionen und Affekte, die Gruppendynamik und Beziehungen der Supervisanden untereinander und deren Qualität beobachtbar werden. Der Switch zwischen systemisch-konstruktivistischen Sichtweisen und psychodynamischen bietet für die Supervision einen enormen Erkenntnisgewinn. Aus diesem Grunde umfasst der von mir geleitete Masterstudiengang Supervision auch beide Konzepte: systemisch-konstruktivistische und psychodynamische.
Eine wichtige Komponente für erfolgreiches Supervisieren ist die Beziehung zwischen SupervisorIn und den Supervisanden und das Beziehungsgeflecht der Supervisanden untereinander und zur Organisation. Die Arbeitsbeziehung wiederum wird maßgeblich geprägt durch die Haltung. Hieraus erwachsen die Impulse für Erfolg oder Nicht-Erfolg der Supervision. Wenngleich Supervisanden, Systeme nicht instruierbar sind, so sind sie doch beeinflussbar. Die Gestaltung von Nähe – Distanz, der Dialogkultur, der supervisorischen Interventionen im Sinne von Irritationen, hat Einfluss auf Inhalte

und Beziehungen, Gefühle und Gefühlslagen und die daraus resultierenden Dynamiken. Lernklima und Lernbereitschaft hängen maßgeblich hiervon ab (hierzu sowie zum Thema Gruppendynamik, Gruppenphasen, Prozesse in Gruppen siehe auch Krapohl 1987 und 1997). Diese Zusammenhänge und Wirkungen zu reflektieren und gegebenenfalls zu metakommunizieren, gehört zum supervisorischen Handwerk.

Was lässt sich nun aus dem bisher Gesagten für die Haltung systemischer Supervisoren/innen folgern? Die Grundlagen der professionellen Beziehung sind für mich: Achtung, Respekt und Würde vor den (und dem) jeweils anderen und deren Wirklichkeitskonstruktionen. Sie respektieren Menschen als selbstverantwortlich handelnde Personen. Das verpflichtet zu entsprechender Zugewandtheit und Aufmerksamkeit aber auch zu einer respektvollen Respektlosigkeit gegenüber problemerzeugenden Mustern in sozialen Systemen. Systemische SupervisorenInnen missionieren nicht, sie gehen eher ethnologisch vor und begegnen erstarrten „Wahrheiten" bei sich selbst und anderen mit Kontingenz und der sich daraus ergebenden Bescheidenheit im Auftreten. Sie befolgen den ethischen Imperativ von Heinz von Foerster: „Handle stets so, dass weitere Möglichkeiten entstehen" (1985: 60) und verhelfen durch Multiperspektivität zu neuen Sichtweisen und erweitern damit Denk- und Handlungsmöglichkeiten.

Systemische Supervision bemüht sich um Allparteilichkeit und arbeitet kontextbezogen, lösungs- und ressourcenorientiert. Reflexion und Lösungsorientierung werden nicht linear-kausal gedacht sondern zirkulär. Sie ist sowohl auftragsbezogen als auch prozessorientiert. Im Fokus stehen die Wechselwirkungen von Person, Rolle, Funktion, Auftrag und Organisation. Symptome werden verstanden als Ausdruck von momentanen Schwierigkeiten bei notwendigen Neuanpassungen an eine veränderte Situation und werden auf der Folie betrachtet, welche Funktion sie für das System und den Symptomträger haben. Sie werden gewürdigt, als derzeit beste zur Verfügung stehende „Lösung".

Ich selbst bezeichne mein Supervisionskonzept als integrativ-systemisch-lösungsorientiert. Ich integriere das in mein Supervisionskonzept, was eine Erweiterung professioneller Handlungskonzepte verspricht und der Kompetenzentfaltung und dem persönlichen Wachstum von Fachkräften dient, und was kompatibel ist mit meinen oben dargelegten Grundauffassungen. Wie sich das methodisch in Supervision umsetzen lässt, zeigt der folgende Beitrag von G. Keil auf.

Literatur

Beck, U. (1986): Risikogesellschaft. Auf dem Weg in eine andere Moderne. Frankfurt/M.
Buer, F. (2005): Coaching, Supervision und die vielen anderen Formate, Ein Plädoyer für ein friedliches Zusammenspiel. In: Organisationsberatung – Supervision – Coaching 2005, 3, S. 278-297.

Damasio, A. (1994): Deacartes' Irrtum. Fühlen, Denken und das menschliche Gehirn. München.

Foerster, H. von (1985): Sicht und Einsicht. Versuche zu einer operativen Erkenntnistheorie. Wiesbaden.

Foerster, H. von (1985): Das Konstruieren einer Wirklichkeit. In: Watzlawick, P. (Hrsg.): Die erfundene Wirklichkeit. Wie wissen wir, was wir zu wissen glauben? Beiträge zum Konstruktivismus. München S. 39-60.

Foerster, H. von (1993a): Wissen und Gewissen. Versuch einer Brücke In: Schmidt, S. J. (Hrsg.): Der Diskurs des Radikalen Konstruktivismus. Frankfurt/Main.

Foerster, H. von (1993b): KybernEthik. Berlin.

Foerster , H. von (1993c): Über das Konstruieren von Wirklichkeiten (neu übersetzt von W. K. Köck). In: ders. (1993a): Wissen und Gewissen. Versuch einer Brücke. Herausgegeben von Schmidt, S. J.: Der Diskurs des Radikalen Konstruktivismus. Frankfurt/Main: S. 25-49.

Foerster, H. von (1993d): Mit den Augen des anderen. In: ders.: Wissen und Gewissen. Versuch einer Brücke. Herausgegeben von S. J. Schmidt: Der Diskurs des Radikalen Konstruktivismus Frankfurt/Main S. 350-363.

Fried, A. (2005): Konstruktivismus. In: Weik, E./Lang, R. (Hrsg.): Moderne Organisationstheorien 1, Handlungsorientierte Ansätze, Wiesbaden S. 34.

Glasersfeld, E. von (1987): Wissen, Sprache, Wirklichkeit. Arbeiten zum radikalen Konstruktivismus. Braunschweig/Wiesbaden.

IAB, Institut für Arbeitsmarkt- und Berufsforschung 2005: Sozialpolitik aktuell 2005, IAB Kurzbericht 14/2005 Online im Internet http://www.boeckler.de/pdf/impuls_2005 _16_unsicherheit.pdf (16.11.06).

Hernandez, J. (2007): Sozialarbeit in der Postmoderne. Online im Internet Das gepfefferte Ferkel – Online – Journal für systemisches Denken und Handeln – Juni 2007 ibs aachen http://www.ibs-network.de/altesferkel/kleve-klientifizierung.shtml (15.08. 07).

Kasten, E. (2007): Einführung Neuropsychologie. München.

Kastner, M. (Hrsg) (2004): Die Zukunft der Work-Life-Balance. Wie lassen sich Beruf und Familie, Arbeit und Freizeit miteinander vereinbaren? Kröning.

Kersting, H. (2002): Zirkelzeichen. Supervision als konstruktivistische Beratung. Aachen.

Kersting, H./Neumann-Wirsig, H. (Hrsg.) (1996): Systemische Perspektiven in der Supervision und Organisationsentwicklung. Aachen.

Kleve, H. (2003): Konstruktivismus und Soziale Arbeit. Aachen.

Kneer, G./Nassehi, A. (1997): Niklas Luhmanns Theorie Sozialer Systeme, München.

Krapohl, L. (1987): Erwachsenenbildung – Spontaneität und Planung, Aachen.

Krapohl, L. (1992): Verstehen ! Nicht immer, aber immer öfter. Neurolinguistisches Programmieren in der Supervision. In: Kersting, H. J./Neumann-Wirsig, H. (Hrsg.): Supervision – Konstruktion von Wirklichkeiten. Aachen.

Krapohl, L. (1997): Klassische Modelle Sozialer Gruppenarbeit. In: Nebel, G./Woltmann-Zingsheim, B. (Hrsg.): Werkbuch für das Arbeiten mit Gruppen. Aachen, S 31-45 und S. 362-371.

Kraus, J. (2006): Was hat Bildung mit Gehirnforschung zu tun? In: Caspary, R. (Hrsg.): Lernen und Gehirn. Der Weg zu einer neuen Pädagogik. Freiburg i. Br. S. 142-156.

Krause, D. (1996): Luhmann-Lexikon. Eine Einführung in das Gesamtwerk von Luhmann, Niklas. Stuttgart.

Levold, T. (2004): Affektive Kommunikation und systemische Teamsupervision. In: Kersting, H./Neumann–Wirsig, H. (Hrsg.) (2004): Supervision intelligenter Systeme. Supervision, Coaching und Organisationsberatung. Aachen.

Luhman, N. (1990): Die Wissenschaft der Gesellschaft, Frankfurt/Main.

Mutz, G. (2002): Pluralisierung und Entgrenzung in der Erwerbsarbeit, im Bürgerengagement und in der Eigenarbeit. Online im Internet http://www.zeitschrift.de/docs/1-2002/mutz.pdf. (02.12.06).

Netzwerk für Gehirnforschung und Schule (2004): Besser lernen macht Schule. Online im Internet http://www.metzler.com/metzler/generator/www.metzler.com./de/Wir_ueber_uns/Presse/Resources/Download/Broschuere_Besser_lernen_macht_Schule,property= attachment.pdf (15.10.07).

Neumeyer, W. (2004): Systemische Supervision – Grundlagen und Implikationen: Ein Überblick. In: Supervision 2004, 1, S. 49-57.

Pongratz, H. J./Voß, G. (2001): Erwerbstätige als „Arbeitskraftunternehmer". Unternehmer ihrer eigenen Arbeitskraft? Online im Internet http://www.diezeitschrift.de/12001/positionen3htm. (02.12.06).

Portele, G. (1989): Autonomie, Macht Liebe. Frankfurt/Main.

Roth, G. (1992): Erkenntnis und Realität. Das reale Gehirn und seine Wirklichkeit. In: Schmidt, S. J. (Hrsg.): Der Diskurs des Radikalen Konstruktivismus. Frankfurt/Main S. 229-255.

Schiepek, G. (1991): Systemtheorie der Klinischen Psychologie. Braunschweig, Wiesbaden.

Schirp, H. (2006): Neurowissenschaften und Lernen. In: Caspary, R. (Hrsg.): Lernen und Gehirn. Der Weg zu einer neuen Pädagogik. Freiburg i. Br. S. 99-127.

Schmidt, S. J. (Hrsg.) (1992): Der Diskurs des Radikalen Konstruktivismus. Frankfurt/Main.

Simon, F. B. (1988): Unterschiede, die Unterschiede machen. Berlin, Heidelberg.

Spitzer, M. (2005): Nervensachen. Geschichten vom Gehirn. Stuttgart.

Spitzer, M. (2007): Lernen. München.

Varela, F. J. (1987): Autonomie und Autopoiese. In: Schmidt, S. J. (Hrsg.): Der Diskurs des Radikalen Konstruktivismus. Frankfurt/Main, S. 119-132.

Voß, G. G./Ebringhoff, J. (2004): Der Arbeitskraftunternehmer. Ein neuer Basistyp von Arbeitskraft stellt neue Anforderungen an die Betriebe und an die Beratung. In: Supervision – Mensch. Arbeit. Organisation. 2004/3, S. 19-27.

Watzlawick, P./Beavin, J. H./Jackson, D. D. (1971): Menschliche Kommunikation. Formen, Störungen und Paradoxien. Bern.

Watzlawick, P. (Hrsg.) (1981): Die erfundene Wirklichkeit. Wie wissen wir, was wir zu wissen glauben? Beiträge zum Konstruktivismus. München/Zürich.

Gisela Keil

Systemische Methoden in der Supervision

Der Titel dieses Artikels stellt eine systemische Supervisorin vor eine interessante Aufgabe. Denn bei genauer Betrachtung kann die Supervision nicht anders als systemisch sein, da es sich beim Bezugspunkt der Supervisoren immer um Systeme handelt. Berücksichtigt man die Selbstorganisationsprozesse von Systemen, stellt sich die Frage, wie die Supervisorin Anschluss an die Eigenlogik des Systems findet? Das System sieht, hört und spürt sich selber und die Supervisorin. Kurz gefragt: Wie können sich Supervisoren an diese Eigenlogik ankoppeln, um hier Irritationen zu setzen, Musterveränderungen anzustoßen, Prozesse zu begleiten und auszuhalten und einen guten Ausstieg zu finden? Ein schönes Beispiel hierfür ist die Geschichte vom 18. Kamel:

> *Ein Mullah ritt auf seinem Kamel nach Medina; unterwegs sah er eine kleine Horde von Kamelen; daneben standen drei junge Männer, die offenbar sehr traurig waren.*
>
> *‚Was ist euch geschehen, Freunde?‘ fragte er und der Älteste antwortete: ‚Unser Vater ist gestorben.‘ Allah möge ihn segnen. Das tut mir leid für euch. Aber er hat euch doch sicherlich etwas hinterlassen? ‚Ja‘, antwortete der junge Mann, ‚diese siebzehn Kamele. Das ist alles was er hatte.‘ ‚Dann seid doch fröhlich! Was bedrückt euch denn noch?‘ ‚Es ist nämlich so‘, fuhr der älteste Bruder fort, ‚sein letzter Wille war, dass ich die Hälfte seines Besitzes bekomme, mein jüngerer Bruder ein Drittel und der Jüngste ein Neuntel. Wir haben schon alles versucht, um die Kamele aufzuteilen, aber es geht einfach nicht.‘ ‚Ist das alles was euch bekümmert, meine Freunde?‘, fragte der Mullah. ‚Nun, dann nehmt doch für einen Augenblick mein Kamel, und lasst uns sehen, was passiert.‘ Von den achtzehn Kamelen bekam jetzt der älteste Bruder die Hälfte, also neun Kamele; neun blieben übrig. Der mittlere Bruder bekam ein Drittel der achtzehn Kamele, also sechs; jetzt waren noch drei übrig. Und weil der jüngste Bruder ein Neuntel der Kamele bekommen sollte, also zwei, blieb ein Kamel übrig. Es war das Kamel des Mullahs; er stieg wieder auf und ritt weiter und winkte den glücklichen Brüdern zum Abschied zu (Segal 1986: S. 9).*

In diesem Sinne beginnt jede Supervision mit einem guten Joining.

1. Joining

Bedeutet wörtlich übersetzt ,sich anschließen', ,eintreten in'. Diese Form des Arbeitsbündnisses wurde von dem Familientherapeuten Salvador Minuchin beschrieben. Jede Supervision startet mit der Produktion eines Arbeitsbündnisses jenseits der Kontraktabsprachen. Die Supervisorin versucht mit einem guten Joining, den richtigen Kanal bei ihren Kunden zu finden. Hierbei geht es darum, dem Gesagten zu folgen, aufzunehmen worüber gesprochen wird, anstatt eigenen Konzepten zu folgen und Reaktionen der Systemmitglieder aufzugreifen (Gesellschaft für systemische Therapie und Beratung 2004: 3/14). Die Stärken des Systems werden anerkannt und gefördert, geltende Wertvorstellungen und Hierarchien respektiert, Subsysteme gestützt und das Selbstwertgefühl der Mitarbeiter bestätigt (Simon 1984: 175). Die Möglichkeiten eines Joinings sind so vielfältig, dass hier nur ein kleines Beispiel gezeigt werden kann:

Herr Gilles, der elegant gekleidet zur ersten Supervision mit einem Jugendhilfeteam kam, beschrieb ein besonders lustiges Joining. Die Mitarbeiter trugen fast alle Gesundheitsschuhe und waren leger gekleidet. Herr Gilles bemühte sich sehr, in dem er respektvoll und wertschätzend mit den Teammitgliedern umging. Er wunderte sich allerdings, dass die meisten im Team ihm gegenüber eher verhalten blieben. Er wurde zu einer zweiten Sitzung eingeladen und hatte sich nun überlegt Gesundheitsschuhe und Freizeitkleidung zu tragen. Hierauf reagierte das Team offen und die darauffolgende Sitzung verlief ausgezeichnet. Durch die Veränderung der Kleidung fühlte sich das Team anscheinend wertgeschätzt und in seiner Wertordnung anerkannt.

Eine weitere Möglichkeit, sich an das System anzukoppeln, ist der Zugang über die Aktivierung von Wahrnehmungsebenen. So wird mit zirkulären Fragen der auditive Kanal aktiviert, während bei der Skulpturarbeit das kinästhetische Empfinden in den Vordergrund rückt. In den Zeiten der Entdeckung von Spiegelneuronen gewinnen die Methoden, die kinästhetisch und visuell ansetzen, eine besondere Bedeutung. Spiegelneurone sind Nervenzellen, die im Gehirn während der Betrachtung eines Vorgangs die gleichen Potentiale auslösen, wie sie entstünden, wenn dieser Vorgang nicht bloß passiv betrachtet, sondern aktiv gestaltet würde (Bauer 2005: 21-25).

Nachdem die Supervisorin mit einem guten Joining Einlass in das System gefunden hat, verschafft sie sich über den auditiven und visuellen Kanal Klarheit über die Aufträge.

2. Auftragsklärung

Systemische Supervision lässt sich nicht losgelöst von der jeweiligen Organisation praktizieren. Das bedeutet, dass die Supervisorin einen Blick in das

Uhrwerk der Organisation werfen sollte. Die systemische Organisationstheorie liefert hierfür wertvolle Gedanken. Vor allem rücken die Selbstorganisationsprozesse in den Blick, die auch eine erfahrene Supervisorin dazu bringen können, in den gewohnten Strukturen der Organisation zu handeln. Dann werden Mitarbeiter und Teams in der Regel beruhigt, getröstet und unterstützt, aber Organisation bleibt Organisation, und gewünschte Veränderungen treten paradoxerweise nicht ein. Zufällig entstehende Irritationen werden nicht selten mit einem Zweifel an der Supervisorin beantwortet, oder es wird mit einem Wechsel der Supervisorin die ‚alte Platte' neu aufgelegt. Das bedeutet, die Organisation produziert das, was in ihren Strukturen möglich ist.

Hier bietet die an der Organisation orientierte Auftragsklärung eine Möglichkeit, den Wiederholungen zu entgehen. Neben den üblichen Fragen zur Auftragsklärung: Wer will was, von wem, ab wann, bis wann, wie viel, wozu, mit wem, gegen wen, oder in der Umkehrung: Wer will nichts, was nicht, von wem nicht, wann noch nicht, wann nicht mehr, wozu nicht (von Schlippe/ Schweitzer 1998: 148), werden organisationsbezogene Fragen erörtert. Hier einige Beispiele:

Ein Verein, in dem Soziale Arbeit für Frauen organisiert wird, entwickelt auf diese Fragen folgende Tendenzen:

- Welche Leitdifferenzen hat die Organisation? Soziale Arbeit von Frauen für Frauen in Notlagen.
- Welche Unterscheidungen treffen sie nach außen? Soziale Arbeit für Frauen im Unterschied zur sozialen Arbeit für Männer.
- Was sind die relevanten Umwelten? Jugendamt, Sponsor, finanzstarke Frauenvereinigungen.
- Welche strukturelle Kopplung (Anschlüsse) stellt die Organisation mit den relevanten Umwelten her? Jährlich neu verhandelte Verträge mit dem Jugendamt, Pflege der Sponsoren durch Einladungen.
- Wie werden Entscheidungen in der Organisation getroffen? Mitarbeiterinnen tragen ihre Anliegen den Koordinatorinnen vor, die diese an die Geschäftsführung herantragen. Die Geschäftsführung bespricht die Anliegen dann mit der Sekretärin, um ihre Entscheidungstendenzen zu überprüfen.
- Welche Erwartungen ergeben sich daraus an die Mitarbeiter? Ein gutes Kooperationsverhalten mit den Kollegen des Jugendamtes, Berichte von der Arbeit bei Vorstandssitzungen mit anwesenden Sponsoren.
- Welche Aufträge (Erwartungen) werden an die Supervisorin gegeben? Die Supervisorin soll die Kommunikation zwischen der Koordinatorin und dem Team verbessern, da Anliegen unzureichend weitergegeben werden.
- Welche eigenen inneren Aufträge (eigenes Leitbild, Ausbildungsstandards, Art der Supervisionsausbildung) hat die Supervisorin? Die Supervisorin möchte die innere Erfahrungswelt des Systems sichtbar machen und sich als systemische Supervisorin allparteilich verhalten.
- Welche Entscheidungen (gewählte/nicht gewählte Auswahl aus Möglichkeiten) werden/wurden getroffen? Was wird durch diese Entscheidung

ausgeschlossen? Die Supervision soll nicht die Kommunikation im Team
behandeln.
– Was müsste die Supervisorin tun oder unterlassen um eine Ankopplung
an das System zu verhindern? Die Supervisorin müsste die Konflikte im
Team thematisieren und diese in einer Skulptur verdeutlichen.
– Womit könnte die Supervisorin die Erwartungen des Systems enttäuschen
(Irritation)? Die Supervisorin könnte darauf bestehen, das Ausgeschlos-
sene (Soziale Arbeit für Männer in Notlagen) zu besprechen.

Diese Fragemöglichkeiten geben interessante Einblicke in die Systemverzah-
nungen und lassen eine Vorstellung davon entstehen, ‚wie die Organisation
tickt'. Die Entwicklung weiterer organisationsbezogener Fragen lässt sich
mit Hilfe der interaktiven CD Rom von Bardmann und Lamprecht ‚Systemtheorie verstehen' gut bewältigen.

Und wenn Ihnen dann von den vielen sichtbaren und unsichtbaren Aufträgen der Kopf kreist, können Sie mit dem Auftragskarussell, einer Methode
der Selbstsupervision, Aufträge erarbeiten, die für sie akzeptabel sind.

3.   Auftragskarussell

Häufig führt der Versuch alle, auch die widersprüchlichsten Aufträge zu erfüllen, zu dem Gefühl, in der Sackgasse zu stecken. Das Auftragskarussell liefert
einen schnellen Überblick über die offenen und verdeckten Aufträge im Problemsystem, wie sie jeweils aktuell wahrgenommen werden. Diese Methode
kann entweder alleine oder in einer Gruppe durchgeführt werden (von Schlip-
pe/ Schweitzer 1998: 238). Arist von Schlippe und Jürgen Kriz schlagen folgende methodische Schritte vor (von Schlippe/Kriz 1996: 106-110):

1. Raum schaffen.
2. Fragen: Wie bist du zu deinem Auftrag gekommen? Wer sind deine Auftraggeber? Welchen Auftrag gibt dir die Institution? Was ist dein innerer
Auftrag (wie z.B. Anwalt des Kindes)? Gibt/gab es Personen in deinem
Leben, die dir für diesen Fall auch einen Auftrag geben (z.B. leistungs-
orientierter Vater)?
3. Für jeden Auftraggeber einen Zettel schreiben.
4. Für jeden Auftraggeber einen Stuhl in einen Stuhlkreis stellen. Für dich
selbst einen Stuhl in die Mitte stellen.
5. Von der Mitte aus jeden Auftraggeber anschauen, auf dich wirken lassen.
6. Jede einzelne Position der Auftraggeber einnehmen und den jeweiligen
Auftrag in einem Satz formulieren und aufschreiben.
7. Von der Mitte aus sich den Auftraggebern nacheinander gegenübersetzen
und nachspüren: Was kann ich annehmen? Was kann ich teilweise annehmen oder verändern? Was weise ich zurück?

Es lohnt sich in einem Supervisionsprozess öfter mal mit dem Auftragskarussell zu ‚fahren', da Aufträge sich schon einmal heimlich verändern. Soll sich das System bewegen, eignet sich die über den kinästhetisch und visuellen Kanal wirkende Skulpturarbeit.

4. Skulpturen

Diese Methode der erfahrungsorientierten systemischen Arbeit wurde vor allem von der Familientherapeutin Virginia Satir geprägt. Hierbei werden die Sinne und Gefühle sowie die damit verbundene nonverbale Kommunikation fokussiert. Somit wird die emotionale Erlebniswelt des Systems erschlossen und kognitive Erkenntnisse gewonnen. Dadurch entsteht im System ein ganzheitliches Verständnis der Prozesse. Skulpturen können folgendermaßen unterschieden werden:

- Skulptur: Arbeit mit starken Ausdrucksmitteln (Gestik, Mimik, Sätze, Höhenunterschiede).
- Aufstellung: Hier werden die Dimensionen Nähe, Distanz, Zu- und Abwendung fokussiert
- Choreografie: Bewegungsabfolge zur Symbolisierung erlebter Beziehungen (Beziehungstänze) (Schwing/Fryszer 2006: 17).

Bei der Skulpturarbeit stellen sich die Menschen des Systems im Raum auf und nehmen eine körperliche Haltung ein, wodurch die Beziehungen zueinander ausgedrückt werden. Dies unterstützen sie durch Gestik und Mimik. Dieses Standbild gleicht der Skulptur eines Bildhauers. Anschließend wird jeder zu seiner Wahrnehmung, seinen Gefühlen und Impulsen befragt. In der Skulpturarbeit bietet sich das folgende Prozedere an: Entweder wird ein Mitglied des Systems gebeten, seine Sichtweise darzustellen, oder die Supervisorin baut aus ihrer Wahrnehmung des Systems eine Skulptur auf. Es ist auch möglich, die Mitglieder des Systems zu beauftragen, sich selber zu positionieren und eine für sie stimmige Gestik, Mimik und Blickrichtung einzunehmen. Hierbei entstehen meistens spannende Systembewegungen, da natürlich einer auf den anderen reagiert. In der Arbeit mit Einzelnen werden Klötzchen, Puppen, Stofftiere etc. als Hilfsmittel eingesetzt.

Die Teammitglieder einer kinderpsychiatrischen Station beklagten mehrfach ihre schlechte Kommunikation. Botschaften der Stationsleitung wurden meist im Team nicht wahrgenommen und Anliegen der Teammitglieder von der Leitung nicht gut aufgenommen. Auch untereinander gab es Verständigungsprobleme, die sich an Schwierigkeiten in den Absprachen zeigten. Für die Arbeitsbeziehungen fanden die meisten recht schwer einen verbalen Ausdruck. Bei einer Skulpturarbeit wurden die Teammitglieder gebeten, sich selber zu positionieren. Anhand der nonverbalen Kommunikation konnten nun die Nähe- und Distanzverhältnisse in den Beziehungen sichtbar werden. Die Teammitglieder erlebten eine eng miteinander verbundene Kerngruppe und darum herumschwirrende lose gebundene Kollegen. Das Team nutzte diese Erfahrung zu einer Neuordnung der Beziehungen. Hierbei fand ein verbaler Austausch statt, bei dem sich Einzelne seit langer Zeit wieder zuhörten. Als ein Zustand gefunden war, den alle als stimmig erlebten, wurde die Skulpturarbeit beendet.

An dieser Stelle möchte ich eine Form der systemischen Aufstellungsarbeit vorstellen, die ich in Supervisionskontexten für besonders geeignet halte. Diese Methode wurde von M. Varga von Kibéd entwickelt und nennt sich Tetralemma. Sie setzt an Dilemmas an, wie sie häufig in Teams und auch in Einzelkontexten zu finden sind, und arbeitet lösungsorientiert.

5. Tetralemma

Das Tetralemma (vier Ecken im Sinne von vier Positionen oder Standpunkten) ist eine Struktur aus der traditionellen indischen Logik zur Kategorisierung von Haltungen und Standpunkten. Es wurde im Rechtswesen verwendet zur Kategorisierung der möglichen Standpunkte, die ein Richter in einem Streitfall zwischen zwei Parteien einnehmen kann. Er kann einer Partei oder der anderen oder beiden recht geben oder keiner von beiden. Diese vier Positionen wurden um die Negation des Tetralemmas (die sogenannte vierfache Negation) als Fünfte Position erweitert. Das Tetralemma ist ein außerordentlich kraftvolles allgemeines Schema zur Überwindung jeder Erstarrung im schematischen Denken. Es stellt also eine Synthese von schematischem Denken und Querdenken auf höherer Ebene dar (von Kibéd 2003: 77). Das Tetralemma kann in Gruppen angewendet werden, indem für die einzelnen Positionen Stellvertreter eingesetzt werden. Sie benennen ihre Gefühle, Körperwahrnehmungen und Gedanken auf dieser Position und reagieren auf die Veränderungen, die entstehen, wenn eine neue Position dazukommt. Hier bekommt die fünfte Position eine besondere Bedeutung, da sie zwar zunächst positioniert wird, sich aber im Verlauf der Aufstellung frei bewegen kann, wodurch die anderen Positionen beeinflusst werden. Aus diesem Zusammenspiel entsteht die Lösungsbewegung bzw. das Lösungsbild.

Zur Veranschaulichung:

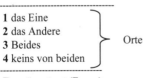

1 das Eine
2 das Andere
3 Beides   Orte
4 keins von beiden

Repräsentant (Focus)

5 All dies nicht und selbst das nicht – Freies Element

Reihenfolge der Aufstellung (*ORF*):

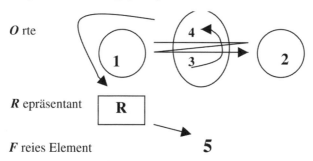

O rte

R epräsentant

F reies Element **5**

(von Kibéd 2001: Flipchartdarstellung)

Zuerst werden nacheinander die vier Positionen aufgestellt, die von Kibéd als Orte bezeichnet. Anschließend wird der Repräsentant platziert und zum Schluss die fünfte Position. In der Einzelarbeit wandert der Supervisor mit dem Supervisand durch die einzelnen Positionen, die entweder mit Zetteln auf dem Boden verteilt oder auf einem Flipchart visualisiert werden. Die einzelnen Positionen tangieren folgende Inhalte:

1. **Das Eine** kann die Lösung sein, die für den Klienten seine ‚einzig richtige' darstellt, die für ihn im Vordergrund steht oder die er in der Vergangenheit schon immer angewendet hat.

2. **Das Andere** steht im Gegensatz dazu, der ‚Fehler', der im direkten Gegensatz zur ‚richtigen Lösung' steht. Somit entsteht das Dilemma.

   In der Supervision von Herrn Zahm, Mitarbeiter einer Jugendhilfeeinrichtung, entsteht ein Dilemma aus den Polen ‚die Betreuung des Jugendlichen wird fortgesetzt' (Das Eine), ‚die Betreuung des Jugendlichen wird beendet' (Das Andere).

3. **Beides** lässt sich als erste Metaposition zum alten Dilemma definieren. Von dieser außenstehenden Position kann man beide Positionen gleichzeitig betrachten und Gemeinsamkeiten und Unterschiede entdecken. Es ist die bisher übersehene Verbindung. Wenn man das Dilemma erst einmal verlässt, dann tun sich viele Möglichkeiten auf.

   Diese Position beschreibt Herr Zahm als ‚Entscheidung'.

4. **Keins von Beiden** betrachtet den alten Konflikt mit Distanz von außen. Hierbei handelt es sich um eine dissoziierte Metaposition, um eine externe Kontexterweiterung um den blinden Fleck. Es geht nicht mehr um die Vereinbarkeit, sondern um den Kontext, in dem das Dilemma entstanden ist (Sparrer/von Kibéd 2003: 85).

   Herr Zahm erlebt in dieser Position ein Gefühl der Freiheit und beschäftigt sich mit seinen Berufs- und Lebensperspektiven.

5. Die Fünfte oder das freie Element wird über die Negation des gesamten Tetralemmas erreicht. Von Kibed bezeichnet diese Position als **All dies nicht – und selbst das nicht.** Das Wort ‚dies' bezieht sich auf die ersten vier Positionen und auf die Einsicht, dass keine dieser Positionen einen alle Aspekte des Problems umfassenden Standpunkt darstellte. Mit **und selbst das nicht** erinnert die fünfte Position daran, dass auch sie kein endgültiger Standpunkt ist (Sparrer/von Kibéd 2003: S. 91). Diese Position wirkt als freies Element wie ein Thermostat für die Richtung der Aufstellung und bewirkt einen kreativen Sprung.

Herr Zahm entdeckt hier, dass er mit dem Geschäftsführer der Einrichtung über seine Berufsperspektiven sprechen möchte. Er strebt eine koordinierende Position an, die ihn mehr Distanz zur Fallarbeit einnehmen läßt. Die Betreuung des Jugendlichen möchte er beenden.

Hat man es nun mit Teams zu tun, die lieber sitzen bleiben wollen, lohnt es sich, den auditiven Kanal zu aktivieren und mit einer zirkulären Befragung zu arbeiten.

6.   Zirkuläre Fragen

Da diese Methode die Wechselwirkungen im System erhellt, galt sie lange Zeit als die eigentliche systemische Methode. Mit der Perspektive zirkulär versus linear wird eine der zentralen systemischen Positionen betont. Die Zirkularität bedeutet dann eine wechselseitige Abhängigkeit im Prozessgeschehen eines Systems. Das System reagiert eben nicht geordnet, in dem ein Schritt aus dem Vorherigen resultiert, sondern es stellt Wechselwirkungen her, die sich kommunikativ auf den Sinn des Systems beziehen. Zirkuläre Fragen helfen somit, zirkuläre Prozesse in Beziehungssystemen aufzudecken und starre Kommunikations- und Interaktionsmuster, die Konflikte innerhalb des Systems verursachen, durch eine gezielte Einnahme von unterschiedlichen Beobachterpositionen und Perspektivwechseln zu verflüssigen.

Das Team einer ambulanten Jugendhilfeeinrichtung beklagt den grenzüberschreitenden Stil der Koordinatorin Frau Muth in den Teamsitzungen. Dieser Kommunikationsstil bewirkt eine Mutter-Kind-Interaktion zwischen den Teammitgliedern und Frau Muth. Das Team verhält sich zunehmend hilflos und übernimmt wenig Verantwortung, während sich die Koordinatorin zunehmend kontrollierend und kritisierend verhält. Diese Interaktion orientiert sich an der Idee des Systems, ‚wie eine Familie, zu sein'. Die wechselseitige Kommunikation und Interaktion hat sich sehr verfestigt und lässt kaum noch andere Sichtweisen voneinander zu.

Abgesehen davon, dass es hilfreich sein könnte, das Sinnsystem ‚wir sind eine Familie' in Frage zu stellen, eröffnen sich mit zirkulären Fragen folgende Möglichkeiten:

Tratsch über Anwesende: Ein Teammitglied wird aufgefordert zu sagen, was ein oder mehrere andere aus dem Team in einer bestimmten Situation tun oder denken würde (von Schlippe/Schweitzer 1998: 142).

Was denken A und B darüber, wenn sich C Frau Muth gegenüber in der nächsten Teamsitzung abgrenzen würde? Was denkt C darüber, wie A und B reagieren werden, wenn sie sich abgrenzt?

Klassifikations- und Skalierungsfragen: Diese Fragen arbeiten Unterschiede in den Sichtweisen und Beziehungen besonders heraus, indem sie diese in eine Rangreihe bringen (von Schlippe/Schweitzer 1998: 143).

Wer im Team sieht es auch so, dass sich die Koordinatorin Frau Muth wie eine Mutter verhält, wer sieht es ein bisschen so, wer überhaupt nicht? Wie schätzen A und B auf einer Skala von 1-10 die Wahrscheinlichkeit ein, dass C sich Frau Muth gegenüber abgrenzt? Hierbei bedeutet 1 auf keinen Fall und 10 auf jeden Fall.

Konsens- und Dissensfragen: Diese Fragen erhellen die Übereinstimmungen und Unterschiede und machen damit Strukturen im System deutlich (Schwing/ Fryszer 2006: 217).

Wer ist mit wem der gleichen Meinung, dass sich die Interaktion mit Frau Muth verändern soll. Wer vertritt eine andere Meinung? Wie schätzt C die Beziehungen zueinander in Bezug auf Nähe und Distanz ein? Wer schließt sich dieser Sichtweise an, wer vertritt eine andere usw.

Subsystem Vergleiche: Hierbei kann ein Dritter gebeten werden verschiedene Gruppierungen (Subsysteme) miteinander zu vergleichen (von Schlippe/ Schweitzer 1998: 144).

Wie sieht C den Umgang von Frau Muth mit den weiblichen Teammitgliedern im Unterschied zu dem Umgang mit den männlichen Teammitgliedern? Was denkt D über die Kommunikation von A, B und C im Vergleich zur Kommunikation der anderen im Team?

Vergleichsfragen: Mit Vergleichsfragen werden Veränderungen der Beziehungs- und Verhaltensmuster im System erfragt, aber auch Zusammenhänge zwischen dem Problem und Situationen oder Ereignissen (Schwing/Fryszer 2006: 216).

Wann waren die Kommunikationsprobleme im Team heftiger, wann weniger oder wann waren die Kommunikationsprobleme etwas besser, viel besser etc.? In welchen Situationen tauchte die Mutter-Kind-Interaktion nicht auf? Wer war daran beteiligt?

Eine wichtige systemische Gesprächstechnik zur Aktivierung von Ressourcen und zum Perspektivwechsel ist das Reframing:

7. Reframing

Drei buddhistische Mönche betrachten eine Fahne, Sagt der Erste:,Die Fahne bewegt sich.' Sagt der Zweite: ,Der Wind bewegt sich.,sagt der Dritte: ,Der Geist bewegt sich' (Bamberger 2005: 99).

Reframing bedeutet einen anderen Bezugs- und Bedeutungsrahmen herstellen, wodurch die Bedeutung des Geschehens verändert wird. Meistens engen die in der Supervision gezeigten Frames die Verhaltens- und Denkmuster ein. Das Reframing soll eine Neuorganisation des Verhaltens und der Interaktion ermöglichen. Ihm liegen folgende systemische Prämissen zugrunde:

– Jedes Verhalten macht Sinn, wenn man den Kontext kennt.
– Es gibt keine vom Kontext losgelösten Eigenschaften einer Person.
– Jedes Verhalten hat eine sinnvolle Bedeutung für die Kohärenz des Gesamtsystems.
– Es gibt nur Fähigkeiten, Probleme ergeben sich manchmal daraus, dass Kontext und Fähigkeit nicht optimal zueinanderpassen.
– Jeder scheinbare Nachteil in einem Teil des Systems zeigt sich an anderer Stelle als möglicher Vorteil (von Schlippe/Schweitzer 1998: 179).

Beispiel:

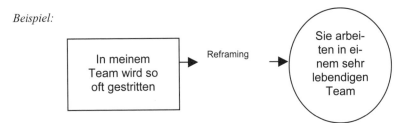

Bamberger differenziert das Reframing folgendermaßen: (Bamberger 2005: 101-117):

Verhaltensverifizierendes Reframing (Viele Wege führen nach Rom*)*
Einführung einer Unterscheidung zwischen dem Problemverhalten und der dahinter liegenden Absicht (Verhaltensdiversikation bei unveränderter Motivation).

Ein Koordinator leidet darunter, von seinen Mitarbeitern als jemand, der sich schlecht durchsetzen kann, bewertet zu werden. Reframing: z.B. Ich bin beeindruckt von ihrem Verständnis, das ich im Umgang mit ihren Mitarbeitern spüre.

Motivationsdiversifizierendes Reframing (Alles ist Ansichtssache*)*
Erkundung der Variationen hinsichtlich der Intention und Relativierung der Motivation.

Eine Supervisandin erlebt, dass sie von einer Gruppe Kollegen bewusst bei bestimmten Arbeitsprozessen ausgeschlossen wird. Reframing: Können Sie sich vorstellen, dass diese Kollegen nicht über ihren Tellerrand hinaus sehen können?

Hat diese Vorstellung Folgen für ihr Verhalten, und was würde dies bei ihren Kollegen auslösen?

Situationsutilisierendes Reframing (Alles ist zu etwas nütze)

Das Problemverhalten, die Problemsituation wird nicht länger bekämpft, sondern direkt für ein anderes Ziel benutzt. Bewirkt der Umstand, dass Sie dieses Problem haben, auf der anderen Seite vielleicht auch etwas Positives? Gibt es Gründe, die es möglicherweise sinnvoll erscheinen lassen, dass Sie das Problem noch etwas behalten?

Eine Supervisandin leidet unter Migräneattacken und fällt im Arbeitsprozess häufig aus. In der Supervision beschäftigt sie sich mit ihrem schlechten Gewissen. Reframing: Die Migräne verschafft ihnen die Möglichkeit einer freien Zeit, ohne die Urlaubstage zu opfern.

Wenn Sie möchten, können Sie an folgenden Situationen einmal ein Reframing ausprobieren:

– Meine Kollegin klaut regelmäßig meine Ideen und profiliert sich damit.
– Der Oberarzt möchte, dass ich nicht mehr in kurzen Röcken auf die Station komme.

Mit der saloppen Bemerkung, ‚die Lösung lauert überall' können Supervisoren mit Kunden, die sehr problemorientiert verhaftet sind, neue Wege beschreiten.

8. Lösungsorientierung

Das Prinzip der Lösungsorientierung ist von der Gruppe um Steve de Shazer, Insoo Kim Berg u.a. ausgearbeitet worden. Zentral ist die Annahme, dass jedes System bereits über alle Ressourcen verfügt, die es zur Lösung seiner Probleme benötigt; es nutzt sie nur derzeit nicht. Um die Ressourcen aufzufinden, braucht man sich nicht mit dem Problem zu beschäftigen, der Fokus liegt von vornherein auf der Konstruktion von Lösungen (von Schlippe/Schweitzer 1998: 124). Hierbei geht es vor allem darum, die Kunden von dem Problemkontext zu distanzieren und in den Lösungsraum hinein zu führen. Man könnte dies auch mit einem Umzug vergleichen, bei dem die Supervisanden darin unterstützt werden, die alte Wohnung zu verlassen und die Neue einzurichten.

Lösungstrance   ◄—————   Problemtrance
Neue Perspektiven,   Umzug   Klagen, festgefahrener Zustand
Handeln

In Anlehnung an die Ursprungsmethode kann die lösungsorientierte Methode in der Supervision folgendermaßen eingesetzt werden:

Frau Funk, die als Redakteurin bei einem Verlag arbeitet, klagt in der Supervision über das unzuverlässige Verhalten ihres Vorgesetzten. Als seine Stellvertreterin hat sie bei seiner häufig durch Krankheiten bedingten Abwesenheit die Arbeit der Abteilung zu managen. Hierbei entsteht jedes Mal ein Berg an Mehrarbeit, da der Vorgesetzte wichtige Infos nicht weitergegeben oder ganze Arbeitsabläufe nicht erledigt hat.

Darlegung des Problems

– *Würdigung des Problemzustandes:* Die Supervision beginnt meistens mit einer Problemschilderung, einer Klage oder ähnlich negativen Zuständen. Dieser Zustand sollte zunächst mit einer Würdigung beginnen: z.b. ‚da mutet ihr Chef ihnen viel zu‘, ‚Sie müssen viel von ihrer Kraft einsetzen‘. Das Problem kann auch reframed werden, womit die erste Begegnung mit einer Lösungsorientierung hergestellt wird.

– *Distanzieren:* Nach meiner Erfahrung fällt es den Supervisanden leichter in den Lösungsraum zu wandern, wenn das Problem platziert ist. Mit einer Externalisierung kann die Kundin gebeten werden, das Problem für die nächste Zeit zu parken, in den Tresor zu schließen, auf einen anderen Planeten zu schicken, ins Eisfach zu legen etc.

Entwicklung des Lösungsraums

– *Wunderfrage:* z.b. Wenn in dieser Nacht ein Wunder geschähe und sie wachten morgens auf und das Problem wäre gelöst, oder sie befänden sich zuversichtlich auf einem neuen Weg, was wäre dann anders?

Hier empfiehlt es sich, die Klienten dabei zu unterstützen, erst einmal ein Bild von dem neuen Zustand zu visualisieren und dieses Bild über die Sinne auszuschmücken. Denn neurowissenschaftliche Erkenntnisse weisen darauf hin, dass innere Bilder im Gehirn ähnliche Erlebniswelten herstellen, wie tatsächlich erlebte. Sollen Bilder Veränderungen erzeugen, sollten sie bezaubernd und anziehend sein. Je wichtiger das Bild, desto besser wird es vom Gehirn wahrgenommen. Sensorische Eindrücke verstärken die Wichtigkeit, d.h. Hör-, Riech-, Tast-, Fühl-, Seh-, Schmeckbilder (Hüther 2006/2004: 73-84). Demzufolge rückt dieser zentrale Arbeitsschritt der lösungsorientierten Methode in den Vordergrund.

Die Klientin wird nun gebeten, den Zustand nach dem Wunder zu imaginieren:

Frau Funk stellte sich zunächst einen großen geordneten Raum vor.

Für die sensorische Verankerung können u.a. folgende Fragen anregend sein: Welche Farben hat dieser Raum? Wie fühlt es sich für Sie an, in diesem Raum zu sein, sich in diesem Raum zu bewegen? Welche Geräusche können sie hören?

Frau Funk stellte sich den Raum als einen warmen Raum vor. Ihr Zustand war kraftvoll, sie hörte freundliche Stimmen und fühlte sich wohl.

- *Fragen nach Ausnahmen:* Hier sucht man nach früheren Erfahrungen,die Aspekte des Lösungsbildes im Unterschied zu dem Problemzustand enthalten. Situationen, die kürzere Zeit zurückliegen, sind hierbei nützlicher, z.b. Erinnern sie sich an eine Situation in der letzten Zeit, in der es ein bisschen, ein bisschen mehr oder vollkommen so war wie in dem Zustand nach dem Wunder (Bamberger 2005: 76-88)?

Frau Funk erinnert sich an einen kraftvollen Zustand vor ein paar Wochen, in dem sie ihrem Chef entgegengetreten war und seine Arbeitsweise kritisiert hatte.

- *Ressourcenaktivierung:* Es werden die einzelnen Fähigkeiten herausgearbeitet, die die Supervisandin in dieser Situation aktiviert hat. Wie haben Sie das gemacht, dass es zu dieser Situation kam? Wer hat das bemerkt, wie haben andere darauf reagiert?

Frau Funk hatte sich auf dem Weg zur Arbeit mental auf die Begegnung mit ihrem Chef vorbereitet und dadurch ihre Kräfte aktiviert.

- *Zielformulierung:* Hierbei wird an das Lösungsbild (warmer geordneter Raum ...) angeknüpft und ein erstes Ziel erarbeitet.

Frau Funk möchte ihre Kräfte aktivieren und von ihrem Chef mehr Struktur in der Arbeit fordern.

- *Überprüfung des Ziels mit dem SMART Konzept:*
Spezifisch: Sind die mit dem Ziel verbundenen Verhaltensweisen konkret, detailliert und situationsspezifisch – als der Beginn von etwas, statt etwas soll aufhören?
Machbar: Handelt es sich um ein Ziel, das klein genug ist, um auch realisiert werden zu können?
Attraktiv: Besitzen die mit dem Ziel verbundenen Visionen eine Anziehung?
Relevant: Wird mit dem Ziel ein Unterschied erreicht, der einen Unterschied zur aktuellen Situation macht?
Tonisch: Wird eine positive organische Reaktion sichtbar, die einen Spannungszustand voller Energie ausdrückt (Bamberger 2005: 71)?

Etablieren der Lösungsschritte
- *Skalierung:* Mit einer Skalierung werden Kunden eingeladen ihre Beobachtungen, Eindrücke oder Vorhersagen auf einer Skala z.B. von 0-10 einzuschätzen. 10 bedeutet, sie sind bereit, alles zu tun, um ihr Ziel zu erreichen, 0 bedeutet, dass sie nichts tun und warten wollen. Wie schätzen Sie ihre Bereitschaft ein, ihr Ziel zu erreichen (Bamberger 2005: 86-87)?
- *Kompliment:* um den positiven Zustand, der die Veränderungsbewegung aktiviert, zu unterstützen, werden Komplimente eingesetzt wie z.B. es gefällt mir, dass Sie die Sache anpacken wollen (Bamberger 2005: 141).

– *Experimentieraufgabe:* Bei der Experimentieraufgabe wird der Umgang mit dem Ziel entweder als Beobachtungsaufgabe, als Imagination oder als tatsächliche Handlungsaufgabe formuliert, sodass die Supervisanden auswählen können, wieviel sie sich bis zur nächsten Sitzung zutrauen. Können Sie sich vorstellen, dass Sie bis zu unserem nächsten Treffen einmal ausprobieren, wie es ist, wenn Sie anfangen, sich ihrem Ziel zu nähern? Wann und wie wollen Sie beginnen?

Frau Funk möchte sich das Ziel erst einmal genau vorstellen und hierbei die Forderungen an ihren Chef formulieren.

– *Ressourcenverankerung:* Mit der Ressourcenverankerung kann die Experimentieraufgabe unterstützt werden. Wie haben Sie das in der Vergangenheit gemacht, wenn sie etwas gefordert haben?

Die Lösungsorientierung lässt sich in Teams auch jederzeit mit Skulpturen kombinieren, indem zum Beispiel die Wunderfrage in einer Skulptur erarbeitet wird oder die Skalierung visualisiert und aufgestellt wird. Hierbei kann durch das Einnehmen einer Körperhaltung der gewünschte Zustand kinästhetisch verstärkt werden.

Über die visuell ansetzende Methode des Team- oder Organisationsgenogramms kann die Supervisorin einiges von der Geschichte und ganz nebenbei auch einiges über die Selbstorganisationsprozesse der Organisation erfahren.

9.   Genogramm

Das Genogramm ist die grafische Darstellung der Team- oder/und Organisationsgeschichte. Hier können z.b. Gründungsideen, Veränderungspunkte, Kündigungen, Neueinstellungen, Krankheiten und Tabuthemen übersichtlich dargestellt werden. Der Vorteil dieser Methode liegt in der Möglichkeit, Angst besetzte Themen durch die Visualisierung und die Einbettung in einen größeren Kontext affektfreier zu thematisieren.

Villa Kunterbunt

Die Villa Kunterbunt wurde in den 80er Jahren als pädagogische Einrichtung für Schulkinder von einem städtischen Jugendamtsleiter mit der Idee ‚Partizipation von Kindern' gegründet. Zwei begeisterte Sozialpädagoginnen bauten die Einrichtung auf, die in den folgenden Jahren gut belegt war. Etwa ab Mitte der 90er Jahre veränderten sich die Klienten, die Kinder hielten sich schlecht an Regeln und die Eltern waren schwer für die Zusammenarbeit zu gewinnen. Die Leiterin der Einrichtung kündigte aus diesem Grund. Der Jugendhilfeausschuss der Stadt betrachtete die Lage mit Skepsis und plädierte dafür, die Einrichtung zu schließen. Da aber das Herzblut des Jugendamtsleiters in der Einrichtung floss, setzte er sich mit dem Vorschlag, die Einrichtung heilpädagogisch zu orientieren und hierfür eine Heilpädagogin als Leiterin einzustellen durch. Die neue Leitung ver-

änderte die Konzeption, in der jetzt Struktursetzung, heilpädagogische Einzelbe-
treuung und Elternberatung die neuen Leitideen wurden. Hieraus entwickelten
sich Konflikte zwischen den Gründungsfrauen und den neu eingestellten Frauen.
Die Gründungsfrauen konnten nicht verstehen, weshalb sie nicht weiterhin die
partizipative Pädagogik handhaben sollten.

Beispiel:

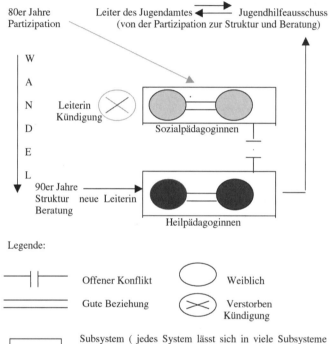

Legende:

Offener Konflikt — Weiblich

Gute Beziehung — Verstorben / Kündigung

Subsystem (jedes System lässt sich in viele Subsysteme unterteilen). Die Subsysteme können auch mit Titeln oder Namen bezeichnet werden. Hier z.B. die Subsysteme der unterschiedlichen pädagogischen Ansätze.

Weitere Vorschläge für Symbole finden sich bei R. Gerson/M. Mc.Goldrick in ihrem Buch Genogramme oder bei Salvador Minuchin. Natürlich kann man auch eigene Symbole erfinden oder die Supervisanden für die jeweiligen Themen Symbole nennen lassen.

Über das Genogramm lassen sich dann lösungsorientierte Gespräche führen, z.B.: Was wird aus den unterschiedlichen Subsystemen, wenn über Nacht die gute Fee kommt und die Probleme weggezaubert hat? Was hat sich am nächsten morgen verändert? Wer bemerkt dies zuerst?

Wer wird als Erster versuchen, den Konflikt zu klären, wer wird sich anschließen, wer wird sich abgrenzen?

Was denkt die Leiterin darüber, wie der Jugendhilfeausschuss die neue Situation einschätzt?

Was denkt das gesamte Team darüber, wie die Eltern die Arbeit wahrnehmen?

Wann gab es in der letzten Zeit Situationen, in denen die Zusammenarbeit von schwarz und grau gut geklappt hat, und welchen Namen, welchen Slogan, welchen Titel könnte man der Gesamtsituation geben? Welche Farbe hätte diese Situation dann?

Was bedeutet der Wandel der Leitidee für die langjährigen Mitarbeiterinnen?

In dieser Zusammenstellung systemischer Methoden werden vorwiegend klassische Methoden aufgezeigt, die sich allerdings mit Kreativität abwandeln lassen. Darüber hinaus gibt es noch eine Reihe exotischer Methoden wie Sprechchöre und die Organisationsrekonstruktion. Eine schöne Darstellung hiervon finden Sie im Heft 4/2005 der Zeitschrift Kontext.

Literatur

Bamberger, G. G. (2005):Lösungsorientierte Beratung. Weinheim, Basel.

Bauer, J. (2005): Warum ich fühle, was du fühlst. Intuitive Kommunikation und das Geheimnis des Spiegelneurone. Hamburg.

Gerson, R./McGoldrick, M. (1990): Genogramme in der Familienberatung.Stuttgart.

Herwig-Lempp, J. (2004): Ressourcenorientierte Teamarbeit. Systemische Praxis der kollegialen Beratung. Ein Lern- und Übungsbuch. Göttingen.

Hüther, G. (2006, 2004): Die Macht der inneren Bilder. Wie Visionen das Gehirn, den Menschen und die Welt verändern. Göttingen.

Minuchin, S./Fishman, H. (1983): Praxis der strukturellen Familientherapie. Freiburg.

Schlippe, A. von/Kriz, J. (1996): Das Auftragskarussell – eine Möglichkeit der Selbstsupervision in der systemischen Therapie und Beratung. System Familie Heft 9, Schlippe, A. von.

Schlippe, A. von/Schweitzer, J. (1998): Lehrbuch der systemischen Therapie und Beratung. Göttingen.

Schwing, R./Fryszer, A. (2006): Systemisches Handwerk.Werkzeug für die Praxis. Göttingen.

Segal, L. (1986): Das 18. Kamel oder die Welt als Erfindung. Zum Konstruktivismus Heinz von Foersters. München.

Simon, B. F. (1984): Die Sprache der Familientherapie. Ein Vokabular. Überblick, Kritik und Integration systemtherapeutischer Begriffe, Konzepte und Methoden. Stuttgart.

Sparrer, I./Kibéd, V. M. von (2000): Ganz im Gegenteil. Tetralemmaarbeit und andere Grundformen Systemischer Strukturaufstellungen – für Querdenker und solche, die es werden wollen. Heidelberg.

Sparrer, I./Kibéd, V. M. von (2001): 1. Weltkongress systemisches Management. Wien

Michael Wedding

Gesagt – getan? Supervision als metaphorisches Sprachhandeln

1. Grundzüge und Elemente einer Theorie der „Sprachhandlung".

1.1 Vom Sprechakt zur Sprachhandlung

Der Ausgangspunkt der Sprechakttheorie ist die Vorstellung, dass konkrete
Äußerungen Handlungen seien. Allgemeine Kennzeichen von Handlungen
können demnach auf Sprache übertragen werden; zu ihnen gehören wesentlich Bewusstheit, Absicht, Sinn oder Zweck. Der Zweck einer Handlung liegt
außerhalb von ihr selbst. Wenn nun Sprache als Handlung verstanden werden
soll, worin liegt dann ihr Zweck? Ohne auf weitreichende sprachphilosophische Implikationen einzugehen: Sprachhandeln intendiert Sich-verständlich-
Machen, Verstandenwerden und in Folge dessen die Erreichung situations-
spezifischer Ziele. „Um zu handeln, statt Verhalten bloß zu zeigen, muss ein
Sprecher Gründe für die Produktion eines Sprechereignisses haben, die bei
der Herbeiführung des Ereignisses wirksam sind. Das Verstehen des Sprechereignisses als eine von dem Sprecher vollzogene Handlung seitens des
Hörers hängt dann davon ab, ob er dem Sprecher Absichten, Wünsche,
Überzeugungen und andere Einstellungen zuschreiben kann, welche als
Gründe für die Interpretation des Sprechereignisses als eine mit sprachlichen
Mitteln vollzogene Handlung in Frage kommen. Damit ich meine Handlungszwecke mittels einer Sprachhandlung erfüllen kann, muss der Hörer die
von mir geäußerten Ausdrücke in der Weise interpretieren, wie ich beabsichtige, sie interpretieren zu lassen. Dabei muss ich erwarten, dass er die geäußerten Ausdrücke auf eine bestimmte Weise verstehen wird, damit meine
Wahl der Ausdrucksmittel als rational gilt. Der Hörer muss das, was ich mit
meiner Sprachhandlung zu tun beabsichtige, aufgrund der semantischen Ei-

genschaften des von mir in dem bestimmten Kontext und dem Interaktions-
zusammenhang herbeigeführten Sprechereignisses deuten. Das heißt, er muss
die Bedeutung der im Sprechereignis geäußerten Ausdrücke, gewöhnlich ein
Satz, interpretieren, wie ich sie interpretiert haben möchte. Wenn dies nicht
geschieht, habe ich meine Handlungszwecke nicht auf die Art und Weise er-
zielt, wie ich beabsichtigt habe. Bei einer Sprachhandlung wird der Sprecher
sprachliche Ausdrücke wählen, die zur Vermittlung seiner Absichten, Überzeugungen und Wünsche geeignet sind, um erwarten zu können, dass sein
Hörer ihn verstehen wird. Um eine angemessene Wahl zu treffen, muss der
Sprecher die Bedeutung der zu wählenden Ausdruckstypen kennen, um beurteilen zu können, ob die Ausdrücke sich zur Erfüllung seiner Absichten
und Zwecke eignen (Röska-Hardy 1997: 144f.).

Ohne die Einhaltung verabredeter Regeln und Konventionen ist zielgerichtete sprachliche Verständigung unmöglich. Regeln beziehen sich dabei
eher auf die phonetische und grammatikalische „Richtigkeit" von Äußerungen, Konventionalität zielt auf die semantische Verständlichkeit, wobei sich
die Konvention von der Regel durch größeren Spielraum unterscheidet, der
Originalität und Kreativität zulässt. Verstöße gegen sprachliche Regeln und
Konventionen bedeuten nicht notwendigerweise Kommunikationsabbruch,
wohl aber Erschwernis und Belastung der Kommunikationsbeziehung.

Schon hier wird deutlich, welche besonderen Merkmale einem metaphern-
orientierten Sprechen eignen. Wir werden sehen, dass gerade der Frage nach
der „Richtigkeit" und der davon abhängigen Verstehensmöglichkeiten und
dem „Erfolg" einer metaphorischen Sprachhandlung große Aufmerksamkeit
zu schenken ist.

Oben hatten wir als konstitutive Merkmale von „Handlung" und damit
auch von „Sprachhandlung" Intentionalität und Zielgerichtetheit verstanden.
In einem engeren Sinne lässt sich so sprachliches Handeln auch als strategisches Handeln verstehen.

Mag sein, dass der Begriff „Strategie" zumal, wenn von Kommunikation
die Rede ist, einen faden Beigeschmack hat. „Strategie" impliziert oft Freund-
Feind-Konstellationen mit ungleicher Machtverteilung und verdeckten Interessen.

Demgegenüber ist eine Verwendung des Begriffes einzuführen, die keine
moralische Abwertung enthält. Keine Mühe macht uns der Umgang mit „Strategie", wenn wir spielen, und bereits seit Wittgenstein gibt es die Tradition,
von Sprachhandeln als Sprachspiel zu sprechen.

Der Begriff der Strategie legt nahe, dass Sprachhandeln eine Reihe von
Handlungen mindestens zwischen Zweien meint. Unabhängig von möglicherweise divergierenden Zielen ist der Erfolg sprachlichen Handelns umso
größer, je besser es den Sprachpartnern gelingt, sich jeweils in die Position
des Gegenübers zu versetzen und die je anderen Absichten und Erwartungen
zu antizipieren bzw. zu rekonstruieren.

1.2 Kommunikation, Interaktion und Kommunikative Handlung

Kommunikation ist – ganz fundamental verstanden – menschlicher Lebensvollzug (vgl. zum Folgenden Beinert: 1987). Solche Selbstverwirklichung als Selbstvollzug ist wesentlich nur möglich durch den Ausgriff auf Anderes außerhalb meiner Selbst Liegendes. Dieses Andere sind wiederum wesentlich der Andere und die Anderen. Mit anderen Worten stehen wir ständig in Kommunikation und Interaktion. „Darin besteht und reift der eigene Lebensvollzug (Coreth 1987: 16)

Kommunikation und Interaktion ließen sich vielleicht verstehen als theoretische (auf Erkennen und Wissen und das Darübersprechen) und praktische (auf das Wollen und Handeln) Seite menschlichen Lebensvollzuges. Doch diese beiden Dimensionen lassen sich nicht trennen, sondern bedingen und durchdringen sich im interpersonalen Vollzug. „Kommunikation ist selbst schon eine Weise der Interaktion, und jede Interaktion ist bedingt und vermittelt durch Kommunikation" (ebd.). Das Wesen der Kommunikation liegt nun in der „Mit-Teilung". Diese kleine semantische Beobachtung genügt, um sich die vier Seiten des vielzitierten vierseitigen Kommunikationsmodells zu erschließen: Ich selbst als *Subjekt* und Akteur jener „Mit-Teilung" in *Beziehung* zu jemandem, mit dem oder der ich teile, mit Blick auf ein Drittes als „*etwas*" Mit-zu-teilendes, das Objekt der Teilung, mit dem Ziel *absichtsvoller Wirkung.*

Solche Mitteilung, die sich aus Freiheit dem anderen erschließt und auf ihn einwirkt, ist schon eine Form der Interaktion. Sie erfolgt nie unmittelbar, sondern „gebraucht" eine Vermittlung durch sinnenhafte Dinge oder Zeichen, deren wichtigstes und ausdrucksmächtigstes die Sprache ist. Sprache ist demzufolge nicht irgendetwas Akzidentelles, sondern überhaupt die Weise, in der für den Menschen die Welt verstehbar ist. „Von ihren Ansätzen her ist Sprache nicht nur äußerlich zu betrachten (...) als Sediment einer bestimmten zwischenmenschlichen Beziehungsform, (...) sondern als die eigentlich menschliche und Menschen verbindende Welt ‚zwischen' uns und dem, was zuvor und unabhängig außerhalb der menschlichen Sprache liegt. Die Radikalisierung dieses Ansatzes aber führt schließlich dahin, anzunehmen, dass Sprache die einzige Welt bedeutet, so dass es unmöglich ist, noch sinnvoll von etwas zu reden, was gänzlich außersprachlich und vorsprachlich läge. (...) Welt ist in der Sprache erst eröffnete, errichtete, erwirkte Welt – und vordem nicht. Wenn dieses Eröffnen, Errichten, Erwirken Handeln genannt werden darf, dann ist Sprache schon von daher Handlung und alles Sprechen ein Sprachhandeln" (Halder 1987: 56).

Kommunikation ist eine Weise der Interaktion, nämlich durch Sprachhandlung, die nicht lediglich Information vermittelt, sondern als individueller, zwischenmenschlicher und gesamtgesellschaftlicher Lebensvollzug gelten darf. Dennoch ist nicht alles Leben Sprache und Sprechen, wir handeln auch außersprachlich miteinander. Trotzdem erschließt sich der Sinn der außersprachlichen Interaktionen erst durch kommunikative Vermittlung. „Inter"-Aktion weist auf die Beziehungsstruktur hin: Im Idealfall handelt nicht ein Subjekt an einem Objekt, sondern zwei Subjekte interagieren miteinander vermittels eines Dritten, d.h. eines Zieles, eines Gegenstandes, eines Gedankens. Hier gilt es nun, gegenständliches und soziales Handeln zu unterscheiden. Geht es hier darum, für den Anderen um seinetwillen, für ihn etwas zu bewirken, richtet sich dort die Interaktion auf eine „Sache", um deretwillen ich den Anderen dazu anregen möchte, mit mir zu interagieren.

Seitenblick: Der Begriff der „Kommunikativen Handlung" bei J. Habermas

Bei *J. Habermas* sind Kommunikation und Interaktion im Begriff der „Kommunikativen Handlung" aufgehoben (vgl. zum Folgenden Arens 1982: 277-289). Seinem Handlungsbegriff liegt die Unterscheidung von sozialem und nichtsozialem Handeln zugrunde. Ersteres ist immer bezogen auf Menschen und orientiert sich an deren Verhaltenserwartungen, im nichtsozialen Handeln tritt an die Stelle der Subjektbeziehung die zu einem zur Verfügung stehenden Objekt. Hier spricht *Habermas* vom „instrumentalen, zweckrationalen Handeln". Kommunikatives Handeln und, als eine „problematische" Unterform, strategisches Handeln sind bei ihm Dimensionen sozialen Handelns. Kommunikatives Handeln ist „symbolische vermittelte Interaktion, die sich richtet nach obligatorisch geltenden Normen, die reziproke Verhaltenserwartungen definieren und von mindestens zwei handelnden Subjekten verstanden und anerkannt werden müssen. Symbolisch vermittelt ist Interaktion, weil ihr Zustandekommen abhängt vom Sprechen einer intersubjektiv geteilten Sprache; sie gehorcht mindestens für die Interaktionspartner geltenden Normen. (...) Bei diesen Regeln handelt es sich um intersubjektiv verbindliche Verteilung von Dialogrollen auf der Basis einer gegenseitigen Anerkennung der mit ihnen gegebenen Chancen und Grenzen" (ders. : 283).

1.3 Die kommunikative Handlung als innovatorische Sprachhandlung

Sprache kann nicht lediglich verstanden werden als Summe der in Sätzen abgebildeten Tatsachen und Sachverhalte. Sprache ist nicht mehr zu verstehen als Abbild *von* einer außerhalb des Sprachraumes existierenden Wirklichkeit, vielmehr richtet sich das Interesse zunehmend auf die Frage, „wie Sprache funktioniert in der Praxis ihres Gebrauches" (Wittgenstein 1984: 223). *Wittgenstein* kreiert in diesem Zusammenhang das Bild von Sprachspielen, „in denen alltägliche Sprache gebraucht wird und mit Lebensformen verwoben funktioniert" (ebd.). Die Metapher des Spieles zeigt an, in welche Richtung der Gedankengang fortgesetzt werden kann: Im Spiel geschieht (das ist mehr als „passiert") Kreativität, etwas Neues entsteht. Im Spiel ereignet sich die zeitweilige Außerkraftsetzung der Normativität des Bestehenden, Bekannten. Im Spiel gibt es Rollenwechsel, Möglichkeiten und Chancen der Identifikation und des Handelns, die es vorher nicht gab. Im Spiel ist es möglich und erlaubt, Status und Zuschreibungen, Grenzen und Bedingungen im doppelten Sinne des Wortes „aufzuheben", der emanzipatorische Charakter von Sprache leuchtet auf. Wir sind hier angelangt beim wirklichkeitskonstruierenden (eben nicht nur re-konstrierenden) Charakter von Sprache, der uns weiter unten noch eigens beschäftigen muss.

Dies nun bildet die Brücke zum Verständnis von Sprachhandlungen als innovative Sprachhandlungen (vgl zum Ganzen: Peukert 1976 u. 1977). Zugleich wird deutlich, dass die Reichweite der oben skizzierten Sprachakttheorien noch einmal überschritten wird in Richtung eines in und durch Sprache eröffneten Freiheitsraumes.

Innovative Sprachhandlungen sind solche, die den Handelnden *neue* Verständnismöglichkeiten, ein neues Sich-selbst-finden, Ansätze neuer Identität aufzeigten, die im Sprachhandeln selbst sich auftun und vollziehen. *Peukert* weist zu Recht darauf hin, dass solches Sprachhandeln nicht voraussetzungslos geschieht. Zu integrieren ist der biographische Hintergrund, d.h. die jeweiligen individuell übernommenen Handlungsorientierungen; das gilt auch für den gesellschaftlichen Hintergrund, „sofern die individuellen Handlungsorientierungen aus der Interdependenz mit dem gesellschaftlich entstandenen Normensystem verstanden werden müssen. Nicht zuletzt erinnert *Peukert* an den geschichtlichen Kontext so verstandener innovativer Handlungen. Die geschichtliche Genese eigener und gesellschaftlicher Orientierungen ist daraufhin zu überprüfen, ob die einstmals gültige Orientierung auch heute noch Geltung beanspruchen kann, wo möglicher weise im Traditionsprozess Verzerrungen aufgetreten sind, die aufgedeckt werden müssen. Innovatives Sprachhandeln zielt somit letztlich auf größere Verantwortungsbereitschaft, auf die nicht mehr zu hintergehende Inkraftsetzung meiner und der Freiheit der Anderen, auf wechselseitige Gleichberechtigung und Solidarität. Damit ist die kommunikative Sprachhandlung eine Weise ethischer Rede, die nicht hintergehbaren ethischen Bedingungen unterliegt, wenn sie als letzten Horizont tatsächlich Freiheit realisieren will. Die Kommunikation lebt aus der wechselseitig geschenkten primären Anerkennung, dass der andere jeweils „etwas zu sagen hat", sprechen kann und verstanden werden will. Innovatorische Handlungen sind konstitutive Leistungen. Sie erschließen Möglichkeiten für den Anderen und dadurch für den Handelnden selbst. Sie stellen eine reziproke Konstitution von Sinn dar. Das Handeln des einen ist dabei eine erschließende Provokation des anderen. Es ist die Ermöglichung und Realisierung von Freiheit.

1.4   Zum Verständnis von Sprachhandlung als „Gespräch"

In der Literatur gilt das Gespräch als „paradigmatischer Fall" von Sprachhandlungen (Luckmann 1984: 55; zum Ganzen auch: Pannenberg 1984;
Wenz 1984). In einer kurzen Typologie erarbeitet *Luckmann* einige konstitutive Merkmale des Gespräches:
   Gespräche sind demnach intentionale, zeichengebundene Kommunikation, die sich durch ein Höchstmaß an Unmittelbarkeit und Wechselseitigkeit
zwischen den Gesprächspartnern auszeichnet. *Luckmann* setzt für das Zustandekommen eines Gespräches die leibhaftige Gegenwart der Gesprächspartner voraus; sie ihrerseits bildet die Voraussetzung für die Synchronisati-
on der Bewusstseinsströme, ohne die ein Gespräch im engeren Sinne nicht
zustande kommt. Andere Kommunikationsformen, umgangssprachlich auch
„Gespräche", wie z.B. das Telefongespräch, sind nach *Luckmann* zeichen-
hafte Kommunikation (auch der Brief als Kommunikationsweise gehört hier-
hin). Auch wenn *Luckmann* nicht die entsprechende Terminologie verwendet, dürfen wir annehmen, dass die leibhaftige Gegenwart der Gesprächspartner erst die Wahrnehmung analoger Kommunikationsformen ermöglicht,
die zu den digitalen hinzukommen muss, wenn Kommunikation in der oben
beschriebenen Weise als ganzheitliche Selbstverwirklichung und interpersonaler Vollzug stattfinden soll. (*Luckmann* unterscheidet „face-to-face"- von
„ear-to-mouth"-Kommunikation)
   Besondere Aufmerksamkeit widmet *Luckmann* der Beziehung der Gesprächspartner. Handelt es sich nur dann um „Gespräche", wenn die Gleichheit, d.h. Statushomogenität der Kommunikationspartner gegeben ist? Vieles,
was wir bislang unter „Gespräch" verstehen, müssten wir dann anders nennen: beispielsweise Verkaufs-, Verhandlungs- und Vertragsgespräche, Beicht-
gespräche, jede Form von Beratung, das Unterrichts- und Lehrgespräch: Allen diesen Gesprächsformen ist gemeinsam, dass die Sprechenden statushete-
rogen sind. *Luckmann* schlägt deshalb vor, für die Dauer des Gespräches eine
Art „provisorischer" Gleichheit auf Zeit anzunehmen: „Sie ist vielmehr in der
zeitweiligen Fügung unter eine wechselseitige Verstehens- und Verständi-
gungsregel begründet. (...) Dazu kommt, dass die Abstufungen von Macht
und Ohnmacht, Überlegenheit und Unterlegenheit nicht nur von außen (...) in
das Gespräch gebracht werden, sondern in ihm selbst, nämlich im konkreten
Handeln selbst – intersubjektiv – entstehen können. Die „Gleichheit", welche
diese Kommunikationsform kennzeichnen mag, ist also nicht nur schwer
fassbar, sondern auch immer gefährdet" (Luckmann 1984: 58).
   Ein letztes Merkmal von Gespräch im *Luckmann*'schen Sinne muss noch
entfaltet werden: das Gattungsmoment. Gespräche können „verfestigte Strukturen" aufweisen. (Anders als umgangssprachlich gemeint: üblicherweise
gelten verfestigte Gespräche als wenig produktiv und unangenehm.) Die Funktion solcher Verfestigungen besteht in der Lösung eines spezifisch kommunikativen Problems.

Je nach Gattung variieren diese spezifischen „Probleme" im Sinne von Aufgaben, Themen, Anliegen. In einem Verkaufsgespräch sind dies andere als in der Beratung, dem Gespräch zwischen Ärztin und Patient oder dem zufälligen Gespräch am Nachbarschaftszaun. Die gemeinsame Konzentration auf dieses zu bewältigende Dritte macht wahrscheinlich auch die zeitweilige „Gleichheit" der Gesprächspartner aus.

Als Zwischenstand bleibt festzuhalten: Mit *Luckmann* verstehen wir unter „Gespräch" eine spezielle Kommunikationssituation, die gekennzeichnet ist durch Wechselseitigkeit, Unmittelbarkeit, Gleichgerichtetheit der „Bewusstseinsströme", zeitweiliger Statushomogenität der Beteiligten, durch Intentionalität, durch Bewältigung eines situativen „Problems" und nicht selten deshalb durch bestimmte Verfestigungen im Sinne von Gesprächsgattungsmerkmalen. *Luckmanns* Beitrag verstehen wir als eine Kriteriologie zur Abgrenzung des Gespräches von anderen Kommunikationsweisen. Was macht das Gespräch aber zu einer bevorzugten Sprachhandlung im weiter oben beschriebenen Sinne, worin liegt sein tieferer Sinn im Kontext menschlichen Lebensvollzuges mittels und in Sprache?

Dem Gespräch eignet eine weitere Dimension, die sich einer rein kommunikationstheoretischen, „technischen" Betrachtungsweise schlicht entzieht. Wir verwenden hierzu den altmodisch anmutenden Begriff des „Geistes" eines Gespräches (vgl. Pannenberg 1984).

Pannenberg bezeichnet damit die ekstatische und gleichzeitig Gemeinschaft stiftende Atmosphäre des gelingenden Gespräches. Im wechselseitigen Reden und Hören entsteht im zeitlichen Ablauf des Gespräches jene übergreifende Gemeinsamkeit, ein Verstehenszusammenhang; jede Äußerung ist ein zeitlicher Prozess, und während des Verlaufes antizipiert der Hörende bereits das Ganze des Satzes und den gesamten Redezusammenhang, wie auch der Redende im Vorgreifen formuliert. Diese dialektische Struktur ermöglicht die Konzentration auf das Eigene und Fremde; wenn sie zerfällt, wird Verstehen und Sich-verständlich-machen unmöglich.

Auch wenn wir weiter oben als ein Merkmal von „Handlung" seine Intentionalität und „Strategie" festgestellt haben, gilt davon unbeschadet für das Gespräch dessen Unverfügbarkeit und Nicht-Machbarkeit, weil es von der Subjekthaftigkeit der Teilnehmenden lebt. „Im gelungenen Gespräch vollziehen die sprechenden Subjekte durchaus und nichts anderes als die Freiheit ihrer Rede, deren Offenheit indes gerade daran hängt, dass die Gesprächspartner sich ihre Freiheit nicht abstrakt, in der Weise bloß selbstbestimmter Selbsttätigkeit nehmen. Denn an der wechselseitigen Aufgeschlossenheit von Freiheit und Abhängigkeit, Aktivität und Passivität im Gespräch hängt sein Gelingen. (...) Jede Antwort muss deshalb durch neues Antworten selbst zur Frage werden können. (...) Dies stellt den lebendigen, erfüllten Prozess stetiger Vermittlung des Verschiedenen dar, der das Wesen des Gespräches ausmacht" (Wenz 1984: 80).

In diesem Wechsel eignen sich die Gesprächspartner jeweils „die Welt" des anderen an, meine Rede geschieht unter den Bedingungen der fremden, zugleich ist sie Voraussetzung der je neuen fremden Rede und so fort. So kommt ein Auslegungsprozess in dialektischer Verschränktheit zustande. In dem Maße, wie das Gespräch den einzelnen herausfordert, den Standpunkt der freien, über sich selbst hinausweisenden Betrachtung einzunehmen, hat er zugleich an der Lebendigkeit eines Ganzen teil, das sich der subjektiven Verfügung entzieht. Gespräche sind in ihrer Unvorhersehbarkeit und Plötzlichkeit, mögen sie gelingen oder misslingen, ereignishaft. Gerade so führen sie ins Unverfügbare, entbinden das Ungesagte und Ungedachte. Darin liegt ihre kognitive wie ,therapeutische' und nicht zuletzt ihre ästhetische Leistung (Stierle 1975: 303).

Es handelt sich beim Gespräch um eine besondere Form der Mit-Teilung des Lebens, „eine Verwandlung ins Gemeinsame hin, in der man nicht bleibt, was man war" (Gadamer 1965: 360).

Der wechselseitige Prozess der interessierten und engagierten Wahrnehmung von Eigenem und Fremdem als innerer Motor des Gespräches ist nun nichts anderes als Interpretation, womit wir auf dem Feld der Hermeneutik angelangt sind (vgl. Halder 1987: bes. 70ff.). Die Kunst der Interpretation besteht im Wollen und der Fähigkeit, Übersetzungsarbeit zu leisten. Tatsächlich ist es so, um das Bild des Übersetzens zu nutzen, dass ich vom einen auf's andere Ufer muss und zurück. Ich besuche die fremde Lebenswelt, die sich mir durch Sprache erschließt, und kehre zurück in meine, verändert, vielleicht irritiert, bereichert. In der Interpretation begegnet mir fremder Sinn in der *Sinnenhaftigkeit* meiner Wahrnehmung; deshalb ist es zuweilen anstrengende Aufgabe der Interpretation, mit dem Fremden und Unverständlichen umzugehen, was nur gelingt im Geiste von Aufmerksamkeit und Akzeptanz.

1.5 Zur Bedeutung von Sprache im Kontext konstruktivistischer Annahmen

Zugrunde gelegt ist der Konstruktivismusgedanke bereits in der Abkehr der Sprachphilosophie von der Auffassung, Sprache habe lediglich Abbildfunktion von Wirklichkeit. In der *Wittgenstein*schen Wende hin zur Idee des Sprachspieles, das mit den Lebensformen „verwoben" sei, deutet sich bereits der Gedanke an, dass die Vorstellung einer außerhalb der Sprache liegenden und unabhängig von ihr vorkommenden Wirklichkeit an eben dieser vorbeizielt. Wenn dem wirklich so ist, dass sich die Welt in jeder Sprache erst auftut, dann heißt das umgekehrt, dass es zwischen den Menschen ganz unterschiedliche und voneinander abgegrenzte Weltsichten und -wirklichkeiten gibt.

Der Pragmatismus als Ausgangspunkt.

Im Pragmatismus wird das Denken an seine Relevanz zur erfahrbaren Verbesserung des konkreten Handelns gebunden (vgl. zum Ganzen: Buer 1999: 37-59). Menschliches Forschen und Erkennen haben ihren Zweck darin, Wissen und demzufolge Handlungsmöglichkeiten zur Verfügung zu stellen für Situationen, in denen wir nicht (mehr) wissen, ob wir angemessen handeln. Pragmatisches Forschen und Wissen hebt sich betont ab vom Szientismus, einem Wissens- und Forschensverständnis, in dem der Zusammenhang zwischen Wissenschaft und menschlicher Praxis nicht unbedingt konstitutiv ist. Einige Merkmale des Pragmatismus:

Pragmatisches Denken ist antifundamentalistisch. Es negiert Absolutheitsansprüche, „Apriora", nicht hintergehbare Letztbegründungen.

Pragmatisches Denken kritisiert deterministische Erklärungsmuster. Jede Entwicklung ist das Ergebnis historischer Zusammenhänge, die auch eine andere Entwicklung hätten begünstigen können. Aus Erfahrungen werden keine Gesetze abgeleitet, sondern Handlungsmaximen.

Pragmatisches Denken ist pluralistisch. Es wendet sich gegen Dogmatismus und fördert Perspektivenreichtum. Unterschiedliche Perspektiven müssen diskursiv miteinander auf die größte Praxisrelevanz hin verglichen werden.

Pragmatismus scheint unter den Bedingungen der Postmoderne angemessen, weil er bescheidenere Ziele setzt als Allgemeingültigkeit anstrebende Konzepte, weil er auf Partizipation und Demokratisierung setzt, weil er in Zeiten großer Unübersichtlichkeit die Orientierung auf die nächsten verantwortbaren Schritte lenkt.

Erkennen ist also mit Handeln verbunden, Handeln bringt Erkennen und umgekehrt. Erkennen und Handeln dienen dazu, sich in der Welt zurechtzufinden. Der Pragmatismus grenzt sich von der Abbildtheorie ab, nach der Wahrheit die Übereinstimmung von Wirklichkeit und Vorstellung sei, weil zwischen Vorstellung und Wahrheit prinzipiell nicht unterschieden werden kann. Denn jede Wirklichkeit ist nur als Vorstellung vorhanden, von subjektiven und intersubjektiven Deutungen geprägt.

Identität als Teil gemeinsam erzeugter Wirklichkeit

Die klassische Identitätsdiskussion schien darauf hinauszulaufen, auf welchem Wege der Mensch seine Identität als eine Art „Endgestalt" gewinne. Einer der Hauptvertreter dieser Richtung, *E. Erikson*, drückt das exemplarisch so aus: „Das Gefühl der Ich-Identität ... ist das angesammelte Vertrauen darauf, dass der Einheitlichkeit und Kontinuität, die man in den Augen anderer hat, eine Fähigkeit entspricht, eine innere Einheit und Kontinuität (also das Ich im Sinne der Psychologie) aufrechtzuerhalten. Das Selbstgefühl wächst sich schließlich zu der Überzeugung aus, dass man auf eine erreich-

bare Zukunft zuschreitet, dass man sich zu einer bestimmten Persönlichkeit
innerhalb einer nunmehr verstandenen sozialen Wirklichkeit entwickelt"
(Erikson 1973: 107).

Demgegenüber scheint sich heute ein Verständnis von Identität (wenn
überhaupt noch mit diesem Begriff operiert wird) durchzusetzen, das im
Kern einen lebenslangen Prozess der immer wieder neu zu erwerbenden
Identität als Arbeit meint: „Identität ist nicht etwas, was man von Geburt an
hat, was die Gene oder der soziale Status vorschreiben, sondern wird vom
Subjekt in einem lebenslangen Prozess entwickelt. Identität verstehen wir als
einen fortschreitenden Prozess eigener Lebensgestaltung, der sich zudem in
jeder alltäglichen Handlung (also auch Sprachhandlung, d. Verf.) neu konstruiert. Identität wird nicht vom Subjekt ab und zu gebildet, beispielsweise,
wenn es sich fragt: Wer bin ich eigentlich?, oder von anderen in einen analogen Dialog verwickelt und gefragt wird: Wer bist du? Subjekte arbeiten (indem sie handeln) permanent an ihrer Identität" (Keupp 1999: 215).

Zudem stellt sich deutlich heraus, dass Identität ein relationaler Begriff
geworden ist, Identitätsarbeit ist Passungsarbeit: Die Individuen beziehen
sich auf soziale, lebensweltlich spezialisierte Anforderungen und auf eigene
Selbstverwirklichungskonzepte. Also ist Identitätsarbeit ein potentielles Kon-
fliktfeld ständig neuer Aushandlungen.

Wie erarbeiten wir unsere Identität?

Keupp u.a. schlagen vor, vier „Arbeitsweisen" zu unterscheiden: in der *ersten* geht es um eine zeitliche Dimension der Identitätsarbeit, um Verknüpfung
der Vergangenheits- mit der Zukunftsdimension. Im Mittelpunkt der rück-
wärtsgewandten Perspektive stehen Erfahrungen von „Selbstthematisierungen", in einem fünffachen Modus der Wahrnehmung und Erinnerung: Jede
unserer Handlungen wird erinnert und reflektiert unter kognitiv-analytischen
(was und wie habe ich gehandelt?), körperbezogenen (erinnerte Körperreak-
tionen, Körpergefühl), emotionalen, sozialen (z.B. Selbst- und Fremdbild,
Rückmeldungen) und produktorientierten (was habe ich erreicht in Bezug auf
mein Ziel?) Aspekten.

Die *zweite* Arbeitsform zur ständigen Neugewinnung von Identität besteht in Ressourcengewinnung und -sicherung. Ressourcen zeigen sich als
ökonomische, kulturelle und soziale Ressourcen (vgl. Bordieu 1982).

Wenn Identität in sozialer Bezogenheit erworben wird, dann geschieht
dies *drittens* auch als Konflikthandeln mit dem Ziel der „Passung": „Identitätsarbeit zielt auf die Herstellung eines konfliktorientierten Spannungszu-
standes, bei dem es weder um Gleichgewicht und Widerspruchsfreiheit noch
um Kongruenz geht, sondern um ein subjektiv definiertes Maß an Ambiguität
und des Herausgefordertseins. Hier geht es um das Gefühl, dass das jeweils
gefundene Passungsverhältnis subjektiv stimmig ist. Jedes Subjekt entwickelt
hierfür ein eigenes Maß, das wir in der Folge als Authentizität bezeichnen

möchten (Keupp 1999: 197f.). Für unseren Zusammenhang besonders bedeutsam ist die *vierte* Weise der Konstruktion von Identität: Sie stellt das
Verknüpfungsinstrument dar, damit die jeweils erreichte Identität in Beziehung vermittelbar und lebbar wird: Wir erzählen uns und anderen die Welt
und unser eigenes Leben und gewinnen so Identität. Die Identitätsforschung
spricht in diesem Zusammenhang von Narrationsarbeit.

Sprache und Narration als Modi der Identitäts- und
Wirklichkeitskonstruktion

Im Folgenden geht es um die herausragende Bedeutung der Sprache im Prozess der sozialen Identitätserarbeitung. „Die erste Prämisse ist, dass menschliche Wirklichkeit in Prozessen menschlicher Kommunikation ‚gesellschaftlich konstruiert' ist. Die zweite Prämisse ist, dass diese Prozesse historisch
sind, d.h. dass menschliche Wirklichkeit – obgleich auf einem ‚Biogramm'
der Spezies gründend – verschiedene kulturelle Schattierungen aufweist und
Gegenstand historischer Veränderungen ist. Die dritte Prämisse ist, dass das
wichtigste Medium dieser Prozesse Sprache ist, die sowohl Produkt als auch
Produzent menschlicher Wirklichkeit ist, und die unter anderem auch die
vorherrschenden Konzeptionen des Selbst mit einschließt" (Luckmann 1990:
204). Für den sozialen Konstruktionismus bildet die Bezogenheit in Sprache
den Ausgangspunkt für die Betrachtung des Individuums. „Vielleicht sind
die Hauptformen von Beziehung für die Konstruktionisten linguistischer (...)
und nicht psychologischer (biologischer oder kognitiver) Natur. D.h. unsere
Substantive isolieren und fragmentieren unser Verständnis dessen, was wir
vorfinden, unsere Verben konzeptualieren unsere Welt im Hinblick auf
Handlungen und Wirkungen, unsere Geschichten schaffen Reihenfolge und
Ordnung, und so weiter, und auf diese Weise schaffen wir uns eine verständliche Welt" (Deissler 1994: 122).

> *„Wir gelangen dahin anzuerkennen, dass Worte und Symbole so grundlegend für*
> *Menschen sind, wie Klauen und Zähne für die Tiere des Dschungels. Sie sind ge-*
> *nau so logisch wie biologisch" (Efran 1992: 44).*

Wirklichkeitserfindung im Modus der Narration

Die „narrative Psychologie" („Narrative Psychologie" kann hier nur stich-
wortartig verwendet werden; mehr dazu im Überblick samt Literaturhinwei-
sen z.B. bei Keupp u.a. 1999: bes. 101-107, 207-215, 229-242; Ernst 2002)
geht davon aus, dass wir uns nicht nur hin und wieder in Geschichten und
Erzählungen präsentieren, sondern unser gesamtes Weltverhältnis in Form
von Narrationen gestalten. Wir erzählen uns und uns einander immer wieder,
wer wir sind, was wir tun, was uns beschäftigt.

Es gibt nicht nur die „eine Lebensgeschichte", sondern wenn die gängige
Auffassung der Identitätsforschung zutrifft, dass wir uns unsere Identität als

Teilidentitäten in unterschiedlichen Lebensfeldern erarbeiten, dann gibt es viele verschiedene Erzählstoffe: Die Geschichte meiner Kindheit, meiner Schulzeit etwa. Oder die Geschichte meines Hobbys. Ich kann erzählen, wie ich zum Beruf kam (oder auch gerade nicht). Die Geschichte meiner ersten Liebe stellt genauso einen Stoff dar, wie die Partnerschaftsgeschichte oder, wie es zur Trennung kam.

Die Identitätsforschung bezeichnet solches Erzählen als „Selbstnarration". Darin besteht der Versuch, so etwas wie eine Schlüssigkeit und Plausibilität, zusammenhängende Verbindungen zwischen einzelnen Lebensereignissen herzustellen, damit wir ein Gefühl von Einheit der Person und der Wirklichkeit erlangen. Solche Erzählung steht im Dienst der Komplexitätsreduktion, des Verstehens und des Wunsches, verstanden zu werden. Geschichten sind nicht nur dazu da, uns selbst zu verstehen, sondern um uns einen Platz in der großen Gemeinschaft der anderen Geschichtenerzähler zu sichern. Das bedeutet, dass Geschichten immer wieder neu sozial ausgehandelt werden müssen, dass es uns nicht gänzlich freisteht, welche Geschichten wir über uns und andere erzählen: Sie müssen „passend" sein. Die Faktoren Autonomie, Macht und Anerkennung beeinflussen daher entscheidend unser Erzählen. Dabei gilt es eine möglichst große Balance herzustellen zwischen dem, wie und als wen ich mich darstellen möchte oder wie ich nach meinem Selbstkonzept sein sollte, dem vermuteten Fremdbild, das ich bei anderen besitze, und dem vermutlich sozial erwünschten.

Verdichtete Erzählungen, bestehend aus Immerwiederkehrendem, Typischem, Unverzichtbarem können wir biographische „Kernnarrationen" (Keupp 1999: 229) nennen. In ihnen bringen wir die Dinge auf den Punkt. Sie besonders unterliegen, wenn sie akzeptiert werden sollen, beschreibbaren Regeln.

Keupp fasst fünf solcher Grundregeln für das Verfassen „erfolgreicher" Narrationen zusammen: Die Erzählung muss einen *sinnstiftenden Endpunkt* in sich bergen: Worauf läuft die Geschichte hinaus? Weiter muss sie auf die *relevanten Ereignisse* beschränkt sein: Das setzt voraus, dass die Erzähler ihrer Geschichte einen *Bedeutungszusammenhang* konstruiert haben; woher soll er/sie sonst „wissen", was relevant war, ist oder sein wird? Dann sollte die Erzählung eine Ordnung aufweisen: Hier ist die am besten akzeptierte Form die der *zeitlichen Orientierung*: Bekomme ich meine Geschichte „auf die Reihe"? Dahinter stecken oft soziale Normen, in welcher Reihenfolge Ereignisse einer Geschichte „normalerweise" zusammengehören (z.B. bei Erzählungen über Berufswege). Als plausibel gelten Narrationen auch dann besonders, wenn in ihnen ein *Kausalzusammenhang* zwischen den erzählten Einzelelementen zu erkennen ist: Eins ergibt sich aus dem anderen. Schließlich sollte die Erzählung *Grenzzeichen von Anfang und Ende* aufweisen: „Also, das war so und so..." oder „Ja, so war/ist das. .." o.ä.

Das Leben als Bühne ist eine weitverbreitet Metapher: Meine Selbstnarrationen sichern mir einen Platz im Gesamtstück. Dann kann es passieren, dass es uns wie Schauspielern geht, die von bestimmten Stücken und Rollen nicht mehr loskommen. „Menschen sind unverbesserliche und geschickte Geschichtenerzähler – und sie haben die Angewohnheit zu den Geschichten zu werden, die sie erzählen. Durch Wiederholung verfestigen sich Geschichten zu Wirklichkeiten, und manchmal halten sie die GeschichtenerzählerInnen innerhalb der Grenzen gefangen, die sie selbst erzeugt halten" (Efran 1992: 115).

„Löcher" in der Erinnerung werden oftmals mit Stoffen gefüllt, die uns die Vorstellung unseres idealen Selbstkonzeptes anbietet, damit die Geschichten passend werden. Eine ebenso erfolgreiche Strategie besteht darin, Elemente auszublenden, weil sie nicht ins Konzept passen (meines eigenen oder etwa eines sozial erforderten).

Offensichtlich gilt auch in diesem Zusammenhang, dass es keine objektiven Geschichten geben kann. *Efran* hält selbst Erinnerungen, die wir für Dokumente unserer Geschichte halten, für Aufführungen, die *Argumente für* etwas seien. Die Echtheit der Erinnerung ist weniger wichtig, als die Auswirkungen dieser Erinnerungen auf die aktuelle Anschauung der ErzählerInnen von sich selbst, von Situationen und Ereignissen.

2. Zum Wesen und zur Funktion metaphorischer Sprache

2.1 Die Metapher als Sprachkonstituente

Die Auseinandersetzung um die Metapher innerhalb der Sprachforschung ist ausufernd (aus der großen Fülle der Literatur beziehe ich mich im Folgenden besonders auf: Barcelo 1982: 133ff.; Berteau 1996; Emonds 1986; Gamm 1992; Jaynes 1988: 65ff. Jüngel 1974; Lakoff/Johnson 2000; Liebert 1992; Ricoeur 1974; Stierle 1975: bes. 153ff.; bes. Weinrich 1976: 266-327).

Wir bleiben mit dem Folgenden dabei zu untersuchen, welche spezielle „Leistung" die Metapher als Sprachhandlung erbringt, welches ihr Beitrag ist bei der Konstruktion von Wirklichkeit in Sprache. Von hier aus ist leicht nachzuvollziehen, dass der Kern der Kritik gegenüber der Einordnung der Metapher als rein rhetorisches Ausdrucksmittel in der Frage nach der „Eigentlichkeit" metaphorischen Sprechens liegt. Oder anders ausgedrückt: Ihre (Un-)Ersetzbarkeit steht zur Debatte. *Jaynes* betrachtet die Metapher als „eigentlichen Wesensgrund der Sprache" (Jaynes 1988: 65). Damit wäre die Frage nach der Ersetzbarkeit schon an deren Grunde ad absurdum geführt: Ohne Metapher keine Sprache! Das Wachstum der Sprache beruht demnach auf Metaphern: Wenn wir versuchen, jemandem etwas zu erklären oder zu beschreiben, für das wir noch keinen sofort handhabbaren Begriff besitzen, versuchen wir es auf dem Wege: Es ist so ähnlich, wie... Die große und nie zu Ende kommende Bedeutung der Metapher besteht darin, dass sie die mit wachsendem Komplexitätsgrad der menschlichen Zivilisation neu benötigte Sprache schafft. Die Sprache hat sich mit Hilfe der Metaphern vom Konkreten zum Abstrakten fortentwickelt, genau so richtig ist: Sie hat sich vom Vertrauten zum je Neuen entwickelt. Diese metaphorische Dimension unserer Sprache ist im Gebrauch nur selten bewusst: Schon die Lektüre der letzten Zeilen dieses Kapitels verdeutlicht aber, dass es ganz und gar unmöglich wäre, ohne Metaphern zu kommunizieren. „Ausufernd", „nachvollziehen", „ausgedrückt", „Wachstum der Sprache", „erklären": Die Reihe ist nicht vollständig; sich vorzustellen, diesen Text ohne Metaphorik zu formulieren, an jeder Stelle den metaphorischen Ausdruck durch den „eigentlichen" zu ersetzen, wirkt abstrus. Es ist ja so, dass viele abstrakte Begrifflichkeiten unserer Sprache uns kaum mehr bildlich vorkommen, weil es für den bildlichen Ausdruck keinen Ersatz gibt: „Begriff", „Gegen-Stand", „Fakt", „Daten" und ohne Ende so weiter... Noch ein so abstrakt scheinendes Wort wie „bin" kann sein metaphorisches geworden sein nicht leugnen: es entspringt dem angelsächsischen mit „b" anlautenden Stamm „beom" mit der Bedeutung „werden, wachsen". Der *Kern* der Idee ist folgen*reich*: Die Metaphern „verstärken in ungeheurem Ausmaß unser Vermögen, die Welt um uns wahrzunehmen und zu verstehen, ja, sie schaffen buchstäblich neue Gegenstände. In Wahrheit und Wirklichkeit ist die Sprache ein Wahrnehmungsorgan und nicht einfach nur ein Kommunikationsmittel (Jaynes 1988: 67).

2.2 Funktion und Wirkweise lebendiger Metaphern

Nehmen wir einen Beispielsatz: „Die Kurswochen der Supervisionsausbildung waren Inseln im Kalender."

Die metaphorische Wirkung dieser Aussage hängt an der Spannung zwischen allen Satzgliedern, nicht allein am Wort „Inseln". „Eine Metapher (...) ist ein Wort in einem Kontext, durch den es so determiniert wird, dass es etwas anderes meint als es bedeutet. Vom Kontext hängt es wesentlich ab, ob eine Metapher sich selber deutet oder rätselhaft bleibt" (Weinrich 1976: 311ff.).

Von entscheidender Bedeutung für das Verständnis der Metapher als einem kontextgebundenen semantischen Phänomen ist nun die sog. Determinationserwartung der Leser-, HörerInnen eines Textes. Wenn ich „Kurswochen" höre, dann baue ich die Erwartung auf, der Kontext habe etwas zu tun mit: „Ausbildung, Termine, Inhalte, Referenten, Kursleitung, Veranstaltungsort, KollegInnen usw." Auch das Wort „Inseln" trägt sein Bedeutungsfeld mit sich und ein ganzes Spektrum von Bildelementen. Auch „Inseln" hat ein relativ spezielles Bedeutungsfeld, das sich deutlich von dem des Wortes „Kurswoche" und „Supervisionsausbildung" unterscheidet.

Das aber ist nun der Effekt der Metapher: *Sie durchkreuzt die Determinationserwartung mit einer Konterdetermination.* So wird beim Rezipienten eine Dissonanz erzeugt, die unterschiedlich verarbeitet werden kann. Das

Dissonanzerleben provoziert die Frage nach dem Sinn oder der Wahrheit, der Geltung der Aussage. Allemal sind wir beim Hören des Satzes aufgefordert, unser Vorwissen über alle in die Aussage zusammengebrachten Wörter neu zu definieren und der Neudefinition zuzustimmen. Die Metapher versucht etwas „Unerhörtes", nämlich zwischen zwei oder mehreren Wirklichkeiten eine Verbindung zuzulassen und Verwandtschaft zu stiften an einer neuen Stelle. Mit der semantischen ‚Impertinenz' der Metapher wird das bisherige Selbst- und Weltverständnis der HörerInnen absichtsvoll aufs Spiel gesetzt.

Zugleich steht auch die Beziehung zwischen Sprecher und Hörer auf der Probe: Was ist das für eine, die sagen kann, Wochen seien Inseln ? Was mutet sie mir damit zu? In der Metapher steckt der Appell: Lass es wahr sein, folge mir auf dem Weg meines Erlebens und Empfindens.

2.3   Die Leistungen der Metapher

In Anlehnung an *Bertau* lassen sich die besonderen Wirkungen und Leistungen metaphorischen Sprechens bei Sprechern und Hörern folgendermaßen beschreiben:

1. Die Metapher kann einen Mangel beheben, wenn unsere vorhandenen wörtlichen Mittel der Sprache nicht ausreichen, um unsere Vorstellungen vom Reichtum der Entsprechungen, gegenseitigen Beziehungen und Analogie zwischen normalerweise getrennten Bereichen auszudrücken;
   Dabei haben Sprachexperimente nachgewiesen, dass Metaphern besonders dazu geeignet sind, Gefühlszustände auszudrücken.
2. Metaphern sind geeignet, schwer verständliche Inhalte verständlich zu machen. Die Rückseite dieser Leistung kann aber auch darin bestehen, dass gerade durch die Metapher das vom Sprecher Intendierte verdunkelt wird: Dann kann es ein, dass der Hörer durch Nachfragen (Wie meinst du das...?) auf indirektem Wege und sozusagen im zweiten Anlauf ein tieferes Verständnis des Gemeinten erreicht.
3. Schon oben war von der beziehungsstiftenden Dimension der Metapher die Rede: Sie stellt eine Art Provokation dar, die die Beziehung der Kommunizierenden entweder beeinträchtigt oder – „wenn's gut geht" – intensiviert. Damit dürfen wir die Metapher als eine besondere Form der kommunikativen Handlung verstehen. Sie erzeugt in besonderer Weise eine Sprachgemeinschaft, die „aus dem Wunsch resultiert, etwas Besonderes zu sagen, das jenseits des routinierten Verstehens liegt, und nicht nur in der Absicht etwas zu betonen, anzudeuten oder exotische Bedeutungen zu vermitteln, zu suchen ist" (Berteau 1996: 221). Gerade aber in der erzeugten Intimität und Gemeinschaft liegt die Gefahr der Metapher: Sie kann verletzen: Entweder absichtsvoll, oder wenn sie den Hörer überfordert, oder wenn deutlich wird, dass es dem Sprecher nur um Eloquenz, nicht aber um ein tieferes wechselseitiges Verstehen geht.

4. In der Verfremdung, Irritation und Perturbation liegt die entscheidende
    Wirkung der Metapher: Sie durchbricht vorgängige Verstehensmuster,
    eröffnet neuen Horizont und konstruiert auf diese Weise eine neue Wirk-
    lichkeit, die es ohne sie nicht gäbe. Das ist ihre „eigentliche" Leistung.
    In Anlehnung an den vielzitierten Satz von *Bateson*: „Was wir tatsächlich
    mit Informationen meinen – die elementare Informationseinheit –, ist ein
    Unterschied, der einen Unterschied ausmacht" (Bateson 1983: 582), wäre
    die Metapher eine prägnante Information. Sie konstruiert auf sprachli-
    chem Wege bisher nicht Dagewesenes.
    Die Metapher ist also noch einmal konstruktivistisch formuliert eine be-
    sondere Art der Unterscheidung. Durch ihre Prägnanz schließt sie einen
    großen Teil dessen, was mit ihr bezeichnet werden könnte, aus, blendet
    ihn aus. Der zur Sprache kommende Teil leuchtet dafür umso heller. Die
    prägnante Wirkung der Metapher ist also durchaus ambivalent!
5. Die Metapher bekommt für den Sprecher auch Darstellungsfunktion. Mit
    der Metapher kann er andere auf besonders „intime" Weise über seine
    Haltungen, Überzeugungen Aufschluss geben: Das ist der selbsterschlie-
    ßende Effekt der Metapher.
6. Nicht zu unterschätzen ist der „Höflichkeitseffekt" metaphorischen Spre-
    chens: Weil es eine Weise indirekten Sprechens ist, kann es z.b. Kon-
    flikte, Kritik sozialverträglich formulieren und in neue Handlungsmög-
    lichkeiten überführen.
7. Die besondere Prägnanz der Metapher dürfte auch Auswirkungen auf die
    Gedächtnisleistung haben: Ich behalte sie einfach besser. Damit kann der
    Sprecher eine Art „erzieherischer" Absicht verfolgen. Worauf es ihm an-
    kommt, lässt sich mit der Metapher einprägsam formulieren.
8. Schließlich spielt auch der spielerische Charakter der Metapher eine Rol-
    le: Sie entspringt der Phantasie und Kreativität und entlastet vom Reali-
    tätsprinzip begrifflichen Denkens und Sprechens. Der spielerische
    „Touch" der Metapher bringt sie bisweilen in die Nähe des Witzes mit-
    samt dessen entlastender und beziehungsstiftender Funktion.

3.   Anknüpfungen an Beratung und Supervision

3.1   Macht und Ohnmacht der Sprache

(zum Folgenden vgl. Kriz 1995; von Schlippe/Schweitzer 2000; Kleve 1996:
bes. 90ff. 127ff.)

Wenn wir hier die Grundthese von der Nichtinstruierbarkeit lebender geschlossener Systeme gelten lassen, ergeben sich für die Möglichkeit des Be-
ratens und den Gebrauch der Sprache gravierende Konsequenzen. Es gilt
nämlich, sich von der Vorstellung zu lösen, Beratung hätte etwas mit Ex-

pertentum zu tun, das unwissende und deshalb ratsuchende Klienten abfragen könnten. Wenn SupervisorInnen als Beobachter zweiter Ordnung in die Beobachtung selbst prozesshaft verwickelt sind, dann „ergibt sich daraus eine Abgrenzung zu Modellen, die Hierarchie und Kontrolle implizieren. Ziel beratender Tätigkeit kann nicht darin bestehen, eine Perspektive durch eine andere zu ersetzen, sondern Multiperspektivität zu erzeugen. Schon die Erinnerung an die „Stufenleiter der Schlussfolgerungen" (Hartkemeyer 2001: 86ff.) zeigt, dass Wahrheit und Wirklichkeit individuelle Erfindungen sind, Unterscheidungen mit dem Ziele der Komplexitätsreduktion. „Gleichzeitig sind wir in einem hohen Maße verantwortlich für das, was wir als ‚wirklich' oder ‚wahr' ansehen. Die Entscheidung für ein Modell kann nämlich nicht aufgrund von ‚richtig' oder ‚falsch' fallen, höchstens aufgrund einer bestimmten Vorstellung von richtig und falsch. Passender ist es daher, sich aufgrund von Kriterien der *Angemessenheit* und *ethischen Vertretbarkeit* (Hervorh. i.Orig.) für eine Sicht von Wirklichkeit zu entscheiden. Aus einer systemischen Weltsicht folgt daher die Achtung vor allen Versuchen, die Komplexität der Welt zu reduzieren und auf immer neue Weise in Konzepte zu bringen, die als Landkarten Handlungsleitlinien bieten" (von Schlippe/Schweitzer 2000: 88).

Besonders folgenreich ist dieser Zusammenhang, wenn es darum geht, „über Probleme zu sprechen". Konstruktivistisch-systemisch gedacht verhält es sich genau andersherum, als wir gewohnt sind es auszudrücken: „Ein Problem erzeugt ein System, nicht umgekehrt" (dies.: 101). Der Schüler stört – Der Stundenplan macht mich fertig – Der Schulleiter verhindert den Aufstieg der Kollegin – Die Eltern passen nicht auf ihr Kind auf: Problemanzeigen, die wegen ihrer Generalisierungen und festen Zuschreibungen das Problem vermutlich eher verhärten, denn lösen helfen. Die Sprache kann ein „harter Ordner" (Stierlin 1990: 267) sein, besondere Gefahr lauert dabei in den Abstraktionen: „Die Störung – der Stress – die Ablehnung – das burn-out-Syndrom – ..." Im NLP wird dieses Phänomen unter „Verzerrungen" subsumiert. Sobald wir aufhören, zu beschreiben, was passiert, welche Emotionen wir erleben, laufen wir Gefahr, die vielen Schichten der Wirklichkeit zusammenzupressen und uns einer Sicht zu unterwerfen. Jede Form von Beratung ist von vorneherein darauf angewiesen, sich der möglicherweise versklavenden Macht der Sprache bewusst zu sein. Das gilt insbesondere auch dann, wenn professioneller Sprachgebrauch zum Jargon verkommt.

Nach *Kriz* (Kriz 1995: 55) setzt jeder therapeutische Effekt beim Transformationsprozess von Informationen an: Der Klient transformiert einströmende Eindrücke (besonders kommunikative Handlungen) in Ausdrücke (eigene kommunikative Handlungen), ein Verwandlungsprozess der das Bewusstsein moderiert, der aber auch von ihm moderiert wird. In der Therapie geht es nun darum, dysfinktional gewordene Transformationen zu ändern, d.h. ihren alten Sinn durch einen neuen Sinn zu ersetzen, „Sinn-Attraktoren" auszutauschen. Was alte Sinnattraktoren oft so stabil sein lässt, sind die gegenseitigen „Erwartungs-Erwartungen": Verhalten wird dadurch gesteuert, dass man erwartet, was von einem erwartet wird. Spezieller Ausdruck einer festgefahrenen Kommunikationssituation wäre hier etwa: Wozu soll ich mich verändern? Das würde auch nichts mehr ändern!

Dass berufliche Interaktionen durch gegenseitige Erwartungs-Erwartungen mitbestimmt sind, und dass hier ein Ansatzpunkt für Veränderungsmöglichkeiten liegt, erlaubt es, Supervision und Therapie gemeinsam zu betrachten. Schon die Tatsache als solche, dass jemand Supervision in Anspruch zu nehmen sich entschlossen hat *und darüber redet,* schafft im alltäglichen Austausch von Ein- und Ausdrücken einen hervorgehobenen Raum, einen veränderten Rhythmus von gewöhnlichen Zeiten und Orten in der Lebensorganisation. SupervisandInnen erzeugen so selbst eine Art Fluktuation und Instabilität, so dass ein erhöhter Aufmerksamkeitspegel für das Thema „Veränderung" erzeugt wird. „Im Gegensatz zur sonst nivellierenden Wirkung von Sinn-Attraktoren werden hier nun die minimalen Abweichungen und Veränderungen ständig im Interaktions- bzw. Transformationsprozess präsent. Das bedeutet, dass in der Therapie (analog hier: Supervision, Anm. d. Verf.) der Wahrnehmung von Veränderung Raum gegeben wird" (Kriz: 60). So äußerte eine Teilnehmerin in der Zwischenauswertung einer Lehrersupervision, sie sei bereits im zeitlichen Raum zwischen Anmeldung und der ersten Sitzung „irgendwie anders" in die Schule gegangen. Die Nachfrage ergab, sie habe eben auf Dinge geachtet, auf die sie sonst nicht geachtet hätte. Das könnte auch eine Kurzformel für Supervision sein: Mittels sprachlicher Kommunikation nichtalltägliche Erfahrungen zu machen und sie zu benennen, d.h., ihnen Bedeutung zu verleihen. Die Macht der Sprache in Supervision wie Therapie liegt auch darin, dass zuvor nie *so* benannte, deswegen unter Umständen unbewusste, Prozesse, Geschehnisse...einen Namen bekommen haben, zu denen man sich dann verhalten kann: Ein Akt willentlicher Unterscheidung!

Supervision: Sprachliches Empowerment

Die Selbstverfügungskräfte der SupervisandInnen zu stärken, dürfte unbestrittenes Ziel von Supervision sein. Das kann bedeuten, dass die Supervision einen Sprachraum bietet, der wegen seiner besonderen „Ausstattung" und Regeln besonders dazu geeignet ist, Belastendes und deshalb bislang Abgeblendetes ans Licht zu holen durch „Darüber reden." „Ich habe heute zum ersten Mal darüber geredet...", dürfte kein untypischer Satz aus dem Munde von SupervisandInnen sein. Wenn wir den oben vertretenen Ansätzen in puncto Bedeutung der Sprache und der Sprachhandlungen folgen, dann besteht die erste Qualität von Supervision darin, einen Beitrag dazu zu leisten, dass die SupervisandInnen mehr und mehr zu Autoren und Autorinnen ihrer (Berufs-)Geschichte werden. Besonders wichtig wäre, ihnen zugleich einen Raum und Hilfestellung zu bieten, auch die eigenen Rezensenten zu sein, bzw. mit Rezensionen von außerhalb umgehen zu können. Die Metapher „Autor" kann auch verdeutlichen, dass den SupervisandInnen die Urheberschaft (so eine Ausgangsbedeutung von „Autor") der eigenen Berufsgeschichte deutlicher wird, und sie so in einem steigenden Maße Ver-Antwortung dafür übernehmen können. Hier liegt die Nähe zu Konzepten des Empowerments der psychosozialen Praxis: „Empowerment widersetzt sich entmündigender Hilfe" (Stark 1993: 42).

Wie sehr die Verfügungsmacht über die eigene Sprache das Selbstwertgefühl prägt, zeigt folgende Sequenz aus einer Supervision mit LehrerInnen, die gemeinsam am selben System unterrichten:

Die betroffene Kollegin meldet zu Beginn einer Sitzung den Wunsch an, über ein „kleines Problem" arbeiten zu wollen. Bei der Erarbeitung des Anliegens und eines Zieles für die Supervision sagt sie: „Ich möchte meinen Sprachfehler beseitigen". Es stellt sich nun heraus, dass sie damit folgende Situation umschreibt:

Als gebürtige Rheinländerin hat es sie im Laufe ihrer (Berufs-)Biographie nach Westfalen „verschlagen". Sie war dem beruflichen Wege ihres Mannes vor zehn Jahren gefolgt. Vor etwa fünf Jahren hatte sie dann die Schlüsselsituation erlebt: Eine Kollegin hatte sie darauf angesprochen, dass „man hier nicht so spreche, wie sie es tue." Im Wesentlichen ginge es um die phonetisch „richtige" Aussprache des „sch" bzw. „ch". Seit dieser Zeit richtete die Supervisandin ihre Aufmerksamkeit beim Sprechen zunehmend auf die richtige Phonetik, so sehr, dass der Inhalt ihres Sprechens ihr immer öfter entgleite (Sprechakttheoretisch: der lokutive Akt erforderte mehr Aufmerksamkeit als der illokutive). Zudem sei sie sich jetzt so unsicher beim Sprechen, dass sie sich wegen des „Mischmasch" auch dem Spott der SchülerInnen ausgesetzt fühle. „Jetzt muss ich mich entscheiden !", war der Schlusssatz ihrer Problemerzählung. Die Alternative: Entweder so lange und ausdauernd an der Aussprache üben, bis „ich es (das reine Hochdeutsch) wie ein Nachrichtensprecher kann" oder „wieder wie früher sprechen, was ich aber nicht mehr richtig kann." Sie sei „hin- und hergerissen dazwischen."

Der Kern der Bearbeitung war eine Raum-Übung zunächst auf einer Achse zwischen Stühlen. Der eine symbolisierte den Pol „Nachrichtensprecher", der andere „sprechen wie früher". Bei der Bitte, sich entsprechend ihrer augenblicklichen Position zwischen den Polen zu positionieren, stellte sich die Supervisandin ziemlich genau in die Mitte und begann sofort, mit nach beiden Seiten ausgestreckten Armen sich hin- und herzubewegen. „Da ist eine ganz große Spannung, die ich kaum aushalte." Ich bat sie, jeweils auf einem der Stühle Platz zu nehmen und dort gedanklich und im Gefühl dem nachzugehen, wie es wäre, wenn das der Platz der Wahl sein könnte. Körperhaltung und Mimik allein machten deutlich, dass der Platz des Nachrichtensprechers nicht der passende sein konnte. „Hier bin ich nicht ich selbst." Aber auch der zweite Pol, der für den ursprünglichen Sprachmodus stand, war nicht angemessene: Zwar war die Supervisandin deutlich entspannter, lächelte und fühlte sich „wie in der Familie, in der ich heute manchmal auch fast noch so wie früher spreche." Doch war ihr deutlich bewusst, dass es „einfach ein zurück" nicht geben könne. Auch auf die Frage, ob sie ihre Position auf der gedachten Achse jetzt verändern wolle, blieb sie nur, leicht in Richtung „wie früher" versetzt, zwischen den Stühlen. Ich nahm rasch beide Pol-Stühle aus dem Raum vor die Türe. Was das verändere? „Ich fühle mich viel besser und freier." Den Rest der Bearbeitung verwendeten wir darauf, wie und wo die Supervisandin den gespürten Freiraum nutzen könne. Es wurde ihr klar, dass es einen inneren Verbieter gegeben hatte, der ihr „den Mund verboten hatte." Der analoge Erlauber nun könne ihr bei unterschiedlichen Sprechanlässen Unterschiedliches erlauben, mal möglichst hochdeutsch zu sprechen, mal eher mundartig. Was denn der Erlauber-Satz sein könne, war die Schlussfrage. Die Supervisandin grinste förmlich breit und sagte: „Hier spricht Ulla! (Name geändert)" Sie hatte sich nämlich an eine der ersten Sitzungen erinnert, in der es um ihren Standort in einer bestimmten kollegialen Konstellation gegangen war.

Aus der Skulpturarbeit war sie damals mit dem Satz gegangen: „Hier steht Ulla!" Der Zusammenhang von „Selbstwert und Kommunikation" (Satir 1975)" hätte evidenter nicht sein können.

Im sharing nach der Supervisionseinheit machte eine Mitsupervisandin die Kollegin auf den, wie sie fand, „verhängnisvollen" Namen ihres Problems aufmerksam: Sie hatte es ja „Sprachfehler" genannt. Offensichtlich hatte die Supervisandin die Sprachmacht aus der Hand, dem Mund gegeben. Ein weiteres Mitglied der Gruppe verdeutlichte, wie sehr ihr noch einmal aufgegangen sei, warum totalitäre Macht immer darum bemüht sei, den Menschen die Sprache zu nehmen, um sie den eigenen Zielen unterwerfen zu können.

Beratung und Supervision als Gespräch?
Zur Gültigkeit der Merkmale eines Gespräches

Ist nun Supervision ein „Gespräch"?

1. Die *Wechselseitigkeit* des Gespräches bezieht sich auf die Weise der Beteiligung der Einzelnen wie auch auf den Gesprächsfluss. In der Einzelsupervision handelt es sich um die klassische Dialogform, die anderen Supervisionsformen dürften wir als „Multilog" bezeichnen. Auch wenn Freiwilligkeit der Beteiligten ein hohes Gut für die Beratungssituation darstellt, hängt der Erfolg nicht zuletzt von der Bereitschaft möglichst vieler zur Teil-Nahme am Gespräch ab.

2. Was kann *Gleichgerichtetheit der Bewusstseinsströme* für Beratung und Supervision bedeuten? Hier ist das Merkmal der *Intentionalität* und Zielgerichtetheit ins Spiel zu bringen: Im supervisorischen Gespräch ergibt nicht einfach ein Wort das andere, sondern das Ziel, die Aufgabe ist das

steuernde Instrument. Für Supervision mit mehreren TeilnehmerInnen ist wie bei allen Lernprozessen eine individuelle Gestalt dieses Prozesses vorauszusetzen. Gleichgerichtetheit kann nicht identisches Lernen meinen. Deshalb ist im Prozess für Orte zu sorgen, an denen die einzelnen ihre jeweiligen Lernstandorte bestimmen und kommunizieren können. Dies geschieht z.b. durch das sharing, das die Bedeutung des supervisorischen Arbeitens für die Einzelnen thematisiert. Anstöße und Anklänge, Perspektiven für die eigene Praxis werden mitgeteilt. Eine solche Form des Teilens hat nicht nur zu tun mit möglichst großer Effizienz des Lernens an einem „Fall" für alle, sondern ist Ausdruck der Ethik einer Gruppe. Gleichgerichtetheit kann als Modell für Lernen in Gruppen nicht harmonisierendes Erleben bedeuten. Vielmehr müsste durch die Formen und Strukturen des gemeinsamen Lernens geradezu als Gleichgerichtetheit die Ermöglichung von Verschiedenheit erscheinen. Selbst wenn alle TeilnehmerInnen ihre Aufmerksamkeit auf ein Detail eines Supervisionsfalles lenken würden, sähen sie doch alle etwas Unterschiedliches. Als Motto für Supervision könnte dienen: Ich sehe was, was du nicht siehst – und biete dir meine Perspektive an.

3. Wie steht es mit der *Statusgleichheit* der am beratenden Gespräch Beteiligten?
Kommunikationstheoretisch können wir uns wieder auf *Watzlawick* berufen: Er unterscheidet symmetrische von komplementären Kommunikationsweisen, „je nach dem, ob die Beziehung zwischen den Partnern auf Gleichheit oder Unterschiedlichkeit beruht" (Watzlawick 1969: 71). Offenbar gibt es von beidem etwas in der Beziehung SupervisorInnen – SupervisandInnen.
Wenn man Supervision als Form von Empowerment und als emanzipatorisches Lernverfahren betrachtet (so Kersting 1992: 58ff.), muss die Beziehung möglichst frei sein von versteckter, weil nicht ausgehandelter, ungerechtfertigter Machtausübung. Dennoch lebt die Supervisionsbeziehung von hierarchischen Elementen. Der ratsuchende Supervisand schreibt der Supervisorin die „Macht" zu, Rat erteilen zu können, die Supervisorin übernimmt ggf. den Auftrag und stellt dem Supervisanden ihren Vorsprung zur Verfügung, der auf ihrer Professionalität beruht.
Im Vorfeld der Supervision und im Status ihrer Aushandlung ist von einer eher symmetrischen Beziehung zwischen künftigem Supervisor und Supervisanden auszugehen; der Supervisor ist Anbieter einer Dienstleistung, der Supervisand Interessent oder Kunde. In den ersten Supervisionstreffen geht es um die Umwandlung des Kunden in einen Supervisanden als Klienten. D.h. er muss die Gleichberechtigung insofern einschränken, als er sich im Beratungsmodus der Supervision als Ratsuchender definieren und sich der Leitung des Supervisors unterwerfen muss. (...) Indem der Kunde einen Kontrakt eingeht, macht er sich zum Klienten, d.h. er gesteht dem Professionellen eine besondere Definitionsmacht zu.

Teil der supervisorischen Professionalität ist nun aber die Annahme der
Nichtinstruierbarkeit der Ratsuchenden. Welche Interventionen, Kommentare, Störungen der Supervisorin als solche beim Ratsuchenden „lan-
den" und welche Wirkungen davon ausgehen, steht nicht in der Macht
der Supervisorin. *Kersting* weist zu Recht darauf hin, dass das Ziel der
Supervision ihr Ende sei, die Fähigkeit der SupervisandInnen, selbständig
mit den Komplikationen im beruflichen Feld umgehen zu können. Der
Zweck soll möglichst eindeutig und frei ausgehandelt im Kontrakt festgelegt sein. Gerade der Kontrakt ist ein mit symmetrischen Mitteln aus-
zuhandelndes Element, das die Komplementarität der Beziehung definieren hilft. Dazu gehört der monetäre Teil der Gratifikation, die auch nicht-
monetäre Elemente beinhaltet, die nicht auszuhandeln sind, sondern als
eher symmetrischer natur sind (z.b. Dank, Anerkennung, Vertrauen, Atmosphäre, Lob).

Nach *Kersting* stehen bezüglich des zu lösenden Problems beide in einem
symmetrischen Verhältnis, weil nicht die Supervisorin das Problem *für*
den Supervisanden lösen kann. Wenn auch beide jeweils nur einen Ausschnitt aus dem Ganzen sehen, sollte trotzdem die Supervisorin über mehr
Sehhilfen verfügen; das widerspräche mindestens tendenziell der von
Kersting angenommenen symmetrischen Sichtweise von Supervisandin
und Supervisorin auf das Problem.

Besondere Aufmerksamkeit verlangt das Motiv der „Gleichheit", wenn
wir es mit Team-, oder Projektsupervision zu tun bekommen, und Leiten-
de wie MitarbeiterInnen der Supervision zusammenarbeiten. Die Lei-
tungsrolle der im Arbeitskontext Leitenden kann und darf nicht einfach
ausgeschaltet werden, sie ist aber auch nicht dieselbe wie „draußen". Erst,
wenn die LeiterInnen sich ausdrücklich den ausgehandelten Supervisi-
onszielen verpflichtet fühlen und *als* SupervisandInnen mitarbeiten wollen, wenn also die Leitungsfunktion in den neuen Kontext der Supervision „aufgehoben" (also in eine andere Dimension gebracht ist), ist Supervision als helfendes Gespräch zwischen allen Beteiligten möglich.

4. Das Merkmal der *Intentionalität* eines Gespräches ist für Supervision
   hochbedeutsam. Supervision ist Veränderungsarbeit. Unter dem Blickwinkel von „Sprachhandlungen" rückt deshalb die *Formulierung und Be-
   nennung* von Veränderungszielen in den Mittelpunkt.
   Um den individuellen und emotionalen Charakter persönlicher Verände-
   rungsziele zu betonen, spricht *Schulz von Thun* von „Anliegen" (Schulz
   von Thun 2001: 27). Die Metapher „Anliegen" betont die Nähe und
   Dringlichkeit des Veränderungswunsches, auch die eigene Zuständigkeit
   des Supervisanden. Wichtige Kriterien für die Angemessenheit von Anliegen und deren Erarbeitung sind folgende (Buer 1999: 169; Kleve 1996:
   111ff.; Mohl 1997: 111ff.):

1. *Ichbezug*: „Wir müssen hier etwas verändern und wir fangen bei dir an!"
   dürfte eine oft angewandte Strategie sein. Im ersten Schritt kann es hilf-

reich sein, auf den Unterschied zwischen „Ziel" und „Anliegen" hinzuweisen. Dabei kann sich zeigen, dass das „Ziel" dazu verleiten kann, eine
große zeitliche und persönliche Distanz zwischen Zielbestimmung und –
realisierung und damit einen ersten Stolperstein auf den Veränderungs-
weg zu legen. Nur Anliegen, deren Realisierung mindestens zu einem be-
trächtlichen Teil unter die Kompetenz und Durchsetzungsmöglichkeiten
der Supervisanden fallen, können Anliegen für Supervision sein.
„Ich will verhindern, dass mein Schulleiter fruchtlose Konferenzen ab-
hält", markiert in diesem Sinne kein Anliegen. Die Frage muss also in
den Möglichkeitshorizont des Supervisanden geholt werden, was in diesem kleinen Beispiel auch zu folgendem Anliegen führen könnte: „Ich
will eine Strategie für mich entwickeln, die mich befähigt, auch in Konferenzen arbeitsfähig zu sein, die ich für fruchtlos halte." Oder: „Ich will
meine Wahrnehmung der Konferenzen mit der anderer Kollegen abglei-
chen und nach Verbündeten suchen, mit denen ich Chancen für veränderte Konferenzgestaltung ausloten kann."

2. *Die positive Formulierung.* Die Ausgangsformulierung ist auch durch ein
negativ formuliertes Ziel gekennzeichnet: „Was wir intern tun, wenn uns
Negationen angeboten werden, ist, uns eine Vorstellung vom zu negie-
renden Etwas zu machen. (...) Negationen in der Zielformulierung sabotieren den Erfolg des Lernprozesses" (Mohl 1997: 112). Einen ähnlichen
Effekt haben Vergleichsformulierungen, z.B. „Ich will mich weniger aufregen, wenn Schüler ihre Hausaufgaben nicht gemacht haben." Mindestens auf der unbewussten Vorstellungsebene wird die fehlende Ver-
gleichshälfte repräsentiert, also: „Ich will mich weniger aufregen, als ich
mich gestern aufgeregt habe." Damit wird in die Formulierung des Veränderungswunsches das zu Überwindende hineingenommen, nicht aber
das Neue.
Die Umformulierung ursprünglich unangemessener Anliegen kommt einer inneren Umdeutung des problematischen Geschehens gleich, das verändert werden soll.

3. *Der „Öko-Check".* Neben dem zu erwartenden „Gewinn" aus der angestrebten Veränderung wird es immer einen benennbaren „Verlust" geben.
Erst, wenn der Gewinn aus der neuen Sicht- und Handlungsweise größer
ist als der aus der alten, wird ein authentischer Veränderungswunsch entstehen. Im Beispiel könnte die Realisierung des Anliegens etwa einen
Konflikt mit der Schulleitung oder anderen KollegInnen beinhalten.
Vielleicht wäre auch eine höhere zeitliche Belastung die Folge. Deshalb
gehört zur Überprüfung der Anliegen und ihrer Formulierung der sog.
„Ökologiecheck": Sind möglichst viele der Konsequenzen aus der mögli-
chen Veränderung im Blick und sind sie dann auch wünschbar?
Ziele spiegeln, „wenn sie klar formuliert sind, (...) als sichtbare Zeichen
die inneren Veränderungen wider, die sich ereignen" (Kleve 1996: 115).
Das bedeutet, dass die Erarbeitung eines „passenden" Veränderungszieles

integraler Bestandteil der Problemlösung, nicht etwa nur deren Vorbereitung ist. Diese Erarbeitung kann in der Sprachhandlung „Aussprechen"
des Anliegens kulminieren und so zunächst in einem inneren Horizont
und Spielraum die Veränderung im Modus des Sprachereignisses antizipieren.

Der „Geist" eines beratenden Gespräches

In welchem Geist geführt – um in der Terminologie *Pannenbergs* zu bleiben
– lässt sich ein beratendes Gespräch vorstellen, oder ist dies eine für Beratung und Supervision ungeeignete Kategorie? Wir verstehen hier darunter
den grundsätzlichen Charakter eines solchen Gespräches und die Haltung der
daran Beteiligten. Es ist auch an die Konsequenzen zu erinnern, die wir bereits aus dem konstruktivistischen Verständnis von Sprache und ihren Funktionen gewonnen haben. Wenn dort von „autopoetischen Systemen" die Rede
war, liegt es nahe, sich die Metapher der „Poesie" nutzbar zu machen. Vielleicht liegt hierin etwas vom Geist eines beratenden, helfenden Gespräches?
In der Supervision wären dann Poetinnen und Poeten „am Werke" in „Kunstschulen sozialer Konstruktion" (Deissler 1994: 82). *Deissler* macht auf einen
kleinen, aber eminent bedeutsamen Unterschied aufmerksam. Während *Hellinger* z.B. finde, was wirke (Hellinger 1993), komme es ihm auf die Er
Findung an. Die Haltung in diesem Falle sei dialogisch, in jenem eine monologische. Damit verschiebt sich die Rolle des Beraters. Wer findet was
wirkt, und dies dann zur Verfügung stellt, ist nicht an einem synchronen Entstehungsprozess neuer Wirklichkeit beteiligt, sondern versetzt die Ratsuchenden in sein „Kunstwerk", zu dem sie und in dem sie sich verhalten können. Hier findet kaum Mitautorenschaft statt. Es geht nicht darum, einen oft
erfolgreichen Ansatz beratender Arbeit zu desavouieren, wohl aber um die
Frage, wie radikal, d.h. von der Wurzel her, sich Beratung als schöpferischer
Prozess aller daran Beteiligten versteht. Wir können probeweise noch einen
Schritt weiter gehen: Was würde sich für das Verständnis von „Beraten" ergeben, wenn sich Ratsuchende und Ratgebende gleichermaßen als Geschöpfe
verstünden, gleichermaßen (hier eben symmetrisch) den Geschehnissen und
Fragen ihres Lebens und Wirkens ausgesetzt; und zwar in Strukturen von
Welt und Zeit, mit den Mitteln der Wahrnehmung durch alle Sinne, mit Erlebens-, Phantasie- und Reflexionsfähigkeit begabt, die selbst zu „machen" sie
niemals im Stande sind, derer sie sich bestenfalls bedienen und die sie kommunizieren, also teilen können. Die Basis für Beratung wären dann Demut
und Respekt, erst hierauf aufbauend ergäben sich Rollenverteilungen und
hierarchische Elemente.

3.2 Zur Bedeutung metaphorischen Sprechens in beratenden Kontexte

Metaphorisches Sprechen in Beratung und Supervision findet alltäglich, fast zwangsläufig statt, seltener aber wird ausdrücklich darüber gesprochen. Dies gilt auch für die benachbarten Bereiche von Seelsorge und Therapie (vgl. Stollberg 1999: 253).

Versuchen wir zunächst eine kommunikationstheoretische Fundierung dieser Beobachtung:

Dabei ist an das vierte der *Watzlawick'*schen Kommunikationsaxiome zu erinnern; bekanntlich unterscheidet er digitale von analogen Kommunikationsweisen (Watzlawick 1969: 61ff.; ders. 1991, 16ff.).

Digitale Kommunikation ist dadurch gekennzeichnet, dass das Zeichen zum Bezeichneten keine andere Beziehung hat als die Übereinkunft genau für diese Bezeichnung: Ihre Augen leuchteten *hell*: an h-e-l-l ist nichts „Helles". Anders aber, wenn ich sage: Ihre Augen leuchteten wie Sterne. Die Bezeichnung „wie Sterne" steht in einer sinnenfälligen, *einleuchtenden* Beziehung zum Bezeichneten. Die Verwendung etwa von Symbolen, Zeichensprache, Ausdrucksgebärden, Gestik, Mimik, Tonfall gehört in den Bereich analoger Verständigung. Prinzipiell ist digitale Kommunikation eindeutig, analoge mehrdeutig. Dass metaphorische Rede analogischer Rede zugehört, weil sie Mehrdeutigkeit hervorruft, können wir nun voraussetzen. Generell wäre allerdings zu fragen, ob die Trennung in analoge und digitale Kommunikation eindeutig durchzuhalten ist: Wenn –wie oben diskutiert – gerade die Abstraktion aus metaphorischem Sprechen hervorgegangen ist, und wenn die konstruktivistischen Annahmen über die Rolle von Sprache Hand und Fuß haben, dann macht diese generelle Trennung keinen Sinn mehr. Mag sein, dass diagnostisches Sprechen eher digital orientiert sein muss, therapeutisches Sprechen hingegen wird sich sinnvoller Weise analoger Ausdrucksformen bedienen. In diesem Zusammenhang ist auf die Hemisphärenforschung zu verweisen. Demnach übernimmt es die rechte Hemisphäre, „die Übersetzung der wahrgenommenen Wirklichkeit in eine Gestalt, dieses Zusammenraffen des Erlebens der Welt in ein Bild" (Watzlawick 1991: 40) zu ermöglichen. „Der linken dürfte die Rolle der Rationalisierung des Bildes zufallen, die Trennung des Ganzen (...) in Subjekt und Objekt (...), sowie das Ziehen der nun (...) scheinbar unausweichlichen Konsequenzen, die dann in selbsterfüllender, selbstbestätigender Weise das Bild in praktisch unendlichem Regress so starr festigen, dass, was immer dem Bilde widersprechen mag, nicht mehr zu seiner Korrektur, sondern zu seiner weiteren Austüftelung führt" (ebd.).

Um Wirklichkeitsveränderung herbeizuführen, muss – so *Watzlawick* – die Sprache der rechten Hemisphäre benutzt werden. „In ihr drückt sich das Weltbild aus, und sie ist daher auch der Schlüssel zum In-der-Welt-sein und des An-der-Welt-Leidens eines Menschen. Zu den rechtshemisphärischen

Sprachformen zählt die Poesie, zählen Gedichte, Geschichten, Märchen, Traumerzählungen und -bilder, Witze, Metaphern, Aphorismen" (ebd.).

> *„Durch das Explizieren der Metaphern lassen sich die handlungsleitenden Über-*
> *zeugungen einer Person (als Hypothese) (re-)konstruieren, die in vielen Fällen*
> *für die betreffende Person stabilisierend und hilfreich sind, doch in einigen Fäl-*
> *len auch einschränkend sein mögen, und wo Wahlmöglichkeiten hilfreich wären"*
> *(Kuhlmann 2000: 92).*

Diese beiden Möglichkeiten lassen sich im Supervisionsgeschehen folgendermaßen verorten: Metaphern können von SupervisorInnen und SupervisandInnen unbewusst und unbemerkt benutzt werden, dann tun sie quasi im Verborgenen das Ihrige bei der sprachlichen Konstruktion von Wirklichkeit. Die SupervisorInnen können die von den SupervisandInnen unbemerkt eingeflochtenen Metaphern aufgreifen, ins Bewusstsein bringen, interventorisch damit arbeiten.

Möglicherweise machen SupervisandInnen auf Metaphern aufmerksam, die SupervisorInnen benutzen. Allerdings ist es denkbar, dass im Sinne einer mitlaufenden Sensibilisierung für die Macht der Sprache, alle an der Supervision Beteiligten ihre „Antennen" ausfahren und ihre Wahrnehmungen mitteilen.

Metaphern können aber auch als bewusste Mittel der Intervention und Beratung von den Ratgebern planvoll eingesetzt werden. Entweder, sie bringen sie selbst ins Spiel, oder sie motivieren die Ratsuchenden zur Erfindung eigener Metaphern.

3.3   Metaphern in der Praxis der Supervision

„Ich muss auf die andere Seite..."

Die Situation: Anfangssequenz der ersten Sitzung eines Einzelsupervisionsprozesses nach der Kontraktvereinbarung mit einer Lehrerin. Nach einer kurzen „Konversationsphase" und wahrnehmbarem Luftholen äußert die Supervisandin:

Ich muss auf die andere Seite! (mit erhobener Stimme, begleitet von einem Seufzer, entschlossen). – Oh, Sie haben es aber eilig. – Ja, ich habe lange nachgedacht, ob ich mich einfach abfinde damit, wie es jetzt ist, aber ich kann das nicht. Die Situation ist zu belastend, ich bin auch nicht der Typ, der sich abfindet. – Waren Sie schon mal drüben? – Wo, was meinen Sie? – Na, auf der anderen Seite. – Pause, Zögern... Ich weiß nicht, ich glaube nicht. – Aber es gibt sie, die andere Seite? – Doch, doch. – Wie ist denn da ? – Da ist Ruhe und Gelassenheit, man kann in Ruhe arbeiten, ohne das ewige Drumherum. Immer ist was. Da braucht man sich nicht zu ärgern, da nimmt man die Sachen so einfach, wie sie kommen und denkt so für sich: Die kann mich mal. Ich lasse mir jetzt nichts mehr anmerken. Ich mach' noch die zwei Jah-

re, und dann ist gut. Ich habe mich lange genug aufgeregt (lauter, mehr Gestik). Ich will mich nicht mehr darum kümmern. – Wann werden sie drüben
sein? – Ich hoffe bald. Darum bin ich ja hier. – Wie kommen Sie denn rüber?
– Ich muss mich ändern. Ich muss ruhiger werden. Vielleicht gibt es ja so
Strategien, dass man sich verändert und sich nicht alles so zu Herzen nimmt.
– Wie weit weg ist die andere Seite so ungefähr? – Ziemlich weit. – Nehmen
wir an, es gäbe ein Verkehrsmittel, das sie hinbrächte, welches könnte das
sein? – Da müsste ich wohl fliegen, ist ja auch schneller. – Ach, stimmt ja,
sie haben es ja eilig. – Eigentlich fliege ich gar nicht gerne, da ist mir immer
mulmig. – Aber es muss wohl sein? Sie müssen ja auf die andere Seite. –
Pause ... Ich wollte mit Ihnen eigentlich über meine Schulleiterin reden. –
Ach, Entschuldigung, haben wir gar nicht? – Lachen.

Damit ist im Gespräch eine Zäsur erreicht, die von der analogen Kommunikation der Metapher in eine Phase digitaler Verständigung führt. Oder, um
es in den Kategorien von *Buer* zu sagen, die Beratung wechselte von der
Ebene des Experimentes in die Ebene der Diskussion. Die Metapher von der
„anderen Seite" war danach eine Art Schlüsselwort (von Schlippe/Schweitzer
2000: 98f.. 168; Retzer 1993; Boscolo u.a. 1993) für die weitere Arbeit. Sie
gehörte zu den Schlüsselwörtern oder -sätzen, „die meist am Beginn der therapeutischen Kommunikation, häufig schon im ersten gesprochenen Satz angeboten werden. Ein solches Schlüsselwort (...) ist die Bereitstellung eines
Vehikels, eines semiotischen Fahrzeuges, mit dem, steigt der Therapeut ein,
er gemeinsam mit seinem Klienten durch den semantischen Raum fahren
kann" (Retzer 1993: 38). Ohne es zu wissen, hatte die Supervisandin sozusagen eine Metapher für Supervision eingeführt: „die andere Seite" als Perspektivenwechsel, als Rückseite, als neue Seite in einem Buch, die andere
Seite von oder in mir, in anderen Menschen...

In diesem Fall aber stellte sich heraus, dass die Veränderungsrichtung
„die andere Seite dieser Seite" war.

Bei genauerer Betrachtung der „beiden Seiten" stellte sich zunehmend
heraus, dass die andere Seite, auf die die Supervisandin unbedingt hinaus
wollte, nicht ihre werden konnte. Der obige Ausschnitt zeigt, dass die Supervisandin aus der Metapher ausstieg, als sie spürte, welche unangenehmen
Konsequenzen sie womöglich übernehmen musste, wenn sie ihr Leitbild
durchtragen wollte. Im Überstieg aus der Metapher in die digitale Redeweise
geschah dies zunächst noch überwiegend unbewusst, in der nachfolgenden
Arbeit wurde ihr bewusst, dass sie ihr Veränderungsziel aus der Beibehal-
tung der alten Muster gewinnen wollte. Der forsche, mit sehr viel Druck,
Müssen und Energie verbundene Wunsch nach Ruhe, Gelassenheit und Ab-
geklärtheit, stellte sich als nichts anderes heraus, was die Lehrerin von sich
kannte: Aktivität, hohe Ziele, Kampf. „Das Leben ist ein Kampf, es zählen
nur Siege!" war eine ihrer markantesten Äußerungen.

Vor allem aber war die Supervisandin keineswegs unzufrieden mit ihrer
Lebensweisheit. Zwar fand sie ihr (Berufs-)Leben anstrengend, aber ganz

anders konnte sie es sich nicht vorstellen. Im Laufe der Sitzungen konnte erarbeitet werden, dass das gefühlte Leiden im Kern aus einem Konflikt mit
der Schulleiterin bestand. (Schon im metaphorischen Gespräch deutete sich
dies ja an: „Die kann mich mal!"). Bislang aber hatte es keinen Weg gegeben, diesen Konflikt ertragreich, ohne zunehmende Frustrationen und unge-
stillte Wut auszutragen. Aus dieser Erfahrung war der Wunsch nach der ganz
anderen Seite, die die Supervisandin als Harmonie mit der Schulleiterin entwarf, entstanden. Offenkundig hielt dieser Wunsch einer Realitätsüberprü-
fung nicht stand: Der Ökologie-Check ergab zu hohe zu erwartende Verluste:
Verlust an Selbstachtung „vor dem Spiegel", Verlust an Durchsetzung ge-
rechtfertigter Verbesserungen der beruflichen Rahmenbedingungen, die der
Supervisandin wegen einer chronischen Krankheit zustanden, Verlust an
Sympathiewerten von Kolleginnen, die sie als starke Verbündete wertschätz-
ten. Hier kam nun die Metapher der „anderen Seite *dieser* Seite" ins Spiel:
    War eine andere Seite des Kampfes denkbar außer der anstrengenden, oft
aggressiven und polarisierenden, Kampf als Engagement oder Leidenschaft?
Welche anderen Seiten von sich selbst, welche anderen Fähigkeiten kannte
die Supervisandin, die sie auch zur Durchsetzung von Zielen einsetzen
konnte und schon eingesetzt hatte? Welche anderen Seiten außer den immer
schon wahrgenommenen hatte denn die Schulleiterin? Gab es nicht einige
Seiten gelungener Kontaktaufnahme und Kooperation zwischen den beiden?
Wie fühlte sich das an, in der Supervision probeweise auf die andere Seite
des Schreibtisches zu gehen, also in die Rolle der Schulleiterin zu wechseln?
„Die andere Seite dieser Seite" wurde so zu einem Schlüsselbild durch den
gesamten Prozess hindurch. Es befähigte die Supervisandin, von der Vorstellung zu lassen, sich selbst gänzlich „umkrempeln" zu müssen. Das Überraschende, das die Metapher „implantieren" kann, bestand hier darin, dass
die Supervisandin ihre Idee, nur durch eine 180-Grad-Kehre ans Ziel der gewünschten Verbesserung kommen zu können, fallen lassen konnte. Die neue
Metapher „Ich will auf die andere Seite dieser Seite" stammte im Wortlaut
von der alten ab, kam also in nuce von der Supervisandin selbst, so dass sie
sich damit anfreunden konnte. Zudem entpuppte sich das Bild als polyvalent,
mehrdimensional und bot unterschiedliche Andockpunkte. Schlüsselwörter
wirken durch Konnotationen, „und je polyvalenter (reicher an möglichen
Konnotationen) sie sind, desto größer ihr Nutzen. Das therapeutische Gespräch sollte immer den vollen Konnotationsbereich evozieren, damit die
Klienten, wenn zwischen den verschiedenen Konnotationen das richtige
Gleichgewicht entstanden ist, eine Bedeutung statt der anderen wählen können" (dies.: 114) .
    Die Supervisandin konnte im Laufe der Einheiten den „harten sprachli-
chen Ordner" vom Lebenskampf, in dem nur Siege zählen, geschmeidiger
gestalten. Sie ersetzte ihn durch ein neues Motto: „Im Leben gibt es viel
Kampf. Wähle mit Bedacht die Kampfplätze; siege, wo es wünschenswert
ist, und ziehe Nutzen aus Niederlagen." In diesem Geiste nahm sie den Kon-

flikt mit der Schulleiterin wieder auf; es gelang ihr, darin auch wertschätzende Anteile für die Konfliktgegnerin aufzunehmen und einen Teil eigener Interessen durchzusetzen.

Das Erzählen in der Supervision

Im Spannungsbogen einer Supervisionseinheit kommt dem „Erzählen" eine herausragende Rolle zu. Es unterscheidet sich von dem Typus der Erzählung, die wir im alltäglichen Kommunizieren vorfinden, besitzt aber auch gemeinsame Merkmale. Hierum geht es zunächst:

Beim Erzählen wird ein absenter Sachverhalt, in den der/die ErzählerIn in unterschiedlichen Rollen involviert gewesen sein kann, rekonstruiert. Das Erzählte ist im Laufe der inzwischen verstrichenen Zeit von einer Teilerfahrung zu einem partikulären Erlebniswissen verarbeitet worden, nur mit diesem bekommen wir es in der Präsentation zu tun; der meistens nicht klar erkennbare Unterschied zwischen originärer Erfahrung und dazugehörender Erzählung ist bedeutsam. Denn das Erfahrene ist mittlerweile eingearbeitet in das Selbstkonzept der ErzählerIn, hat sich mit Ähnlichem oder Unähnlichem verbunden, wurde interpretiert, ist also Bestandteil dessen geworden, was wir oben unter dem Stichwort „identitätsstiftende Narrationen" verhandelt haben. Dass die Erinnerung dabei nicht als dokumentarisches Medium verstanden werden kann, sondern eine Passungsleistung darstellt ergibt sich daraus. Schon für die Alltagserzählung gilt als konstitutives Merkmal: „Wie die Wirklichkeit, über die erzählt wird, beschaffen sein muss, ist in der Erzählforschung immer wieder Gegenstand von Überlegungen gewesen. Dabei hat der Begriff der Komplikation weite Verbreitung gefunden. Demgemäss ist ein Folge von Handlungen immer dann erzählenswert, wenn sie eine unerwartete Verwicklung aufweist. Dann erst kann von Geschichte die Rede sein" (Eisenmann 1995: 63). Dem Erzählen kommt eine psychohygienische Wirkung zu, weil damit die „Widerspenstigkeit" der Alltagserfahrungen gegen Erwartungen, Ziele und Hoffnungen aufgearbeitet werden kann.

Die Erzähler konstruieren einen Erzählraum, einen Vorstellungsraum (dies. : 67), in den die Hörer hineinversetzt werden, in diesem Raum haben sie Anteil am Erzählten, und: Sie sollen nach Möglichkeit der Erzählperspektive folgen, sich mit den Erzählern identifizieren.

„Das Erzählen bildet somit ein bewertungsidentisches und kooperatives Interaktionssystem. Die Gemeinsamkeit zwischen Erzähler und Hörer kulminiert in einer Bewertungskonvergenz" (ebd.). Damit ist die Erzählung als eine strategische Sprachhandlung zu qualifizieren. Pointiert formuliert: Erzählen ist eine Weise symbiotisierenden Redens, vom Wunsch nach zwischenmenschlicher Übereinstimmung gefärbt: Geteiltes Leid, geteilte Freud!

In einer Typologie der Erzählungen treten drei Formen sichtbar hervor: Der Typ „Leidensgeschichte, der Typ „Siegesgeschichte" und die „Bewältigungsgeschichte." Für den Kontext von Beratung und in weiterem Sinne

Therapie spielen die Leidensgeschichten aus der Sicht der Erzähler eine hervorgehobene Rolle. Dabei geht es *typischerweise* so zu:

Der Aktant (späterer Erzähler) verhält sich „normal" – trotzdem (!) wird er Gegenstand einer Offensivhandlung mit einem gegnerischen Aktanten, dem „Offender", er selbst wird „Opfer" – der Aktant ergreift Gegenmittel – die führen aber nicht zur Lösung, sondern zu weiterer Verstrickung – dem Aktanten wird klar, dass er aufgrund einer widrigen Konstellation Opfer geworden ist („Skandalon") – das Andauern der Konstellation erzeugt Hilflosigkeit beim Aktanten – er sucht Verständnis, Hilfe und Unterstützung bei einem „Kooperanten."

Typische Erzählungen folgen mehr oder weniger ausgeprägt einem Erzählschema.

1. Während in Alltagserzählungen zunächst eine Art *Vorankündigung* geschieht, die auch den Sinn hat, die Aufnahmebereitschaft der HörerInnen zu testen, ist dies z.b. im Supervsionssetting durch die spezielle Form der Verabredung, ausgehandelter Verfahren, wer wann welches Thema präsentiert, meistens erledigt.

2. Es folgt die *Eröffnung des Erzählraumes*, die Versetzung von Sprecher und Hörer aus dem Hier-Jetzt-Ich-Wir-System in das Dort-Damals-Ich-Andere-System; damit versetzen sich der Erzähler und die Hörer an den Ausgangspunkt der Erzählung, das aber ist kein neutraler Punkt in der Erzählung, sondern der „Standpunkt einer personengebundenen Ereignisbeteiligung", Ergebnis erfolgter Deutung des Erlebten, Ausdruck bestimmter Überzeugungen und Werte. Deshalb ist in einer jeden Erzählung der Ausgangspunkt von besonderem Belang. Der inneren Disponierung der Erzähler entspricht die seitens der Hörer, durch die Inszenierung des Anfangs sind sie bereits Beteiligte, „Ereignisrezipienten"; wenn man so will: schon hermeneutisch „vorbelastet".

3. Es folgt die *Wiedergabe des Geschehenen*. Beim Erzählen kommt der Verbalisierung selbst eine besondere Handlungsqualität zu, und zwar eine Handlungsqualität, die in einer spezifischen prozessualen Verknüpfung von mentalem Prozess und Äußern besteht. Im Erzählen wird der Vorfall sozusagen noch einmal „nachgestellt". Wichtig ist nun, dass die Erzähler in die Erzählung Bewertungselemente streuen, die auf den kumulativen Höhepunkt der Erzählung zusteuern helfen: Der Punkt, an dem sich erst verstehen lässt, wozu die Geschichte erzählt worden ist. Der Punkt ist erreicht, wenn im Typ „Leidensgeschichte" die Offender-Opfer-Konstellation steht, und die HörerInnen die Opferperspektive der Erzählerin übernommen haben. Meistens wird dies deutlich durch entsprechende Reaktionen.

4. Geschlossen wird die Erzählung mit einer Art von *Verallgemeinerungsfähigkeit des Erzählten, einer Lehre, einer Bewertung*, die auch aus dem konkreten Vorstellungsraum der Erzählung wieder hinausführen kann in die Sprechsituation. Das Bewertungsresultat ist Ergebnis einer Synthese-

leistung, das Erlebniswissen wird überführt in abstraktere Wissensformen, die jetzt natürlich als Voraussetzungen in neue Erlebnissituationen eingehen können: als Baustein des hermeneutischen Zirkels.

Besonderheiten des Erzählens im beratenden Kontext

Prinzipiell gelten die erarbeiteten Bestimmungen des Erzählens auch im Beratungskontext, zu dem ich nun wieder ausdrücklich die Supervision zähle. Gerade deshalb, weil SupervisandInnen die außerhalb der Beratung gelernte und geltende Art zu erzählen auch innerhalb geltend machen möchten, ist auf einige markante Unterschiede hinzuweisen.

Der Beratungskontext darf zunächst als erzählfreundlich gelten. Dazu tragen bei das Vorwissen vieler SupervisandInnen, dass es gerade um die Präsentation von „Berufsgeschichten" geht, die Empathie- und Beziehungsfähigkeit der SupervisorIn, das zumeist wohlwollende Verhalten der übrigen SupervisandInnen. Besonders zwei Faktoren können die Erzählsituation typisch prägen. Selbst wenn Supervision zunehmend als professionelle Weise der berufsbegleitenden Reflexion aufgefasst wird, und die dort zur Bearbeitung kommenden Szenen Spiegel der „normalen" beruflichen Praxis sind, bleibt es nicht aus, dass in vielen dieser Szenen belastende Erfahrungen und Selbstthematisierungen zur Geltung kommen.

Der identitätsstiftende Charakter von Narrationen ist oben bereits thematisiert worden. Pointiert formuliert geht es darum, „ordentliche", „den Standards entsprechende" Geschichten innerhalb der einzelnen Lebenswelten erzählen zu können. Offenbar geht es aber in beratenden Kontexten oft um ErzählerInnen und deren Geschichten, die irgendwie „unordentlich" oder „unpassend" sind, die durch die Beratung wieder „in Ordnung" gebracht werden sollen.

Eine der größten Entlastungen, die in Supervision erfahren werden kann, besteht darin, dass jede Erzählung zunächst als sinnvoll und in diesem Sinne „ordentlich" akzeptiert wird. Das bedeutet, dass Supervision zwar kein ethik- oder wertefreier, unter Umständen aber ein Raum frei von Moral (im Sinne von Moralisierung) bezogen auf die erzählten Erlebnisse und deren Bedeutung für die SupervisandInnen ist. Unter Moral verstehe ich die Ebene der Normen, auf der Werte und ethische Entscheidungen operationalisiert, handhabbar gemacht werden. Dabei ist entscheidend, dass aus Werten niemals Normen schlicht gradlinig deduziert werden können. Ein und demselben Wert können unterschiedliche Normen dienen. Das ist für Supervision sehr folgenreich.

Wie gezeigt, drängen ErzählerInnen von „Leidensgeschichten" mit einer Art Zugzwang zur Übernahme der angebotenen Bewertung. An dieser Stelle müssen nun die Annahmen der sozialen Konstruktion der Wirklichkeit eingespielt werden: Offensichtlich sind es ja gerade die Erzählungen, die Erlebtes *re*konstruieren und so weiter verfestigen können. Einerseits soll die Erzählung Entlastung bringen, das Gefühl „im Recht, normal, richtig zu sein". Andererseits steht die gewünschte Bewertungsübereinstimmung den Handlungszwecken der Beratung quasi im Wege. Sie soll multiperspektivisch Muster aufbrechen, die scheinbare Folgerichtigkeit linearer Kausalzusammenhänge in Frage stellen, die ausgeblendeten Teile sichtbar machen. Die in der Erzählung angebotenen Bewertungen sind mindestens probeweise zu ersetzen, die Erzählung ist „gegen den Strich zu bürsten".

Dazu muss der Berater seine Rolle anders definieren, als nur Zuhörer zu sein. Zwar durchquert er in empathischer Haltung den vom Erzähler eröffneten Erzählraum und übernimmt die Erlebnisperspektive, überführt diese dann aber in eine Distanzhaltung, um dem Ratsuchenden neben der Erlebnisperspektive seine professionelle „Super-Visions-Ebene", in diesem Sinne Wissensebene anzubieten. Dazu wechselt die Erlebnisgemeinschaft in eine Arbeitsgemeinschaft, die eines entsprechenden Arbeitsauftrages bedarf. Wenn es sich nicht um Einzelsupervision handelt, gilt dies im Laufe des Prozesses zunehmend auch für die übrigen Beteiligten. Ziel des Prozesses ist womöglich die Erfahrung für den Erzähler, dass es zu der einen Geschichte mehrere Versionen mit je eigenem Geltungsanspruch geben kann.

Erzählen ist etwas anderes als Berichten oder Wiedergeben, Erzählen bedeutet Reinszenieren: Das Erlebte kommt noch einmal auf die Bühne und die Erzählerin ist wiederum Akteurin ihres Stückes samt der dabei mitwirkenden Gefühle und Affekte. Je nach Belastungsgrad des Erlebten ist mit inneren Widerständen der ErzählerInnen zu rechnen, mit der Angst vor Wiederholung einer belastenden Erfahrung; Es können auch Widerstände gegen die „Preisgabe" von Innenansichten, Angst vor zu großer Intimität auftreten. Solche Widerstände sind keinesfalls als Erzählblockaden wegzuräumen, sondern als Grenzzeichen des Erlebnis- und Erfahrungsraumes Ernst zu nehmen und zu würdigen.

Metaphern als erzählte Gegenwelten

Bislang haben wir Erzählungen verstanden als Reinszenierung von Erlebnissen, in der bereits eine Form von Verarbeitung und Einordnung des Erlebten angestrebt wird. Deshalb kann man Erzählungen als ordnende Sprachhandlungen betrachten, mittels derer die ErzählerInnen subjektiven Sinn erzeugen und eine individuelle Reduktion der Komplexität des Lebens hervorbringen. Deshalb spricht die Erzählforschung davon, dass in diesen Erzählungen „Gegenwelten" in einem zweifachen Sinne entstehen. Die Erzählung *über* das Erlebte stellt bereits eine Art „Gegenüber" dar, aber auch im Verhältnis zur aktuellen Sprechsituation lässt sich die Erzählung als inszenierte Gegenwelt, die Gelegenheit zur Selbstinszenierung bietet, verstehen.

Im Folgenden soll als erzählte Gegenwelt eine gegen die Erzählung der SupervisandInnen erzählte Geschichte gelten. „Gegen" meint nicht unbedingt Konfrontation oder gegenseitigen Ausschluss, sondern die Gegengeschichte vermag die Ausgangsgeschichte gegen den Strich zu bürsten, vor allem aber kommt in ihr, wenn es die passende Geschichte ist, die Lösung einer vergleichbaren Problemstellung oder Komplikation, so vor, dass sie Früchte tragen kann für die Lösung der Ausgangsgeschichte.

Hier nun das angekündigte dritte Praxisbeispiel: Die „Erzählung" einer Supervisandin im Rahmen einer Gruppensupervision, seit wenigen Monaten Schulleiterin.

„ (...) Ich hatte mich sehr auf die Stelle als Schulleiterin gefreut; nach den ganzen Mühen und Prüfungen, die ich gut hinbekommen habe. Ich war gerne Kollegin, aber zur Schulleitung musste ich nicht gedrängt werden, das wollte ich selbst. Irgendwie fing es auch ganz gut an, aber dann merkte ich, dass es Probleme gibt. Ich habe mir sehr viel Mühe gegeben und wollte alles gut machen, aber die ganzen Kleinigkeiten des Alltags, natürlich geht mal was schief. Sicher, es gibt auch mal was Positives oder eine Anerkennung. Aber das reicht nicht. Dann dachte ich, gib dir noch drei Monate, dann hast du's geschafft. Die sind jetzt rum, aber ich habe das Gefühl, dass ich nicht viel weiter gekommen bin. Ich fühle mich von einigen nicht als Schulleiterin akzeptiert. Die wollen mich nicht. Ich weiß nicht, was ich noch alles tun soll, mehr geht nicht. Es wird mir zu schwer. Wenn ich nicht bald über den Berg bin, ich meine, meine Rolle habe, dann lass ich es. Ich habe schon keinen richtigen Spaß mehr dran. (...) "

Dazu erzählt:

Der Mullah, ein Prediger wollte für seine Frau Nüsse holen, denn sie hatte ihm versprochen, Fesenjan, ein Gericht, das mit Nüssen zubereitet wird, zu kochen. In der Vorfreude auf seine Lieblingsspeise griff der Mullah tief in den Krug und fasste so viele Nüsse, wie er nur eben mit der Hand erreichen konnte. Als er versuchte, den Arm aus dem Krug herauszuziehen, gelang es ihm nicht. So sehr er auch zog und zerrte, der Krug gab seine Hand nicht mehr frei. Er jammerte, stöhnte und fluchte, wie ein Mullah es eigentlich nicht tun sollte, aber nichts half. Auch als seine Frau den Krug nahm und mit der Gewalt ihres Gewichtes daran zog, nützte dies nichts. Die Hand blieb im Hals des Kruges stecken. Nach vielem vergeblichem Mühen riefen sie ihre Nachbarn zu Hilfe. Alle verfolgten voll Interesse das Schauspiel, das sich ihnen bot. Einer der Nachbarn schaute sich den Schaden an und fragte den Mullah, wie dieses Missgeschick geschehen konnte. Mit weinerlicher Stimme und verzweifeltem Stöhnen berichtete der Mullah über sein Unglück. Der Nachbar sagte: Ich helfe dir, wenn du genau das tust, was ich dir sage! Mit Handkuss mach ich das, was du mir sagst, wenn du mich nur von diesem Ungeheuer von Krug befreist. Dann schiebe deinen Arm wieder in den Krug hinein. Dem Mullah kam dies erstaunlich vor, denn warum sollte er mit dem Arm in den Krug hineinfahren, wenn er ihn doch aus ihm heraus haben wollte. Doch er tat, wie ihm geheißen. Der Nachbar fuhr fort: Öffne jetzt deine Hand, und lasse die Nüsse fallen, die du festhältst. Dieses Ansinnen erregte den Unwillen des Mullah, wollte er doch gerade die Nüsse für seine Lieblingsspeise herausholen, und jetzt sollte er sie einfach fallen lassen. Widerwillig folgte er den Anweisungen seines Helfers. Der sagte: Mach deine Hand ganz schmal und ziehe sie langsam aus dem Krug heraus. Und siehe, der Mullah tat wie ihm geheißen. Ohne Schwierigkeiten zog er seine Hand aus dem Krug. Ganz zufrieden war er aber noch *nicht. Meine Hand ist jetzt frei, wo bleiben aber meine Nüsse? Da nahm der Nachbar den Krug, kippte ihn um und ließ so viele Nüsse herausrollen, wie der Mullah brauchte. Mit größer werdenden Augen und vor Erstaunen geöffnetem Mund sah der Mullah zu und sagte: Bist du ein Zauberer? (Persische Geschichte zit. nach Peseschkian 2002: 59ff.)*

Offenbar geht es in der ersten Erzählung um eine „Leidensgeschichte". Die Schulleiterin ist durch widrige Umstände (der Alltag, es geht mal was schief) und Widersacher (die wollen mich nicht) Opfer geworden und in eine aussichtslose Lage geraten, obwohl sie sich „normal" verhalten hat (Mühe gegeben, alles gut machen, noch drei Monate geben). Die Helfer in der Geschichte sind aus der Perspektive der Supervisandin ihr hoher Einsatz, die Freude zu Beginn, die kleinen Erfolgerlebnisse. Auf die Bitte hin, zu ihrer Geschichte passende Sprichwörter zu finden, fielen ihr ein: Ohne Fleiß kein Preis! Aber auch: Undank ist der Welten Lohn; und: Was du heute kannst besorgen,...!

Der Beginn ihrer Erzählung ist markiert durch die Erinnerung an die Freude und die Motivation, geradezu die Lust an der neuen Aufgabe: Das ist der Standpunkt, von dem aus die Supervisandin erzählt und auf den hin auch das Ende gerichtet ist: Der Spaß ist verloren gegangen. Der Zwischenteil hat das Thema: „Was ich schon alles probiert habe, und wie schwer es geworden ist." Offenbar liegt hier die Komplikation der Erzählung.

Eine gewohnte Art und Weise, wie Menschen versuchen, mit Komplikationen fertig zu werden, ist, dieselbe Lösungsstrategie immer wieder zu probieren. Bei Nichterfolg wird die Strategie nicht ersetzt, sondern intensiviert: Das ist die Strategie des „Mehr desselben" (vgl. Watzlawick 1983: 27). Diese Strategie scheint die Schulleiterin auch gewählt zu haben. Sie hat sich immer mehr Mühe gegeben, eine gute Schulleiterin zu sein, und wer wollte ihr das verdenken? Um es im Konzept von Determinationserwartung und Erwartungs-Erwartung zu sagen: Wir organisieren unsere Handlungen zumeist nach dem Prinzip „Wenn A, dann B." Dazu dienen bestimmte Wahrscheinlichkeiten (Erfahrungen) und kalkulierbare Erfolgsaussichten: Determinationen. Die Determinationserwartung der Schulleiterin bestand u.a. darin, dass sie nur mit Macht das angestrebte Ziel zu erstreben habe, um es dann (verdientermaßen) zu erreichen. Im Übrigen bezieht sich diese Determinationserwartung auch auf die KollegInnen: Die Schulleiterin erwartet, dass die KollegInnen erwarten, sie solle sich Mühe geben.

Mit dem Stichwort „Determinationserwartung" kommen wir zurück zu den Metaphern und ihren Effekten, von denen der wichtigste die überraschende Konterdetermination ist. Als besonders prägnante erzählte Metaphern hatten wir die Gleichnisse charakterisiert. Ist die Geschichte vom Mullah ein Gleichnis? Im engen Sinne des neutestamentlichten Verständnisses fehlt der Erzählung die spezielle weltanschauliche Triebfeder, aber sie enthält jenes typische Merkmal der „Frechheit", das den Gleichnissen als „semantische Impertinenz", die den Erzählbogen durchbricht, eignet. Die

Durchbrechung erfolgt in der Erzählung dort, wo die „Therapie" des Nachbarn vom Mullah das Gegenteil dessen verlangt, was er bislang doch scheinbar folgerichtig, mit fortschreitender Intensität im „Mehr Desselben" versuchte: die Hand aus dem Krug zu ziehen, samt den Nüssen. Nun soll er die
Gegenrichtung wählen und obendrein – jedenfalls augenscheinlich – sein
Ziel missachten. Genau das ist nun die Rettung, und sie ist so simpel wie
überraschend, wie Zaubertricks auch oft sind. Daher rührt die Schlussfrage
des Mullahs, die noch einmal einen heiteren Überraschungseffekt beim Hörer
auslöst. Wieso ist dieses Gleichnis nun eines, das der Schulleiterin weiterhelfen könnte?

Von Mullahs und Schulleiterinnen

Das nötige Maß an Gleichgerichtetheit der Komplikationen, denen sich die
Schulleiterin und der Mullah ausgesetzt fühlen, besteht darin, dass beide etwas von Herzen begehren, dies angestrengt zu erreichen suchen und gerade
in der Folgerichtigkeit des Handelns „stecken bleiben". Beide wenden die
Strategie des „Mehr desselben" an, beide scheinen zum Opfer von Widersa-
chen zu werden und verlieren die Ursprungsmotivation. So weit reichen beide Geschichten gemeinsam. Die „Heilung" für den Mullah besteht im Mut,
die Taktik zu wechseln, indem er das Gegenteil des Bisherigen tut: Loslassen. (Wie er noch nicht weiß: vorübergehend!). Dabei kommt die entscheidende Hilfe von außen: Nicht des Mullahs Frau, sondern ein Nachbar, dem
ein Vertrauensvorschuss geschenkt werden muss, bringt die Wende. Die Banalität der Lösung ist frappierend, und doch war gerade sie dem Mullah so
fremd und unerreichbar. Könnte also der Schulleiterin geholfen werden mit
der Idee, das Ziel, als gute Schulleiterin akzeptiert zu werden und sich so zu
fühlen, sei gerade in der (scheinbaren) Abkehr davon am leichtesten zu erreichen?

In der Supervisionseinheit wurde die Geschichte sehr bald nach der Problemerzählung platziert. Hinter festgefahrenen Versuchen, Probleme zu „beseitigen" stecken oft feste Werthaltungen, die in komprimierter Form in
Sprichwörtern, Maximen zum Ausdruck kommen können. Die Schulleiterin
offenbarte mit den von ihr gewählten Sprichwörtern, dass Tugenden ihr
Handeln bestimmten, die Leitungsfunktionen zwar stützen, in isolierter Weise aber auch *erschweren* (vgl. Problemerzählung!). Bei den gewählten Sprichwörtern haben wir es natürlich mit Metaphorisierungen zu tun, mit eher unbewussten Metaphern der Supervisandin. Es wäre möglich gewesen, sie zum
Ausgangspunkt der weiteren Arbeit zu nehmen, im vorliegenden Fall hatten
sie diagnostischen Charakter. Ausschlaggebend für die Wahl der Geschichte
war, dass eine denkbare Lösung für die Supervisandin in der „Lösung" bestand, in der Lösung von der Zielfixierung.

Der weitere Verlauf der Einheit zeigte, dass diese Hypothese passend
war. Schon die erste analoge Reaktion auf die Geschichte deutete das an: Die

Schulleiterin lächelte und nickte beim Erzählen der Geschichte durch den Supervisor, die Schlussfrage brachte sie (wie die Gruppe) zum Lachen (vgl. zur Funktion des Lachens in Erzählkontexten: Eisenmann 1995: 57ff.).

Das Lächeln und Nicken (mehr als das Lachen am Schluss) waren zunächst ein Indiz dafür, dass der „Coup" und der „Clou" der Metapher gelungen war. Metapherntheoretisch gesprochen: Die Konterdetermination hatte stattgefunden. „Was bringt dich zum Lachen?" kam spontan aus der Gruppe. „Das ist ja so bescheuert einfach. Aber komm' da mal drauf! So einfach ist es bei mir aber nicht." war die Antwort. Besonders der formulierte Widerstand gegen die Lösung in der Geschichte zeigte, dass die Supervisandin in die Geschichte „hineingeraten" war. Die Geschichte hatte etwas „gemacht". In der Verarbeitungsphase arbeitete die Schulleiterin zunächst für sich, die übrigen SupervisandInnen gemeinsam aus der Perspektive der Schulleiterin an der Frage: Was hat die Geschichte mit mir zu tun. Zu welchen Fragen regt die Geschichte an? Diesen Auftrag hatte die Supervisandin sich und den anderen in der Sitzung gegeben. Es wäre auch denkbar gewesen, die Bearbeitung auf einen späteren Zeitpunkt zu verschieben. Für die Hermeneutik des wechselseitigen Erschließungsprozesses der beiden Geschichten ist es nicht nötig, 1:1-Entsprechungen zu finden im Stile von „Dies *ist* das, und jenes *steht für* ...". Es kommt nicht auf eindeutige Übersetzungen an, denn die Metapher ist keine Allegorie. Es kommt auf die Anregungen und Impulse, die Verstörungen an, die die Elemente der Metapher im *Kontext* der Problemerzählung auszulösen vermögen. Während der Arbeit ergaben sich u.a. diese Verknüpfungsmöglichkeiten zwischen Problemsituation und der Geschichte vom Mullah und seiner Lieblingsspeise.

Was ist die „Lieblingsspeise" der Schulleiterin? – Was hat sie getan, um sie zu bekommen? – Auf welche Weise jammert und flucht sie? – Wie öffentlich ist das? – Welche Hilferufe und –leistungen gab es schon? – Welche Nachbarn gibt es? – Was könnte die Schulleiterin fallen lassen? – Wann und wo würde das geschehen? Welche Folgen hätte das ? – Wie viel Unwillen und wem gegenüber würde das hervorrufen? – Wie „dumm" dürfen ein Mullah und eine Schulleiterin sich anstellen? – Was haben der Mullah und die Schulleiterin gemeinsam, was unterscheidet sie? (dieser Mullah und diese Schulleiterin, und: Mullahs und Schulleitungen im Allgemeinen!) – Ist die Supervision der „Nachbar" oder „Zauberei" ?

Diese Anregungen zeigen, dass die Geschichte sowohl positive Identifikations- wie auch andersherum Abgrenzungsmöglichkeiten bietet. Beide Wege können günstige Lernwege sein. Die Fremdheit der Geschichte und ihr übersteigernder Zug, der hier in der erträglichen, weil sympathischen „Dummheit" des Mullahs liegt, machen sie zu einem Gleichnis und einer Gegenwelt, die versuchsweise besucht, aber auch wieder verlassen werden kann. Gerade der Schritt heraus aus der Geschichte ist für den Supervisionszusammenhang wichtig: Das erlebnisaktivierende und das *reflexive*, d.h. nichts anderes als: auf die Ursprungsfrage *zurückgewendete*, Element der Arbeit, Assoziation

und Dissoziation gehören zusammen. In diesem Zwischenraum geschieht die
An-*Wendung.*

4.   Gesagt – getan ?!" Supervision als metaphorisch orientiertes Sprachhandeln

4.1 Supervision ist pragmatisch orientiertes Sprachhandeln

Supervision findet wesentlich im Medium der Sprache statt und zu einem
sehr hohen Anteil im Medium des gesprochenen Wortes. Damit gilt für Supervision der wirklichkeitskonstruierende und handlungsorientierte Charakter von Sprache. Auch die nicht im Medium des gesprochenen Wortes voll-
zogenen Elemente der Supervision sind sprachlich vorstrukturiert, sie stehen
nur so zur Verfügung. Die Verwobenheit von analoger und digitaler Kommunikation, von präsentativer und diskursiver Symbolik, von Experiment
und Diskurs sind ein typisches Gattungsmerkmal von Supervision im Medium der Sprache.

Supervision als Sprachhandeln leistet einen Beitrag zur Identitätsarbeit im
beruflichen Feld. Mitentscheidend dafür sind die Selbstnarrationen der SupervisandInnen und deren Bearbeitung, ggf. Um- und Neuerzählung in der
Supervision.

Pragmatisch orientiert ist Supervision deshalb, weil das dort erworbene
Wissen zur Verbesserung der Praxis dienen soll, es geht um den konkreten
nächsten Schritt.

Im Zentrum des Pragmatismus steht, wie gezeigt, die Theorie des symbo-
lischen Interaktionismus: Wechselseitige Erschließung und Erzeugung der
individuellen Identitäten und der Gesellschaft durch Rollenübernahmen. Supervision beschäftigt sich im Kern mit dem Rollenhandeln der SupervisandInnen an der Schnittstelle von Person und Institution. Dies gilt für den Bin-
nenraum der Supervision wie für den Außenraum, die Arbeitswelt der SupervisandInnen. Auch in der Supervision werden Rollen agiert, persönlich
interpretiert im Rahmen der „Institution" Supervision mit ihren spezifischen
Kommunikationsformen, Arbeitsstilen und -regeln, Vereinbarungen und Rahmenbedingungen. So entsteht im gemeinsamen supervisorischen Handeln eine eigene soziale Welt, die im günstigen Fall die SupervisandInnen ermutigt,
sich und etwas von ihnen in den beruflichen Kontexten zu „zeigen".

Pragmatismus wie Konstruktivismus nehmen Abstand von der Idee, Handeln sei eindeutig und objektivierbar im Sinne von generalisierbar zu bestimmen. Supervision ist Aus-Handeln unterschiedlicher Varianten. Es
kommen immer zahlreiche Ansichten, Perspektiven, Möglichkeiten, Faktoren
ins *Spiel.* Alle an der Supervision Beteiligten sind als Spieler zu verstehen,
deren Spielmöglichkeiten erweitert werden sollen, um variabel auf die An-

forderungen des Berufes reagieren und sie gestalten zu können. Medium des
Spieles ist Sprache als Unterscheidungskraft. Supervision kann neue Unterscheidungen und deshalb Entscheidungen vorbereiten.

4.2 Supervision ist dialogisches Sprachhandeln

Die jeweils u.U. bessere Handlungsalternative wird in der Supervision „poe-
tisch" erfunden. Poeten operieren nicht mit Dogmen, Rezepten oder Instruktionen, sondern mit Angeboten und Interpretationsmöglichkeiten. Die Beziehung unter Poeten ist möglichst symmetrisch, d.h. dialogisch zu organisieren.
In der Supervision sind die SupervisorInnen im günstigen Falle die erfahre-
neren und einfallsreicheren Poeten, daher legitimiert sich ihr Vorrang und
Leitungsanspruch. Die Rollenbezeichnung „Supervisand" ist nur eingeschränkt geeignet, um dieses Verhältnis auszudrücken (und damit wieder ein
Fall, wie Sprache im Definieren konkrete Verhältnisse schafft): wir haben es
ursprünglich bei „Supervisand" mit einem passivischen Verbaladjektiv zu
tun, das nach den grammatischen Regeln zu übersetzen wäre mit „jemand,
der von oben besehen werden muss. „ Es gibt im Moment keinen guten deutschen Ausdruck für die Rolle, die eigentlich gemeint ist.

4.3 Supervision ist eine kommunikative Handlung

Die Kategorie der kommunikativen Handlung ist geeignet, um die Reichweite des Geltungsanspruches, auf den Supervision zielen kann, zu verdeutlichen. Die Gewährsleute dafür sind oben *Habermas* und *Peukert*. Mit dem
Begriff der kommunikativen Handlung kommen gesellschaftliche, ethisch-
politische Konsequenzen in den Blick. Besonders mit *Peukert* hatten wir als
Zielpunkt kommunikativen Handelns die Freiheitsermöglichung und Akzeptanz betont. Supervision darf nicht missverstanden werden als Mittel, dass
jede/r nach Gutdünken tun und lassen lernen solle, was nur ihm/ihr nutzt, und
dafür die passenden Argumente zu finden. Supervision ist aber ein Ort, an
dem exemplarisch möglichst große Verantwortungsübernahme für das eigene
Handeln erlernt und erprobt werden kann. Verantwortungsübernahme gelingt
aber nur, wenn Partizipation und Gestaltungsfreiheit in beruflichen Kontexten herrschen. In der *Peukert*'schen Variante kommunikativer Handlungen ist
auch die Option für zu Unrecht von Teilhabe und Gestaltung Ausgeschlosse-
ner enthalten. Supervision hat teil am „Empowerment" für möglicherweise
im Berufsfeld Benachteiligte, zu kurz Gekommene, Übersehene..., um sie zu
einer aktiven Rollengestaltung zu befähigen. Supervision zielt nicht auf Ega-
lisierung, aber auf möglichst effektive Wahrnehmung der Handlungsspielräume und ihrer Grenzen. Wiederum gilt, dass das Supervisiongeschehen
selbst ein Modellfall solch kommunikativer Handlung ist. Es ist kein Raum
öffentlicher, politischer, unternehmerischer, verwaltungstechnischer Entschei-

dungen, aber ein Raum, in dem für solche Entscheidungen gelernt werden kann. Die Art und Weise der Kommunikation in der Supervision, des Miteinander-Umgehens, der Wahrung und Durchsetzung von Interessen, der Auseinandersetzung mit Konflikten, des Umgangs mit Vertrauensschutz und „vertrauensbildenden Maßnahmen" können Vorbildcharakter für das Verhalten außerhalb der Supervision bekommen.

Kommunikative Handlungen erwirken Gemeinschaft und haben Auswirkungen darauf. Deshalb ist ein unerlässlicher Baustein supervisorischer Arbeit die Einschätzung der Folgen, die verändertes Verhalten nach sich zieht. Von solchen Veränderungen betroffen sein können Menschen im beruflichen und privaten Umfeld der SupervisandInnen, KollegInnen, soziale Netze, die Strukturen der Institution; die Veränderungen erreichen u.U. die Öffentlichkeit und politische Ebenen.

Nach Abwägung der eigenen Ziele und Ressourcen zu deren Erreichung, unter Wahrung der ihm durch die Rollen zugeschriebenen Loyalitätspflichten, also nach gewissenhafter Prüfung der abschätzbaren Folgen, muss der Supervisand dann entscheiden, welche Handlungsziele er verfolgen will. Das Handeln ist dann auch gerechtfertigt, wenn es Konflikte, Missfallen, Komplikationen auslöst. In einem Supervisionsprozess besteht immer wieder die Möglichkeit, die Folgen von Veränderungen zum Ausgangspunkt einer wiederum zu verändernden, besseren Praxis zu nehmen. Wir plädieren also für eine pragmatische Verantwortungsethik, die nicht nur nach dem Nutzen für den Supervisanden fragt, sondern seine Entscheidungen in den Horizont der Allgemeinheit, wenn man mit *Peukert* sprechen will, der grenzenlosen Kommunikationsgemeinschaft stellt. In diesem Sinne ist Supervision auch kommunikatives Handeln, in dem ethisches Lernen stattfindet.

4.4 Supervision ist metaphorisches Sprachhandeln als Durchkreuzung vorgängiger Praxis

Dass in Supervision mit Metaphern, als Einzelmetaphern oder in Form metaphorischer Erzählung, gearbeitet wird, ist keine These, sondern es geschieht einfach. Dem brauchen wir nicht mehr weiter nachzugehen.

Die These aber lautet hier: Supervision insgesamt, nicht nur Phasen darin, ist metaphorisches Sprachhandeln. Dazu operieren wir noch einmal mit dem Stichwort der Durchbrechung. Wenn der Focus in der Supervision auf möglichen Veränderungen bisheriger Praxis liegt, dann lässt sich das beschreiben als der Versuch, die vorgängige Praxis zu durchbrechen, alte Muster, die sich als unangemessen erwiesen haben, zu ersetzen. Wir können auch sagen: den Strom der Erwartungen eigenen wie fremden Verhaltens zu durchkreuzen. Das genau nun haben wir als Wesenszug der Metapher herausgearbeitet: Sie durchbricht die Determinationserwartung in einem Akt kreativer Unterbrechung und stellt probeweise neue Zusammenhänge her, die sich bewähren

können, aber nicht müssen. In diesem Sinne ist Supervision metaphorisches
Handeln. Die Mittel dieses Handelns müssen aber nicht in jedem Falle Metaphern sein, wohl aber haben wir in den Praxisbeispielen zeigen können, dass
Metaphern besonders geeignet sind, Durchkreuzungen und neue Denk- und
Verhaltensmöglichkeiten zu kreieren. Selbst wenn Supervision ein selbstver-
ständliches Segment des beruflichen Handelns z.b. von LehrerInnen würde,
verlöre sie nicht den durchkreuzenden Charakter als Korrektiv und Ort stö-
render Irritation.

4.5 Supervision ist *Übersetzungsarbeit aus der Modellsituation in die Praxis und zurück und auch deshalb metaphorisches Sprachhandel.*

Die Metapher überträgt Bedeutungen von einem Bereich in einen neuen und
stiftet dort neue Zusammenhänge und Bedeutungen, weil die alten gestört
werden. Der Prozess dieses Hin und Her ist aber wechselseitig. Das Neue, in
der Supervision Erarbeitete, Erfundene bedarf der Übersetzung ins Praxis-
feld, was die Supervision selbst nicht ist. In der Praxis muss es sich als hilfreiche Störung verifizieren, oder aber es zeigt sich als (noch) nicht angemessen. Es fließt zurück in die Supervision und verändert auch diese im Gegen-
zug. So entsteht ein Strom neuer Erfahrungen aus der Modellsituation in die
Praxis und zurück. Supervision kann verstanden werden als Übergangs- und
Durchstiegsraum, als Kontaktfläche zwischen der beruflichen Welt, die
durch Fälle und Szenen in der Supervision sprachlich repräsentiert werden,
und der originären Wirklichkeit der Berufsfelder. Supervision kann die originären Erfahrungen umgestalten, neu „modellieren" und den Supervisand-
dInnen zur Erprobung zur Verfügung stellen. In diesem Sinne stimmt die
Formulierung: Gesagt – getan! Das in der Supervision Gesagte hat als solches bereits verändernden Tatcharakter, es bleibt aber die Differenz vom
Hier und Jetzt der Supervision zum Dann und Dort der beruflichen Praxis.
Diese Differenz zu überbrücken bleibt im Verantwortungsbereich der SupervisandInnen. Supervision kann aber die dafür nötige Disposition erzeugen.

4.6 *Metaphern helfen Visionen erschließen: Supervision als Super-Vision*

Besonders in den vorgestellten Geschichten und Gleichnissen leuchteten
Verhaltensmöglichkeiten auf, die nicht einfach „nachzumachen" sind. Sie
hatten etwas Überschiessendes, Visionäres. Metaphern gehen nicht einfach in
der oder in die Praxis auf, sondern behalten die Attraktivität aus der Spannung zwischen dem „Schon" und „Noch nicht". In diesem Sinne sind sie
neue Sinn-Attraktoren. So kann auch Supervision erfahren werden: Als die

Möglichkeitseröffnung neuer Praxis, die in der Supervision zunächst gedacht, ausgesprochen und vielleicht experimentell erprobt wird. Den Impuls und Schwung aus diesen Erfahrungsräumen können die SupervisandInnen mitnehmen in die Praxis „draußen", der Wert dieser Erfahrungen kann auch nicht dadurch negiert werden, dass die Praxis sich sperriger gegenüber den Veränderungswünschen erweist, als vielleicht angenommen. Supervision muss weltanschaulich gefüllt werden mit den ethischen Annahmen und Werten der daran Beteiligten. Sie soll einen Beitrag leisten zur Optimierung von beruflichen Interaktionen *und* Humanisierung der Arbeitswelt. Supervision aus der Motivation biblisch-christlicher Inspirierung kann, wie gezeigt, Visionen zur Sprache und Geltung bringen, die als Hoffnungssymbole wirken, deren letzte Realisierung aber aussteht und durch menschliche Praxis nicht herbeizuführen ist. Dies sind die biblischen Sprachsymbole, z.B. die innovativen Sprachhandlungen der Gleichnisse.

Weil Supervision auf die Praxis von SupervisandInnen in der Arbeits-Welt zielt, kann sie sich anstoßen lassen von Impulsen und Ideen christlicher Welt- und damit Arbeitsweltgestaltung. Wenn SupervisandInnen solche Impulse als für ihr berufliches Handeln bedeutsam erscheinen lassen, darf Supervision im Kontext und in Strukturen christlich-kirchlicher Weltverantwortung die Hoffnungssymbole der Veränderung von Welt und Mensch in Anspruch nehmen. Solche Supervision wird sich aber auch ihrerseits selbst dem kritischen Korrektiv dieser Symbole unterziehen und in der Weise ihrer Gestaltung als Hoffnungszeichen erkennbar sein. Bei aller vorauszusetzenden und anzustrebenden Professionalität ist aus dieser Hintergrundmotivation inspirierte Supervision von dem Druck befreit, sozusagen garantiert erfolgreich und fehlerfrei sein zu müssen. Im Bewusstsein, dass, wo und wenn immer Menschen am Werk sind, Fehler, Widersprüche, Brüche geschehen, steht dann auch Supervision in der Spannung von „Schon" und „Noch nicht", von menschenmöglicher Qualität und Zuversicht, dass das „Optimum" am Ende dazu geschenkt wird.

Literatur

Arens, E. (1982): Kommunikative Handlungen. Die paradigmatische Bedeutung der Gleichnisse Jesu für eine Handlungstheorie, Düsseldorf.

Barcelo, J. (1982): Die Bedeutung der Metapher für das Gespräch, in: Grassi, E./Schmale, H. (Hrsg.): Das Gespräch als Ereignis. Ein semiotisches Problem, München.

Bateson, G. (1983): Ökologie des Geistes. Frankfurt a.M.

Beinert, W. u.a. (1987): Theorien der Sprachhandlung und heutige Ekklesiologie. Ein philosophisch-theologisches Gespräch, Freiburg i.Br.

Bertau, M.C. (1996): Sprachspiel Metapher, Opladen.

Boscolo, L. u.a (1993).: Sprache und Veränderung. Die Verwendung von Schlüsselwörtern in der Therapie, in: Familiendynamik 18 (2), S. 107ff.

Buer, F. (1999): Lehrbuch der Supervision, Münster.

Coreth, E. (1987): Lebensvollzug in Kommunikation und Interaktion, in: Beinert, W. u.a. (1987).

Deissler, K. (1994): „Erfinde dich selbst..." – Ein therapeutisches Orakel?, in: Zeitschrift für systemische Therapie 12 (2), S. 80ff.

Deissler, K. u.a. (1994): „Sozialer Konstruktionismus"? – ein Interview mit Ken Gergen, in: Zeitschrift für systemische Therapie 12 (2), 118ff.

Efran, J.S. u.a. (1992): Sprache, Struktur und Wandel. Bedeutungsrahmen der Psychotherapie, Dortmund.

Eisenmann, B. (1995): Erzählen in der Therapie. Eine Untersuchung aus handlungstheoretischer und psychoanalytischer Perspektive, Opladen.

Emonds, H. (1986): Metaphernkommunikation. Zur Theorie des Verstehens von metaphorisch verwendeten Ausdrücken der Sprache, Göppingen.

Erikson, E. (1973): Identität und Lebenszyklus. Frankfurt a.M.

Ernst, H. (2002): Heilsames Erzählen. Ein neuer Blick auf das eigene Leben, in: Psychologie heute 29 (6), S. 20ff.

Gadamer, H. G. (1965): Wahrheit und Methode. Grundzüge einer philosophischen Hermeneutik, Tübingen.

Gamm, G. (1992): Die Macht der Metapher im Labyrinth der modernen Welt, Stuttgart.

Gergen, K. (1990): Die Konstruktion des Selbst im Zeitalter der Postmoderne, in: Psychologische Rundschau 41, 191-199.

Grassi, E./Schmale, H. (1982): Das Gespräch als Ereignis. Ein semiotisches Problem, München.

Halder, A (1987).: Sprachhandlungen und ihre geprägte Gestalt, in: Beinert, W. u.a. (1987).

Hartkemeyer, M. u. J. F. (2001): Miteinander Denken. Das Geheimnis des Dialoges, Stuttgart.

Hellinger, B. (1998): Finden, was wirkt, München.

Jaynes, J. (1988): Der Ursprung des Bewußtseins durch den Zusammenbruch der bikameralen Psyche, Reinbek.

Jüngel, E. (1974): Metaphorische Wahrheit, in: Ricoeur, P./Jüngel, E. (1974): Metapher. Zur Hermeneutik religiöser Sprache, München.

Kersting, H. (1992): Kommunikationssystem Supervision, Aachen.

Keupp, H. u.a. (1997): Identitätsforschung heute. Klassische und aktuelle Perspektiven der Identitätsforschung, Frankfurt a.M.

Keupp, H. u.a. (1999): Identitätskonstruktionen. Das Patchwork der Identitäten in der Spätmoderne, Reinbek.

Kleve, H. (1996): Konstruktivismus und soziale Arbeit. Aachen.

Kriz, J. (1997): Über die Macht der Sprache, in: Schmidt-Lellek, Chr.: Macht und Machtmissbrauch in der Psychotherapie, Köln: Edition Humanistische Psychologie, 43ff.

Kuhlmann, B. (2000): Metaphern in Supervision und Beratung, in: Vogt-Hillemann, M. u.a. (Hrsg.): Gelöst und los. Systemisch-lösungsorientierte Perspektiven in Supervision und Organisationsberatung. Dortmund.

Lakoff, G./Johnson, M. (2000): Leben in Metaphern. Konstruktion und Gebrauch von Sprachbildern, München.

Liebert, W.-A. (1992): Metaphernbereiche der deutschen Alltagssprache, Heidelberg.

Luckmann, T. (1984): Das Gespräch, in: Stierle, K./Warning, R. (Hrsg.): Das Gespräch, München.

Luckmann, Th. (1990): Eine verfrühte Beerdigung des Selbst, in: Psychologische Rundschau 41, 203ff.

Mohl, A. (1997): Der Zauberlehrling. Das NLP Lern- und Übungsbuch, Paderborn.

Mohl, A. (1998): Das Metaphern-Lernbuch. Geschichten und Anleitungen aus der Zauberwerkstatt. Paderborn.

Pannenberg, W. (1984): Sprechakt und Gespräch, in: Stierle, K./Warning, R. (Hrsg.) (1984).
Peseschkian, N. (2002): Positive Psychotherapie. Theorie und Praxis, Frankfurt a.M.
Peukert, H. (1976): Wissenschaftstheorie-Handlungstheorie-Fundamentale Theologie. Analysen zu Ansatz und Status theologischer Theoriebildung. Düsseldorf.
Peukert, H. (1976): Sprache und Freiheit. Zur Pragmatik ethischer Rede, in: Kamphaus, F./Zerfaß, R. (Hrsg.): Ethische Predigt und Alltagsverhalten, München.
Retzer, A. (1993): Zur Theorie und Praxis der Metapher, in: Familiendynamik 18 (2), 125ff.
Ricoeur, P. (1974): Die lebendige Metapher, München.
Ricoeur, P./Jüngel, E. (1974): Metapher. Zur Hermeneutik religiöser Sprache,München, (Sonderheft der Evangelischen Theologie).
Röska-Hardy, L. (1997): Sprechen, Sprache und Handeln, in: Preyer, G. u.a. (Hrsg.): Intention, Bedeutung, Kommunikation. Zu kognitiven und handlungstheoretischen Grundlagen der Sprechakttheorie, Opladen.
Satir, V. (1975): Selbstwert und Kommunikation, München.
Schulz von Thun, F. (2001): Praxisberatung in Gruppen, Weinheim.
Stark, W. (1993): Die Menschen stärken, in: Blätter der Wohlfahrtspflege – Deutsche Zeitschrift für Sozialarbeit, 2/1993, S. 41ff.
Stierle, K..H. (1975): Text als Handlung, München.
Stierle, K./Warning, R. (1984): Das Gespräch, München.
Stierlin, H. (1990): Zwischen Sprachwagnis und Sprachwirrnis, in: Familiendynamik 15 (3), 266ff.
Stollberg, D. (1999): Metaphorisches Denken in Seelsorge und Therapie, in: Bernhard, R./Link-Wieczorek, U. (Hrsg.): Metapher und Wirklichkeit, Göttingen.
Strecker, B. (1987): Strategien des kommunikativen Handelns, Düsseldorf.
Schlippe, A. von/Schweitzer, J. (2000): Lehrbuch der systemischen Therapie und Beratung, Göttingen.
Watzlawick, P. u.a. (1969): Menschliche Kommunikation, Bern u.a.
Watzlawick, P. (Hrsg.) (1981): Die erfundene Wirklichkeit, München u.a.
Watzlawick, P. (1983): Anleitung zum Unglücklichsein, München.
Watzlawick, P. (1991): Die Möglichkeit des Andersseins. Zur Technik der therapeutischen Kommunikation, Bern u.a.
Watzlawick, P./Weakland, J. H. (1997): Interaktion. Menschliche Probleme und Familientherapie, Zürich.
Weinrich, H. (1976): Sprache in Texten, Stuttgart.
Wenz, G. (1984): Sprechen und Handeln, in: Stierle, K./Warning, R. (Hrsg.) (1984).
Wittgenstein, L. (1984): Tractatus logico-philosophicus, Frankfurt a.M.

Heribert W. Gärtner

Mitarbeiterführung als geplante Irritation

Kleines systemisches Essay zur Führung in Sozialunternehmen

Der Titel dieses Beitrags markiert eine Paradoxie. Ob Irritation entsteht oder nicht entscheidet radikal das System. Jeder und jede, die mit Steuerung zu tun haben, ob Führungskraft oder Pädagoge wissen, dass diese sich nicht zielsicher planen lässt. Die Steuerung von Menschen schon gar nicht. Selbst unter Druck und Zwang aktualisieren Menschen ihre Spaltungsfähigkeit und schaffen die hochkomplexe Gleichzeitigkeit zwischen erfüllen und unterlaufen. Und trotzdem operieren viele Führungskräfte so, als hätten sie alles und alle in der Hand, vor allem die Organisation und die Mitarbeiter. Sie müssen natürlich so erscheinen, weil es vielfach von Ihnen erwartet wird. Deshalb stellt man sie u.a. ein: Dass sie aufräumen, dass sie retten, den Laden in den Griff kriegen usw. Erfolgreiche Führungskräfte kommen offensichtlich mit diesen zwei Ebenen in Organisationen gut zurecht und wissen, wie sie sich auf welcher Ebene zu verhalten haben. Zumeist sind mit den verschiedenen Ebenen auch unterschiedliche Sprachen verbunden; im Managementmeeting unter Gleichen – im Beisein der Geschäftsführung – spricht man anders, als mit den Mitarbeitern im eigenen Arbeitsbereich. Mehrsprachigkeit ist ein „managerielles Muss" ohne das es keinen Erfolg gibt. Gleichzeitig ist durch die Erfahrung unbestritten: Das, was eigentlich nicht geht, die zielgerichtete Führung und die Steuerung, funktioniert irgendwie doch. Es lassen sich natürlich Änderungen beobachten, die Menschen – Beteiligte und Beobachter – immer wieder mit ihren Intentionen in Verbindung bringen und entsprechend zuschreiben. Manchmal hat man jedoch den Eindruck, dass es fast ein Phänomen der Zeit und des Ortes ist. Wem gelingt es in welcher Geschwindigkeit als angemessene Adresse für Veränderungen am richtigen Ort zur Verfügung zu stehen (Fuchs 2003). Man braucht also für Führung offenbar kairologische und topologische Kompetenz. Führungskräfte stehen natürlich als bevorzugte Adresse zur Verfügung; vor allem wenn Dinge gelingen. Kausalität wird dann personalisiert. Wenn Dinge scheitern versucht man sich eher in Deckung zu bringen und zitiert die Sachzwänge, die Rahmenbedingungen, die anderen usw.

Sozialunternehmen, die vielfach personbezogene Dienstleistungen erbringen, neigen in besonderer Weise dazu zu personalisieren. Weil sie ein Geschäft mit Menschen machen, brauchen sie vielfach Ursachen, die auf Leute zurechenbar sind. Die meisten Menschen und Organisationen haben aus verständlicher Dissonanzreduktion kein Interesse diese Beobachtungen aufzuklappen. Er oder sie hat es hingekriegt und kann es; das ist der bessere Satz.

Dieser Essay beschäftigt sich mit der Führung von Menschen als eine der zentralen Alltagsaufgaben von Führungskräften. Damit reserviere ich den Führungsbegriff auf Steuerungsvorgänge von Menschen. Dies kann man auch anders und weiter sehen. Dann wird der Führungsbegriff meist auf alle Steuerungsvorgänge in der Organisation angewendet. Ich halte es für nützlich Begriffe mit begrenzter Reichweite zu verwenden. Das Handlungsfeld Führung kann man nur verstehen, wenn man den manageriellen Kontext berücksichtigt, in dem sich Führung abspielt.

1. Managementhandeln als Kontext von Führung

Wenn man die Managementarbeit systematisiert, die in Organisationen zu machen ist, kann man vier Funktionen unterscheiden:

Etablierung und Pflege perfekter Betriebsroutinen

Die Herstellung von funktionierenden Betriebsroutinen ist vielleicht die wichtigste Aufgabe für eine gute Dienstleistung in einem Sozialunternehmen. Die vorhandenen Betriebsroutinen (Produktions- oder Dienstleistungsabläufe) müssen so gestaltet sein, dass sie in entsprechender Qualität den Betriebszweck zur Zufriedenheit der Kunden realisieren. Dies wird heute unter den Stichworten Prozessorganisation und Qualitätsmanagement intensiv verhandelt. Wie schwer das ist, entdeckt man, wenn man anfängt jenseits der gebundenen Qualitätsberichte die Prozesse vor Ort sich näher anzuschauen. Diese „Kernarbeit" leistet in der Regel die untere bzw. die mittlere Führungsebene, wie z.B. die Wohngruppenleitungen in einem Altenheim. Diese Produktionsebene hat deshalb in den letzten Jahren eine solch große Bedeutung erlangt, weil bei vielen sozialen Organisationen die zu erbringenden personenbezogenen Dienstleistungen nicht mehr im Modell des Selbstkostendeckungsprinzips, sondern in Form von individuellen oder pauschalierten Preisen abgerechnet werden. Damit ist endgültig eine Koppelung des sozialen Bereichs an das Wirtschaftssystem erfolgt. Die „Frontleistung" der Führungskräfte wird dabei oftmals übersehen und auch zu schlecht bezahlt. Gut funktionierende Betriebsroutinen haben dummerweise die Eigenart, dass sie bei Funktionieren eben nicht auffallen. Erst bei ihrer Störung oder ihrem Ausfall werden sie zum Thema. Fritz Simon hat dieses Phänomen „Hausfrauenarbeit" genannt und davon die „Künstlerarbeit" unterschieden. Hausfrauen- oder Hausmännerarbeit merkt man in vielen Fällen erst, wenn sie eben ausfällt oder nicht funktioniert (Simon 1998: 49-56). Künstlerarbeit befasst sich mit kreativen Abweichungs- und Entwicklungsprozessen und ist von daher viel auffallender.

Anpassungen der Betriebsroutinen an neue Erfordernis (Change-Management)

Ist eine Organisation in der Lage sich an ihre Umwelt angemessen anzupassen und Irritationen aus der relevanten Umwelt aufnehmen, kann dies zu veränderten Betriebsroutinen (Prozessen) und/oder zu einer veränderten Strukturen (Aufbauorganisation) führen. Organisationen müssen hierzu bisher bewährte Abläufe als kontingent, d.h. als potenziell änderbar erkennen, bewährte Routinen verlernen und neue erlernen. Derzeit weiß jeder und jede wie schwer dies oftmals ist. Das naive Modell des „Überschreibens" funktioniert nicht: Den neuen Prozess ausgedacht und mit allen besprochen und entwickelt ist kein hinreichender Grund, dass sich eine Änderung stabilisiert. Neuer Erwartungsaufbau in einer Organisation gelingt zumeist nur mit gewichtigem Grund *und* mit dem chronischen Verstellen alter Handlungsmuster als Antwort auf bisherige organisationale Erwartungen. Überschreiben als Lösung klappt leider nicht. Löschen geht nach den Einsichten der neueren Hirnforschung wohl auch nicht so leicht, also müssen alte Gewohnheiten „verstellt" und die neuen eingeübt werden. Es ist erstaunlich und fast rührend mit welcher Naivität Menschen Änderungsprozessen in Organisationen gegenübertreten. Aufbau neuer Strukturen und Prozesse braucht viel mehr Wiederholung als es uns lieb ist.

Zukunftssicherung durch strategische Planung (Systemsteuerung)

Für die meisten Sozialunternehmen gilt inzwischen: Damit es sie morgen noch gibt, müssen sie heute etwas dafür tun: Vor allem zwei Dinge. Die relevante Umwelt des Unternehmens beobachten um jene Veränderungen wahrzunehmen, die für die Organisation bedeutsam sind, z.B. neue Anbieter auf dem Markt, neue Produkte, Veränderungen in der Kunden- und Patientenbzw. Bewohnerstruktur usw. Sie sind als „Störungen" in das Unternehmen einzubringen, um notwendige Anpassungsprozesse hinsichtlich der Produkt- und Dienstleistungspalette zu erreichen (was bietet eine Klinik an, was sind Anforderungen die sich aus dem politischen Umfeld ergeben usw.). Es braucht also ein Ausgreifen in die hypothetische Zukunft der Organisation zur Gestaltung des Jetzt (Neuhaus 2006).

Führung von Mitarbeitern

Die Führung von Mitarbeitern beschäftigt sich mit zwei Fragen: Erstens mit den am Arbeitsprozess beteiligten Individuen, ihren Verhaltensweisen sowie mit den relevanten Gruppen. Damit sind die vielen Kontakte und Gespräche gemeint, die eine Führungskraft mit einzelnen Mitarbeitern hat, seien sie strukturiert (wie z.b. beim Beurteilungs-, Zielvereinbarungs- oder Konflikt- gespräch) oder eher die zufällige Variante mit Folgen. „Ach wenn ich sie schon mal sehe...". Neben dem einflussnehmenden Kontakt mit Individuen hat es Führung oftmals mit Gruppen zu tun. Die Leitung eines Sozialunter- nehmens steuert wesentlich über die nächste Führungsebene. Heute ist natür- lich aus der Leitungsbesprechung das Managementmeeting geworden. Damit werden soziale Systeme zum Gegenstand der Führung. Da Gruppen etwas anders sind als die Ansammlung von Einzelpersonen, ist auf Seiten der Füh- rungskräfte ein anders Verhalten als beim Kontakt mit Einzelpersonen erfor- derlich.

Wenn Organisation und Führung mit Mitarbeitern Kontakt aufnehmen, betrachten sie diese in einer eingeschränkten Perspektive: jene ihrer Funktio- nalität im Hinblick auf den Zweck der Organisationen. Im Gegensatz zum System Familie sind Mitarbeiter in einer Organisation prinzipiell austausch- bar. Eine Buchhalterin in einem Heim wird vor allem darin beobachtet, wie sie ihren Job macht. Dass sie darüber hinaus gut singen kann und viel von Heilkräutern versteht, ist in der Regel nur ein Thema für Pausen, Underco- ver-Gespräche während der Arbeitszeit und vielleicht auch beim gelungenen Gesangsauftritt bei der Karnevalsfeier. Das kann in Einrichtungen in kirchli- cher Trägerschaft leicht zu Missverständnissen führen. Als Mitglieder der Kirche fühlen sich Mitarbeiter auch im Betrieb als ganze Person gemeint (und man interessiert sich bei der Einstellung legitimer weise auch für mehr als die reine Qualifikation); hinsichtlich der Leistungserbringung schlägt auf- grund der erhöhten Arbeitsverdichtung zunehmend die Leistungskategorie durch und wird entschieden befragt. Wir haben es also mit einer Mitarbeiter- paradoxie von Einmaligkeit (als Geschöpf vor Gott) und Auswechselbarkeit (in der Sicht der Organisation) zu tun.

Und zweitens: Führung beschäftigt sich mit den Kontextbedingungen und strukturellen Voraussetzungen, die das Verhalten von Menschen an ihren Ar- beitsplätzen bestimmen. Hierzu gehört das Zurverfügungstellen von Leuten, Räumen und Arbeitsmitteln, die Explizierung organisationaler Erwartungen in betriebliche Standards (wie werden Arbeitsvorgänge abgewickelt) und die strukturelle Ausgestaltung des Personalmanagements (z.B. durch Leistungs- beurteilung, Zielvereinbarungen, Personalentwicklung usw.). Eine Führungs- kraft in einem größeren Sozialunternehmen ist darauf angewiesen diese „Leitplankenlenkung" über Instrumente zu betreiben. Wenn jemand sagt, er führe 300 Menschen, kann er bei klarem Verstand nur jene Leitplankenfüh- rung meinen und damit die Hoffnung verbinden, dass die unteren Führungsebenen erstens die Instrumente anwendet und zweitens dies noch kompetent tut. Führen im Sinne der direkten Mitarbeiterführung kann eine Leiterin und ein Leiter in der Regel nur seine nächste Ebene, auf jeden Fall eine viel begrenztere Anzahl von Menschen. Managerinnen und Leiter von Einrichtungen und Teilbereichen sind in unterschiedlichem Ausmaß mit diesen Ebenen beschäftigt. In kleineren Organisationen müssen sie vielfach alle Ebenen bedienen. Je größer und arbeitsteiliger eine Organisation ist, umso mehr kommt es zu Ausdifferenzierungen in der Aufbauorganisation und damit in den Führungsebenen. Strategisches Managementhandeln und Moderation von Veränderungsprozessen sind dabei Kern der Selbstdefinition von Führungskräften auf der oberen Ebene. In den unteren Ebenen gehören die Pflege und Etablierung von Betriebsroutinen und die Führungsarbeit zum Kerngeschäft.

2.   Warum braucht es Führung und was tut sie?

Organisationen entscheiden sich dies und jenes zu tun und zwar in einer ganz bestimmten Weise. Wer Organisationswechsel hinter sich hat weiß, dass z.B. soziale Arbeit und Pflege immer das Gesicht der Organisation hat, in der sie ausgeübt wird, und dies kann wechseln. Auch wenn ein neuer Geschäftsführer kommt, kann das, was gestern gut war, heute nicht mehr gelten. Organisationen wollen, dass *ihre* Mitarbeiterinnen und Mitarbeiter *ihre* Erwartungen an betriebliche Verhalten erfüllen. Die Erwartungsstruktur (Baecker 2005, 85-98) wird umso komplizierter oder komplexer je arbeitsteiliger d.h. ausdifferenzierter eine Organisation in ihrer Leistungserbringung ist (Wunderer 1996: 386). Die Systemtheorie fasst diese Erwartungsstruktur im Begriff der Mitgliedschaftsrolle als Scharnier zwischen dem psychischem System, den Mitarbeitern und dem sozialem System, der Organisation (Luhmann 2003). In der Mitgliedschaftsrolle „definiert" die Organisation, welches Verhalten ihrer Mitglieder leistungsrelevant im Sinne der Systemkonformität ist und welches nicht, und sie entwerfen Spielregeln zur Leistungserbringung. Dies muss kein bewusster Prozess sein, und Erwartungen sind ja vielfach nicht ausformuliert, selbst bei einem solch prekären Vorgang, wie der Personalauswahl. In diesem Tauschgeschäft wird nicht alles gesagt, was erwartbar und leistbar ist. Als Bestandteil des Organisationsgedächtnisses werden Erwartungen vielfach nebenbei aktiviert. Erst im Konfliktfall, bei Nichterfüllung der Erwartung wird diese deutlich. Die zugelassene Variationsbreite ist dann doch geringer, wie rational besprochen usw.

Schaut man sich die Erfüllung der organisationalen Erwartungen an, stellt man fest, dass soziale Ordnung in der Organisation kein Selbstläufer ist. Mitarbeiterinnen und Mitarbeiter erfüllen immer wieder aus verschiedenen Gründen die an sie gerichteten Erwartungen nicht. Diese Differenz zwischen organisational erwartetem und individuell produziertem Betriebsverhalten ist

die Geburtsstunde der Führung. Es gibt offensichtlich eine chronische Er-
wartungsdifferenz. Menschen machen nicht automatisch das, was man von
ihnen will. Erwartungen beinhalten offensichtlich neben der Variante der Erfüllung immer auch jene der Enttäuschung (Baecker 2005: 88f.). Organisationen sind darüber in der Regel nicht beleidigt, sondern rechnen damit. So
ist das eben mit dem Menschen. Als psychische Systeme, die zur Umwelt der
Organisationen gehören und nicht ihr Bestandteil sind, muss auch mit ihrer
Autonomie gerechnet werden. Dass sie übereinstimmen und mitwirken und
dass sie abweichen, im „Bedarfsfall" auch blockieren und sabotieren. Deshalb braucht es Führung als Adresse.

Beobachtet man das betriebliche und organisationale Leben, erfüllen Mitarbeiter und Gruppen aus unterschiedlichen Gründen die an sie gerichteten
Erwartungen nicht:

1. Entweder, weil sie etwas nicht wissen oder verstehen (Problem der unzu-
   reichenden Information oder Rationalität, mangelnde betriebliche Sozialisation),
2. weil sie etwas nicht können, d.h. sie sind nicht in der Lage etwas, das sie
   verstanden haben zu tun (Problem begrenzter Qualifikation),
3. oder weil sie etwas nicht tun wollen (sie haben verstanden und können,
   aber wollen nicht; d.h. es geht um eine bewusste Ausnutzung eingeräum-
   ter Handlungsspielräume entgegen den Unternehmenszielen).

Aufgabe der Führung ist es, Mitarbeiterinnen und Mitarbeiter dazu zu bringen, dysfunktionales Verhalten zu unterlassen (jemand produziert also Verhalten, das man lieber nicht sieht) und funktionales Verhalten zu produzieren
(erwünschte Verhaltenweisen anzuregen). Es ist dabei klar, dass die Beschreibung dessen, was funktional oder dysfunktional ist, als eine Eigenleis-
tung des Systems und nicht als objektive Größe verstanden werden muss.
Wenn man von Führung ausgeht, unterstellt man, dass das Verhalten von
Menschen in Organisationen kontingent ist. D.h. es ist nicht festgelegt, sondern kann prinzipiell auch anders sein, was vielfach Organisationsmitglieder
sich gerade *nicht* vorstellen können. Führt man sich die Eigenart personbezogener Dienstleistungen vor Augen (z.B. Produktion im Jetzt-Vollzug),
wird sofort klar, dass das Führungsrepertoire sich nicht allein aus Kontroll-
maßnahmen speisen kann. Kontrolle funktioniert gut bei Unterlassungsinter-
ventionen (lassen Sie das bleiben, das machen wir nicht mehr...) . Aber auch
da hat man die Schwierigkeit beim Produktionsprozess zumeist nicht dabei
zu sein. Die Leiterin eines ambulanten Dienstes ist eben nicht anwesend,
wenn in einem Patientenhaushalt in der Stadt ihre Mitarbeiterin pflegt. Durch
aufwendige Verfahren, wie z.B. Pflegevisite versucht man sich dann doch
relevante Eindrücke darüber zu verschaffen, was jemand tut und unterlässt,
und wie er dies tut. Führung ohne Vertrauen (Luhmann 1989) funktioniert
schon zeitökonomisch nicht. Es ist ebenso sofort einsichtig, dass es bei der
Führung in Sozialunternehmen mit personbezogener Dienstleitung nicht nur

um Unterlassung dysfunktionalen Verhaltens gehen kann, sondern, dass die Organisation an der Produktion und Etablierung neuer Verhaltensweisen interessiert ist. Und nicht nur dies: Man ist darauf angewiesen, dass diese Verhaltenweisen auch autonom vollzogen werden. Sozialunternehmen haben es oftmals mit Menschen in eingeschränkten Lebenssituationen zu tun; bei den stationären Einrichtungen geht es zudem um Lebensräume. Deshalb geht es bei der Führung auch darum „Energie und Blut" ins System zu bringen. Organisationen küssen nicht, aber sie brauchen Menschen, die von der Aufgabe infiziert sind und sie lebendig halten, die Bewegung herstellen. Das ist deshalb wichtig, weil Änderung von Menschen, wie man am extremen Beispiel der Psychotherapie sehen kann, nur als Selbständerung funktioniert. Auch wenn wir es in Arbeitszusammenhängen mit Abhängigkeiten zu tun haben, ist das organisational produzierte Verhalten von Mitarbeitern immer *seine* Entscheidung und *seine* Tat. Eine Führungskraft kann weder in den Kopf der Mitarbeiter hineinschauen, noch ihre beruflichen Handlungen ausführen.

Hier kommt nach meiner Auffassung der Führungskraft eine wichtige Bedeutung zu. Als Vermittlungsagent wird sie in dieser Funktion genau beobachtet. Die Organisation kauft von ihr gegen Geld begrenztes Verhalten ab. Zu diesem Verhaltenssegment gehört auch, dass sie in der Lage ist, Menschen anzuregen mit Engagement und Lust ihre Tätigkeit auszuüben. Fritz Simon spricht in diesem Zusammenhang von der Fähigkeit zur „Verführung". Führung lebt also nicht nur von den „Schmerzpunkten der Vermeidung und Unterlassung", sondern ebenso von den „erogenen Zonen der Erfüllung". Systemisch ist Führung ein Spezialfall der nicht erfüllbaren Anforderung das Verhalten anderer Menschen zielgerichtet zu beeinflussen (Waldmann 1999, 245): Es wird also etwas getan, was nicht geht, und trotzdem scheinbar funktioniert.

Versucht man den Führungsbegriff definitorisch zu umreißen, kann man sagen:

Führung ist jene Form der zirkulären Kommunikation, die unter Inanspruchnahme von Macht und „Verführung" auf intendierte Verhaltensbeeinflussung abzielt. Macht hat dabei derjenige, der die Verhaltensoptionen seines Gegenübers in größerem Maße einengen oder erweitern kann, als sein Gegenüber dies bei seinen Optionen kann (F. Simon).

3. Führung – Arbeitsteilung – Hierarchie

Führung ist abhängig von dem Produktionsprozess sowie der Struktur und Größe einer Organisation. Ein Krankenhaus hat z.B. einen differenzierteren und arbeitsteiligeren Produktionsprozess als ein Altenheim. Besonders anspruchvoll wird der Produktionsprozess, wenn technische Leistungen (Operation, Diagnostik) mit personbezogenen Dienstleistungen (Pflege, Betreuung) gekoppelt werden. In der Klinik ist hierzu die Arbeit vieler Berufsgruppen und Leistungsbereiche zu koordinieren. Ein historisch bewährtes Koordinationsinstrument ist hierzu die Hierarchie (Baecker 1999: 198-231). Sie versucht mit der Unterscheidung von „oben" und „unten" in der Organisation soziale Ordnung herzustellen. Vertikale Kommunikation wird dabei hochgradig reguliert, horizontale Kommunikation wird freigestellt, aber für die Organisation als folgenlos erklärt. Ihre Leistung besteht darin, für begrenzte Bereiche (Subsysteme) Autonomie herzustellen (was ist zu tun, wer hat was zu sagen, und wer hat sich aus was herauszuhalten), die Erreichbarkeit und Abstimmung der Bereiche zu- und füreinander zu ordnen (dies betrifft Weisung, Information und Koordination) und die Realisation von Entscheidungen sicherzustellen.

Die zentrale Leistung der Hierarchie lässt sich mit Dirk Baecker (1999) zusammenfassend als „Unsicherheitsabsorption" beschreiben.

Führungskräfte sind in der Regel sowohl systemintern als auch an den Systemgrenzen tätig. Ihre Aufgabe ist es u.a. dafür zu sorgen, dass Systeme miteinander gekoppelt werden (z.B. Abteilungen oder Berufsgruppen, wie Medizin und Pflege), sich Entscheidungen an Entscheidungen anschließen und aufkommende Konflikte in und zwischen Systemen geregelt werden. In differenzierten Organisationen wird für diese Koordinationsarbeit eine eigene Mitgliedschaftsrolle ausgewiesen. Diese Rolle legitimiert Führung gegenüber anderen Menschen wahrzunehmen. Je nach Hierarchieebene und Unternehmensgröße ist diese Rolle anders ausgestattet. In einer kleinen Notschlafstelle für obdachlose Drogenabhängige beteiligt sich die Leiterin noch selbst am Produktionsprozess und übernimmt Dienste. Der Geschäftsführer einer 500 Bettenklinik operiert nicht mehr, selbst wenn er Arzt ist. Ihm sind in vielen Fällen auch nicht mehr alle Mitarbeiter bekannt. Sein Führungsbezugspunkt sind die leitenden Mitarbeiter der nächsten Ebene. Führungskräfte sind Exegeten der Organisationsstruktur.

Man muss sich darüber im klaren sein, dass Führung nicht mit Hierarchie identisch ist. Auch im komplementären Ordnungsmodell, dem echten Team, stellen sich Aufgaben, welche die Führungsfunktion meinen, auch wenn es keine formale Leitungsstruktur gibt. Im Team tritt die horizontale Kommunikation ins Blickfeld. Ihr kann nicht ausgewichen werden. Vieles wird dort als kontingent erklärt, außer der Kommunikation selbst; man muss miteinander aushandeln und trägt gemeinsam Verantwortung, auch für Folgen. Bei aller strukturellen Gleichheit fängt einer an, koordiniert, fasst zusammen usw. Es geschieht also auch dort Führung, so ist es in jeder Gruppe.

4. Zirkuläres Verständnis der Führung

Noch immer wird Führung als kausaler Beeinflussungsprozess gedeutet, von oben nach unten entlang der Hierarchielinie. Dies ist nachvollziehbar und lässt sich natürlich auch beobachten. Wie erläutert wurde, sind Führungskräfte daran interessiert, die Lücke zwischen den Erwartungen der Organisation und dem Verhalten von Mitarbeitern zu schließen. Viele Führungskräfte schreiben gezeigtes Verhalten von Mitarbeitern allein ihren Interventionen zu. Dass man hier etwas misstrauischer geworden ist, zeigt der Titelwandel eines Standardwerks zur Führung. Oswald Neubergers Buch hieß bis zur 2. Auflage „Führung", ab der 3. Auflage 1990 „Führen und geführt werden"; inzwischen heißt es „Führen und führen lassen". Im Wandel des Titels spiegelt sich eine veränderte Sichtweise des Führungsverständnisses wider. Versteht man mit der Systemtheorie Führung als ein auf Zeit gestelltes Interaktionssystem kann sie nicht mehr von oben nach unten gedacht werden. Führung ist dann als zirkuläre Operation zu bestimmen, in der sich Kommunikation an Kommunikation anschließt, ohne dass deren Verlauf oder Ergebnis vorher bestimmbar wäre. Ich weiß nicht wie dieses Spiel ausgeht. Was ich tun kann sind Hypothesen des Verlaufs zu entwerfen, die jeweils zu modifizieren sind.

Beeinflussung kann auch von unten nach oben geschehen. Mitarbeiter, insbesondere Stäbe, beeinflussen ihre Chefs; und dies auch ohne dass sie etwas ausdrücklich tun. Sie beeinflussen durch Zuarbeit, Vorarbeiten und Vorlagen die sie erstellen, auch wenn nach außen der Eindruck aufrechterhalten wird, dass dies der Chef selbst gemacht hat. Wie jeder weiß, sind auch die informellen Führer, die ihre Leitungen aus dem Hintergrund lenken, keine Seltenheit. Aus der Perspektive eines Beobachters formuliert, hat derjenige Macht, „der die Verhaltensoptionen seines Gegenübers in größerem Maße einengen und erweitern kann, als sein Gegenüber dies bei seinen Optionen kann. Macht hat immer derjenige, der im Tausch von Verhaltensweisen den größeren Einfluss auf den Wechselkurs hat (Simon 1996: 91). Damit hat Führung, wer sie ausübt. Dies kann zwischen den Beteiligten wechseln und manchmal sogar kippen. Führungskräfte müssen sich damit abfinden, dass der Führungsprozess fragil ist, und sie keine Ruhe finden, weil Konstellationen sich ändern und Systeme und ihre Umwelt sich in ständigen Anpassungsprozessen befinden.

Die Zirkularität der Führung ergibt sich im Kern aus dem was Niklas Luhmann doppelte Kontingenz genannt hat. Wenn jeder und jede potentiell anders handeln kann, und jeder dies von sich und anderen weiß, wäre es schwierig Anschlüsse an das Handeln anderer Menschen zu finden. Die anschlusssichernde Problemlösung lautet: „Ich tue was Du willst, wenn Du tust was ich will" oder umgekehrt: „Ich lasse mich von Dir nicht bestimmen, wenn Du Dich nicht von mir bestimmen lässt" (Luhmann 1994, 166f). Wichtig ist dabei, dass beide dies denken und es so zum wechselseitigen Einbezug der vermuteten Perspektive des anderen kommt, deshalb spricht man von doppelter Kontingenz. Dieses zirkuläre Ausgangsspiel der Kommunikation sichert soziale Ordnung. Es ist die zirkuläre Ausgangsfigur des Führungsprozesses.

5. Führung als Kommunikation

Man getraut sich im Zusammenhang von Führung fast nicht eigens zu sagen, dass Führung sich über Kommunikation konstituiert. Es erscheint zugegebenermaßen als Banalität. Die Aussagen zur Zirkularität des Führungsprozesses weisen jedoch darauf hin, dass es sich um ein Kommunikationsverständnis handelt, dass den Führungsprozess spezifisch interpretiert. Er konstituiert sich über die Selektion von Information, Mitteilung und Verstehen (Luhmann). Fragt man nach dem praktischen Kick dieser Sichtweise der Kommunikation, die hier aus Platzgründen nicht entfaltet werden kann, lässt sich frei mit dem Kybernetiker Wiener sagen: „Was ich gesagt habe, weiß ich erst, wenn ich die Reaktion darauf kenne". Dieses Kommunikationsverständnis rollt sich also vom Verstehen her auf. Genau diesen harten Sachverhalt ignorieren Führungskräfte chronisch. Sie gehen davon aus, dass ihre Aussagen, Mitteilungen sich als Kopiervorlage in den Köpfen der Mitarbeiter abgebildet haben und meinen darüber hinaus noch, dass diese nicht vorhandene „Kopfkopie" deren Handlungen bestimmen müsse. Heinz von Foerster hat mit seiner Unterscheidung der Trivialen und Nicht-Trivialen Maschine gezeigt, dass komplexe Systeme eben nicht nach einem einfachen Input-Output-Modell zu verstehen sind (v. Foerster 1997). Menschen und Organisationen funktionieren leider oder „Gott sei Dank" nicht wie ein Kaffeeautomat. Führung hat wesentlich mit Sprache und Information zu tun. Die Systemtheorie hat deutlich gemacht, dass Information nicht adäquat in einem Übertragungsmodell verstanden werden kann. Information entsteht systemisch im Kopf des Mitarbeiters in Abhängigkeit zu seiner kognitiven Struktur, ist also ein systeminternes Produkt. Daraus ergibt sich eine Pluralität der Verarbeitungsmodalitäten des gleichen Sachverhaltes, auch wenn alle des Lesens mächtig sind. Aus diesem Grund kommt der Entwicklung und dem Aufbau eines organisationalen Gedächtnisses eine besondere Bedeutung zu.

Die Systemtheorie geht davon aus, dass es aus diesem Grundbaustein (Information, Mitteilung und Verstehen) durch Anschlusskommunikation zum Aufbau sozialer Systeme kommt. Bei der Mitarbeiterführung geht es um temporäre Interaktionssystemen mit einzelnen oder mit Gruppen in unterschiedlicher Dauer und Stabilität. Bei den oben genannten Führungsinstrumenten handelt es sich um Aufbau von Erwartungen und Strukturen in sozialen Systemen, die Verhalten von Mitarbeiter einschränken und lenken sollen, also die möglichen Variationen, wie man seinen Arbeitstag verbringt. Wir haben es also mit zwei verschiedene Formen sozialer Systeme mit unterschiedlicher Logik zu tun.

Voraussetzung ist zu akzeptieren, dass sowohl psychische als auch soziale Systeme, also Mitarbeiter und die Organisation in ihrer Wahrnehmung selbstreferentiell sind. Umgangssprachlich gesagt, kann sowohl ein Mitarbeiter als auch die Organisation nur das sehen, was er oder sie sehen kann. D.h. beide Systeme verarbeiten Inputs nach ihren eigenen Gesetzmäßigkeiten. Der Filter der Verarbeitung ist systemisch gesprochen die jeweilige Sinnstruktur des Systems, durch die Komplexität zur Umwelt hin reduziert und intern aufgebaut wird. Die interne Regel- und Verarbeitungsstruktur des Systems wird durch seine operative Geschlossenheit aufrechterhalten. Diese Regelstruktur der Organisation bildet die Arena für die mögliche Varietät des Verhaltens der Mitarbeiter.

6. Führung als Operation

Die Radikalität systemischen Denkens liegt in seiner strikten Operativität. Es zählt das, was wirklich geschieht und sich vollzieht. Dies bedeutet eine wichtige Umgestaltung der Sichtweise in der Führung. Systemisch denken heißt sich nicht von einseitig normativen Vorstellungen darüber wie Führung sein soll, in die Irre führen zu lassen. Sozialkompetentes Verhalten ist so z.B. nicht immer jenes der Wahl (Gärtner 2003). Wenn eine Organisation völlig anders tickt organisiert man sich mit dieser Verhaltensweise möglicherweise das Scheitern. Systemisch hieße die Frage: Wie viel Sozialkompetenz verträgt die Organisation?

Eine Klinik suchte eine Führungskraft auf der oberen Leitungsebene. In der Ausschreibung war beim Anforderungsprofil von Teamarbeit die Rede. Faktisch wurde dieses Verhaltensrepertoire im Klinikalltag nicht abgerufen, es war sogar unerwünscht, weil die Klinik streng hierarchisch organisiert war. Hätte die neue Pflegedirektorin dem Ausschreibungstext geglaubt, wäre sie gescheitert. Wer nicht die faktischen Erwartungsstrukturen durchschaut organisiert mit einiger Wahrscheinlichkeit seinen Misserfolg. Erfolgreiches Führungshandeln wird durch jene Operationen (Handlungen) bewirkt, die bei Mitarbeitern und im System wirkliche Unterschiede bewirken; also im Vorher-Nachher-Vergleich sichtbar werden. Man kann sagen: Wer beeinflusst mit welchen Interventionen erfolgreich wen? Diese Handlungen gilt es zu beobachten und zu identifizieren. Hierzu gehört kann dann der regelmäßige grüne Tee der attraktiven Pflegedirektorin mit dem Geschäftführer ebenso wie die Auseinandersetzungen mit so wirkungsvollen Verhaltensweisen wie dem Bluff, der Intrige, dem Klatsch der Schikane und dem Gerücht (Bardmann 1994; Gärtner 2001). Führung sollte nicht nur beobachten was sein soll, sondern auch beobachten was ist und nach welchen Spielregeln das organisationale Spiel gespielt wird.

7. Strukturdominanz über Zeit und Raum

Beobachtet man das, was Führungskräfte tun, kann man feststellen, dass es zu ihrer Rolle gehört Settings zu bestimmen. Sie definieren wo, was mit wem stattfindet und welchen Anfang und Ende es hat. Führung hat offenbar die Legitimation ausgewählte Leute zu bestimmten Zeitpunkten an bestimmten Orten zusammenzuführen und Themen vorzugeben. Sie hat eine „Struktur-dominanz" über Raum und Zeit. Wenn man sich die zeitliche Dimension an-schaut, sieht man, dass Führungskräfte oftmals festlegen können, wann etwas beginnt und endet (die Sitzung geht von... bis). Sie können anderen Fristen setzen (bis dann will ich das bitte...), haben die Legitimation Initiativen ein-zubringen und zu platzieren, legen Reihenfolgen von Themen fest (Tages-ordnung) usw. Damit haben sie die Chance des ersten Spielzuges. Die ande-ren sind gezwungen sich damit auseinander zusetzen. Sie können in vielen Fällen ja oder nein sagen, neue Vorschläge einbringen, aber dies sind Reak-tionen auf Vorangegangenes. Wenn ich schnell genug bin, bringe ich mich in eine Vorteilsposition und richte die Aufmerksamkeit auf meine Fragestellun-gen; ein Privileg das Führungskräften zusteht. Wie wichtig diese Struktur-dominanz ist sieht man daran, wenn Führungskräfte sie nicht wahrnehmen. Wenn eine Dienstbesprechung oder eine Übergabe öfters „ausgefranst" ist, wird schnell Autoritätszuschreibung verspielt; er oder sie hat das dann nicht in der Hand. Wenn jemand nicht sachkundig ist, kann er von seinen Mitar-beitern thematisch vor sich hergetrieben werden. So geht es manchem neuen Chef, den man nicht wollte und dem man jetzt zeigen will, wovon er keine Ahnung hat.

8. Führung als Beobachtung

Voraussetzung erfolgreicher Führung ist die Fähigkeit zur Beobachtung mit unterschiedlichen Bezugspunkten:

- Auf der Ebene der Organisation, um das wirkende Regelsystems zu ver-stehen und zu begreifen, welche Unterscheidungen zählen (erkennen der organisationalen Spielregeln)
- auf der Ebene der Gruppe als soziales System, um deren emergente Struktur zum Beispiel in ihren Arbeits- und Verhaltensnormen zu erken-nen,
- auf der Ebene des einzelnen Mitarbeiters als psychisches System, um zu verstehen mit welchen Unterscheidungen er/sie arbeitet.

Die Beobachtungsoperationen erfordern unterschiedliche Fähigkeiten. Mitar-beiterbeobachtung hat grundlegend mit dem zu tun, was man als Empathie und Perspektivenwechsel bezeichnet. Ich muss in der Lage sein mich in meinen Mitarbeiter hineinzuversetzen und seinen gefühlten Blick in die Welt zu rekonstruieren. Wenn ich weiß, auf was der Mitarbeiter reagiert oder nicht reagiert, mit welchen Unterscheidungen er arbeitet, habe ich Ansatzpunkte für Hypothesen zu Führungsinterventionen. Hierzu ist es dann erforderlich wieder die Seite zu wechseln und dem Mitarbeiter zum Gegenüber zu werden, das nicht nur versteht, sondern auch Interessen artikuliert.

Die Beobachtungsthematik hat noch einen weiteren zentralen Aspekt. Wenn Führung zirkulär ist, beobachten auch Mitarbeiter, Kollegen und Chefs die Führungskraft. Ihr Bild im Unternehmen ist wesentlich von dieser Beobachtung bestimmt. Deshalb macht es Sinn sich als Führungskraft zu überlegen, in welchen Zusammenhängen ich beobachtet werden möchte. Konkret: Wo tauche ich auf und wie stelle ich mich dar und wo erscheine ich besser nicht. Unter dieser Perspektive stiften die Stationsrundgänge der „alten Oberin" eine neue Sinnhaftigkeit. Die Botschaft hieß: Mit mir müsst ihr rechnen, auch zu ungewohnten Zeiten. Es braucht für erfolgreiche Führung auch eine *Inszenierung des Beobachtet-Werdens.*

Die Beobachtung der Regeln von Gruppen und insbesondere jene der Organisation hat den größten Komplexitätsgrad und ist ein differenzierter diagnostischer Prozess zu dem insbesondere die Analyse der Unternehmenskultur gehört. Es ist im Kern die Rekonstruktion jener Erwartungen auf die das in der Organisation praktizierte Verhalten die Antwort ist. Wenn ich Mitarbeiterverhalten beobachte, ist immer die Frage zu stellen, wie die Erwartung heißt, auf die es antwortet. Durch die Rekonstruktion der zentralen Erwartungen erschließt sich die Statik der organisationalen Architektur. Eine Hilfe reale Erwartungen und nicht Artefakte zu identifizieren besteht darin, sein Augenmerk auf die Beobachtung von Erwartungsenttäuschung zu richten. Erwartungsenttäuschungen machen die andere Seite sichtbar. Individuelles Verhalten von Menschen in Organisationen spielt sich im Kontext organisationaler Erwartungen ab, wie immer die Reaktion darauf sei. Echte Erwartungen können nicht einfach ignoriert werden. Man kann sie zwar nicht erfüllen und damit enttäuschen, aber dies ist dann ein Reaktion.

Führungskräfte brauchen die Beobachtung auf allen Systemebenen. Zu ihrer Selbstreflexion braucht es die Beobachtung auf der Ebene zweiter Ordnung zur Kompensation des blinden Flecks. Hierzu dient immer wieder herzustellender Abstand. Supervision und Coaching ist eine Reflexionsform diesen Abstand herzustellen.

Literatur

Bardmann, Th. M. (1994): Wenn aus Arbeit Abfall wird. Aufbau und Abbau organisatorischer Realitäten. Frankfurt a.m.
Baecker, D. (2005): Form und Formen der Kommunikation. Frankfurt a.m.
Baecker, D. (1999): Organisation als System. Aufsätze. Frankfurt a.m.
Benkenstein, M./Güthoff, J. (1996): Typologisierung von Dienstleistungen. In: Zeitschrift für Betriebswirtschaftslehre 66 (1996) S. 1493-1510.
Gärtner, H.W. (2001): Braucht die Pflege noch Sozialkompetenz? In: Eisenreich, Th./ BALK (Hrsg.):Handbuch Pflegemanagement. Neuwied-Kriftel.
Gärtner, H. W. (2001): Management jenseits der Rationalität. Zur Phänomenologie und Logik des Gerüchts als Kommunikationsform in Organisationen. In. Brandenburg, H./Schwendemann, U. (Hrsg.): Kommunikation-Kooperation-Konflikt (FS Geißner). Freiburg, S. 106-120.
Gärtner, H. W.: Zur Ambivalenz des Qualitätsmanagements. Steuerungsinstrument oder Betriebsaccessoire. In: Krankendienst 80 (2007) S. 10-14.
Groth, T. (1999): Wie systemisch ist „systemische Organisationsberatung"? Neue Beratungskonzepte für Organisationen im Kontext der Luhmannschen Systemtheorie. 2. Aufl. Münster.
Foerster, H. v. (1997): Prinzipien der Selbstorganisation im sozialen und betriebswirtschaftlichen Bereich. In: Ders. Wissen und Gewissen. Versuch einer Brücke. Hg. V. Siegfried J. Schmidt. 4. Aufl. Frankfurt, S. 233-268.
Fuchs, Peter (2003): Der Eigen-Sinn des Bewußtseins. Die Person, die Psyche, die Signatur. Bielefeld
Kieserling, A. (1999): Kommunikation unter Anwesenden. Studien über Interaktionssysteme. Franfurt a.m.
Luhmann, N. (2000): Organisation und Entscheidung. Opladen.
Luhmann, N. (2002): Short cuts. Franfurt a.m.
Luhmann, N. (1994): Soziale Systeme. Grundriß einer allgemeinen Theorie. Frankfurt a.M.
Luhmann, N. (1989): Vertrauen. Ein Mechanismus der Reduktion sozialer Komplexität. Stuttgart.
Neuberger, O. (2002): Führen und führen lassen. Stuttgart.
Neuhaus, Chr. (2006): Zukunft im Management. Orientierungen für das Management von Ungewissheit in strategischen Prozessen. Heidelberg.
Pongratz, H. J/Voß, G.: Fremdorganisierte Selbstorganisation. Eine soziologische Diskussion aktueller Managementkonzepte. In: Zeitschrift für Personalforschung 11 (1997) S. 30-53.
Schreyögg, G./Sydow, J. (Hrsg.) 1999: Führung – neu gesehen. (Managementforschung 9). Berlin-New York.
Simon, F. B./Conecta (1998): Radikale Marktwirtschaft. Grundlagen systemischen Managements. Heidelberg.
Steinkellner, P. (2005): Systemische Intervention in der Mitarbeiterführung. Heidelberg.
Waldmann, R. (1999): Perspektiven der Führungsforschung. Ein Paradigmenvergleich. Wiesbaden 1999.
Walger, G./Schenking, F. (1999): Dienstleistungen und ihre Beschreibung. In: Soziale Systeme 5 (1999) S. 125-136.
Willke, H. (1993-1995): Systemtheorie I-IIII. Gustav Fischer: Stuttgart-Jena.
Wunderer, R.: Führung und Zusammenarbeit. Grundlagen innerorganisatorischer Beziehungsgestaltung. In: Zeitschrift für Personalforschung 10 (1996) S. 385-409.

4. Supervision und Spiritualität

Raphael Günther

„Werden, der man ist". Überlegungen zum Verhältnis von Supervision und Spiritualität

Einführung

Klassischerweise gehört der Begriff der Spiritualität und das, was er bezeichnet, in das Beratungssetting der Geistlichen Begleitung. Ziel der Geistlichen Begleitung ist die Verbesserung der spirituellen Kompetenz und die Förderung der Beziehung zu Gott. Nach ihrem eigenen Selbstverständnis dient sie dem Reifungsprozess des Menschen, entwickelt Eckpunkte geistlichen Lebens (Gebets- und Meditationsformen, Exerzitien) und gibt Hilfen zu ihrer Gestaltung (Plattig 2000: 204). Berufliche Fragestellungen haben in ihr einen Ort, insoweit sie Erfahrungen betreffen, die zu Gott in Beziehung gesetzt werden (im Sinne einer „Spiritualität der Arbeit").

Der Fokus der Supervision ist ein anderer. Ihr Ziel ist die Verbesserung der beruflichen Kompetenz. Im Normalfall fragen Menschen Supervision nicht an, weil sie über ihre Beziehung zu Gott nachdenken wollen, sondern weil sie Fragen ihres beruflichen Alltags klären wollen. Diese Unterscheidung ist notwendig und hilfreich, um das Anliegen der Supervisanden ernst zu nehmen und das Spezifikum der Supervision zu wahren.

Gleichwohl sehe ich mich in meiner Arbeit als Supervisor mit spirituellen Fragestellungen konfrontiert.

- Wer eine Supervision beginnt, steckt häufig in einer umfassenden Krise, in der es nicht ausschließlich um berufliche Fragestellungen geht. Was möchte ich mit meinem Leben anfangen? Wie finde ich aus einer Phase der Depression zurück zu einem sinnerfüllten, lebenswerten Leben? Wie gehe ich mit Situationen des Scheiterns um? – Das sind Fragen, die deutlich in den beruflichen Kontext hineinspielen, aber nicht in ihm ihre Grenzen finden. Ist es möglich, im Rahmen von Supervision an ihnen zu arbeiten?
- Ich bin nicht nur Humanwissenschaftler, sondern auch Theologe und Pastoralreferent. Kann ich diese Ressourcen in der Supervision nutzbar machen?
- Viele meiner Supervisanden arbeiten in pastoralen Feldern. Für diese Arbeitsfelder ist der Umgang mit Spiritualität konstitutiv. Was bedeutet das für die Supervision?
- Ich erlebe mit Interesse, dass Supervisoren und Therapeuten, die nicht kirchlich gebunden sind, spirituelle Fragestellungen in ihre Beratungs-

prozesse einbeziehen. Anscheinend sehen sie die Notwendigkeit dazu. Gleichzeitig kommt die Geistliche Begleitung, wo sie auf der Höhe der Zeit ist, nicht mehr ohne humanwissenschaftliche Kenntnisse und Methoden aus. Ist es letztlich nur noch eine Frage des biografischen Hintergrundes von Klienten, ob sie Therapie, Supervision oder Geistliche Begleitung suchen?

Auf dem Hintergrund dieser Beobachtungen ist es meine Absicht, das Verhältnis von Supervision und Spiritualität zu bedenken und ersten Klärungen zuzuführen. Dazu schildere ich zunächst skizzenhaft und nur soweit, wie es für das Thema notwendig ist, Grundzüge des systemisch-konstruktivistischen Paradigmas. Dieses bildet den fachlichen Horizont, in dem ich als Supervisor arbeite (Punkt 1). Gibt es innerhalb dieses Ansatzes Versuche, das Thema „Spiritualität" zu reflektieren, und was tragen diese Versuche zu meinem Verständnis bei (Punkt 2)? Dann lege ich dar, welche Elemente für mich konstitutiv sind, damit sich eine gesunde Spiritualität entwickeln kann. Mein eigener Zugang ist wesentlich dadurch geprägt, dass ich Christ bin und als Theologe arbeite (Punkt 3). Abschließend bedenke ich das Zueinander von Supervision und Spiritualität: Was ist der Beitrag der Supervision zu einer lebensfördernden Spiritualität, und was kann meine Spiritualität zu einer sachgerechten Supervision beitragen (Punkt 4)?

1. Der fachliche Horizont: Das systemischkonstruktivistische Paradigma

Ich verstehe den systemischen Konstruktivismus als ein Paradigma, das mir hilft, soziale und psychische Phänomene zu verstehen und das ein Instrumentarium bereitstellt, damit umzugehen. Sein Nutzen erweist sich in der konkreten Beziehung zum Supervisanden und seinem Kontext. Vier Grundannahmen sind mir auf dem Hintergrund der vorliegenden Überlegungen besonders wichtig.

Jeder entwirft seine „Landkarte" von der Welt, die nicht deckungsgleich mit der Wirklichkeit ist. Wie diese Landkarte aussieht, hängt ab von den Erfahrungen der Biografie.

Konstruktivistisches Denken geht davon aus, dass die Wirklichkeit nicht losgelöst werden kann von dem, der sie wahrnimmt und erkennt. Es gibt keine Wahrheit im Sinne einer Übereinstimmung von objektiver Wirklichkeit und subjektiver Wahrnehmung. Wir haben selbst aktiv an der Konstruktion unserer Erfahrungswelt Anteil. Erkenntnis ist mit dem Anfertigen einer „Landkarte" der Welt vergleichbar, die uns die Orientierung erleichtern soll: Der Einzelne reduziert die Komplexität der Realität, um überhaupt handlungsfähig zu sein.

Wie die „Landkarte" eines konkreten Menschen aussieht, hängt von biografischen Erfahrungen ab. Ausgehend von der Annahme, dass jeder Mensch das bestmögliche Handeln wählt, um sein Selbstwertgefühl zu erhalten, sich vor Kränkungen zu schützen und so autonom wie möglich zu sein, bin ich als Supervisor daran interessiert, die Sichtweise des Supervisanden aus seiner Lebensgeschichte verstehen zu lernen. Ich habe Respekt vor dieser Sichtweise. Ich weiß, dass auch meine Diagnose- und Interventionsmöglichkeiten und meine Hypothesenbildung biografisch gesteuert sind. Ich setze sie reflektiert ein in der Hoffnung, dass sich daraus in der Interaktion mit dem Supervisanden Perspektiven ergeben, die seine Sichtweise erweitern und neue Möglichkeiten schaffen.

Der Prozess des Erkennens, in dem jeder „seine" Welt konstruiert und ihr Sinn verleiht, ist kein individueller, sondern ein gemeinschaftlicher Prozess.

Einstellung lässt sich beschreiben als Niederschlag sozialer Erfahrungen in der Biografie. Was wir als Wirklichkeit ansehen, haben wir in einem langen Prozess der Sozialisation und im Durchgang durch verschiedene soziale Systeme gelernt, die letztlich unser psychisches System mit erzeugten. Ein wesentliches Merkmal von psychischen und sozialen Systemen besteht darin, dass sie sinnkonstituiert und sinnkonstituierend sind. Nach Luhmann ist Sinn die aktive Auswahl, über die aus einer „Überfülle des Möglichen" das menschliche Erleben Ordnung herstellt (Schlippe & Schweitzer [3]1997: 72). Erkenntnis wird vermittelt über Sprache und Bewusstsein. Deshalb wird meine Weltsicht wesentlich davon abhängen, in welcher „Erzähltradition" ich groß geworden bin. Das bedeutet, dass meine Wahrnehmung und mein psychisches System kulturabhängig sind.

Supervision verstehe ich als ein weiteres System, durch das der Supervisand geht. In diesem System finden kommunikative Prozesse statt, die ebenfalls Sinn erzeugen. Insofern ich die gleichen Geschichten kenne wie mein Supervisand, ist Verständigung möglich, insoweit ich andere kenne und ins Spiel bringe, ist produktive Verstörung und damit Neuorientierung möglich.

Supervision arbeitet daran, die „Landkarte" bewusst zu machen und die Verantwortung für eigene Realitätskonstruktionen zu übernehmen.

Mir als Supervisor fällt es zu, mit dem Supervisanden daran zu arbeiten, dass ihm seine Konstrukte bewusst werden und dass er die Verantwortung für sie übernimmt, hier besonders bezogen auf berufliches Handeln. Das generelle Ziel von Supervision ist es zu ermöglichen, dass berufliche Beziehungen und berufliches Handeln durch die Supervisanden befriedigend(er) und professionell(er) gestaltet werden können. Das setzt voraus, dass sie die eigene Konstruktion von Wirklichkeit, die eigenen prägenden Muster auf ihrem Erfahrungshintergrund wahrzunehmen lernen.

Selbst-Verwirklichung ist immer Entwicklung in Beziehungen.

Ebenso wie der Prozess des Erkennens ein gemeinschaftlicher Prozess ist, so ist auch die Entwicklung von Supervisanden immer Entwicklung in Systemen. Evolution ist nur möglich als Ko-Evolution. Ich versuche, Supervisanden darauf vorzubereiten, dass ihre veränderten Bemühungen, den eigenen Ansprüchen im Beruf besser zu entsprechen und berufliche Beziehungen anders zu gestalten, auf Rückkopplungsmechanismen bei ihren Kollegen, Vorgesetzten, Adressaten stoßen werden. Die Art der Arbeit in der Supervision soll vermitteln, dass das Aushandeln der eigenen mit fremden Ansprüchen Teil der eigenen Persönlichkeitsentwicklung und somit eine echte Chance sein kann.

2. Spirituelle Aspekte innerhalb des systemisch-konstruktivistischen Ansatzes und ihre Bedeutung für die Supervision

Das Gespräch über Spiritualität und der Umgang mit spirituellen Fragen ist in den letzten Jahren faktisch zu einem Bestandteil von Therapie und Supervision geworden. Auch innerhalb systemisch-konstruktivistischer Ansätze gibt es Versuche, das Thema „Spiritualität" zu reflektieren (Brandau 1993, Essen 1995, Schnappauf 1994). Folgende Überlegungen dazu habe ich in der Literatur gefunden.

Die Arbeit mit dem Paradigma des systemischen Konstruktivismus verlangt eine ethisch-spirituelle Orientierung des Supervisors.

Systemische Arbeit ist gekennzeichnet durch Experimentierfreudigkeit in der Methodik und eine gewisse Respektlosigkeit gegenüber psychotherapeutischen Schulen. In mein Konzept der Supervision sind klientenzentrierte, gestaltberaterische, psychoanalytische, gruppendynamische und neurolinguistische Ansätze integrierbar, abhängig jeweils von ihrer Möglichkeit, im gegebenen Fall die Chance zur Perspektiverweiterung zu bieten. Damit allerdings ihre Verwendung nicht beliebig wird, ist es wichtig, sie kontinuierlich unter den Kriterien der Angemessenheit und ethischen Vertretbarkeit zu überprüfen. Ich kann Hannes Brandau nur zustimmen, wenn er schreibt:

„Die emanzipatorisch-spirituelle Einbindung supervisorischen ... Tuns wird für mich als ethische Wertorientierung um so wichtiger, je pluralistischer und anarchistischer die Verwendung unterschiedlicher Konzepte erfolgt" (Brandau 1993: 80).

Damit wird die Haltung, die der Supervisor einnimmt, zu einem entscheidenden Steuerungsfaktor in der Supervision. Als Indikatoren für eine ethisch-spirituelle Orientierung des Supervisors können gelten:

– der Respekt vor den Supervisanden und ihrer Einstellung und Lebensgeschichte;
– die Ablehnung manipulativer Praktiken;
– das Ziel, die Spielräume der Supervisanden zu erweitern: „Handle stets
so, dass du die Anzahl der Möglichkeiten vergrößerst" (Schlippe &
Schweitzer [3]1997, 116);
– eine emanzipatorische Ausrichtung der supervisorischen Arbeit, die die
mögliche Destruktivität von Systemen thematisiert und nicht primär die
Leidensfähigkeit, sondern die Liebes- und Arbeitsfähigkeit entwickelt.

Hilfreich dabei ist die Annahme, dass der Supervisand alles, was er braucht,
schon als Ressource in sich trägt. „Alles ist schon getan" (Essen 1995: 47);
spirituell gesprochen: Der Mensch ist schon erlöst.

*Systemische Therapie und Supervision formulieren in profaner, wissenschaftli-
cher Begrifflichkeit wesentliche Elemente aus der spirituellen Welt der Religionen
in der Sprache der Psychotherapie und üben sie in ihrer Praxis anfanghaft ein.*

Diese These wird vor allem von Siegfried Essen vertreten. In seinem Aufsatz
„Spirituelle Aspekte in der systemischen Therapie" (Essen 1995) untersucht
er, in welcher Beziehung Religion und Therapie zueinander stehen. Obwohl
er seine Überlegungen aus dem Blickwinkel des Therapeuten macht, halte
ich sie für übertragbar auf die systemisch-konstruktivistische Arbeit in der
Supervision.
    Essen beschreibt Spiritualität als einen Prozess der Verwandlung, „als ein
Werden und nicht als einen Zustand, ... als ein ständiges Transzendieren und
Fallenlassen von allem, worin ich mich eingerichtet habe" (Essen 1995, 44).
Der Zustand, in dem ich mich eingerichtet habe, kann durchaus in prosai-
schen Begriffen wie Redundanz, Muster, Problemsystem beschrieben werden. Der Prozess der Verwandlung wird durch eine Begleitung gefördert, in
der die Tendenz anzuhaften, immer wieder unterbrochen und in einen Prozess des Loslassens verwandelt wird. Wenn der Klient die Verantwortung für
seine Realitätskonstruktionen übernimmt und sich darauf einlässt, dass seine
gewohnten Denk-, Fühl- und Handlungsmuster unterbrochen werden, findet
und erfindet er neue Möglichkeiten. Essen sieht darin eine große Nähe zur
Praxis der Meditation, wie sie der Buddhismus kennt, aber auch zum Begriff
der Umkehr, der Metanoia, bei Jesus.
    Wohltuend nüchtern merkt Essen an, dass die therapeutische bzw. supervi-
sorische Reflexion natürlich nicht die Essenz der Lehren Buddhas oder Jesu
wiedergibt und dass sie nicht ausreicht, um eine tragfähige Spiritualität zu entwickeln. Religiöse Praktiken wie Gebet und Meditation, die selber nicht Sache
der Beratung sind, müssen hinzukommen. Da die systemische Beratung aber
alltagstauglich im Sinne einer praktischen Hilfestellung ist, ist sie dazu geeignet, spirituelle Fragen zu erden und mit dem konkreten Leben zu vermitteln.
    Sowohl in der Beratung als auch auf dem spirituellen Weg geht es darum,
der zu werden, der man ist. Das verlangt in einem ersten Schritt die Über-

nahme der Verantwortung für die Unterscheidungen, die wir treffen, in einem zweiten Schritt das Aufgeben der Unterscheidungen, spirituell gesprochen: das Loslassen, um dem wahren Selbst mit seinen Ressourcen auf die Spur zu kommen: „Veränderung geschieht, wenn man zu werden versucht, was man ist, nicht wenn man zu werden versucht, was man nicht ist" (Essen 1995: 49). Essen sieht, dass diesem Prozess der Verwandlung im Einzelnen mächtige Ängste und ein großes Bedürfnis nach Sicherheit entgegenstehen können, besonders in den leidvollen Situationen, in denen gemeinhin eine Beratung angefragt wird. Er empfiehlt, diese Ängste und Bedürfnisse nicht als Widerstand gegen den Wachstumsprozess zu interpretieren, sondern herauszufinden, in welchem Kontext sie einen tieferen Sinn haben und sie letztlich zu deuten als den Wunsch, vertrauen zu können. Der Berater kann diesen Prozess praktisch unterstützen, indem er an Kraftquellen und Ressourcen erinnert und intensiv nach Zielen und Wünschen fragt.

Bei Essen habe ich eine Meinung wieder gefunden, die mir selber sehr wichtig geworden ist: Der Supervisionssprozess selbst ist eine Einübung in spirituelle Haltungen auch da, wo sie nicht ausdrücklich thematisiert werden. Dazu gehören die Haltungen des Respekts und der Wertschätzung, die Wahrnehmung dessen, was ist (Bewusstheit), die Einübung in Authentizität und Wahrhaftigkeit, die Ermutigung, sich zu wandeln und die Erkenntnis, dass Selbstverwirklichung nur gemeinsam mit anderen möglich ist. Systemische Arbeit verhilft dazu, den eigenen Platz im System wahrzunehmen und auch anderen ihren Platz zu geben bzw. zu lassen. Essen beschreibt das spirituelle Moment gesunder Beziehungen als „Einstimmen in den Zusammenhang" (Essen 1995: 51). Religio aber ist Rückbindung in den größeren Zusammenhang. Dieser Umgang mit der Wirklichkeit ist ebenso wie der gegenteilige, nämlich der Glaube an Trennung, eine zu verantwortende Entscheidung. Ohne die Ebenen zu vermischen, entsteht so im systemischen Denken und Arbeiten ein Anweg zu einer spirituellen Lebenspraxis.

3.   Grundzüge meines Verständnisses von christlicher Spiritualität

An den Äußerungen systemischer Konstruktivisten zum Thema Spiritualität fällt auf, dass sie den eigenen weltanschaulichen Standpunkt nur undeutlich markieren. Ich vermute, dass das mit der Absicht zusammenhängt, die systemische Beratung als generelle Hilfe auf dem spirituellen Weg zu verstehen, unabhängig von der konkreten religiösen Beheimatung. Das verleiht ihren Überlegungen eine große Offenheit, eine Offenheit allerdings, die im Beratungsprozess nicht durchzuhalten ist. Weder der Supervisand noch ich sind weltanschaulich neutral oder leben in einer Äquidistanz gegenüber den verschiedenen Religionen. Welche „Geschichte" ich als für mich relevante ansehe, spielt auch hier eine Rolle. Diese Rolle ist natürlich befragbar und veränderbar, aber nichtsdestotrotz wirksam. Insofern halte ich es für hilfreich, den eigenen Standpunkt deutlich zu machen. Es ist ein Unterschied, ob ich von der Möglichkeit spreche, aus der Verbindung zu einem „größeren Ganzen" (Schnappauf 1994:12) heraus zu handeln oder ob ich sage: In meinem Sein und Handeln bin ich rückgebunden an den Gott, den Jesus Christus verkündet.

Damit ist der christliche Standpunkt angesprochen, den ich einnehme, wenn ich über das Verhältnis von Supervision und Spiritualität nachdenke. Was macht eine christliche Spiritualität aus, wodurch ist sie gekennzeichnet?

Das Wort „Spiritualität" tauchte erst in den letzten Jahrzehnten des vergangenen Jahrhunderts wieder im Wortschatz deutschsprachiger Theologen auf, hat aber dann eine schnelle Karriere gemacht. Deutlich ist, dass das Reden von Spiritualität aufkommt im Zusammenhang mit dem Bedeutungsverlust der traditionellen Kirchlichkeit in den sechziger und siebziger Jahren. Es rückte ins Bewusstsein der Theologie, dass ein persönlicher, authentischer Weg der Verwurzelung in Gott notwendig ist, um heute zu glauben und den Glauben im Alltag zu bekennen.

Einen zusätzlichen Schwung bekam das Nachdenken über eine christliche Spiritualität durch die spirituelle Suche breiter Bevölkerungsschichten in den neunziger Jahren. Die Tatsache, dass Identität in der Postmoderne nicht mehr von außen vorgegeben ist, es aber einen Bedarf gibt, den „roten Faden" im eigenen Leben zu finden, erzeugte eine unüberschaubare Fülle spiritueller Angebote (auch im psychosozialen Metier). Die theologische Disziplin der Spiritualität vergewisserte sich in der Folge in zwei Richtungen: Gegenüber einer verkopften Theologie erinnerte sie an den Primat der Erfahrung, gegenüber einer esoterisch-beliebigen Erlebniskultur betonte sie die Notwendigkeit der Reflexion.

Die relativ frische Wiederentdeckung der Spiritualität im theologischen Raum bringt es mit sich, dass Kurzdefinitionen kaum möglich sind. Lebensmäßig wie in der Reflexion ist vieles im Aufbruch. Ich gehe daher so vor, dass ich einige Kennzeichen christlicher Spiritualität beschreibe, die mir bei der Lektüre aktueller Publikationen (Dienberg 2000, Grün/Dufner 1998, Müller ²1998, Schütz 1988) häufig begegnen und die ich selber für relevant halte.

Spiritualität ist immer Spiritualität auf dem Weg. Sie ist biografisch, nicht dogmatisch orientiert.

Lange Zeit war in der Geschichte der Theologie die Vorstellung prägend, man könne in der Gemeinschaft der Kirche objektive Wahrheiten weitergeben, die Menschen in ihrem Leben dann nur noch zu glauben und umzusetzen hätten, um heil zu werden. Mystik und Gotteserfahrung gerieten tendenziell unter den Verdacht der bloßen „Subjektivität". Dieser Ansatz verkannte, dass jedes Zeugnis des Menschen von Gott, auch die biblischen Zeugnisse und die Glaubenszeugnisse der Kirche, immer schon Niederschlag von Erfahrungen ist. Konkrete Menschen und Gemeinschaften hatten in ihrer Geschichte Erfahrungen, die sie als Gotteserfahrungen deuteten. Diese Erfahrungen sind nicht ohne weiteres auf andere Menschen und Zeiten übertragbar.

Gleichzeitig jedoch ist jede Erfahrung, wenn auch in Grenzen und mit Schwierigkeiten, vermittelbar. „So ist die Möglichkeit gegeben, dass der Mensch auch durch vermittelte Erfahrung lernen kann, sich mit ihr auseinandersetzen kann und auf seinem Weg in der Gemeinschaft der Menschen voranschreitet, indem er teilhat am Wissen und der Erfahrung der Gemeinschaft" (Dienberg 2000: 23f).

Ein Mensch wird dann vermittelte Erfahrungen annehmen, wenn sie etwas zur Deutung der eigenen Lebenserfahrungen beitragen können. Deswegen hat eine Theologie der Spiritualität die Erfahrungen und Begegnungen der Menschen ernst zu nehmen und sich von ihnen bestimmen zu lassen. In einer Gesellschaft, in der die Lebensgeschichten sich deutlich voneinander unterscheiden, ja in der sogar die einzelne Lebensgeschichte mehr und mehr in Episoden und Fragmente zerfällt, hängt die Vermittlung christlicher Deutungen davon ab, wie weit sie sensibel ist für die unterschiedlichen Biografien und ihre Geschichten und für die unterschiedlichen Zugänge zum Glauben, die sich daraus ergeben.

Spiritualität als geistliches Leben ist nicht zu trennen von der leiblich-seelischen Entwicklung. Sie ist ein unabgeschlossener Prozess der Verwandlung des Lebens.

Es tut dem Menschen nicht gut, wenn er sein inneres Wachstum aufspaltet in eine spirituelle und eine psycho-somatische Komponente. Anselm Grün weist auf die Gefahr hin, mit der Orientierung an Idealen und der Überbetonung bestimmter Frömmigkeitsformen persönliche Probleme zu überspielen und schwache oder „gefährliche" Seiten (Aggression, Sexualität) zu verdrängen. Grün plädiert für eine „Spiritualität von unten", die auf die Stimme Gottes in den Leidenschaften, Gefühlen, Bedürfnissen, Krankheiten und Verletzungen der Lebensgeschichte hört (Grün 1994: 160). Eine solche „Spiritualität von unten" ist selbstverständlich im Gespräch mit den Humanwissenschaften. Sie weiß um die Hilfen, die die moderne Psychologie bereitstellt, um mit dem eigenen Seelengrund in Kontakt zu kommen, psychosomatische Vorgänge zu deuten, Blockaden zu beseitigen, Verletzungen zu integrieren und sich menschlich zu entwickeln.

Grün warnt davor, seine Gedanken, Gefühle und Leidenschaften, Nöte, Ängste und Sehnsüchte gewaltsam verändern zu wollen. Er orientiert sich nicht an den Defiziten, sondern an den Ressourcen und empfiehlt, die starke Kraft in ihnen wahrzunehmen und sie im Vertrauen auf Gott durch diesen verwandeln zu lassen.

Der Mensch bleibt lebendig und wächst im Glauben, wenn er sich verwandeln lässt. Krisen fordern immer wieder heraus, die Grenz- und Schwellenerfahrungen unserer Biographie als Chancen geistlichen Lebens und Wachsens zu nutzen. Mit der Wandlung des Menschen wandeln sich im Laufe des Lebens auch seine Spiritualität und die Formen, in denen sie Ausdruck findet. Ziele dieses dynamischen, zeitlebens unabgeschlossenen Prozesses sind die Selbstwerdung des Menschen und die Einübung des Vertrauens in Gott.

Spiritualität ist dialogisch angelegt und verwirklicht sich in gelebten und reflektierten Beziehungen.

Christliche Spiritualität ist dialogisch angelegt. „Der Dialog dient dazu, dass die Wahrheit ans Licht gelangen kann, und hat konkret viele und verschiedene Namen" (Schütz 1988: 1178). Dabei gehen Christen davon aus, dass niemand die Wahrheit endgültig besitzt, sondern dass es darum geht, sich offen zu halten für den Geist Gottes, der in die Wahrheit einführt. Auch dieser Prozess ist unabgeschlossen; für die Dauer der irdischen Existenz erkennen alle nur „wie in einem Spiegel" (Paulus im ersten Brief an die Korinther).

Ein spiritueller Christ führt diesen Dialog mit Respekt, insoweit er die menschlichen Erfahrungen achtet und bedenkt, die sich in Wissenschaft und Kultur niederschlagen; er trifft aber auch eine „Unterscheidung der Geister" insoweit, als er aus der Fülle des Ganzen auswählt unter dem Kriterium, was zu seiner Deutung der Welt einen signifikanten Beitrag leisten kann.

Die spirituelle Haltung verwirklicht sich vor allem im Dialog mit den Mitmenschen, d.h. in der Art und Weise, wie ein Christ seine Beziehungen lebt und gestaltet, im überschaubaren Bereich von Partnerschaft und Familie, der Nachbarschaft und der Arbeitsstelle ebenso wie im öffentlichen Raum von Politik, Wirtschaft und Medien. Das Leitmotiv, unter dem dieser Dialog steht, ist die Liebe; sie wird spürbar im Respekt und in der Wertschätzung, mit der Menschen einander begegnen. Diese Liebe schließt die Wahrnehmung von Störungen und Blockaden nicht aus, sondern ausdrücklich mit ein. „Wir müssen uns dessen bewusst sein, dass unsere Gottesbeziehung nur insofern wachsen kann als auch unsere mitmenschlichen Beziehungen wachsen bzw. dass auch unsere Gottesbeziehung blockiert wird, wenn es in unseren menschlichen Beziehungen Blockaden gibt" (Hense/Hense 2000: 85).

Entsprechend dem großen zeitlichen Anteil, den berufliche Beziehungen im Alltag einnehmen, wächst deshalb der beruflichen Beziehungsgestaltung eine erhebliche Bedeutung zu.

Christliche Spiritualität setzt sich in Beziehung zu der Biografie Jesu.

Die bisher genannten Merkmale einer christliche Spiritualität werden von Nichtchristen, die spirituell suchen und verantwortlich über diese Suche reflektieren, durchaus geteilt (Miller 1994: 31-49). Das Besondere christlicher Spiritualität wird deutlich, wenn Christen ihre Biografie in Verbindung setzen zur Biografie Jesu, die sie als eine Geschichte erkannt haben, die in ihr Leben einen signifikanten Unterschied eingeführt hat. Dabei ist entscheidend, wie

Jesus seinen Weg gegangen ist, wie konsequent er der Verwandlung getraut hat und wie er seine Beziehungen zu Gott und den Menschen gestaltet hat. Trotz aller Orientierung verpflichtet die Geschichte Jesu nicht zur Imitation, sondern lädt ein zur Auseinandersetzung und zur Suche nach dem eigenen Weg. Es gibt daher so viele „Nachfolgegeschichten", wie es Christen gibt.

Der signifikante Unterschied, den die Geschichte Jesu in mein Leben einführt, ist die Botschaft, dass die Sehnsucht des Menschen nach Ganzheit und sein Vertrauen nicht ins Leere laufen. Das Scheitern und zwangsläufig der Umgang mit dem Scheitern bis hin zur letzten Grenzerfahrung des Todes sind prägende menschliche Erfahrungen. Sie dürfen nicht christlich überhöht und überspielt werden; der Frage, was und wer im Einzelnen zu diesem Scheitern beiträgt, darf man sich nicht entziehen. Tatsache aber bleibt, dass es nicht in unserer Hand liegt, für alles Lösungen zu finden. Jesus lebt vor, wie wir im Vertrauen auf Gott die Haltung der Liebe durchhalten können und Gott uns auch im Scheitern auffängt: Alles ist schon getan. Sein Geist begleitet uns durch unser Leben. In ihm wird unser wahres Selbst zur letzten Entfaltung kommen. Die Einübung in dieses Vertrauen Jesu ist für mich der Grundimpetus christlicher Spiritualität.

4. Der praktische Bezug von Supervision und Spiritualität

Das Zueinander von Supervision und Spiritualität verstehe ich als ein gegenseitiges kritisches Korrektiv zum Nutzen beider Seiten.

4.1 Der Beitrag der Supervision zu einer lebensfördernden Spiritualität

Das Ziel der Supervision ist die Verbesserung der beruflichen Kompetenz. Spirituelle Fragestellungen bekommen im Rahmen dieses Zieles einen Stellenwert, soweit sie beruflich relevant sind. Das ist bei pastoralen Berufen grundsätzlich der Fall, in anderen Berufen unter bestimmten Bedingungen. Supervision kann dazu verhelfen, dass dem Supervisanden seine spirituellen Einstellungen bewusst werden, dass er sie rational klärt, Verantwortung für sie übernimmt und sie auf die beruflichen Konsequenzen hin überdenkt.

Spiritualität allein ist noch nicht wertvoll. Spirituelle Einstellungen können verderbliche Folgen haben: Sie können die klare Wahrnehmung behindern, den Gruppenmitgliedern wie anderen schaden, die Wirklichkeit mit Frömmigkeit zukleistern und aggressiv nach innen wie nach außen wirken. Entscheidendes Kriterium einer gesunden Spiritualität ist, dass sie dem Leben dient. Supervision kann dazu verhelfen, dass dem Supervisanden seine spirituellen Einstellungen bewusst werden und er Verantwortung für sie übernimmt, indem er sich von schädlichen oder manipulativen Einflüssen löst, die seine Spielräume einengen, und neue Einstellungen erfindet, die seine Möglichkeiten erweitern. In welcher Form spirituelle Fragestellungen in der Supervision überhaupt eine Rolle spielen, hängt vom Setting und der Kontraktgestaltung ab.

Am deutlichsten gehören spirituelle Fragen in das Setting der Pastoralen Supervision. In der Pastoral ist Spiritualität ein entscheidender Faktor beruflichen Handelns und insoweit notwendiger Bestandteil der Reflektion innerhalb der Supervision. In der Pastoralen Supervision ist sie im Allgemeinen auch deutlicher Inhalt des Dreieckskontrakts. Meine kirchlichen Auftraggeber, die mich bezahlen und freistellen, damit ich pastorale Mitarbeiter supervisiere, erwarten von mir, dass ich die spirituelle Dimension ausdrücklich in die Supervision mit einbeziehe. Auch die Supervisanden selbst kommen mit dieser Erwartung. Ich finde das angemessen. Wenn es das Ziel beruflichen Handelns in der Pastoral ist, in der Zusammenarbeit mit anderen die Botschaft Jesu in der Gegenwart lebendig zu halten und unterschiedlichen Menschen Zugänge zu dieser Botschaft zu ermöglichen, dann verlangt das eine Spiritualität, die nährt (und zwar zunächst einmal den pastoralen Mitarbeiter selbst), die wandlungs-, dialog- und beziehungsfähig ist.

Arbeit an der Spiritualität ist deshalb Arbeit an der Qualität von Pastoral und insoweit natürlich Thema einer Pastoralen Supervision. Das kann unter verschiedenen Fragestellungen der Fall sein:

– Welche spirituellen Einstellungen blockieren und welche fördern meine Arbeits- und Beziehungsfähigkeit?
– Welche Auswirkungen hat die eigene Spiritualität auf die konkrete pastorale Arbeit? Welche davon wünsche ich, welche möchte ich verändern?
– Was kann ich tun, um spirituell nicht auszubrennen?
– Wie gehe ich mit der Differenz zwischen hohen (religiösen, ethischen, praktischen) Anforderungen im Beruf und meiner realen Begrenztheit um?
– Was bedeutet es, dass im pastoralen Beruf auch das Privatleben an höheren Ansprüchen gemessen wird als in anderen Berufen? Was tue ich, wenn ich an diesen Ansprüchen scheitere (Scheidung, Alkoholkrankheit etc.)?

Arbeit an der Spiritualität ist Arbeit an der inneren Haltung, mit der ich meinen Beruf ausübe. Konzepte und Methoden, die ich kenne und benutze, sind nützlich. Aber sie allein bilden nur einen Rahmen, in den ich mich setze. Mit meiner Haltung dagegen setze ich selber einen Rahmen für meine berufliche Tätigkeit. Der Begriff der Haltung ist dabei für mich verbunden mit Assoziationen wie „Aufrichtigkeit" (körperlich und seelisch) und „Souveränität". Er leistet den wichtigen Teil der Integration von kognitiver, emotionaler und Handlungs-Dimension des beruflichen Alltags.

An dieser Stelle ist für mich auch ein Übergang möglich zur Thematisierung spiritueller Fragestellungen in nicht-pastoralen Supervisionen. Das beginnt manchmal schon damit, dass Auftraggeber oder Supervisanden sich bewusst einen Supervisor suchen, der Theologe ist. Die Erwartung, die damit verbunden ist, muss natürlich zum Thema des Kontraktgespräches werden. Im allgemeinen kann man allerdings davon ausgehen und sich dabei auch auf das Ergebnis empirischer Studien stützen (Utsch 2001: 6-12), dass sich ein gemeinsames Welt- und Menschenbild von Berater und Klient für den Beratungsprozess förderlich auswirkt.

Im Grunde arbeitet jede Supervision an der oben beschriebenen Haltung. Ich habe oben schon darauf hingewiesen, dass der Prozess der Supervision selber eine Einübung in spirituelle Haltungen ist, auch da, wo dies nicht ausdrücklich thematisiert wird. Supervisanden üben ein, eigene Deutungen zu erkennen und zu benennen, fremde Deutungen zu hören, auszuhalten und auf die Relevanz für das eigene Tun abzuklopfen. So üben sie eine Haltung des Dialogs ein. Im Beziehungsgeflecht der Supervision lernen sie eine Haltung des Respekts und der Wertschätzung kennen, die konstruktive Konflikte einschließt.

Theologisch gewendet bedeutet dies: Es wächst eine Disposition dafür, dass ich zu mir stehen kann, wie ich bin, weil Gott mich so geschaffen hat. Sein Geist begleitet mich durch meine Lebensgeschichte. Ich kann seine Stimme in ihr vernehmen. Im Vertrauen darauf darf ich mich wandeln. Meinen Mitgeschöpfen begegne ich mit Wertschätzung und Respekt. Ich nehme meinen Auftrag zur Mitarbeit an der Schöpfung wahr, indem ich meine Lernerfahrungen in den Beziehungen am Arbeitsplatz umsetze und so zur Humanisierung der Arbeitswelt beitrage. Diese Disposition muss natürlich nicht spirituell gedeutet werden, sie muss erst recht nicht religiös gedeutet werden, und schon gar nicht im Sinne der christlichen Religion. Aber sie ist offen dafür. Gleichzeitig unterschreitet sie nicht den Standard der Humanwissenschaften, die da, wo sie über sich selber reflektieren, sich ebenfalls in einen philosophisch-ethischen Horizont stellen (etwa das zweite Axiom der TZI: „Ehrfurcht gebührt allem Lebendigen und seinem Wachstum. Respekt vor dem Wachstum bedingt bewertende Entscheidungen. Das Humane ist wertvoll; Inhumanes ist wertbedrohend" Cohn 1975: 120).

Ich möchte auch in der nicht-pastoralen Supervision Fragen zulassen können wie: Wer bin ich? Welche Vorstellungen habe ich von meinem Leben? Ich halte dies auch deshalb für wichtig, weil Menschen häufig in Situationen Supervision suchen, in denen sie Grenzerfahrungen machen. In Zeiten einer beruflichen Krise sind oft auch andere Systeme wie Partnerschaft und Familie betroffen. Die Sinnfrage wird gestellt: Wofür mache ich das? Was bin ich wert? Wie verkrafte ich berufliches Scheitern? In solchen Situationen überprüfe ich mit Supervisanden zunächst, ob alle Möglichkeiten ausgeschöpft sind, suche nach Ressourcen, die sie bisher nicht im Blick hatten, arbeite am Allmachtskomplex und übe die Haltung des Loslassens ein: Es steht beim besten Willen nicht alles in meiner Hand. In wessen Hand aber dann?

Ich plädiere also für weiterzige Grenzziehungen in der Supervision, so dass ich neben meiner Kompetenz als Supervisor auch meine Fähigkeiten als

Theologe und kirchlicher Mitarbeiter ins Spiel bringen kann – soweit der Supervisand das wünscht. Zu diesen Kompetenzen gehört zum einen die hermeneutische Fähigkeit, im Umgang mit Geschichten, Bildern, Ritualen unterschiedliche Perspektiven wahrzunehmen und Deutungsmöglichkeiten auszuloten. Zum anderen bin ich als Theologe vertraut mit „anthropologischen Deutungsfeldern" (Lüke [2]2007: 62-66), die sich mit der Antwort auf die weithin bekannten vier Fragen Kants beschäftigen: „1. Was kann ich wissen? 2. Was soll ich tun? 3. Was darf ich hoffen? 4. Was ist der Mensch?" (Kant 1968, zit. nach Lüke [2]2007: 24). Als kirchlicher Mitarbeiter verorte ich mich darüber hinaus deutlich identifizierbar innerhalb eines bestimmten Deutungshorizontes.

Um den typischen Fokus der Supervision zu wahren, wird es allerdings immer notwendig sein, alle Überlegungen rückzubinden an die beruflichen Konsequenzen, die sich daraus ergeben.

4.2. Der Beitrag der Spiritualität zu einer sachgerechten Supervision

In meiner Arbeit als Supervisor leistet meine christliche Spiritualität in zweierlei Hinsicht einen Beitrag zu einer sachgerechten Supervision: Sie macht zum einen deutlich, dass die Supervision sich übernimmt, wenn sie sich zum umfassenden Deutungshorizont einer beruflichen Biografie machen lässt. Zum anderen bietet sie eine Hilfe zur Psychohygiene im Umgang mit der Macht, die ich als Supervisor habe, denn sie ermöglicht mir die Haltung einer engagierten Gelassenheit.

Der Pastoralpsychologe Wolfgang Drechsel (Drechsel 2001: 331-341)) verweist darauf, dass Supervision in den letzten Jahrzehnten deshalb gesellschaftsfähig geworden sein könnte, weil im Zerfallen fester, auch beruflicher Rollenvorgaben die Menschen zu einer „Bastelbiografie" gezwungen werden, die einen starken und permanenten Reflexionsdruck erzeugt, verbunden mit der Notwendigkeit einer hohen Ambiguitätstoleranz. Dieser Situation gegenüber biete sich Supervision an als ein Verfahren, das dem Individuum Raum gebe, seine Arbeit zu betrachten. Dabei seien es gerade die nichtindividuumsorientierten Formen von Supervision (u.a. der systemische Ansatz), die den Einzelnen im Sinne seiner inneren pluralen Verfasstheit, seines Mitkonstituiertseins durch andere, zum Thema machten. In dieser Weise würden Supervisoren zu Stabilisatoren und Verstärkern des postmodernen gesellschaftlichen Verständnisses von Subjektivität. Dennoch biete die Supervision mit ihrer Fülle von konstruktiven Perspektiven dem Individuum eine notwendige Möglichkeit, ein dialogisches Verständnis von Subjektivität zu entwickeln, das den eigenen Entscheidungsdruck relativiert, weil es mitgetragen ist durch andere.

Bedenklich findet Drechsel, dass sich um diese wichtige Funktion der Supervision herum ein Mythos aufgebaut habe, der durch Heilsphantasien geprägt sei. Das gelte zum einen für die subjektive Ebene, auf der die Supervision als Sammelbecken einer Fülle von Bedürfnisphantasien angesehen werde. Zum anderen habe sich die Supervision auf der gesellschaftlichen Ebene als Metaelement in einer großen Zahl verschiedener Berufe etabliert und sei so zu einem konstitutiven Element der Produktion von beruflicher Normalität geworden. „Der supervisorische Beruf übernimmt die normative Kraft der zerfallenden traditionalen und somit kollektiven Normen, die – in ihrem Fehlen, aber auch in ihrer leblosen Starrheit – Thema der auf sich selbst zurückgeworfenen Individuen sind" (Drechsel 2001: 338).

Ich teile die Ausführungen Drechsels nicht in ihrer vollen Schärfe. Meines Erachtens überschätzt er vor allem die Wirkmächtigkeit von Supervision als gesellschaftlichem Faktor gewaltig. Gleichwohl teile ich seine Schlussfolgerung, die lautet: Wenn Theologen Supervision machen, sollten sie beide Standbeine behalten. Genau wie der Mythos der Religion vom Aufklärungsprozess der Supervision befragt werden kann, so können unklare und zu umfassende Heilserwartungen an die Supervision von der Religion und der Spiritualität her befragt werden (Vgl. Drechsel 2001: 343-346).

Ein Alleinvertretungsanspruch von Supervision als Deutungshorizont beruflicher Biografie wird schon dadurch relativiert, dass ich als kirchlicher Mitarbeiter immer schon, ob ausgesprochen oder nicht, einen weiteren Deutungshorizont repräsentiere. Manchmal lohnt es sich, diesen religiös-spirituellen Deutungshorizont in der Supervision ausdrücklich anzusprechen, weil er die Selbstauslegung des Supervisanden fördert und klärt, was Supervision kann und was nicht.

Für mich selber ist meine Spiritualität wichtig, um mit der Macht als Supervisor umzugehen. Das systemisch-konstruktivistische Paradigma weist mit Nachdruck darauf hin, dass Systeme (auch psychische Systeme) wohl von außen störbar und beeinflussbar, aber nicht steuerbar sind. Das macht mich als Supervisor bescheiden. Gleichwohl fällt mir im Setting der Supervision eine gewisse strukturelle Macht zu.

Da bietet mir meine spirituelle Einstellung ein Korrektiv, das davon ausgeht, dass auf der Ebene unserer Geschöpflichkeit vor Gott der Supervisand und ich gleich sind. Wir stehen beide vor Gott, der uns geschaffen hat. Ressourcen, die wir finden, Möglichkeiten, die sich ergeben, Lösungen, die greifen, sind nicht von mir gemacht. Gott hat die Supervisanden so bunt und reichhaltig geschaffen und er möchte, dass sie ihre Ressourcen nutzen. Ich bin davon überzeugt, dass diese Haltung auch wirkt, wenn ich sie nicht thematisiere.

Ich möchte einen letzten Grund dafür anführen, warum meine Spiritualität mir hilft zu supervisieren. Es gibt bedrängende Situationen, in denen für Supervisanden spürbar viel auf dem Spiel steht. Ich fühle eine hohe Verantwortung, jetzt alles „richtig" zu machen und unbedingt „die" Lösung zu finden. Genau dieser Leistungsdruck kann die klare Wahrnehmungsfähigkeit, die ich jetzt dringend brauche, trüben. In solchen Situationen tut es mir gut, wenn ich mir kurz bewusst mache, dass ich nicht alles alleine machen muss, auch der Supervisand nicht, sondern dass der Geist Gottes wirkt. Ich entspanne mich, gehe in Distanz und gewinne meine Aufmerksamkeit wieder. Damit ist deutlich die Erfahrung einer gewissen Ambivalenz angesprochen, die ich in der Supervision mache. Diese Ambivalenz gibt es auf Seiten des Supervisors ebenso wie auf der Seite des Supervisanden.

Ich erlebe als Supervisor die Ambivalenz zwischen der anspruchsvollen Aufgabe der Begleitung, die ich mit Professionalität und Kompetenz ausfülle und meinem Selbstverständnis, Verbündeter des Heilungswillens und des Willens zur Selbstverwirklichung zu sein, wie er im Supervisanden als Grund aller Entwicklungs- und Wachstumsaufgaben angelegt ist. Der Supervisand verfügt über alle Ressourcen, die er braucht, um im Leben zurecht zu kommen. Beim Supervisanden besteht die Ambivalenz darin, dass er einerseits nur selbst für sich und seinen Weg verantwortlich ist und ihm diese Verantwortung kein noch so guter Begleiter abnehmen kann, es aber andererseits Phasen gibt, in denen er den Überblick verliert und in denen eine Hilfestellung angemessen, vielleicht sogar dringend geboten ist. Der Supervisand ist deshalb herausgefordert, eine Haltung einzunehmen, die die Balance hält zwischen dem Vertrauen zum Begleiter und dem Vertrauen zu sich selbst.

Diese Ambivalenzerfahrungen geben Zugang zur spirituellen Dimension. Sie relativieren das eigene Machen und die eigene Ohnmacht und geben den in jedem Menschen angelegten Entwicklungskräften Raum. Spirituell gesprochen: Sie vertrauen auf das Wirken des Geistes Gottes. Ich kann die Ambivalenz fruchtbar machen, indem ich nicht nur auf meine erlernten Techniken und Methoden setze, sondern gleichzeitig mit engagiertem Glauben, Hoffen und Lieben im Supervisanden geschehen lasse, was Gott wachsen lassen will. Auf meiner Seite entspricht dem eine Haltung der engagierten Gelassenheit, in die ich selber gerne hineinwachsen möchte.

Literatur

Brandau, H. (1993): Unterschiedliche Ideen systemischer Supervision. In: Neumann-Wirsig, H./Kersting, H. (Hrsg.): Systemische Supervision oder Till Eulenspiegels Narreteien. Aachen, S. 77-110.

Cohn, R. C. (1975): Von der Psychoanalyse zur Themenzentrierten Interaktion. Von der Behandlung einzelner zu einer Pädagogik für alle. Stuttgart.

Dienberg, Thomas (2000): Das Leben geistlich leben. Lebensgestaltung, intensives Leben. In: Institut für Spiritualität Münster (Hrsg.): Grundkurs Spiritualität. Stuttgart, S. 13-71.

Drechsel, W. (2001): Mythos Supervision und die Frage nach der pastoralpsychologischen Supervision. In: Wege zum Menschen, 53. Jahrgang, S. 331-348.

Essen, S. (1995): Spirituelle Aspekte in der systemischen Therapie. In: Transpersonale Psychologie und Psychotherapie 2/1995, S. 41-53.

Grün, A. (1994): Spiritualität von unten. In: Lechler, W. (Hrsg.): So kann's mit mir nicht weitergehn! Neuland durch spirituelle Erfahrungen in der Therapie. Stuttgart, S. 150-167.

Grün, A./Dufner, M. (1998): Spiritualität von unten. Münsterschwarzach.

Hense, E./Hense, M. (2000): Von Angesicht zu Angesicht. Spiritualität der Beziehungen. In: Institut für Spiritualität (Hrsg.): Grundkurs Spiritualität, Stuttgart, S. 72-145.

Lüke, U. (²2007): Das Säugetier von Gottes Gnaden. Evolution, Bewusstsein, Freiheit. Freiburg.

Miller, R. S. (1994): Handbuch der Neuen Spiritualität. Eine zusammenfassende Darstellung aller Strömungen des Neuen Bewusstseins. Bern/München/Wien.

Müller, W. (²1998): Was uns wirklich nährt. Für eine geerdete Spiritualität. Mainz.

Plattig, M. (2000): Begleitet vom Geist Gottes: Geistliche Begleitung und Unterscheidung der Geister. In: Institut für Spiritualität Münster (Hrsg.): Grundkurs Spiritualität. Stuttgart, S. 204-257.

Schlippe, A./Schweitzer, J. (³1997): Lehrbuch der systemischen Therapie und Beratung. Göttingen.

Schnappauf, R. A. (1994): Was hat NLP mit Spiritualität zu tun? In: NLP aktuell 2/1994, 11-14.

Schütz, Chr. (1988): Art. „Christliche Spiritualität". In: Ders. (Hrsg.): Praktisches Lexikon der Spiritualität. Freiburg, S 1170-1180.

Utsch, M. 2001: Psychotherapie als Religionsersatz? In: Blickpunkt EFL-Beratung 10/2001, S. 6-12.

Margret Nemann

Von Gottes Güte begleitet sein – Supervision in Anlehnung an das Buch Tobit

1. Supervision in Anlehnung an ein biblisches Buch – eine sinnvolle Perspektive?

Supervision als Beratung von Menschen in Arbeit an einer uralten biblischen Legende anzulehnen, dieses Vorhaben ist zugegebenermaßen ein wenig ungewöhnlich und wirft sicherlich auch bei dem einen oder der anderen Fragen auf. Ist es legitim, ein biblisches Buch aus einer dem heutigen Menschen fernen und fremden Welt, das zudem eine deutliche Verkündigungsabsicht impliziert, für ein Format wie Supervision heranzuziehen? Verfolgen biblische Botschaft und Supervision nicht ganz unterschiedliche Intentionen und bewegen sich auf völlig anderen Ebenen, so dass eine Verbindung kaum möglich scheint? Ist es nicht etwas grundsätzlich zu Unterscheidendes, wenn die Bibel den geheimnisvollen Grund menschlicher Existenz und der gesamten Schöpfung verkünden und die Supervision berufliches Handeln optimieren will?

Wenn ich es trotz dieser (An-)Fragen riskiere, in dem im Buch Tobit geschilderten Individuationsprozess nach Impulsen für professionell ausgerichtete Supervisionen zu suchen, ist dieses Procedere m.E. dennoch gerechtfertigt. Im alttestamentlichen Buch werden nämlich Fragen nach Sinn und Orientierung menschlichen Lebens aufgeworfen, die die Menschen durch die Zeiten hindurch bewegt haben und auch heute zutiefst betreffen. Deren Beantwortung aber wirkt sich eben auch auf die berufliche Identität und damit auch auf die Gestaltung der Berufsrolle aus. Dabei gilt allerdings, dass die Tobitlegende nicht einfachhin auf den Supervisionsprozess übertragen werden kann. Sowohl das biblische Buch wie auch das Format „Supervision" unterliegen ihren je eigenen Gesetzen, die beachtet sein wollen.

Was aber thematisiert das Buch Tobit, dass es sich lohnt, dieses für die Supervision fruchtbar zu machen? Für mich liegt die besondere Faszination dieses Buches darin, dass hier eine Wegbegleitung durch den Engel Gottes geschildert wird, ohne dass dieser Engel zunächst erkannt wird. Erst am Ende des Weges wird Tobias offenbar, dass sein kundiger Reisebegleiter der Engel Gottes ist, der ihm auf seiner Reise seine Güte erwiesen hat. Diese verborgene Anwesenheit Gottes aber ist nun eine Erfahrung, die ich in meinem Leben und auch in meinen Supervisionsprozessen gemacht habe. Von hier stellt sich die Frage, welche Bedeutung ich der spirituellen Dimension in der Supervision gebe und wie sie sich näherhin charakterisieren lässt.

Da Gott sich im Buch Tobit als derjenige erweist, der im ganz konkreten Leben und seinen Herausforderungen – wenn auch verborgen – seine Hand mit im Spiel hat, erscheint es mir zunächst sinnvoll, diese Lebensperspektiven auf ihre Bedeutung für Supervision hin zu befragen. Bevor dies anhand der drei Leitwörter in der Legende geschieht, sei aber zunächst für all diejenigen, die die Handlung dieser kleinen Geschichte nicht kennen, diese kurz erzählt.

2. Die Handlung der Tobiterzählung

Das Buch Tobit, das wahrscheinlich in der Mitte des 3. Jahrhunderts für die ägyptische Diaspora geschrieben worden ist (Deselaers 1990: 12), erzählt zunächst von dem im Exil in Ninive lebenden Tobit, der aufgrund seiner praktizierten Barmherzigkeit und Solidarität mit seinen Volksgenossen in tiefste Not gerät. Als er schließlich noch erblindet, ist er völlig am Ende, so dass er Gott bittet, ihm zu helfen oder ihn sterben zu lassen. Parallel zu Tobits Schicksal wird sodann von Saras Schicksal berichtet, die ebenfalls im Exil in Ekbatana lebt und wie Tobit in tiefstes Unglück geraten ist. Sara, die von einem Dämon besessen ist, der ihr siebenmal in der Hochzeitsnacht den Mann umgebracht hat, wendet sich wie Tobit an Gott. Dieser nun eröffnet beiden einen Weg der Hilfe und der Heilung.

Der Weg beginnt damit, dass Tobit sich plötzlich an Geld erinnert, das er bei einem Volksgenossen in Medien deponiert hat, und welches ihm nun einen Ausweg aus seiner materiellen Not bedeutet. Deshalb beauftragt er seinen Sohn Tobias, dieses Geld abzuholen. Für seinen Weg wirbt Tobias einen Reisebegleiter namens Asarja an, der sich später als der von Gott gesandte Engel erweisen wird. Indem Tobias auf seinem Weg auf diesen Asarja hört, wird er zum Handeln ermutigt und lernt, sich selbst und Sara zu retten. Bei dieser Rettung spielt ein Fisch eine zentrale Rolle. Als dieser Fisch nämlich Tobias bei einer Rast zu verschlingen droht, überwältigt Tobias ihn mit Unterstützung des Rafael und entnimmt ihm Herz, Leber und Galle. Mit Herz und Leber kann Tobias Sara von ihrem Dämon befreien und sie daraufhin heiraten. Mit der Fischgalle heilt er schließlich bei seiner Heimkehr seinen Vater von dessen Blindheit.

Nachdem Tobias, Sara und Tobit neue Lebensmöglichkeiten gefunden haben, gibt sich Asarja bei seiner Verabschiedung und Entlohnung als Engel Gottes zu erkennen. Seinem Namen entsprechend: Rafael = Gott erweist sich als Arzt, zeigt er, dass alle erfahrene Rettung in Gott wurzelt, woraufhin Tobit einen großen Lobpreis auf seinen Gott ausspricht.

Soweit die kurze Schilderung dieser Heilungsgeschichte, die eines weiteren Blickes bedarf, will man sie mit Supervision in Verbindung bringen.

3. Die drei Leitwörter des Tobitbuches – erste Impulse für ein Supervisionskonzept

Nach Deselaers lassen sich im Buch Tobit drei Leitwörter aufzeigen, die das theologische Programm und die inhaltlichen Schwerpunkte dieser Erzählung markieren (Ebd.: 26ff.). Mit Hilfe dieser Leitwörter will das Buch die LeserInnen oder HörerInnen dieser Geschichte einladen, „das Leben mit all seinen aus Leid und Bösem entstehenden Wunden realistisch sehen zu lernen, um die in ihm liegenden Möglichkeiten entdecken und ausschöpfen zu können." (Ebd: 29). Da diese drei Leitwörter: „Weg", „Barmherzigkeit/Solidarität" und „Lobpreis" m.E. wertvolle Impulse für den supervisorischen Prozess geben können, möchte ich sie kurz erläutern und zeigen, welche Anregungen sie für ein Supervisionskonzept beinhalten.

3.1 Der Weg

Gleich zu Beginn der Erzählung begegnet das Leitwort vom Weg, das „mit dem entsprechenden Wortfeld (Reise, gehen u. ä.)" (Ebd.: 26) fortan das Tobitbuch durchzieht und mit dessen Erwähnung sogleich ein tieferer Sinn anklingt:

> „Da geht es um den ‚Lebensweg' und den ‚Lebenswandel', auch um die Frage nach dem ‚richtigen Weg' und der Einweisung in diesen Weg. Der Gesichtspunkt, wie es dem Menschen ‚er-geht' in Entsprechung zu seinen Handlungen, taucht auf. Dass der Weg gelingt, kann kein Mensch planen und allein bewerkstelligen. Er ist angewiesen auf hilfreiche Begleitung." (Ebd.: 26f.)

In diesen Worten Deselaers lassen sich insofern wesentliche Aspekte eines Supervisionskonzeptes wiederfinden, als Supervision ein dynamischer Prozess ist, der die SupervisandInnen in Bewegung bringen will, ihre berufliche Kompetenz zu entwickeln und zu stärken (Andriessen 1978: 27). Wie Tobias auf seinem Weg nach Medien Erfahrungen macht, „die ihn für die Herausforderungen am Ziel des Weges vorbereiten" (Deselaers 1990: 101), möchte Supervision dazu beitragen, dass die SupervisandInnen den Herausforderungen ihres Berufes bzw. ihrer Arbeit begegnen und diese besser gestalten können. Deshalb stellen sich SupervisorInnen als WegbegleiterInnen zur Verfügung.

Dieses Mitgehen in der Supervision ist m.E. von fundamentaler Relevanz, da mit diesem Sich-Einlassen auf den Weg der SupervisandInnen das Verstehen beginnt. Dabei bestimmen die SupervisandInnen allerdings selbst das Ziel ihres Weges, und SupervisorInnen sind gut beraten, sich am Tempo ihrer SupervisandInnen zu orientieren.

Darüber hinaus ist es meiner Erfahrung nach immer auch bedeutsam, welchen Weg die SupervisandInnen bisher schon zurückgelegt, welche Erfahrungen sie dabei gesammelt und welche Muster sie entwickelt haben, um „eine Wegstrecke" zu meistern.

Wenngleich natürlich keine SupervisorIn garantieren kann, dass der Weg gelingt, kann sie/er die SupervisandInnen doch darauf aufmerksam machen, was sie/er auf deren Weg sieht, und was bzw. wen es zu beachten gilt. Da niemand seinen Weg allein geht, und es auch im Kontext von Beruf und Arbeit entscheidend auf das Miteinander, auf Begegnung und Zusammenarbeit ankommt, geht es in der Supervision stets auch darum, wie die SupervisandInnen ihre Beziehung zu anderen verstehen und wie sie diese gestalten. Damit aber haben wir bereits das 2. Leitwort der Tobitlegende tangiert, das es jetzt näher zu erörtern gilt.

3.2 Die Barmherzigkeit/Solidarität

Um in der Diaspora zu überleben und sich neu aufzubauen, muss Israel nach dem Tobitbuch „Barmherzigkeit/Solidarität" praktizieren. Konkret bedeutet dies: „Gemeinschaftssinn lieben aus einem Sinn für Verantwortung und dann Gemeinsamkeit aufbauen aus der Bereitschaft zu andauernder Solidarität" (Ebd.: 27). Diese Haltung formuliert m.E. auch das existentiell-anthropologische Axiom der TZI, wenn es sagt: „Der Mensch ist eine psychobiologische Einheit und ein Teil des Universiums. Er ist darum autonom und interdependent. Die Autonomie des Einzelnen ist um so größer, je mehr er sich seiner Interdependenz mit allen und allem bewusst wird" (Matzdorf & Cohn 1983: 1283).

Die Autonomie in der Interdependenz kommt sodann auch im Autopoiesekonzept der systemischen Theorie zum Ausdruck, betont dieses doch die Unverfügbarkeit und gleichzeitig die strukturelle Determinierung lebender Systeme. Diese Sicht impliziert neben der „Unmöglichkeit instruktiver Interaktion" (von Schlippe & Schweitzer ²1996: 69) auch eine kooperative Haltung, die sich bemüht, die Strukturen der anderen kennenzulernen und wertzuschätzen (Ebd.: 68).

Wenn der soziale Konstruktionismus schließlich konstatiert, dass das Individuum Identität nur im Dialog mit anderen entwickeln kann (ebd.: 79), wird auch hier das „Wir" deutlich in den Blick genommen.

Konkret auf die Supervision bezogen heißt dies, dass das „Wir" – in der Supervisionsgruppe, aber auch im persönlichen und beruflichen Alltag – immer mit im Focus der Reflexion sein muss: „Erst eine solche Wir-Fähigkeit, die im Bewusstsein gründet, unentrinnbar und sinnvoll (nicht nur bedauerlicherweise) Teil eines größeren Ganzen zu sein, bejaht und schafft Verantwortung für einen Teil dieses gemeinsamen Ganzen" (Kroeger 1985: 25).

Um im Supervisionsprozess die „Wir-Fähigkeit" der SupervisandInnen zu stärken, gibt es viele Möglichkeiten. So ist z.B. bei Fallsupervisionen in einer Gruppe darauf zu achten, dass diese nicht zu einer Einzelsupervision in

Anwesenheit einer Gruppe werden, sondern dass alle SupervisandInnen sich einbringen und dabei entdecken, wie viel sie voneinander lernen können. Dazu aber ist ein angstfreies, vertrauensvolles Klima in der Supervisionsgruppe nötig, zu dem die SupervisorIn beitragen kann, indem er/sie sich auf die einzelnen einstellt, den Gruppenprozess beobachtet und sich in ihren/seinen Interventionen „barmherzig" zeigt.

Ebenso wird diese „Wir-Fähigkeit" gefördert, wenn SupervisandInnen lernen, sich in die Menschen einzufühlen, denen sie in ihrem beruflichen Alltag begegnen, und an denen sie sich nicht selten reiben. Mir selbst erscheint hier die Arbeit mit dem sogenannten Stuhlwechsel sehr hilfreich. Indem die SupervisandInnen auf dem Stuhl einer anderen Person Platz nehmen, sich mit dieser identifizieren und aus deren Rollen heraus das skizzierte Problem schildern, nehmen sie die andere Person deutlicher wahr und können deren Verhalten oft besser verstehen.

Als Supervisorin, die vorwiegend im pastoralen Feld arbeitet, denke ich beim Leitwort „Barmherzigkeit/Solidarität" schließlich auch an die kirchliche Gemeinschaft. Dabei zeigt sich, dass in der pastoralen Realität der Weg zu mehr „Barmherzigkeit/Solidarität" oft ein steiniger und mühsamer Weg ist. Kirchliche Strukturen machen es den pastoralen MitarbeiterInnen nicht immer leicht, ihre hohe berufliche Motivation aufrecht zu erhalten und durch den Aufbau einer kirchlichen Communio zu mehr Solidarität in dieser Welt beizutragen. Gerade aber die praktizierte „Barmherzigkeit/Solidarität" ist für viele SupervisandInnen auch heute noch der Weg, um als SeelsorgerInnen die menschenfreundliche Nähe und Zuwendung Gottes zu bezeugen und zu zeigen, dass Gott „Tobijahu" ist, das heißt: „Jahwe ist gut, gütig – und zwar so, dass sein Gutsein einen direkten Bezug zum Leben der Menschen hat" (Deselaers 1990: 24).

Welchen Stellenwert die hier angesprochene religiöse Dimension in Supervisionsprozessen haben kann, dieser Frage soll durch das 3. Leitwort in der Tobiterzählung nachgegangen werden.

3.3 Der Lobpreis

Wenn der „Lobpreis" gegenüber Gott für das Buch Tobit die Antwort des Menschen auf Gottes „gütige Zuwendung und … sein souveränes Handeln zugunsten der Menschen" (Ebd.: 18f.) ist, lässt sich dieses Verständnis nicht ohne weiteres auf die supervisorische Tätigkeit übertragen, da es nicht Aufgabe von Supervision ist, Menschen anzuleiten, Gott für seine Nähe und Güte zu preisen. Mir dient dieses Leitwort aber dazu, die für mich unverzichtbare religiöse Dimension der Supervision zu erörtern, wobei ich zuerst an mich als Supervisorin denke.

Als Christin gehört für mich der Glaube an Gottes heilschaffende Kraft, an sein Wirken in dieser Welt zu meinem Leben dazu, weshalb ich mich auch in meinen Supervisionen an einem christlichen Menschenbild orientiere.

Wenngleich ich sehr wohl zwischen meinen verschiedenen Rollen (Theologin, Erwachsenenbildnerin, Supervisorin etc.) unterscheide, prägt meine Spiritualität mich auch als Supervisorin. So lasse ich mich u.a. von der Überzeugung leiten, dass jeder Mensch in seiner Endlichkeit und Begrenztheit unendlich und unbegrenzt von Gott geliebt ist, dass jede und jeder trotz Fehler und Schwächen, Versagen und Schuld von Gott mit einer königlichen Würde ausgestattet ist. Dieses Menschenbild wirkt sich – wie jedes andere Menschenbild im übrigen – auf den Supervisionsprozess, auf die Begegnungen mit SupervisandInnen und in der Bearbeitung ihrer Themen aus, auch wenn es nicht expressis verbis thematisiert wird.

Darüber hinaus gibt es sodann auch Situationen, in denen es hilfreich sein kann, den eigenen Glauben den SupervisandInnen anzubieten. So erinnere ich eine Supervision, in der eine Supervisandin von ihrer Schuld sprach. Nachdem wir intensiv daran gearbeitet hatten, wie sie mit ihrer Schuld umgehen könnte, ich aber am Ende unseres Gespräches immer noch spürte, wie sehr die Frau unter ihrer Schuld litt, habe ich meinen Glauben an Gottes Vergebung bezeugt. Dabei konnte ich dann deutlich wahrnehmen, wie der Supervisandin im Laufe meiner Ausführungen ein dicker Stein vom Herzen fiel.

Schließlich wirkt meiner Erfahrung nach ein Glaube an Gottes Gegenwart und sein Wirken in dieser Welt entlastend, macht er SupervisorInnen doch „bescheiden und empfänglich für das, was Gott tut" (Andriessen & Miethner 1993: 79). Gestalten SupervisorInnen aus dieser Überzeugung ihre Supervisionen, hängt nicht alles von ihnen ab; dann kann Gottes Geist wehen, wenn auch oft ganz anders, als die am Prozess Beteiligten es sich vorgestellt haben.

Im pastoralen Feld, in welchem ich – wie bereits angemerkt – schwerpunktmäßig als Supervisorin arbeite, ist das religiös-pastorale Moment vor allen Dingen auch im Blick auf den seelsorglichen Beruf der SupervisandInnen bedeutsam. Da dieser Beruf mehr sein will, als ein Job und stets auch Berufung impliziert, ist „der persönliche Glauben an Gottes Handeln mit allen in der Welt ein unlösbarer Teil des Berufs" (Bodson o.J.: 101) und von daher auch für die Supervision relevant. Dabei handelt es sich keineswegs um spirituelle Begleitung, sondern „es geht in der Supervision um die Spiritualität, (1) wie sie sich in der Arbeit zeigt, (2) und wie sie zu anderen hin ausstrahlt, (3) und schließlich wie sie für den Supervisanden selbst bedeutungsvoll ist" (Andriessen & Miethner: 178).

Von hier ergibt sich für eine Supervision im pastoralen Feld, dass die SupervisandInnen sich intensiv mit ihrer Identität als SeelsorgerInnen auseinandersetzen müssen. Da es Aufgabe von SeelsorgerInnen ist, „anderen Menschen in der Glaubensentwicklung" (Bodson o.J.: 93) zu dienen, müssen sie ihren eigenen Glauben reflektiert haben. Voraussetzung aber dafür ist, dass die SeelsorgerInnen immer mehr zu sich selbst in Kontakt kommen, um sich bewusst zu werden, wie gläubig sie sind (ebd.: 95) Bei diesem Bewusstseinsprozess kann eine SupervisorIn u.a. dadurch helfen, dass sie/er mit den SupervisandInnen z.B. nach der Bedeutung ihrer Lebens- und Glaubensgeschichte für ihr pastorales Handeln fragt. Ich selbst verwende in diesem Kontext gern eine kleine Übung, die ich „10 Gebote für eine gute PastoralreferentIn" nenne. Wie sich die 10 Gebote des Alten Testamentes nur vom ersten Satz her, nämlich von der Erinnerung an die Befreiung aus der Knechtschaft Ägyptens verstehen lassen, bitte ich die SupervisandInnen, solch einen „Obersatz" und die sich daraus ergebenden Leitlinien ihres Handelns zu formulieren. Diese Aufgabe führt dazu, dass sich die SupervisandInnen nicht nur mit ihren sie leitenden Normen auseinandersetzen, sondern darüber hinaus immer auch nach ihrer Identität als SeelsorgerInnen fragen.

Neben diesen drei Leitwörtern „Weg", „Barmherzigkeit/Solidarität" und „Lobpreis", welche SupervisorInnen inspirieren können, eröffnet das Buch Tobit noch weitere Perspektiven für eine Supervisionstätigkeit, so dass auch diese erörtert werden sollen.

4. Weitere Perspektiven der Tobiterzählung für supervisorisches Handeln

Wie sehr das Buch Tobit der LeserIn einen neuen Blick auf supervisorische Prozesse zu schenken vermag, wird besonders anschaulich am Handeln des Engel Rafael, von dem eine besondere Faszination ausgeht.

4.1 Rafael als Wegbegleiter – die SupervisorIn als Mitgehende

Betrachten wir die Wegbegleitung durch Rafael näherhin, beginnt sie damit, dass Tobias Rafael anwirbt, und Tobit dann mit ihm einen Vertrag abschließt. Vor diesem Vertragsabschluss erkundigen sich allerdings sowohl Tobias als auch Tobit nach Rafaels Qualifikation, überprüfen sie seine Vertrauenswürdigkeit und handeln mit ihm den Lohn für seine Dienste aus.

Diese Szene der Vertragsverhandlungen (Tob 5, 4-17) lässt sich m.E. gut auf die ersten Absprachen in der Supervision beziehen. Wie Rafael werden auch SupervisorInnen um Begleitung angefragt, wobei sie sich wie der Engel ausweisen müssen. Wenn Rafael in den Verhandlungen mit Tobias und Tobit Auskunft gibt über seinen Namen und seine Herkunft, wenn er weiterhin erklärt, den Weg bzw. die Wege nach Medien zu kennen, werden hier Kriterien genannt, die meiner Meinung nach auch für ein supervisorisches Kontraktgespräch tauglich sind. Darin sollte die SupervisorIn nämlich zunächst ein wenig von sich und ihrem beruflichen Kontext erzählen sowie auf Dinge hinweisen, die ihre/seine Supervisionen prägen. Bei SupervisandInnen mit Vorkenntnissen ist es zudem sinnvoll, auf die theoretischen Ansätze einzugehen, aus denen sich das Supervisionskonzept speist. Kurzum: SupervisorInnen müssen im Kontraktgespräch zeigen, dass sie die „Wege nach Medien" kennen, wer sie sind und wofür sie stehen.

Gleichzeitig aber müssen sie auch klar ihre Anforderungen an die Supervisandlnnen formulieren. Wie Tobias das Ziel seiner Reise selbst bestimmt und sich dann für den Weg rüstet, erwarte ich z.b. von meinen Supervisandlnnen, dass sie ihre Ziele definieren und die einzelnen Sitzungen vor- und nachbereiten. Lassen die Supervisandlnnen sich auf diese Bedingungen ein, kann der gemeinsame Supervisionsweg beginnen.

Wie der Weg der biblischen Reisegefährten ist aber auch der gemeinsame Weg von Supervisandlnnen und SupervisorInnen oft voller Überraschungen und Herausforderungen, so dass gerade dem Beginn größte Aufmerksamkeit zu schenken ist. Der Weg kann nämlich nur gelingen, wenn zunächst eine vertrauensvolle Beziehung zwischen allen am Prozess Beteiligten aufgebaut wird. Dabei müssen SupervisorInnen meiner Erfahrung nach besonders sensibel für die möglichen Ängste ihrer Supervisandlnnen sein. Bemerkungen wie: „In der Supervision geht es doch ums Eingemachte, oder?" sind für mich Ausdruck solcher Anfangsängste, auf die ich reagiere. Indem ich z.b. nachfrage, wie die Supervisandlnnen solch eine Äußerung näherhin verstehen, und was sie bei ihnen auslöst, können die Supervisandlnnen ihre Ängste ansprechen und diese auch kanalisieren. Darüber hinaus füge ich oft hinzu, dass ich niemanden bedrängen möchte, etwas zu erzählen, was er/sie später bereut. Deshalb ist es mir wichtig, dass die Supervisandlnnen genau in sich hineinhören und für sich prüfen, was sie in die Supervisionen einbringen möchten.[1] Sicherheit vermittelt im Supervisionsprozess stets auch eine gute für alle verlässliche Struktur, so dass ich die einzelnen Sitzungen nach einem festgelegten Muster (Ankommensrunde, Rückblick auf die vergangene Sitzung, Gespräch über anstehende Themen, Entscheidung für ein Thema, Bearbeitung desselben, Schlussrunde) gestalte und die Gespräche und Übungen so strukturiere, dass Transparenz entstehen kann.

Sicherheit gewinnen Supervisandlnnen aber auch durch zwei Haltungen, die der Engel immer wieder auf der Reise zeigt. Wo immer er kann, unterstützt und ermutigt er nämlich den Tobias, ohne ihn zu entmündigen (Deselaers 1990: 104). Besonders anschaulich wird diese Haltung in der Fischszene geschildert, in der Rafael durch seine Aufforderung: „Packe den Fisch!" (Tob 5, 13) dem Tobias Mut macht und ihn durch weitere Impulse unterstützt, mit diesem Phänomen angemessen umzugehen. Wenngleich sich also Tobias hier selbst retten muss, „indem er energisch die ihn anspringende Gefahr in die Hand zu nehmen und anzufassen wagt!" (Drewermann 1993: 51), kann Tobias doch seine eigenen Kräfte nur durch die gezielte Ermutigung und Unterstützung des Rafael einsetzen.

---

1   Mir ist sehr daran gelegen, dass die Supervisandlnnen im Laufe des Prozesses immer mehr die eigene Chairperson entdecken und wahrnehmen, wobei dies nur gelingen kann, wenn sie erfahren haben, dass man ihnen in Respekt und Ehrfurcht begegnet. Das Postulat „Sei deine eigene Chairperson, deine eigene Leitperson' ist an das Axiom der Ehrfurcht vor dem Leben gebunden" (Matzdorf & Cohn 1983: 1294).

Wenn Tobias die gefährliche Begegnung mit dem Fisch besteht, er sogar die später für ihn wichtigen Organe Herz, Leber und Galle dem Fisch entnehmen kann, gelingt dies nur, weil Rafael in dieser Szene Schritt für Schritt vorgeht. Er erspürt das jeweils „Nächstliegende, das Tobias in dieser Lage notwendig braucht" (Deselaers 1990: 104). Genau darin aber zeigt sich wohl die Kunst auch einer guten Beratung: Wahrzunehmen, was hier und jetzt für die SupervisandInnen wichtig ist, welchen Herausforderungen sie sich bereits stellen können, welche Aufgaben aber auch noch unerledigt bleiben dürfen.

Beispielhaft an Rafael ist zudem auch, dass er Tobias stets begründet, wozu bestimmte Handlungen gut sind. So erklärt er ihm, welche Funktionen die Organe des Fisches haben, oder warum Sara dem Tobias „als Erbe" (Tob 6,12) zusteht. Damit ist Rafael in seinen Interventionen transparent, eine Haltung, die jede SupervisorIn im Prozess zeigen sollte.

In der Schilderung der Brautwerbung erscheint Rafael zudem als jemand, der Tobias' Angst wahr- und ernstnimmt und ihn deshalb sehr einfühlsam und vorsichtig vorbereitet (Tob 6, 16-19). Diese Behutsamkeit und Empathie sind nun aber Tugenden, die jede SupervisorIn neben der Fähigkeit zur Konfrontation unabdingbar braucht. Gerade in angstbesetzten Situationen ist es angezeigt, sich ganz in die SupervisandInnen einzufühlen und vorsichtig an deren Widerstand entlangzugehen, damit diese sich langsam öffnen und sich der Herausforderung stellen können.

Ein Blick auf die gesamte Wegbegleitung zeigt dann auch, dass der Engel stets das gesamte Familiensystem berücksichtigt: Mehrfach verweist er z.B. Tobias auf väterliche Traditionen oder auf verwandtschaftliche Beziehungen. Gerade diese systemische Betrachtung ist mir als Ausbildnerin von SupervisorInnen enorm wichtig, verhindert sie doch, ein Problem isoliert zu sehen.

Vorbildlich erscheint mir das Verhalten des Rafael schließlich auch in spiritueller Hinsicht. Wenn dieser zunächst als Bote Gottes nicht erkennbar ist und Tobias erst rückblickend begreift, dass es „immer Gott ist, der den Menschen heilt" (Drewermann 1993: 70), ziehe ich daraus die Konsequenz, im Supervisionsprozess äußerst vorsichtig und gut überlegt mit meinen eigenen Wahrnehmungen umzugehen. SupervisorInnen dürfen SupervisandInnen nicht ihre eigenen (spirituellen) Überzeugungen überstülpen, wohl aber sollten sie imstande sein, die zunächst oft verborgenen Fragen nach einem tieferen Sinn zu erspüren und die SupervisandInnen zu ermutigen, ihr Leben und Arbeiten unter dieser Perspektive zu betrachten. Für mich gehört zu solch einer Ermutigung auch, dass ich SupervisandInnen meine christliche Sicht auf die Welt, die Menschen und den Sinn des Lebens anbiete.

Damit aber haben wir eine weitere Funktion von Supervision erreicht, die es ebenfalls zu erörtern gilt: Die Wahrnehmungserweiterung.

4.2   Heilung von der Blindheit – Wege zur Wahrnehmungserweiterung

Soll Supervision gelingen, muss sie gewährleisten, dass in ihr möglichst viele Facetten der Wirklichkeit wahrgenommen werden und danach gefragt wird, welche Bedeutung diese Wahrnehmungen für den einzelnen/die einzelne haben. Wie schwer umzusetzen aber gerade dieses Vorhaben ist, zeigt das Bild von der Erblindung des Tobit. Obwohl dieser sich redlich bemüht hat, seinen Weg als Jude in der Diaspora zu gehen, gelangt er an einen Tiefpunkt, an dem er sich „blind gegenüber dem Lebensalltag" (Deselaers 1990: 52) erweist. Er kann die helle Seite des Lebens nicht mehr wahrnehmen, sieht nur noch schwarz, verschließt die Augen vor dem, was er offensichtlich nicht mehr mitansehen kann (Drewermann 1993: 25). Um wieder neu sehen zu lernen, bedarf er der Hilfe, die ihm dann später durch Tobias zuteil wird.

Wenngleich Supervisionen – zumindest in der Regel – nicht so dramatisch verlaufen wie diese biblische Heilungsgeschichte, spiegelt sich hier doch eine Erfahrung wider, die SupervisorInnen immer wieder machen. Wie Tobit nämlich haben wir alle unsere blinden Flecke; wie er blenden wir in unserem beruflichen Alltag manch hilfreiche und weiterführende Perspektive aus, so dass wir die Dinge und die Menschen oft nicht mehr im rechten Licht sehen können.

Eine wesentliche Aufgabe von Supervision ist es deshalb, an der Wahrnehmung der SupervisandInnen zu arbeiten und nach Möglichkeiten zu suchen, wie jene erweitert werden kann. Dies geschieht schon dadurch, dass SupervisorInnen – und andere SupervisandInnen – genau nachfragen, um so die Situation zu explorieren. Indem nämlich SupervisandInnen so gezwungen sind, ihr Problem zu konkretisieren und zu präzisieren, gewinnen sie mehr Klarheit. Zu mehr Klarheit und oft auch zu einer neuen Perspektive führt auch ein Feedback der SupervisorIn und/oder anderer Gruppenmitglieder. Ebenso eröffnen neben dem bereits oben erwähnten Stuhlwechsel auch zirkuläre Fragen neue Sichtweisen.

Ohne hier die vielfältigen Methoden zur Wahrnehmungserweiterung auch nur annähernd erwähnen zu können, ist es Ziel, mit ihrer Hilfe die SupervisandInnen anzuregen, ihre Selbst- und Fremdwahrnehmung zu überprüfen, für die eigenen und die Gefühle anderer Menschen sensibel zu werden, auf Körpersignale zu achten und zu lernen, genau hinzusehen und hinzuhören.

Vom Buch Tobit gilt es schließlich auch, die eigenen Normen wahrzunehmen und zu überprüfen, ob diese die Sehfähigkeit nicht erheblich einschränken. Deshalb stellt sich wohl nicht nur für Tobit die Frage, ob er „sich nicht ausschließlich auf dem Weg des Gesetzes in einseitigem Sinn festlegen lässt und so in eine Schlüssigkeit gerät, die eine Kette von Anstrengung, Misserfolg und Isolation nach sich zieht, dabei das vielgestaltige Leben in etlichen Seiten ausblendet und schließlich blind macht" (Deselaers 1990: 54).

Die Erlangung einer neuen Sehfähigkeit ist nun aber nicht nur im Buch Tobit, sondern auch im supervisorischen Prozess oft eine spirituelle Angele-

genheit, tauchen doch auch hier „Bilder auf oder klingen Töne an, die auf eine Ebene verweisen, die noch jenseits der psychologisch zu bestimmenden
Identitätsebene liegt" (Tatschmurat 2003: 114). Wenngleich diese Ebene sicher nicht immer thematisiert werden muss, ist es unbedingt erforderlich, sie
wahrzunehmen, weil sie Hinweise enthält, was einen Menschen zutiefst beschäftigt (Ebd.) und wonach er sich sehnt.

Weil ich immer wieder die Erfahrung mache, dass SupervisandInnen sich
oft durch Bilder und Geschichten neue Sichtweisen erschließen, biete ich ihnen auch solche aus der biblischen Tradition an. Die hier ausgedrückte Überzeugung, „dass das Leben kostbar ist, dass Gott es liebt, dass niemandem die
Zukunft versperrt sein soll, dass wir zur Freiheit berufen sind" (Steffensky
1999: 18), hat SupervisandInnen nicht selten ermutigt, einen anderen Blick
auf das eigene Leben zu werfen und neue Handlungsmöglichkeiten zu entdecken.

Als Christin verweist mich der Begriff Spiritualität schließlich auf den
Geist Gottes, der sich dadurch auszeichnet, dass er weht, wo er will, also dass
er unverfügbar ist. Gleichzeitig möchte dieser Geist – so das Zeugnis der biblischen Tradition – jeden Menschen erfüllen. Es kommt demnach darauf an,
dass Menschen sich ihm öffnen und ihm in ihrem Leben Raum geben. Da ich
an sein Wirken in dieser Welt, in und durch andere Menschen, in und durch
mich, glaube, versuche ich auch in meiner supervisorischen Tätigkeit mich
auf ihn hin offen zu halten. Ohne dabei die SupervisandInnen zu vereinnah-
men – in der Regel spreche ich über diesen Glauben an den Hl. Geist im su-
perviorischen Kontext nicht –, ist es meine Überzeugung, dass er auch in supervisorischen Beziehungen wirkt. Und so ist mir durchaus auch im Supervisionssetting die Erfahrung vertraut, dass nicht wir etwas gemacht haben,
sondern dass uns eine Ein- oder Aussicht geschenkt worden ist.

Schließlich beinhaltet dieser Glaube für mich auch, dass ich mich während oder nach einer Supervision frage, was Gott mir mit dieser oder jener
Situation sagen will. Gerade dieser Versuch aber, mit den Augen Gottes zu
sehen, hat mir auch schon eine völlig überraschende und unerwartete Richtung gezeigt, die zum Gelingen eines supervisorischen Prozesses wesentlich
beigetragen hat.

Wenn Tobit in unserer Geschichte von seiner Blindheit schließlich geheilt
wird, hat er diese Heilung nach alttestamentlichem Zeugnis zum einen dem
(verborgenen) Handeln Gottes, zum anderen seiner Initiative zu verdanken.
Tobit erinnert sich nämlich eines bei Gabael deponierten Geldbetrages und
beauftragt seinen Sohn, diesen abzuholen. Anders gesagt: Tobit wird sich
seiner Ressourcen bewusst. Darum aber geht es immer wieder auch im supervisorischen Prozess, so dass auch dieses Anliegen noch ein wenig entfaltet werden soll.

4.3 Der Ausgangspunkt der Reise: Das Wissen um Ressourcen

Die kurze, fast karge Notiz der biblischen Erzählung, dass Tobit sich in seiner verzweifelten Lage an den bei Gabael hinterlegten Geldbetrag erinnert,
ist für mich ein entscheidender Hinweis auf das Vorhandensein „eines verborgenen und noch nicht umgesetzten Lebenspotentials" (Deselaers 1990:
82). Wie in Märchen und Mythen die verborgenen oder weit entlegenen
Schätze meist für verborgene Wahrheiten oder seelische Kräfte stehen, ist
auch der Geldbetrag im fernen Medien mehr als nur ein äußerer Besitz (Drewermann 1993: 44). Er wird für mich zum Bild für die Ressourcen, die Tobit
und Tobias zur Verfügung stehen, die aber mit Hilfe des Rafael in Rages erst
„abgeholt" werden müssen.

Dieses Wissen um Ressourcen ist eine Grundannahme, von der viele SupervisorInnen ausgehen und die das NLP näherhin so charakterisiert:

> *„Im Kontakt mit seiner eigenen inneren Quelle besitzt jeder Mensch alle Ressour-*
> *cen, die er braucht, um alle anstehenden Aufgaben seines Lebens zu bewältigen.*
> *Das Ziel jeder NLP-Intervention ist, den Menschen mit den für diese Situation*
> *notwendigen Ressourcen auszustatten, oder genauer gesagt, wieder in Verbin-*
> *dung zu bringen" (Schnappauf 1994: 14).*

Für die Supervisionstätigkeit hat die Bejahung dieser Grundannahme zur Konsequenz, dass SupervisorInnen den Prozess so gestalten, dass die Supervisand-
dInnen ihre eigenen Möglichkeiten und Fähigkeiten für die Problemlösung entdecken. Gerade im Hinblick auf die asymmetrische Beziehung im Supervisionssetting bedarf es hier einer außerordentlichen Sensibilität und Aufmerksamkeit der SupervisorIn und ist wohl auch Zurückhaltung angesagt.

Wie sehr SupervisandInnen Mut und Zuversicht für ihr berufliches Handeln
bekommen, wenn sie ihre eigenen Ressourcen entdecken und aus ihnen im
Alltag schöpfen, zeigt folgende Äußerung einer Supervisandin am Schluss ei-
ner Sitzung, die ich in ähnlicher Weise schon oft als Rückmeldung gehört habe:
„Es hat mir ungeheuer gut getan zu erfahren, was ich schon alles in meinem
Beruf kann. Ich gehe mit einem ganz starken Gefühl nach Hause".

Im engen Kontext mit der Konzentration auf die Ressourcen steht auch
die Zielorientierung in der Supervision, die insbesondere auch im NLP betont
wird. Aus Sicht des NLP sind klare Ziele eine Grundvoraussetzung dafür,
„vom Problemstand zu einem Lösungszustand zu kommen" (von Schlippe &
Schweitzer 1996: 210). Wie Rafael in seiner Begleitung Tobias' Ziel klar vor
Augen hat und sich in seinem Handeln daran orientiert (vgl. Tob 6, 1-9; 8,
5f.), müssen auch SupervisorInnen ihre SupervisandInnen so beraten, dass
diese ihre Ziele angemessen formulieren und dann auch erreichen können.
Dafür ist meiner Erfahrung nach allerdings hin und wieder auch der Blick zurück hilfreich, wenngleich das NLP davor zu warnen scheint.[2] Es ist nämlich

---

2   Siehe dazu: „Da mit NLP-Methoden nicht vergangenheitsorientiert, sondern zielgerichtet
    und zukunftsweisend behandelt wird, anstatt in den schlechten Gefühlen alter Verletzungen

trotz aller Zielorientierung manchmal notwendig, zunächst alte Verletzungen zu bearbeiten, um den Weg in die Zukunft frei zu legen.

Wenn ich in meinen Darlegungen versucht habe zu zeigen, welche Perspektiven SupervisorInnen aus dem Buch Tobit gewinnen können, möchte ich abschließend thesenhaft formulieren, worin für mich die bleibende Faszination dieser wunderschönen Geschichte liegt.

5. Das Buch Tobit – eine bleibende Faszination für mich als Supervisorin

– Die Tobitlegende schildert die gefahrvolle Suchwanderung des Menschen zum Glück des eigenen Lebens. Ihre Absicht dabei ist zu zeigen, dass der Weg des Menschen zu sich selbst zutiefst der Weg ist, den Gott mit ihm in seinem Leben gehen will (Drewermann 1993: 45). Hier kommt für mich eine Wahrheit zum Ausdruck, von der ich überzeugt bin und von der ich mich auch in meinen Supervisionen leiten lassen will.

– Will das Buch Tobit weiterhin demonstrieren, dass niemand diesen Weg allein zu gehen vermag, sondern jemanden braucht, „der sein Vertrauen stärkt, auch die ungewohnten und Angst machenden Abschnitte des Weges zu gehen" (Ebd.), finde ich mich hier in einem Grundanliegen bestätigt. Als Supervisorin möchte ich dazu beitragen, dass SupervisandInnen ihre berufliche Handlungskompetenz erweitern, damit sie Vertrauen zu sich entwickeln und es wagen können, auch schwere Strecken in Angriff zu nehmen.

– Damit dies gelingen kann, finde ich in der Wegbegleitung durch Rafael eine Orientierung. Wie er Tobias auf seinem Weg ermutigt, wie er sich in ihn einfühlt und ihn herausfordert, sich auch den Schwierigkeiten zu stellen und an ihnen zu wachsen und zu reifen, möchte auch ich SupervisandInnen helfen zu wachsen und zu reifen, damit sie ihre berufliche Identität entwickeln bzw. entfalten können. Dabei ist es mir wichtig, dass sie ihre eigenen Ressourcen entdecken und aus ihnen auch in ihrem beruflichen Alltag schöpfen können. Weiterhin sollen die SupervisandInnen das berufliche Leben mit seinen vielen Facetten wahrnehmen und ihren Ort in ihm bestimmen können, wobei hier die Beziehung zu anderen Menschen, aber auch die Auseinandersetzung mit ihnen von zentraler Bedeutung ist.

– Wenn sich diese Aufgabe im konkreten Supervisionsalltag manchmal auch schwierig gestaltet, bleibe ich gerade auch mit Blick auf die Tobitlegende zuversichtlich, zeigt sie mir doch, „dass Gott nichts mit Gewalt in uns erzwingt, dass er vielmehr bereit ist, uns lange Wegstrecken der Ent-

oder Traumata zu wühlen, wie dies viele psychoanalytische Methoden tun, ist das Arbeiten mit NLP außerdem angenehm, liebevoll und diskret" (Schnappauf 1994: 11).

wicklung einzuräumen, und zugleich willens ist, uns darauf mit seinem Beistand zu begleiten" (Ebd.).

–   Dieses Wissen aber um Gottes Begleitung, die nach Tobit nie unmittelbar, sondern in der heilsamen Zuwendung menschlicher WegbegleiterInnen spürbar ist, ist für mich wesentliches Fundament meines Lebens und damit auch meines supervisorischen Handelns. So glaube ich daran, dass Gott mich auch durch meine SupervisandInnen anspricht. Durch ihre Fragen und Zweifel, ihre Wünsche, Hoffnungen und Visionen fordert Gott mich heraus, ihm eine Antwort zu geben auf seinen Ruf und seine Zusage: „Ich bin gekommen, damit sie das Leben haben und es in Fülle haben" (Joh 10,10). Von hier begründet sich letztlich auch das Ziel meiner Beratung, den SupervisandInnen neue Perspektiven auf ihr (berufliches) Leben zu erschließen und ihre Handlungsmöglichkeiten zu erweitern. So nämlich können sie sich voller Lebendigkeit und Hoffnung ihren Herausforderungen stellen und bereits im Hier und Jetzt etwas von der verheißenen Fülle des Lebens erfahren.

–   Mein Glaube an die (verborgene) Gegenwart eines Gottes, der sich als Freund des Lebens zu erkennen gibt, bedeutet für mich zugleich auch, dass ich als Supervisorin nur diejenigen berate, die lebensfördernde Ziele haben. Schließlich macht mich das Wissen um Gottes Begleitung gelassen und demütig, sagt es mir doch, dass es nicht allein auf meine Leistung und meine Kompetenz ankommt. Ich muss meine SupervisandInnen nicht erlösen, weil diese Welt schon durch Jesus Christus erlöst ist. „Gott umarmt uns durch die Wirklichkeit" – dieses Wort des Hl. Ignatius ermutigt mich auch in meinen Supervisionsprozessen, mich „von der Wirklichkeit umarmen zu lassen und die Wirklichkeit zu umarmen, auch wenn sie zuweilen rauh und abstoßend ist" (Lambert 2005: 22).

Literatur

Andriessen, H. C. J. (1978): Pastorale Supervision. Mainz.
Andriessen, H. C. J./*Miethner, R.* (1993): Praxis der Supervision. Beispiel: Pastorale Supervision. Heidelberg.
Bodson, M. (1994): Die religiöse und pastorale Dimension in der pastoralen Ausbildung und pastoralen Supervision. In: Isenberg, W. (Hrsg.); Bensberger Protokolle 82. Bensberg, S. 87-105.
Cohn, R. C./Matzdorf, P. (1983): Themenzentrierte Interaktion. In: Corsini, R. J.: Handbuch der Psychotherapie, Band 2. Weinheim: Beltz-Verlag, S. 1272-1314.
Deselaers, P. (1990): Das Buch Tobit. Düsseldorf.
Drewermann, E. (1993): Der gefahrvolle Weg der Erlösung. Die Tobitlegende tieferpsychologisch gedeutet. Freiburg, Herder.
Kroeger, M. (1985): Profile der Themenzentrierten Interaktion. In: Birmelin, R. u.a. (Hrsg.): Erfahrungen lebendigen Lernens. Mainz, S. 23-47.
Lambert, W. (^{7}2005): Aus Liebe zur Wirklichkeit. Grundworte ignatianischer Spiritualität, Mainz.

Schnappauf, R. A. (1994): Was hat NLP mit Spiritualität zu tun? In: NLP aktuell 1994, 2, S. 11-14.

Schweitzer, J./Schlippe, A. (²1996): Lehrbuch der systemischen Therapie und Beratung, Göttingen.

Steffensky, F. (1999): Das Haus, das die Träume verwaltet (3. Aufl.), Würzburg.

Tatschmurat, C. (2003): Spiritualität – Eine wirksame Ressource in der Supervision. In: Lewkowicz, M./Lob-Hüdepohl, A. (Hrsg.): Spiritualität in der sozialen Arbeit. Freiburg, S. 104-119.

Sr. Hannah Schulz

Vier Dimensionen von Sinn

Als katholische Ordensfrau, zu deren Berufsalltag es gehört, auf die Sinnfrage immer wieder angesprochen zu werden, machte mich während meines Supervisionsstudiums die Begegnung mit dem Sinnbegriff in der Systemtheorie neugierig, ja mehr: Diese Begegnung forderte mich geradezu heraus, zumal ich gleichzeitig Philosophie an einer katholischen Hochschule in Belgien studiert habe. Dort habe ich mich intensiv mit dem Realismus des Neuthomismus auseinandergesetzt, der einen anderen, ja gegensätzlichen Blick auf die Sinnfrage wirft. Auf der Suche nach einer möglichen Integration kam mir dann die Idee eines mehrdimensionalen Modells. Ich habe es vierdimensionales Sinnmodell genannt und ausführlich in meiner Masterthesis dargelegt. Im Folgenden soll es in verkürzter Form vorgestellt werden. In einem ersten Teil werde ich zunächst aufzeigen, wie Systemtheorie, Konstruktivismus und Realismus Sinn definieren und verwenden. Dabei werde ich die meiner Beurteilung nach sich ergebenden Vorteile des jeweiligen Blickwinkels darlegen, aber auch auf die Nachteile hinweisen, die aus einem zu einseitigen oder absoluten Verständnis entstehen können. Anschließend versuche ich eine Öffnung zur Transzendenz als vierte Dimension und stelle mein Modell vor, in dem alle vier Perspektiven einen Platz finden. Im zweiten Teil wird dann die praktische Anwendbarkeit dieses Modells für die Supervision beschrieben.

1. Entwicklung des Sinnmodells

1.1 Systemische Supervision: funktionaler Sinn

In der Systemtheorie ist „Sinn" einer der zentralsten Begriffe. Das lässt sich schon daran erkennen, dass Luhmann ihm in seinen Büchern ganze Kapitel widmet. Willke fasst die Rolle von Sinn in Systemen folgendermaßen zusammen:

> *„Sinn: der grundlegende und deshalb schwierigste Begriff der Theorie psychischer und sozialer Systeme. Er bezeichnet die systemspezifischen Kriterien, nach denen Dazugehöriges und Nichtdazugehöriges unterschieden wird, Sinn ist immer systemspezifisch. Gleichzeitig erlauben nur gemeinsame Sinngehalte Interaktionen und Kommunikationen zwischen Systemen. Sinn kann sowohl in Weltbildern, Werten, Normen, Rollen etc. „eingefroren" sein, als auch in laufenden Interaktionen produziert oder ausgehandelt werden." (Willke 2000: 249).*

Es fällt auf, wie grundlegend und entscheidend das Sinnkriterium im systemischen Denken ist. Es ist ein regulierender Faktor, der Systeme konstituiert, Welt verarbeitet, Ereignisse strukturiert und Bewusstsein und Kommunikation ermöglicht.

Und dennoch entsteht in all dem der Eindruck einer Tautologie: Sinn kommt aus dem Prozessieren von Sinnkriterien, die aus dem Prozessieren von Sinn kommen, der aus dem Prozessieren von Sinnkriterien kommt... Luhmann ist sich dieser gegenseitigen Bedingtheit bewusst, ohne sie auflösen zu wollen.

> *„Wir sind, wenn wir bewusst oder kommunikativ operieren, immer schon an die Verwendung des Mediums Sinn gebunden." (Luhmann 2004: 233f).*

Die Systemtheorie steht also vor der Frage, wovon bzw. woher sich dieser alles regulierende Sinn herleiten lässt. Eine klassische Idee besteht in der Intentionalität des Subjektes. Dieses gibt einen Zweck vor und entscheidet dann, ob Ereignisse unter diesem Blickwinkel sinnvoll sind oder nicht. Aus drei Gründen lehnt Luhmann diesen Subjektbezug ab:

– Die Vorstellung von Subjektivität setzt die Idee von Einheit schon voraus. Somit ist Sinn auch vor einer Zweckbestimmung immer schon mitgedacht.
– Subjektiv intendierter Sinn lässt sich nicht objektivieren, er verschwindet quasi in der subjektiven Seite und verliert sich in der Beliebigkeit.
– Wenn jedes Subjekt ausschließlich für sich selbst Sinn produziert wird „Intersubjektivität" unmöglich, da nicht mehr klar ist, wer dafür den Sinn vorgibt.

Wenn nun der Sinnbegriff nicht über das Subjekt abzuleiten ist, bleibt noch der Versuch, einen hermeneutischen Sinnbegriff herzustellen, der auf einen übergeordneten Zusammenhang abzielt – so wie Texte in ihrem Kontext zu verstehen sind. Aber auch dies lehnt Luhmann wegen der unmöglichen ontologischen Referenz ab und zeigt damit die Schwierigkeit der Sinnbestimmung auf,

> *„(...), die darin besteht, dass uns das Subjekt abhanden gekommen ist oder, wenn man das so ausdrücken will, eine ontologische Instanz, irgendjemand, auf den wir Sinnkonstitution beziehen können, (...) irgendeine Seinshaftigkeit im Hintergrund, (...)" (Luhmann 2004: 225).*

Die Systemtheorie geht von einer Analyse der Funktion von Sinn aus. Statt des „Woher" oder „Wohin" steht das „Wie" im Vordergrund. Nach Luhmann kann Sinn also nur funktional definiert werden: er besteht in der Handhabung von Unterscheidungen, einer Auswahl aus den unendlichen Möglichkeiten der Welt und deren Aktualisierung.

Da es aber immer auch andere Deutungsmöglichkeiten gibt, weist Sinn ständig über sich hinaus.

Problematisch an der Systemtheorie ist meines Erachten die direkte Übertragung des Konzeptes der Autopoiese auf psychische und soziale Systeme. Erstens ist der Mensch nicht Selbstschöpfer seines psychischen Systems, sondern Mitgestalter anhand von vorgefundenen Gegebenheiten. Zweitens sind auch soziale Systeme nicht in dem Maße autonom, dass sie sich vollständig selbst erzeugen und erhalten. Auch hier gilt, dass sie sich nicht selbst initiieren, sondern auf einen Gründungsimpuls und mitmachende Erstelemente (Mitglieder) angewiesen sind. Diese Tatsache ist meiner Meinung nach auch für die Sinnfrage entscheidend. Es ist durchaus interessant, sich zu erkundigen, welcher Ursprungssinn denn einem sozialen System zu Grunde lag.

Es bleibt unbestritten, dass psychische und soziale Systeme, wenn sie erstmal bestehen, eine Tendenz haben, sich selbst zu erhalten und dazu notwendige Elemente selbst produzieren. Aber sie sind nicht autonom in dem Sinne, dass sie ohne Einfluss von außen entstanden wären und während ihres Bestehens nicht von außen unter extremem Druck auch direkt zu beeinflussen wären. Es gibt Einflüsse, die das Leben, die Existenz selbst in Gefahr bringen, und solche potentiellen Gefahrenherde haben durchaus eine große Macht auf Verhalten und Bewusstsein. Man denke nur an Diktaturen und an die Zeit des Nationalsozialismus.

1.2 Systemisch-konstruktivistische Supervision: Subjektiver Sinn

In der Auseinandersetzung mit dem Konstruktivismus geht es mir ähnlich wie Pedro Graf:

> „Ich fühle mich hin- und hergerissen: Einerseits empfinde ich die konstruktivistische Herausforderung als erfrischend und befreiend, indem sie den Streit der wissenschaftlichen und methodischen Schulen relativiert, indem sie die Illusion der Machbarkeit zerstört und uns eine neue pädagogische und therapeutische Bescheidenheit nahe legt. Andererseits befürchte ich in ihrer radikalen Variante eine Verstärkung postmoderner Tendenzen zu praktischer Beliebigkeit und Verantwortungslosigkeit" (Graf 1994: 44).

Die Grundaussage des Konstruktivismus lässt sich zusammenfassen als: „Jeder konstruiert sich seine Wirklichkeit selbst." Das bedeutet auch: Jeder konstruiert sich seinen Sinn selbst!

Dem liegt eine erkenntnistheoretische Prämisse zugrunde, die besagt, dass der Mensch keinen direkten Zugang zur Wirklichkeit hat. Seit Kant ist es keine Neuigkeit mehr, dass objektive Erkenntnis im Sinne von „subjekt-unabhängiger" Erkenntnis nicht möglich ist. Der Konstruktivismus geht aber weiter, indem er Erkennen rein subjektiv versteht.

> *„Die Radikalität dieses Ansatzes besteht darin, daß er ein Verständnis von Wissen etabliert, das ohne Ontologie und damit ohne die Idee der repräsentatio im klassischen Sinne auskommen möchte" (Fischer 1995: 20).*

Die Subjektivität der Beobachtung wird so sehr betont, dass die Objektivität ausgeblendet wird. Aus dieser Erkenntnis entwickelt der Konstruktivismus eine ambivalente Haltung hinsichtlich der Frage, ob hinter der konstruierten Wirklichkeit eine unabhängige Realität existiert oder nicht. Dieser Skeptizismus gegenüber der Erkennbarkeit oder/und Existenz von Realität hat für die Aussagen des Konstruktivismus folgende Konsequenzen:

Da alle Erkenntnis rein subjektiv ist, gibt es keine objektive Wahrheit, sondern nur eine intersubjektive Wahrheit, die in einem erhöhten Konsensniveau besteht. Der zentrale Begriff ist die Vereinbarung in einem bestimmten Zusammenhang und für eine zu definierende Dauer.

Das Subjekt ist der alleinige Schöpfer der Wirklichkeit. Es ist der absolute Mittelpunkt seiner „Welt". Dadurch erhält es eine sehr hohe Verantwortung, und zwar unter zwei Aspekten: Erstens Verantwortung dafür, sein Lebensumfeld aktiv selbst zu gestalten und zweitens in der Vielfalt der Möglichkeiten, eigene Kriterien zu entwickeln, nach denen es sich für bestimmte Entwürfe entscheidet.

Um dem Subjekt Hilfen in der Ausübung dieser Verantwortung zu geben, werden als Kriterien zur Unterscheidung die Begriffe „Passung" und „Nutzen" genannt. Es geht darum zu beurteilen, ob etwas zu der selbst definierten Identität passt und für selbst gesteckte Ziele nützlich ist.

Im Rahmen von Supervision gelten dann die gleichen Prämissen: Es gibt keine objektive Wahrheit. Kriterien wie Nutzen und Passung sind vorrangig, und die Verantwortung der Supervisorin ist eher gering im Verhältnis zur Eigenverantwortung des Supervisanden. Denn auch das Supervisionssetting ist nur eine Konstruktion unter anderen, basierend auf Vereinbarungen zwischen allen Beteiligten.

> *„Ich bilde mir nicht ein, daß ich den Menschen, denen ich helfen kann, die Wahrheit vermittle. Ich kann ihnen nur eine andere Konstruktion vermitteln, die eventuell besser paßt. Mehr nicht" (Watzlawick 1995: 74).*

Im Vordergrund steht also nie die Diskussion um objektive Inhalte, sondern die Beobachtung von Beobachtungen.

> *„Die Wirklichkeit erster Ordnung wäre also die direkte Wahrnehmung, die Wirklichkeit zweiter Ordnung ist dann eben die Zuschreibung von Bedeutung, Sinn*

und Wert. Und es gibt keine objektive Klarlegung oder Festlegung der Richtigkeit dieser Zuschreibung" (a.a.O.: 54).

Die Ermöglichung dieser 2. und 3. Ordnung von Beobachtung – in diesem Sinne „Super-Vision" – ist das wirklich Bereichernde des konstruktivistischen Ansatzes.

Das, was für die Konstruktion von Wirklichkeit gilt, wird auch auf die Konstruktion von Sinn übertragen. Es geht um eine rein subjektive Bedeutungszuschreibung, wobei Watzlawick die ethischen Konsequenzen dieser Auffassung sehr positiv beurteilt:

> *„Ich behaupte, wenn es Menschen gäbe, die wirklich zu der Einsicht durchbrächen, daß sie die Konstrukteure ihrer eigenen Wirklichkeit sind, würden sich diese Menschen durch drei besondere Eigenschaften auszeichnen. Sie wären erstens frei, denn wer weiß, daß er sich seine eigene Wirklichkeit schafft, kann sie jederzeit auch anders schaffen. Zweitens wäre dieser Mensch im tiefsten ethischen Sinn verantwortlich, denn wer tatsächlich begriffen hat, daß er der Konstrukteur seiner Wirklichkeit ist, dem steht das bequeme Ausweichen in Sachzwänge und in die Schuld der anderen nicht mehr offen. Und drittens wäre ein solcher Mensch im tiefsten Sinne konziliant" (a.a.O.: 80f).*

Die Kritik des radikalen Konstruktivismus kann nur an seiner Radikalität ansetzen. Seine Kraft liegt darin, dem Subjekt im Erkenntnisprozess wieder eine bedeutendere Rolle zu geben, seine Schwäche aber ist das Ausblenden der Objektivität. Es stimmt wohl, wie Foerster gesagt hat, „Objektivität ist die Illusion, daß Beobachtung ohne einen Beobachter gemacht werden könnte" (zitiert nach Heidrich 2003: 213). Aber auch das Gegenteil trifft zu: Subjektivität ist die Illusion, dass Beobachtung ohne Objekt möglich sei. Denn Erkenntnis ist immer Erkenntnis von etwas, also eine Beziehung zwischen erkennendem Subjekt und zu erkennendem Objekt, zwischen Beobachter und Beobachtetem.

Wird die objektive Seite geleugnet, steht das Subjekt allein da. Streng genommen bedeutet dies, dass keine Begegnung mehr möglich ist, weder mit Anderen noch mit irgendetwas Anderem. Der Konstruktivismus in seiner radikalsten Form bedeutet Solipsismus und existentielle Einsamkeit.

Wenn der Konstruktivismus die Verantwortung des Subjektes betont, ist dies sicherlich ein Verdienst, das meines Erachtens aber auch zwei Gefahren in sich birgt:

– Beliebigkeit: Wenn die Verantwortung sich nur noch um das Selbst dreht, kann die radikale Selbstverwirklichung zur Verantwortungslosigkeit werden.
– Überforderung: Das Subjekt wird sich der immensen Schwere seiner Verantwortung und seiner Einsamkeit in ihrer Ausübung bewusst.

1.3 Interaktionistischer Konstruktivismus: Drei Dimensionen

Es ist deutlich geworden, dass sowohl Systemtheorie als auch Konstruktivismus in ihrer radikalen Form einseitig werden. Schon die Integration beider Ansätze schafft eine hilfreiche Perspektivenerweiterung. Reich geht in seinem interaktionistischen Konstruktivismus noch einen Schritt weiter, indem er das Konzept der Realität einführt. „Das Reale warnt uns, uns nicht zu überschätzen" (Reich 2005: 10).

Zusätzlich zum Konzept der Konstruktion spricht er auch von Dekonstruktion und Rekonstruktion:

– Dekonstruktion: Enttarnen von Wirklichkeit – Das Anerkennen der Unberechenbarkeit des realen Erlebnisses relativiert die Macht der Selbstkonstruktionen: Konstruktionen bleiben relativ und werden insbesondere dann dekonstruiert, wenn reale Ereignisse in die konstruierte Wirklichkeit einbrechen und damit eine neue Perspektive schaffen.
– Rekonstruktion: Entdecken von Wirklichkeit – Sie knüpft immer schon an Vorhandenes an und erschafft nicht Neues aus dem Nichts. Neben dem Erfinden (Konstruktion) darf man das Entdecken nicht unterbewerten.

Indem eine Realität außerhalb des Subjektes mitgedacht wird, ist die Erfahrung des Anderen – in Form von anderen Personen, aber auch als Erfahrung von anderer Wirklichkeit – wieder möglich.

> *„Die Behauptung eines autonomen Subjekts, eines freien Ichs, relativiert sich von vornherein dadurch, dass dieses Ich eine Konstruktion ist, die ohne die gleichzeitige Konstruktion von Anderen nicht gelingen kann. Behaupten wir ein Selbst, so müssen wir einen Anderen schon mitdenken" (Reich 2005: 170).*

Bislang wurde die Frage nach dem Sinnbegriff aus zwei extremen Blickwinkeln beleuchtet. Jede dieser Perspektiven macht eine Sichtweise der Sinnfrage deutlich. Durch die Systemtheorie wurde deutlich, dass Sinn eine systemische und funktionale Dimension hat; durch den Konstruktivismus wurde die Rolle des Subjektes und seine Verantwortung der eigenständigen Konstruktion von Sinn in den Vordergrund gestellt. Der interaktionistische Konstruktivismus von Reich ermöglicht eine Integration des systemischen und konstruktivistischen Blickpunktes und wird zusätzlich durch einen interessanten Blick auf das Realitätsverständnis erweitert. Dieser soll jetzt durch die Darstellung des Thomismus fokussiert und noch weiter entwickelt werden.

1.4 Metaphysischer Realismus: Objektiver Sinn

Der Realismus des Thomas von Aquin und in heutiger Zeit der Neuthomismus entwickeln ihre Gedanken aufbauend auf zwei Prämissen: Die Vernunft des Menschen ist zu wahrer Erkenntnis in der Lage, und die Realität existiert, es gibt ein „Sein".

Im Folgenden möchte ich diese Prämissen näher entwickeln. Erstens: In seiner Erkenntnistheorie entwickelt Thomas von Aquin ein Gleichgewicht zwischen sinnhaftem/intuitivem und intellektuellem/abstraktivem Erkennen. Die menschlichen Sinnesempfindungen unterscheiden sich von den tierischen darin, dass sie vom Verstand durchdrungen sind, der in ihnen wie verwurzelt ist. Das menschliche Sinneserleben ist intelligent und die menschliche Intelligenz ist in den Sinneserfahrungen verwurzelt. Diese gegenseitige Verwobenheit nennt Thomas von Aquin „cogitativa". Nicht die Sinne begreifen oder der Verstand erkennt, sondern der Mensch erfasst die Wirklichkeit tatsächlich durch diese Einheit von Sinnen und Verstand.

Zweitens: Durch die Sinneserfahrungen wird dem Verstand in aller Klarheit deutlich (Evidenz), dass es „Sachen" gibt, die existieren. Der Mensch kann das Sein als solches zwar nicht mit den Augen sehen oder mit den Ohren hören, aber wenn er etwas sieht oder hört, weiß er intuitiv, dass dieses Etwas existiert, dass es an einem zugrunde liegenden Sein Anteil hat.

In diesem Zusammenhang kommt es oft zu einem Missverständnis des Seins-Begriffes. Er ist im Thomismus nicht eine leere „Hülse" höchster Abstraktion, nach dem alle individuellen Ausformungen abstrahiert worden sind, sondern die ontologische Basis von allem, was ist.

Zum Wesen von allem Seienden gehören also zwei Aspekte: Die Verwurzelung im Sein als Quelle aller Existenz und die spezifische Begrenzung, die den „Ausschnitt" aus dem Sein bestimmt und dadurch etwas Einzigartiges und Einmaliges schafft. Ohne das Sein gäbe es keine Existenz und ohne die Grenze kein spezifisches Wesen, sondern nur ein ewiges Sein, in dem sich alles auflöst ohne Unterscheidungsmöglichkeit und ohne Identität.

Das Sein ist zwar immer „umfassender", als was Begriffe „fassen" können und dennoch „erfassen" sie es tatsächlich. Durch dieses Erfassen geschieht eine Verähnlichung des erkennenden Subjektes mit der objektiven Wirklichkeit. Wahre Erkenntnis ist dann erreicht, wenn der Bewusstseinsinhalt mit der Sache übereinstimmt. Die Grundaussage der Erkenntnistheorie ist,

„dass Wahrheit die Angleichung der Sache und des Intellekts sei (quod veritas est adaequatio rei et intellectus (...)" (Forschner 2006: 38).

In der Erkenntnistheorie des Thomas von Aquin besteht also ein Gleichgewicht zwischen der Subjektivität und der Objektivität von Erkenntnis.

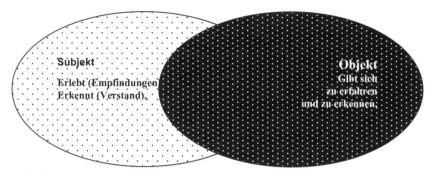

Abbildung 1: Subjektives und objektives Erkennen

Thomas von Aquin hat die

> „ (...) *unerschütterliche Überzeugung, daß es ein gesetzmäßig geordnetes Reich der Wirklichkeit gibt und daß wir dieses erkennen können. Das bedeutet ein entschiedenes Festhalten an der Möglichkeit wahrer, objektiver Erkenntnis und eine Absage (...) an jede Philosophie, die in der Wirklichkeit nur ein Erzeugnis des denkenden Menschengeistes sieht und den Geist auf die Erkenntnis seiner eigenen Formen beschränken will"* (Störig 1993: 253).

Diese oben ausgeführten Erkenntnisse haben Folgendes mit der Frage nach Entstehung und Findung von Sinn zu tun:

– Wissenschaft erhält einen realen Boden zurück, von dem aus objektive Bedeutungszuschreibungen möglich werden. Die Suche nach dem Sinn wird wieder sinnvoll.
– Da grundlegende Aussagen denkbar werden, kann auch über Teilziele hinaus wieder die Frage nach einem Gesamtsinn gestellt werden. So wird es zum Beispiel möglich, die dem Pragmatismus zugrunde liegenden Werte zu hinterfragen und gegebenenfalls zu erweitern oder einzuschränken.
– Wissenschaft kann sich auch auf außerhalb des Denkens stehende Objekte beziehen und damit steht die Möglichkeit objektiven Erkennens wieder offen. Das Sinnkriterium kann aus der puren Beliebigkeit des Subjektes gelöst werden und mit objektiven Aussagen erweitert werden.
– Das Subjekt bleibt weiterhin die Schlüsselfigur auf der Suche nach dem Sinn, ist aber durch den realen Kontakt mit Anderem und Anderen nicht mehr auf sich allein gestellt. Dadurch ist einerseits die Einsamkeit des Solipsismus gemindert, andererseits kann das Subjekt in der hohen subjektiven An- und oft auch Überforderung von anderen Unterstützung erwarten.
– Indem das Subjekt objektive Kriterien in seine Sinnsuche mit einbezieht, wird die Macht des Subjektes zwar nicht aufgehoben, aber deutlich eingeschränkt. Erkenntnis muss und kann an der Realität gemessen werden.

– Der Unterschied zwischen Existenz (Anteil am allgemeinen Sein) und Wesen (Begrenzung oder Form dieses Seins) gibt der Frage nach dem Sinn zwei Blickwinkel: Welcher allgemeine (und allgemeingültige) Sinn lässt sich aus dem Seinsgrund ableiten? Welcher Sinn ergibt sich aus der spezifischen Umgrenzung, aus der jeweils eigenen Einzigartigkeit?

– Da Thomas von Aquin durch seine Erkenntnistheorie auch die Möglichkeit einer Gotteserkenntnis aufzeigt, kann die Sinnfrage bis zu den Fragen nach dem höchsten oder letzten Sinn des Lebens erweitert werden.

Auch vom Realismus gibt es „radikale" Formen, z.b. den Naturalismus oder auch naturalistischen Fehlschluss. Dabei wird Natur im engeren biologischen Sinn verstanden und im Gegensatz zur Kultur gesehen. Das Natürliche allein wird letztes Kriterium für die Richtigkeit von dem, was der Mensch tun oder nicht tun soll. In der Natur sei alles vorgegeben und die vernunftgesteuerte Beteiligung und die freie Beeinflussung durch den Menschen werden geleugnet.

1.5 Transzendenz als vierte Dimension

Aus dem bisher Gesagten ergeben sich nun mehrere Blickwinkel, die bei der Frage nach dem Sinn berücksichtigt werden können.

– In der Systemtheorie wird auf die Objektivierung von Sinn und seinen allgemeingültigen, funktionalen oder auch formalen Charakter hingewiesen.

– Im Konstruktivismus finden wir die Betonung der Rolle des Subjektes, das durch seine Beobachtungsperspektiven und Unterscheidungen selbst Sinn gibt.

– Der metaphysische Realismus ermöglicht es, Sinn auch in objektiven Elementen wie z.b. dem Naturgesetz zu verwurzeln.

Zur Bestimmung und Findung von Sinn kann man seine Verwurzelung in der Realität beachten, die Eigenverantwortung des Subjektes betonen und den formalen allgemeingültigen Aspekt mit einbeziehen. Das ergibt, um ein Bild zu gebrauchen, eine Sicht in drei Dimensionen.

Sinn ergibt sich also immer aus einer Bezogenheit auf etwas anderes: Dieses kann zugrunde liegen oder über etwas hinausweisen, es kann in der Vergangenheit liegen oder in der Zukunft erhofft werden. Je mehr Bezugspunkte wir also haben, umso vielfältiger kann Sinngestaltung aussehen.

Auch die bisher skizzierten Perspektiven machen deutlich, dass Sinn stets über sich hinaus weist. In der Systemtheorie verweist „aktualisierter" Sinn stets auf weiteren „möglichen" Sinn. Im Pragmatismus braucht jedes Ziel eine Legitimation, die von einer höheren Ebene kommt. Im Konstruktivismus gibt es immer eine weitere Beobachterebene. Und der Realismus stellt die Frage nach dem Sinn der in der Natur vorgefundenen Ordnung. Eine überge-

ordnete Dimension ist also nicht nur denkbar, sondern wird von allen zitier-
ten Autoren angedacht, aber nicht immer weiter vertieft.
Frankl prägt in diesem Zusammenhang den Begriff „Über-Sinn":

> *„Müssen wir doch prüfen, ob es überhaupt erlaubt sei, nach dem Sinn des Ganzen
> zu fragen, ob also diese Frage selbst sinnvoll sei. Eigentlich können wir nämlich
> jeweils nur nach dem Sinn eines Teilgeschehens fragen, nicht nach dem „Zweck"
> des Weltgeschehens. Die Zweckkategorie ist insofern transzendent, als der Zweck
> jeweils außerhalb dessen liegt, das ihn „hat". Wir könnten daher den Sinn des
> Weltganzen höchstens in der Form eines sogenannten Grenzbegriffes fassen. Man
> könnte diesen Sinn sonach vielleicht als Über-Sinn bezeichnen; womit in einem
> ausgedrückt würde, daß der Sinn des Ganzen nicht mehr faßbar und daß er mehr
> als faßbar ist. Dieser Begriff (...) stellte eine Denknotwendigkeit und trotzdem
> gleichzeitig eine Denkunmöglichkeit dar – eine Antinomie, um die nur ein Glau-
> ben herumkommt" (Frankl 1998a: 62).*

Ich möchte diesen Gedanken nicht als einzigen, aber als zusätzlichen in die
Überlegungen zur Sinnfrage mit einbeziehen. Und dies umso mehr, als das
Nachdenken über einen metaphysischen Seinsgrund das Reden auch über eine letzte Ebene möglicht macht. Wenn alles Seiende aus derselben Quelle
des Seins entspringt, kann es auch durch einen ihm gemeinsamen „Ur-Sinn"
verbunden sein.

> *„Der Sinn ist eine Mauer, hinter die wir nicht weiter zurücktreten können, die wir
> vielmehr hinnehmen müssen: diesen letzten Sinn müssen wir deshalb annehmen,
> weil wir hinter ihn nicht zurückfragen können, und zwar deswegen nicht, weil bei
> dem Versuch, die Frage nach dem Sinn von Sein zu beantworten, das Sein von
> Sinn immer schon vorausgesetzt ist. (...) genauso ist das menschliche Sein immer
> schon ein Sein auf den Sinn hin, mag es ihn auch noch so wenig kennen: es ist da
> so etwas wie ein Vorwissen um den Sinn, (...). Ob er es will oder nicht, ob er es
> wahrhat oder nicht – der Mensch glaubt an einen Sinn, solange er atmet" (a.a.O.:
> 274).*

Wenn der Seinsgrund aber, wie im metaphysischen Realismus angenommen
wird, aus einer Überfülle besteht, d.h. ewig ist, dann ist er ohne Begrenzung
in räumlicher als auch zeitlicher Dimension. Für einen höchsten und von
Transzendenz geprägten Sinn lassen sich dann Begriffe einführen wie Dank-
barkeit für diese Fülle, Verantwortung als Antwort auf diese Fülle und Großzügigkeit als Weitergabe dieser Fülle

1.6 „Vier-dimensionales Sinn-Modell"

Die vier Blickwinkel auf die Frage nach dem Sinn sind komplementär und
lassen sich – wie Abbildung 2 zeigt – in einer Zusammenschau grafisch darstellen:

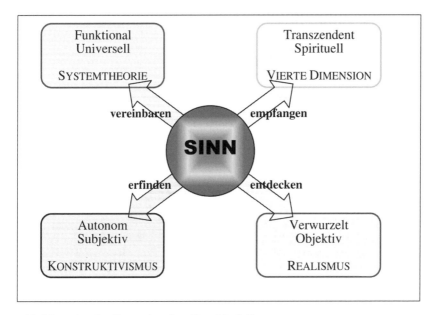

Abbildung 2: Vierdimensionales Sinn-Modell

Die linke Seite bezieht sich mehr auf die subjektiven Aspekte des Sinns (als autonome Entscheidung links unten, als kollektiver Konsens links oben) und die rechte Seite auf die objektiven Aspekte (in ihrer immanenten Form rechts unten, in der transzendenten rechts oben). Die untere Hälfte berücksichtigt mehr den Sinn in seiner Verankerung im individuellen Erleben, die obere verweist auf seinen universellen und rationalen Charakter.

Der Mittelpunkt, von dem diese vier Blickwinkel betrachtet werden können, ist ein Mensch mit einer konkreten Sinnfrage, die sich ihm im Hier und Jetzt stellt. Antwort kann nur die jeweilige Person selber geben und das auch nur in der Gegenwart. Sie kann die Frage nach dem Sinn zwar „verschieben", aber auch das ist schon eine erste Antwort im gegenwärtigen Augenblick.

Bei der Konkretisierung von Sinn stehen wir vor einem Paradox:

– Einerseits muss jede Person für sich immer neu Sinn bestimmen und im Leben verwirklichen; dadurch entsteht tatsächlich neuer Sinn.
– Andererseits ist Sinn immer schon vorgegeben und als solcher zu finden.

Zwischen beidem besteht eine gegenseitige Abhängigkeit: Der vorgegebene Sinn ist darauf angewiesen, im konkreten Leben verwirklicht zu werden, sonst bliebe er unsichtbar. Der konkrete Sinn ist aber nie eine Neuschaffung aus dem Nichts, sondern schöpft in der „Quelle" des Ur-Sinns. Diese Abhängigkeit kann am Beispiel der Sprache veranschaulicht werden: Ohne vorgegebene Sprache würde ein Mensch nicht sprechen lernen, aber ohne die Aktualisierung und Weiterentwicklung im konkreten Sprechen würde Sprache als solche nicht existieren. Diese Abhängigkeit scheint widersprüchlich, d.h. ungleich, da Sprache vom Sprechen (oder Sinn von Sinn-Verwirklichung) de facto abhängig ist, während das Sprechen von der Sprache (oder die Sinn-Verwirklichung vom Sinn) de iure abhängig ist.

Diese für die Sinnfrage so charakteristische paradoxe Abhängigkeit zwischen dem, was vorgefunden wird und dem, was daraus entwickelt werden kann, soll nun im folgenden und letzten Kapitel für die Supervision konkretisiert werden. Es wird dabei um didaktische und methodische Aspekte gehen.

2. Konkretisierung der Sinndimensionen für die Supervision

In der Supervision stellt sich immer wieder die Frage nach Sinn: sei es der Sinn einer Tätigkeit oder Berufsrolle, der Sinn einer Institution oder der Sinn als Gesamtschau, nämlich der Sinn des Lebens. In jedem der vier dargestellten erkenntnistheoretischen Ansätze wurde ein Blickwinkel der Sinndimensionen besonders hervorgehoben. Diese Multiperspektivität kann in der Supervision hilfreich sein, wenn sich Supervisanden mit der Frage nach Sinn auseinandersetzen. Die Supervisorin kann dann Horizonte erweitern, indem sie auf die unterschiedlichen Perspektiven in der Auseinandersetzung mit Sinn aufmerksam macht.

2.1 Die Verwurzelung in der Realität – Sinn finden

Sinn kann man finden, indem man die „Dinge" untersucht, auf die sich der Sinn beziehen soll. Um ein Beispiel zu nennen: Der Sinn eines Autos lässt sich zum Teil aus dem ablesen, was ein Auto ist: ein Fortbewegungsmittel und ein Fahrzeug. Dies schließt natürlich nicht aus, dass man mit einem Auto auch kreativ umgehen kann und es zum Beispiel als Schlafplatz benutzt. Dennoch wird es schwer sein, aus einem Auto ein Schwimmbad oder eine Nähmaschine zu machen.

Die Realität macht zwar bestimmte Vorgaben, aber dies heißt nicht, dass Sinn vollständig vorherbestimmt ist, wie in einem deterministischen Verständnis. Ein oft verwendetes Bild macht das anschaulich: Ein Elefant kann kein Sambatänzer werden, aber mit etwas Anstrengung wohl ein Sambatanzender Elefant.

Ricoeur spricht von der „menschlichen Freiheit", die zwar real, aber immer nur bedingt, d.h. an Bedingungen geknüpft, ist. Er entwickelt diesen Gedanken anhand von drei Bereichen:

– Menschliche Freiheit ist motiviert „für" etwas. Jede Wahl oder Entscheidung baut auf mehr oder weniger bewussten Motivationen auf.

– Menschliche Freiheit ist inkarniert „im" Menschsein. Jede Leistung ist nur auf Grund von angeborenen und weiterentwickelten Fähigkeiten möglich.

– Menschliche Freiheit ist kontingent: Sie kann sich „trotz" Notwendigkeiten entfalten. So manche dieser Notwendigkeiten wie Alter, Herkunft, Rasse erfordern die Zustimmung in Freiheit.

Das gleiche gilt auch für Sinnfindung. Sie baut auf psychologischen Motiven auf, ist bestimmt von den individuellen Fähigkeiten und Talenten und geschieht im Rahmen dessen, was gestaltbar oder veränderbar ist.

Ein erster methodischer Schritt besteht also in einer Entdeckungsreise: Wer und wie ist das Subjekt, das Sinn finden möchte? Wie charakterisiert sich sein Umfeld? Welche Strukturen können (und müssen) berücksichtigt werden? Wie definiert sich die Identität der „Sache" (Person, Gruppe, Aufgabe, usw.), um die es bei der Sinnfrage geht?

Allgemein lässt sich sagen, dass alle Methoden geeignet sind, die von einer Analyse des Ist-Zustandes (eventuell unter Berücksichtigung der Vergangenheit) ausgehen, um danach Sinn zu formulieren. Dazu gehören: Genogramme, Organigramme, Ressourcenlandkarten, Organisationsanalysen. Der Selbstkenntnis dienen: Persönlichkeitsprofile, Eignungstests und biographisches Arbeiten. Hilfreich ist auch alles, was die Wahrnehmung schult, denn Sinn und Sinne gehören zusammen.

In der Auseinandersetzung mit der Realität des eigenen Lebens macht der Mensch dann auch die Erfahrung eines „Angerufen-" und „Angefragt-Seins". Frankl spricht in diesem Zusammenhang von einer „kopernikanischen Wende":

> *„Das Leben selbst ist es, das dem Menschen Fragen stellt. Er hat nicht zu fragen, er ist vielmehr der vom Leben her Befragte, der dem Leben zu antworten – das Leben zu verantworten hat." (Frankl 1998a: 96).*

2.2 Die konstruktive Verantwortung – Sinn erfinden

Sinnlosigkeit wird oft erlebt, wenn die Erfahrung von Ohnmacht, Ausgeliefertsein und Kontrollverlust gemacht wird. Diese Situationen können ein Anlass sein, sich seiner eigenen Gestaltungsmöglichkeiten wieder bewusst zu werden. Dabei gilt für die Supervisorin, dass sie andere nicht lehren kann, autonom zu handeln, sie kann sie nur selbst als autonome Subjekte behandeln. Dadurch schafft sie eine Wirklichkeit, die den anderen einlädt, diese Autonomie auch selbst zu verwirklichen.

In meiner Supervisionsarbeit fällt mir im Umgang mit „Traditionschristen" immer wieder auf, wie „gern" sie sich in ihr Schicksal fügen und Situationen als unabänderlich akzeptieren. Diese Haltung wird von einem einengenden Opferverständnis noch verstärkt. Hier hat sich konstruktivistisches Denken als sehr bereichernd erwiesen und mehrfach ganz neue Horizonte eröffnet.

Konstruktion von Sinn bedeutet, sich auf persönliche, einzigartige, authentische Weise bewusst und verantwortlich für eine Sinnzuschreibung zu entscheiden. Und diese Konstruktion von Sinn ist immer auch Rekonstruktion, d.h. sie knüpft an Vorhandenes an.

Um Sinn erfinden zu können, ist die Arbeit mit Werten grundlegend. Diese wiederum entstehen nicht im luftleeren Raum, sondern basieren, wie oben beschrieben, auf realen Bezugspunkten, welche sich sowohl in Dingen, in Aufgaben und im Subjekt selbst befinden. Wert bemisst sich meist im Verhältnis zu etwas anderem, so wie zum Beispiel der Kaufpreis ein Kriterium für den Wert einer Sache sein kann. Es gibt aber auch „Dinge" mit Selbstwert. Diese werden an sich wert geschätzt, ohne dass ein Gegenwert oder eine Gegenleistung dies aufwiegen könnte. Dafür wird auch der Begriff Würde gebraucht.

„Wert, Sachwert, hat eine Sache für mich. Würde hat jedoch eine Person, und diese Würde ist ein Wert an sich. Mit diesem Wert der Person, mit deren Würde, darf nicht verwechselt werden der Nutzwert, den die Person auch über ihre Würde hinaus haben kann. Der soziale Nutzwert eines Menschen hat nichts zu tun mit dessen personaler Würde" (Frankl 1998b: 241).

Verantwortliche Konstruktion geht also vom Subjekt aus, vergisst dabei aber nicht, dass es Werte gibt, die seiner individuellen Macht entzogen sind. Dazu gehören, wie oben erwähnt, die Mitmenschen, die nicht zum bloßen Zweck degradiert werden sollen. Dazu gehört aber auch die Natur auf unserer Erde, die als solche vom Menschen Respekt fordert.

Methodisch ist zuerst einmal alles hilfreich, was das Selbst stärkt: Selbstverwirklichung, Selbstbestimmung, Selbstverantwortung, Self-Empowerment, Selbstmanagement, usw. Auch die Arbeit mit Werten (z.B. Wertequadrat) kann die persönliche Verantwortung festigen. Um Werte in ihren Bezug zum Sinn zu setzen. ist es möglich, nach dem jeweils höheren Wert zu fragen, so lange bis die Supervisandin an dem für sie höchstmöglichen Werteniveau angekommen ist.

Sinn als größerer Zusammenhang erfordert das Loslassen von Gewohnheiten und Sicherheiten. Manchmal ist es nötig, den Supervisanden überhaupt erst einmal zu helfen, zu ihrer Kreativität und Phantasie wieder Zugang zu finden, indem man ihnen z.B. hilft, das „Träumen" wieder zu erlernen.

2.3 Die funktionale Seite – Sinn vereinbaren

Die Funktion von Sinn beruht auf Unterscheidungen und Konsens. Sie misst sich an Nützlichkeit und „Passung" (ich bevorzuge den Begriff „Stimmigkeit"). In der gemeinsamen Bestimmung von Sinn sind mehrere Konfliktpotenziale ins Gleichgewicht zu bringen: Selbstbehauptung und Selbstbegrenzung, Eigeninteresse, Fremdinteresse und Kollektivinteresse.

Als Kriterium wird dabei meistens die Nützlichkeit genannt, die sich wiederum vom Ziel her ableitet. Das Einzelne wird sinnvoll, wenn es sich im

Horizont des Zweckes als funktional erweist. Daher ist in der systemischen Supervision die bewusste Zielformulierung so entscheidend.

Sinn wird aber nicht nur in Gruppen und Institutionen vereinbart, sondern auch in Gesellschaft, Politik und durch Kultur. Es gibt mehrere Versuche, Sinn als ethische Handlungsanleitung auf allgemeingültige Weise zu formulieren. Die in der systemischen Supervision meist zitierte Form ist der Imperativ von Foerster: „Handle stets so, dass die Anzahl der Möglichkeiten wächst" (Zitiert bei Kersting 1996: 115).

Eine andere Formulierung ist älter und kommt von Kant, welcher moralisches Handeln rein formal beschrieben hat:

„Handle so, dass du die Menschheit sowohl in deiner Person, als in der Person eines jeden anderen jederzeit zugleich als Zweck, niemals bloß als Mittel gebrauchst."

Ich möchte dem noch einen weiteren konkreten Imperativ hinzufügen, den Léonard in Anlehnung an Balthazar formuliert hat. Er baut auf die Erfahrung der Fülle des Seins und die subjektive Verantwortung auf und beschreibt nun auch einen formalen Aspekt. Es geht um eine Haltung der Freundschaft als konkreten Imperativ:

„Handle so, dass deine Handlung deutlich macht, dass du selbst, dass die anderen Menschen und dass die Welt, die dich umgibt, dass ihr alle eure Existenz einer unerschöpflichen Großzügigkeit verdankt." (Léonard 1991: 222)

Wenn bei den Methoden zur subjektiven Sinnkonstruktion die Arbeit mit Einzelnen im Vordergrund stand, geht es hier vermehrt um gemeinschaftliche Prozesse. In der Anfangsphase stehen Kontraktfragen und Zielformulierungen.

Die typische und am meisten benutzte Methode, um Sinn funktional zu bestimmen, ist das Reframing. Der Rahmen einer Bedeutung wird so lange verändert, bis das Verhalten als sinnvoll – im Bezug auf diesen Rahmen – verstanden wird. Ein Beispiel zur Veranschaulichung: Erster Steinmetz: Ich behaue Steine. Zweiter Steinmetz: Ich beliefere mit meinen Steinen den Bauleiter. Dritter Steinmetz: Ich baue eine Kathedrale.

Eine Bemerkung möchte ich noch zu Reframing und funktionalem Sinn anfügen: Diese Methode ist sehr wirksam und kann schnell durch veränderte Perspektiven neuen Sinn erscheinen lassen. Eine ausschließliche Anwendung kann aber auch zur Flucht werden, um vor einer grundlegenderen umfassenderen Sinnfrage davon zu laufen.

Andere methodische Ansätze: Aufstellungen, Skulpturen, gemeinsame Auseinandersetzung mit Ethikkonzepten, die Definition von Berufsrollen und Vieles mehr.

2.4 Die Öffnung zur Transzendenz – Sinn empfangen

Sinn lässt sich in der Realität finden, er kann durch subjektive Entscheidungen konstruiert werden und er definiert sich durch Vereinbarungen. Seine transzendente oder vertikale Dimension manifestiert sich in zwei Richtungen:

– Erstere geht von unten nach oben und wird deutlich, wenn der Mensch in sich eine unstillbare Sehnsucht entdeckt und sich nach etwas Höherem ausstreckt. Die geistliche Dimension im Menschen sucht immer nach „mehr", gibt sich mit materiellen Werten nicht zufrieden und stellt die Frage nach einem größeren Zusammenhang, nach einem letzten Sinn. Hier wirkt Sinn wie eine „Herausforderung": Er fordert immer mehr und sprengt alle gewohnten Konzepte.

– Die zweite Richtung geht von oben nach unten: Sinn kann mit plötzlicher Klarheit in Altbekanntes einbrechen und die Augen für eine „vierte" Dimension öffnen; so erlebter Sinn hat, wie auch Spiritualität, „seinen Ausgangspunkt jenseits des Menschen (...)" (Tatschmurat 2003: 111). Die Theologie gebraucht hierfür den Begriff der Offenbarung Gottes.

Supervision kann, wenn es erwünscht ist, diese vertikale Dimension ganz konkret mit einbeziehen.

> *„Supervision bewegt sich nicht nur auf der Horizontalen, sondern auch auf der Vertikalen. Der Blick auf die Art und Weise, wie jemand sich in der Welt bewegt, wie gut er nach unten verwurzelt ist, führt zu der Frage, wohin er sich nach oben ausrichtet." (a.a.O.: 116)*

Aber diese Art von Sinnerfahrung kann nicht produziert werden (weder von Supervisandinnen noch von Supervisoren), sie ist immer Geschenk und hat immer den Charakter einer Überraschung. Sie bewirkt aber neue Interpretationsmöglichkeiten und Sinndeutungen, die bislang als „unlogisch" empfunden wurden. Zum Beispiel sind Erfolg und Sinn dann nicht mehr identisch, auch ein „Scheitern" kann plötzlich als sinnvoll erfahren werden.

Es geschieht ganz bewusst, dass ich in diesem Abschnitt von Erfahrung spreche. Wenn diese Art von Sinn nur als gedankliche Konstruktion besteht, kann sie als paradox be- und verurteilt werden. Wenn sie aber aus einer Erfahrung besteht, ergreift sie den ganzen Menschen und entfaltet ihre verändernde Kraft.

In so gelebter Supervision geht es um ein Wechselspiel zwischen dem, was aktiv selbst gestaltet werden kann und dem, was nur vertrauensvoll an eine höhere Macht losgelassen werden kann im Warten darauf, dass diese wirksam wird. Ein für die spirituelle Dimension offenes Supervisionssetting wird sich methodisch nicht besonders von anderen Settings unterscheiden, es schwingt aber eine andere qualitative Ebene mit. Empfangen ist nicht das Gleiche wie Nehmen. Es geht um eine Haltung, die aktiv „auf Empfang stellt", dann aber nicht beeinflussen kann, ob etwas empfangen und wenn ja, was empfangen wird. Es ist eine aktive Passivität, die die Grundhaltung jeder wahren Spiritualität ist. Auf dem Markt der neuen religiösen Welle gibt es unzählige Methoden, die in diese spirituelle Haltung einführen. Je nach persönlicher Vorliebe kann manches davon auch auf Supervision übertragen werden.

Ein wichtiges Kriterium für die Entscheidung über die Brauchbarkeit von spirituellen Methoden ist die Frage, ob sie eine Öffnung zur transzendenten Dimension unterstützen. Wenn sie den Supervisanden nur dahin führen, sich in sich selbst zu verschließen, um selbstgenügsam und autark zu werden, halte ich sie für wenig geeignet, in echte Spiritualität einzuführen. Empfangen zu wollen, setzt immer eine gewisse Abhängigkeit zur gebenden Quelle voraus.

Gebet kann Ausdruck dieser Öffnung sein. Gebet ist natürlich mehr als eine Methode und dennoch möchte ich es hier ausdrücklich erwähnen. Es kann eine einfache Einladung sein: „Haben Sie darüber schon einmal mit Gott gesprochen? Vielleicht möchte er dazu etwas sagen." In der Supervision mit Ordensleuten, Priestern und Seminaristen kommt es aber auch vor, dass wir eine Sitzung mit einem gemeinsamen Gebet abschließen. Für gläubige Supervisandinnen ist es auf der Suche nach Sinn von entscheidender Bedeutung, auch auf einen Anruf von „oben" zu warten und diesen in ihr Lebens- und Berufskonzept mit einzubeziehen. Auch beim zirkulären Fragen kann man die Perspektive Gottes mit einbeziehen: „Und was meinen Sie, wie Gott diese Situation versteht?"

Besonders in der Arbeit mit Ehrenamtlichen ist die Frage nach dem Beruf eng mit der Frage nach Berufung verbunden. Hier ist es aufschlussreich, in die Vergangenheit zurückzuschauen, um eine persönliche Berufungsgeschichte (Berufungsanamnese) zu entdecken, d.h. einmal zusammenzufassen, wann und wie Be-Rufung erlebt worden ist. Es ist nicht selten, dass während dieser Arbeit deutlich ein neuer oder erneuerter Ruf empfangen wird.

Bei all diesen Methoden ist die Tiefe der Spiritualität der Beteiligten eine entscheidende Ressource, sei es, dass sie bei der Supervisorin, bei der Supervisandin oder bei beiden vorhanden ist. Mein persönlicher Glaube daran, dass Gott sich in seiner Güte offenbaren möchte und kann, durchstrahlt auch ohne Worte mein ganzes supervisorisches Handeln. Die Spiritualität des Supervisors kann aber auch zur Falle werden, nämlich dann, wenn er als Fachmann für Sinnfragen angesehen wird und man erwartet, dass er fertige Antworten liefern soll.

2.5 Gesamtschau: Die Frage nach dem Sinn des Lebens

Zum Abschluss dieses praktischen Teils möchte ich eine Zusammenschau versuchen und der Frage nachgehen, wie Menschen dabei unterstützt werden können, den Sinn ihres Lebens zu formulieren. Hier ist die an sich fließende Grenze zwischen Supervision und Geistlicher Begleitung meist schon in

Richtung der letzteren überschritten, aber bei meiner traditionell katholischen Klientel hat sich diese Art von Grenzüberschreitung als effizient und sinnvoll erwiesen.

Um dem Leben als Ganzem Sinn zu geben, muss es in einen größeren Zusammenhang eingefügt werden. Dazu möchte ich abschließend die Methode der Lebensmetapher darstellen.

Lebensmetapher:

- 1. Schritt: Einzelarbeit: Sich vorstellen, dass sich im Leben alles bestens entwickelt und dann am Ende dieses „erfüllten" Lebens seine eigene Beerdigungsrede im Sinne eines geistigen Testamentes schreiben.
- 2. Schritt: Ausgehend vom Text dieser Rede werden zugrunde liegende Werte benannt. Dies geschieht zunächst unsortiert und unkommentiert in Form eines Brainstorming.
- 3. Schritt: Diese Werte werden gruppiert, evt. mit anderen Titeln zusammengefasst, bis nur noch 5-7 Hauptwerte übrig sind. Es ist darauf zu achten, dass die Formulierung persönlich ist und der Supervisand sagen kann, welche Aspekte er unter einen Hauptwert fassen will.
- 4. Schritt: Diese Werte werden nach Wichtigkeit skaliert und in eine Hierarchie gebracht. Dabei kann es mehrere Werte (aber nicht alle!) auf einem Niveau geben.
- 5. Schritt: Für diese Hierarchie wird ein Bild oder eine Metapher gefunden, z.B. ein Baum mit Wurzeln, Stamm, mehreren Ästen und Früchten oder ein Boot mit Rumpf, Segeln, Motor, etc. Dieses Bild kann auch gemalt werden.
- 6. Schritt: Das Ganze wird nun noch einmal in einem Satz zusammengefasst, etwa als Grabspruch oder als Logo eines Wappens.

Dieses Vorgehen ist vom Prinzip her einfach. Es gewinnt an Qualität durch die Tiefe der persönlichen Auseinandersetzung. Es kann zum Teil als Eigenarbeit zu Hause vorbereitet werden, braucht aber nach meiner Erfahrung mehrere Sitzungen, um ausgereift zu sein.

Diese „Wertemetapher" und die präzise Formulierung des Lebenssinns erweisen sich als tragende Kraft in Schwierigkeiten und als innere Mitte, aus der heraus anstehende Entscheidungen einfach und klar gefällt werden können. Dabei kann es sich um Berufsfragen oder Bereiche des persönlichen Lebens handeln. Der Sinn des Lebens ist wie eine innere Architektur: Sie bleibt an sich unsichtbar, trägt aber das ganze Lebensgebäude, gibt ihm Form und einen eigenen Stil.

Gläubige Menschen berücksichtigen in dieser Übung meist auch spirituelle Aspekte und Erlebnisse. Es ist nicht selten, dass sie die durch die Übung formulierten Werte von außen (von Gott) bestätigt finden. Dies geschieht entweder durch eine persönliche Erfahrung im Gebet oder aber durch Bestätigungen im Lebensumfeld, was der Gläubige dann Vorsehung nennt.

3. Langer Rede kurzer Sinn

Um es noch einmal zusammenzufassen:

– Faszinierend am Konstruktivismus ist die Betonung der Eigenverantwortung und der subjektiven Gestaltungsmöglichkeiten.
– Der Reichtum der Systemtheorie liegt in der Betonung der Beobachterebene und dem Versuch, den Sinnbegriff allgemeingültig zu erfassen.
– Der Realismus bietet einen Grund, auf dem in unserer pluralistischen Zeit
noch Sicherheit aufgebaut werden kann.
– Die Öffnung für die Transzendenz schafft Möglichkeiten, einen letzten
Sinn zu formulieren und das menschliche Leben in ein wohlwollendes
größeres Ganzes eingebunden zu wissen.

Einen gedanklichen Bogen möchte ich hier aber noch schlagen: In der klassischen Literatur wurde die Sinnfrage als Frage nach der letzten Bestimmung
gestellt. Der christliche Glaube nennt dies: die Berufung zur Seligkeit. Ich
fand es sehr spannend zu entdecken, mit welchen vier Dimensionen Thomas
von Aquin diese Seligkeit beschreibt:

– Es wird eine neue erlöste Schöpfung geben und jeder Mensch wird einen
auferstandenen vollkommenen Leib haben – dies ist der Bezug zur Realität.
– Jeder Mensch wird ganz und gar er selbst geworden (verherrlicht) sein
und im Besitz der reinen (da erlösten) Freiheit sein – hier ist der Bezug
zum Subjekt.
– Alle Menschen werden in Freundschaft und Gemeinschaft leben, wo
Konsens im Ausgleich von Bedürfnissen und Ansprüchen besteht – dies
ist die universelle Dimension.
– Allen wird die vollkommene spirituelle Gemeinschaft mit Gott möglich
sein – dies ist die Fülle dessen, wie Transzendenz erlebt werden kann.

Abschließend kann gesagt werden: Jeder Augenblick des Lebens enthält
Sinnpotential, das vom Einzelnen entdeckt, freigesetzt und entwickelt werden kann. Dieser Sinn jedoch „verwirklicht" sich nur im Lebensvollzug, dort
muss er konkretisierte „Wirklichkeit" werden. Dies ist eine lebenslange Aufgabe, die in besonderen Momenten – wie zum Beispiel durch Supervision –
neu ins Bewusstsein rückt. Die Antwort auf die Frage nach dem Sinn kann
nicht delegiert werden, sie ist nur persönlich zu beantworten. Um im Bild zu
sprechen: Wer Hunger hat, kann sich zwar füttern lassen, aber essen muss er
selber.

Scharer stellt die Frage, ob Supervision Sinn macht. Seine Antwort lautet:

*„Supervision macht Sinn, wenn sie keinen Sinn macht, sondern Menschen darauf-
hin begleitet, die Sinndimension ihres Lebens auf einen größeren Horizont hin
offen zu halten. Die supervisorische ‚Macht' wandelt sich dabei von einer strategischen Interpretationsmacht, die darauf abzielt, Sinn zu konstruieren, zu einer*

kommunikativen ‚Ohnmacht-Macht', die sich der Geschenkhaftigkeit (Gnaden-
haftigkeit) des Lebenssinns bewusst bleibt" (Scharer 2004: 31).

Literatur

Fischer, H. R. (1995): Abschied von der Hinterwelt. In: ders. (Hrsg.). Die Wirklichkeit des
     Konstruktivismus, Heidelberg: Carl Auer Systeme; S. 11-34.
Forschner, M. (2006): Thomas von Aquin. München.
Frankl, V. E. (^{7}1998a): Ärztliche Seelsorge. Frankfurt a. M.
Frankl, V. E. (^{10}1998b): Der Mensch vor der Frage nach dem Sinn, München.
Graf, P. (1994): Gegen den radikalen Konstruktivismus. In: Zeitschrift für systemische
     Therapie 12 (1), S. 44-57.
Heidrich, M. (2003): Aspekte systemisch-konstruktivistischer Sozialpädagogik. In: Badry
     E. et al. (Hrsg.): Pädagogik – Grundlagen und Sozialpädagogische Arbeitsfelder, Neu-
     wied, S. 209-215.
Kant, I. Grundlegung zur Metaphysik der Sitten. Im Internet: Gutenberg.spiegel.de
     http://gutenberg.spiegel.de/?id=12&xid=1373&kapitel=1&cHash=321a08146e2
Kersting, H. J. (1996): Die Verantwortung des Supervisors. Ethische Implikationen von
     Theorie und Praxis. In: Ders./Neumann-Wirsig H. (Hrsg.). Systemische Perspektiven
     in der Supervision und Organisationsentwicklung, Aachen, S. 103-120.
Léonard, A. M. (1991): Le fondement de la morale – essai d'éthique philosophique géné-
     rale. Paris.
Luhmann, N. (^{2}2004): Einführung in die Systemtheorie. (Hrsg.: Baecker, D.). Heidelberg.
Reich, K. (^{5}2005): Systemisch-konstruktivistische Pädagogik. Weinheim, Basel.
Scharer, M. (2004): Supervision zwischen (strategischer) Interpretationsmacht und kom-
     munikativer „Ohnmacht – Macht". In: Hampel, K./Köppen, H.B. (Hrsg.) Macht-Su-
     pervision-Sinn. Münster, S. 13-31.
Störig, H. J. (1993): Kleine Weltgeschichte der Philosophie. Frankfurt a.M.
Tatschmurat, C. (2003): Spiritualität – eine wirksame Ressource in der Supervision. In:
     Lewkowicz, M./Lob-Hüdepohl, A. (Hrsg.): Spiritualität in der sozialen Arbeit, Frei-
     burg i.B, S. 104-119.
Watzlawick, P. (1995): Vom Unsinn des Sinns oder vom Sinn des Unsinns, München/Zü-
     rich.
Wikipedia, Kategorischer Imperativ. Zuletzt geändert am 08.07.2007.
     http://de.wikipedia.org/wiki/Kategorischer_Imperativ
     Die_verschiedenen_Formeln_des_kategorischen_Imperativs
Willke, H. (^{6}2000): Systemtheorie I: Grundlagen. Stuttgart.

Nicole Marjo Gerlach

Ohne Sinn kein Gewinn – Führungskräfteberatung im 21. Jahrhundert

> *„Wir alle leben in einer Welt allgemeiner Flexibilität, unter Bedingungen akuter und auswegloser Unsicherheit, die alle Aspekte des individuellen Lebens durchdringt – die Sicherung des Lebensunterhalts ebenso wie die Suche nach Partnern, sei es in Liebebeziehungen oder bei der Durchsetzung gemeinsamer Interessen, die Parameter professioneller und kultureller Identitäten und die Art und Weise der Selbstorganisation in der Öffentlichkeit ebenso, wie das Regime der Gesundheit und Fitness, die orientierungsrelevanten Werte wie die Art der Orientierung an diesen Werten. Die sicheren Häfen des Vertrauens sind dünn gesät und die meiste Zeit treiben wir ohne Anker dahin auf der Suche nach windgeschützten Liegeplätzen" (Baumann 2003:160).*

1. Einleitung

Der vorliegende Beitrag beleuchtet Chancen, Möglichkeiten und Ansatzpunkte personen- und prozessorientierter Beratung durch Supervision in der Führungskräfteentwicklung. In diesem Zusammenhang wird auf die Notwendigkeit einer ethisch-spirituellen Beratungsdimension im beruflichen Kontext eingegangen.

Im Mittelpunkt stehen dabei Fragen im Zusammenhang mit den geänderten Anforderungen an Unternehmen und deren Mitarbeiter sowie insbesondere einem geänderten Führungsverständnis in einer globalisierten Arbeitswelt, der sog. Informations- und Wissensgesellschaft. Die gegenwärtigen und zukünftigen Veränderungen in der Wissensgesellschaft des 21. Jahrhunderts machen Führungskompetenz für jede Organisation und jeden Mitarbeiter zu einem zentralen Thema. Künftig werden immer mehr Berufstätige Führungsaufgaben übernehmen müssen, auch wenn sie über keine formale Führungsposition mit direkten Untergebenen verfügen. Jeder Mensch, der führt (und sei es nur sich selbst in eigenen Angelegenheiten), ist damit als Führungskraft anzusehen (Malik 2006: 66). Mitarbeiter gelangen so immer mehr in die Rolle von sog. Mitunternehmern, die als selbstverantwortliche Wissens-Unternehmer im Unternehmen denken und handeln sollen, über Zielvorgaben und Zielvereinbarungen als Partner behandelt und geführt werden und gleichzeitig selbst führen (Meyer 2000: 146; Drucker 1999: 1ff.). In diesen neuen Arbeitsrealitäten fühlen sich viele Menschen orientierungslos. Der Verlust von Sicherheiten und ständiges Infragestellen von Althergebrachtem machen Angst. An vielen Stellen lässt sich schon heute beispielsweise beobachten, dass Führungspositionen ihre bisher identitätsstiftende Stabilität einbüssen (Schreyögg 2006: 128; Meyer 2002: 24f.). Die bisher auf vielen mittleren und unteren Führungsebenen dominanten professionell-bürokratisch geprägten Führungsrollen werden so gegenwärtig zunehmend entwertet und zurückgedrängt (Faust/Jauch/Notz: 2000). Führungskräfte finden sich damit in einer Arbeitswelt wieder, die von wachsenden Anforderungen an ihre Mitarbeiter und sie selbst, sowie von mehr Komplexität bei gleichzeitiger Erosion bzw. Ausdünnung jahrelang anerkannter Hierarchien, der Verringerung von formalen Führungspositionen und der Erweiterung von Führungsaufgaben geprägt ist (Buer 2002: 44f.). Die komplexen Fragen, Problemlagen, Entscheidungsdilemmata und (Rollen-)Unsicherheiten, denen der heutige und zukünftige Wissensarbeiter dabei ausgesetzt ist, verlangen nach einer kontinuierlich fallbezogenen Reflexion seiner Arbeit. Hier hilft weder standardisierte inhaltsorientierte Beratung noch situatives inhaltsorientiertes Training weiter. Wer heute in den dynamischen Übergangsphasen der Risikogesellschaft hin zu einer Multioptions- und Wissensgesellschaft bestehen will, wird sich dann auch im beruflichen Kontext mit Fragen nach Werten, Ethik und Spiritualität zu befassen haben. Gerade wenn es um Orientierung und Leitlinien geht, darf die ethisch-spirituelle Dimension einer werteorientierten Führung als Fundament menschlichen und gleichzeitig ökonomischen Handelns nicht ausgeklammert werden. Spiritualität, ganz allgemein verstanden als Suche einer Person nach Wahrheit und Klarheit, Sinn, Sinnstiftung, Alltagsbewältigung, eigener Lebensbedeutung, erfüllenden Beziehungen zu anderen oder Transformation von Erlebtem, um neue oder mehr Handlungsperspektiven zu bekommen (Tafferner 2004: 155), wird in einer als unsicher und komplex empfundenen Wissensgesellschaft des 21. Jahrhunderts ihren festen Platz in der Arbeitswelt haben. Weil sich private und öffentliche (Arbeits-) Welt in der Wissensgesellschaft offensichtlich zunehmend vermischen, werden spirituelle Instanzen, die für die Grundausrichtung jedes Menschen wichtig sind, nicht wie bisher im Privaten verborgen bleiben, sondern gerade in der Beratung zum beruflichen Handeln als Hilfe miteinbezogen werden müssen. Die Entwicklung der Mitarbeiter hin zu selbstverantwortlichen Mitunternehmern wird die Einbeziehung einer (spirituellen) Sinndimension zukünftig nochmals verstärken.

2. Stärken der Supervision nutzen

Gerade hier sollte eine um die „ethisch-spirituelle Dimension" erweiterte bzw. darum wissende Supervision auch für den Profit-Bereich anknüpfen. So kann sie schon von ihrer Herkunft aus der sozialen Arbeit und dem sozialen Sektor her auf einen reichen Erfahrungsschatz bei der ethischen Reflexion verweisen. Daneben gibt es weitere Gesichtspunkte, die eine insbesondere vom „Beratungsmarktkonkurrenten" Coaching immer noch vorgebrachte Festschreibung des Beratungsformats Supervision auf den Non-Profit-Bereich zunehmend gegenstandslos erscheinen lassen.[1] Zum einen haben heutzutage viele der neuen Dienstleistungsberufe mit den althergebrachten helfenden (sozialen) Berufen gemeinsam, dass man sich bei der Arbeit immer mit den anderen austauschen muss, was man tut, wie man es tut und wo man Außenwirkung und Qualität dieser Arbeit verbessern kann (Belardi 2002: 12). Zum anderen gleichen sich heute die Führungsstrukturen im Profit-Bereich immer mehr denjenigen der gut geführten Freiwilligenorganisationen bzw. karitativen Organisationen an (Pinnow 2006: 28). Gleichzeitig geht es wie in den Profit-Organisationen auch in den Non-Profit-Organisationen immer um Resultatorientierung und Ergebnisse (und damit letztlich um die Wirksamkeit bzw. eigene Daseinsberechtigung). Diese organisationsspezifischen Ergebnisse hängen zum einen immer mit Menschen zusammen, d.h. mit ihrer Auswahl, ihrer Förderung und Entwicklung und ihrem Einsatz. Zum anderen beziehen sich diese Ergebnisse immer in irgendeiner Form auf Geld, nämlich auf die Beschaffung und Verwendung finanzieller Mittel. Schlussendlich wird gegenwärtig im Profit-Bereich auf vielen Ebenen verstärkt versucht durch das Thema „Emotionalität" (Kunden-)Bindungen zu schaffen (Stichwort „Emotionale Marken"). Non-Profit-Organisationen kennen dieses Thema dagegen seit langem. Sie sind nämlich in der Regel mit hoher Emotionalität verbunden (Krainz/Simsa 2005: 206).

Darüber hinaus beschäftigt sich Supervision seit langem mit der Bearbeitung derjenigen (beruflichen) Fragekomplexe, die sich nun für viele aus den aktuellen Entwicklungen in der Arbeitswelt ergeben. So ist Supervision schon wegen ihrer „sozialen" Tradition mit vielen der aktuellen und zukünftigen Führungsdilemmata[2] vertraut. Es gilt, diese vorhandenen Stärken zu nutzen. Insofern täte Supervision auch gut daran, sich den in der Wirtschaft mittlerweile anerkannten Grundsatz „Stärken nutzen und nicht Schwächen beseitigen" immer wieder zu vergegenwärtigen.

---

1 Vgl. zu diesem Diskurs: Verbändeforum Supervision (Hrsg.), Die Zukunft der Supervision zwischen Person und Organisation – Neue Herausforderungen – Neue Ideen, Vorträge der Tagung des Verbändeforums Supervision am 26./27.11.2004 in Montabaur, Mai 2005.
2 Vgl. hierzu im Einzelnen weiter unten unter 4.

3.   Vom Mitarbeiter zum Mitunternehmer – Arbeit im 21. Jahrhundert

Auch wenn bisher niemand so genau definieren kann, was die Wissensgesellschaft wirklich ist (Malik 2006: 67), wie sie aussehen und insbesondere wie sie funktionieren wird, scheint deutlich zu werden, dass die Anforderungen an den einzelnen Menschen und an Organisationen nicht nur komplexer werden, sondern auch ganz andere sind, als diejenigen, die bisher im Arbeitsleben zu erfüllen waren (Belardi 2002: 9f.; Drucker 1999; Buer 2002: 43ff.; Siller 2001: 171ff.). Dabei zeichnen sich schon heute einige Entwicklungen ab:

Arbeitsplätze werden in immer größerem Umfang zu Teilzeitarbeitsplätzen oder zu zeitlich befristeten Projektarbeitsplätzen. In Unternehmen finden sich immer mehr sog. externe Mitarbeiter, die eigentlich keine „echten Mitarbeiter" mehr sind, aber trotzdem in die Unternehmensstrukturen zu integrieren sind. Dies mag zunächst für die bestehenden Unternehmensstrukturen und das bestehende Unternehmenswissen bereichernd sein, führt aber auch zu neuen unbekannten gruppendynamischen Veränderungen. Auch Non-Profit-Organisationen unterliegen vergleichbaren Veränderungen (von Eckardstein 2002: 309ff.). Neben einem noch vor Jahren undenkbaren Personalabbau nimmt auch hier die Flexibilisierung der Beschäftigungsverhältnisse deutlich zu, und sie werden schlanker und unangenehmer (Goldmann/Lerchster 2007: 29; Zimmer/Priller/Hallmann 2003: 33ff.). Hierarchien werden damit auch in Non-Profit-Organisationen flacher und Führungsaufgaben ausgeweitet (Krainer 2007: 16).

Wo früher die physische Arbeitskraft für Organisationen und ihre Nutzer im Mittelpunkt stand, wird aufgrund des technologischen Fortschritts der Faktor „Wissen" immer bestimmender. Innovationszyklen werden kürzer und folgen immer schneller aufeinander. Gleichzeitig bewegt sich der globale Wettbewerb zunehmend auf der Ebene der Ideen und Problemlösungen (Meyer 2002: 24ff.). Der Produktionsfaktor Nr. 1 heißt damit Wissen und dessen effektive Nutzung ist ein entscheidender Wettbewerbsfaktor. Das Wissen der Mitarbeiter wird so zum Kapital der Unternehmen. Ebenso schnell wie sich die Unternehmenslagen verändern, muss das Wissen entsprechend erweitert werden. Unternehmen investieren in ihre Wissensmitarbeiter und diese investieren wiederum in sich selbst (Stichwort: Bildung) und geben dieses Wissen somit als Mehrwert auch wieder ans Unternehmen zurück. Folglich wird der Erfolg von Organisationen in Zukunft immer mehr von Faktoren abhängen, die mehr mit Menschen und weniger mit Organisationsstrukturen oder Kapitalentwicklungen zusammenhängen. Eigeninitiative, Flexibilität und die stete Bereitschaft, alte Verhaltensmuster und Routinen ständig zu überdenken und abzulegen, werden zu bestimmenden Schlüsselkompetenzen eines Arbeitskraftunternehmers in der Wissensgesellschaft. Im Zusammenhang mit Teamprozessen (Projektteams) werden kommunikative Fähigkeiten und Moderationsfähigkeiten immer wichtiger. Erfolgsversprechende Faktoren sind: Verständigung, Kreativität, Unternehmertum, Mut, visionäres Denken oder emotionale Intelligenz. Entscheidungen müssen schnell und dezentral vorbereitet und getroffen werden, um im Wettbewerb mit neuen Konkurrenten z.b. aus dem BRICH-Staatenumfeld [3] bestehen zu können. Hierbei gibt es nicht mehr nur einen, sondern mehrere Wege zum Ziel. Die Grenzen zwischen Arbeit und Privatem lösen sich auf. Familie und Firma wachsen zusammen. Hierarchische Strukturen verflachen gleichzeitig.

Der Druck, von den alten (gelernten) Routinen zu lassen und ständig nach neuen besseren Lösungen zu suchen, wird mithin zu einem bestimmenden Merkmal der Wissensarbeiter im 21. Jahrhundert. Das bedeutet gleichzeitig, dass der Mensch zu einem zentralen (Erfolgs-)Faktor im Unternehmen wird. Damit „subjektiviert" sich die Arbeitswelt: weg vom entpersonalisierten Mitarbeiter hin zum Träger individueller Fähigkeiten und Bedürfnisse. Schon heute lässt sich beobachten, wie Mitarbeiter zunehmend in die Rolle von „Mitunternehmern" geraten. Menschen, deren Berufsverständnis bisher aus ihrer Fachlichkeit und Fachkompetenz geprägt war, und die stolz auf ihre fachliche Leistung als Verwaltungsbeamter, Ingenieur, Krankenschwester oder Betriebswirt waren, werden z.b. mit Leitfunktionen in interdisziplinär zusammengesetzten Teams konfrontiert. Sie sollen nunmehr unternehmerische Verantwortung mit wenig bekannten Gesamtaufgaben tragen. Gleichzeitig wird das Anforderungsprofil, das Unternehmen für den Mitarbeiter als „Unternehmer in eigener Sache" entwerfen, immer klarer. Es wird folgendermaßen skizziert (Meyer 2000: 150):
Mitunternehmer sollen:

- als selbstverantwortlicher Unternehmer im Unternehmen denken und handeln und sich zugleich dem Unternehmen gegenüber loyal verhalten,
- die Selbstverantwortung für die Sicherung der eigenen Beschäftigungsfähigkeit übernehmen,
- teamfähig und neugierig sein und eine Leidenschaft für das Geschäft entwickeln,
- lernfähig und bereit sein, Wissen zu teilen und gleichzeitig auch fähig sein zu „entlernen",
- in der Lage sein, die eigene work-life-balance mit Hilfe von Zeitsouveränität zu managen,
- über Zielvorgaben und Zielvereinbarungen geführt werden und selbst führen.

Von diesen selbstverantwortlich autonomen Subjekten (Mitunternehmern) werden verständlicherweise zunehmend immaterielle Ansprüche an ihre Arbeitswelt und ihre Arbeitgeber gestellt. Der Wissensarbeiter des 21. Jahrhunderts will mitentscheiden, beteiligt sein, partnerschaftlich geführt werden und selbst führen. Arbeit muss nicht nur alimentieren, sondern auch etwas zu-

---

3 Brasilien-Indien-China

rückgeben, muss Sinn geben und Sinn machen, Lebensfreude und persönliches Wachstum bringen, positive Energien wecken und mit dem eigenen Lebenskonzept in Einklang stehen. Loyales Mitarbeiterverhalten verlangt also nach Übereinstimmung von persönlichen und unternehmensinternen Werten und einem adäquaten Wertemanagement. Unternehmen, die in der Wissensgesellschaft bestehen wollen, müssen es daher schaffen, dass die im Unternehmen gelebten Werte mit den Wertvorstellungen der einzelnen Mitarbeiter, aber auch der Kunden und der Gesellschaft weitgehend übereinstimmen. Unternehmensethik und Fragen der ethischen Orientierung von Unternehmen werden daher immer wichtiger (Wieland 2004: 1ff; Stehr 2007: 1ff.).

Die Führung von Unternehmen ähnelt damit immer stärker der Leitung von Freiwilligenorganisationen wie Vereinen oder karitativen Einrichtungen. Zum einen sind diese Organisationen extrem stark von der Motivation, Expertise, Leistungsbereitschaft und Leistungsfähigkeit ihres Personals abhängig (Goldmann/Lerchster 2007: 23). Zum anderen haben sie eine Großzahl von Freiwilligen und Ehrenamtlichen in die Organisation zu integrieren und durch partnerschaftliche Führung und Sinngebung auch längerfristig zu binden (Pinnow 2006: 28). Diese Organisationsmitglieder können nur dann von einer (hauptamtlichen) Führungsebene angesprochen werden, wenn sie sich als Partner auf Augenhöhe verstanden fühlen, die Sinnhaftigkeit ihrer Tätigkeit erkennen und mit den übergeordneten Werten der Organisation verbunden und einverstanden sind. Wenn nun aber die klassischen hierarchischen Verhältnisse in Unternehmen zunehmend aufgeweicht sind, weil z.B. Leitungsaufgaben im Rahmen von konkreten Projekten nur noch auf Zeit vergeben werden, immer häufiger externe Mitarbeiter für einen begrenzten Zeitraum zur Verfügung stehen, ausgelagerte autonome Heimarbeitsplätze geschaffen oder externe Experten in Projektteams geholt werden, können diese Mitarbeiter – anders als in der Vergangenheit – eher als Freiwillige und Ehrenamtliche, denn als Untergebene angesprochen und geführt werden. Ein Mitunternehmer will nicht mehr bloß Führungsobjekt sein, sondern aus eigenem Antrieb, aus Respekt vor der Sache und im Wissen um die Wichtigkeit der Aufgabe eigenverantwortlich tätig werden. Gerade für den Profit-Bereich bedeutet das eine Werteverschiebung in zweierlei Hinsicht: Zum einen müssen Unternehmenswerte in Einklang mit Mitarbeiterwerten stehen, zum anderen gewinnt die Unternehmensethik an Bedeutung (Stehr 2007). Es reicht also nicht mehr aus, einfach nur Dinge gut und günstig zur Steigerung des eigentümerorientierten Shareholder-Values (d.h. des Wertes für die Anteilseigner eines Unternehmens – i.d.R. die Aktionäre) herzustellen, sondern es kommt auch darauf an, dass Produkte z.B. nicht in Kinderarbeit oder umwelt- bzw. klimaschädlich und damit nicht gegen die jeweiligen Werte aller unterschiedlichen Anspruchsgruppen eines Unternehmens (sog. Stakeholder) produziert werden. Diese Verlagerung vom sog. Shareholder-Value-Prinzip hin zum Stakeholder-Value-Ansatz ist bereits jetzt an vielen Stellen zu beobachten (Stichwort: Globale Verantwortung). Unternehmen sind nur erfolgreich, wenn sie mit den gesellschaftlichen Werten und insbesondere im Einklang mit den Werten der Wissensarbeiter arbeiten können. Werte werden also was wert. Dies verlangt auch eine werteorientierte Personalführung. Die Identifikation und die Einigkeit mit der Corporate Governance[4] des Unternehmens werden auf der Seite der Unternehmensnutzer bzw. aller beteiligten Interessensgruppen (sog. Stakeholder, wie z.b. Kunden, Mitarbeiter, Zulieferer, Gesellschaft) zum mitbestimmenden Wert- und Wachstumsfaktor. Mit dem Trend zu Wertemanagement, zu flachen Hierarchien und der Selbstverantwortung der Mitarbeiter als Mitunternehmer sind damit eine Reihe von personalen Kompetenzen erforderlich, die über das rein Fachliche hinausgehen (Belardi 2002: 9ff.). Soziale Kompetenzen und Fähigkeiten wie teamorientiertes Führen, Konfliktmanagement, Motivationsarbeit, Verantwortungsübernahme bei gleichzeitiger Verantwortungsabgabe ersetzen aber nicht nur zunehmend herkömmliche Berufsqualifikationen (Breuer 2007: 22), sondern verunsichern auch. Nachdem im Arbeitsprozess jahrelang anders gearbeitet wurde, muss sich so mancher auf Unbekanntes einstellen (Wirbals 2000: 13). Die Ablehnung dieser Neuerungen in der Arbeitswelt ist oft zu beobachten und die Widerstände dagegen betreffen sowohl technische als auch soziale bzw. betriebsorganisatorische Neuerungen.

4. Führungskräfte im Dilemma

Wer die selbstverantwortlichen Mitunternehmer zukünftig ansprechen und auf Dauer halten will, muss ihnen entsprechend begegnen. In dieser Situation können sich die heutigen Führungskräfte längst nicht mehr auf traditionelle hierarchische Verhältnisse stützen. Sie müssen sich nun über die Erwartungen des Gegenübers und die eigenen Handlungsstrategien klar sein. Das klassische Führungsverständnis und erlerntes Führungsverhalten reicht auch dann nicht mehr aus, wenn im Rahmen von Projektarbeit für die fachlichen Belange in der Arbeitsgruppe bzw. dem Team nur die formale Vorgesetztenposition auf Zeit vergeben wird, ohne dass diese Führungskräfte über disziplinarische Kompetenzen verfügen. Noch schwieriger wird die Situation, wenn die jeweilige Führungskraft in einem Projekt die fachliche Leitung übernimmt, aber in anderen Projekten auf gleicher Ebene nur Zuarbeitungsfunktionen hat und hier möglicherweise den gleichen Mitarbeitern in nun völlig anderer Rolle begegnet. Bereits heute werden Führungskräfte in Profit- und Non-Profit-Organisationen also mit Transformationsprozessen konfron-

---

4 *Corporate Governance* umfasst allgemein die Gesamtheit aller internationalen und nationalen Werte und Grundsätze für eine gute und verantwortungsvolle Unternehmensführung, welche sowohl für die Mitarbeiter als auch für die Unternehmensführung gelten. Corporate Governance ist dabei nicht als starres System von Regeln und Vorschriften zu verstehen, sondern im Gegenteil eher als Prozess sich ständig entsprechend aktueller Anforderungen weiterentwickelnder Grundsätze und Normen.

tiert, die Rollenunsicherheiten und Ängste mit sich bringen (Buer 2002: 44; Schreyögg 2006: 128; Goldmann/Lerchster 2007: 26ff.).

Gleichzeitig sind Führungskräfte Katalysatoren für den ständigen organisationsweiten Entwicklungsprozess hin zum selbstverantwortlichen Subjekt. Sie haben sich jeden Tag zu fragen: Was kann ich tun, damit Mitarbeiter Verantwortung übernehmen? Wie setze ich das Potenzial meiner Mitarbeiter frei? Wie schaffe ich ein Unternehmen, in das ich und die Mitarbeiter gerne kommen? Sie fördern Selbstbestimmtheit und schätzen Mitarbeiter in ihrer Ganzheit wert. Sie unterstützen sie in ihrer Entwicklung und verschaffen den Geführten „Gipfelerlebnisse" und damit persönliche Glücksgefühle. Dies beinhaltet, die Wichtigkeit der eignen Person zurückzunehmen und zu begreifen, dass das Wachstum der Mitarbeiter immer auch eigenes Wachstum generiert. Es gehört mithin zum erweiterten Aufgabenfeld der Führungskräfte, Menschen im Arbeitssystem in ihrer Selbstverantwortung zu stützen, in ihrer Kreativität und Entwicklung zu fördern und dabei wechselseitige Sinngebung zuzulassen, sowie eine kooperative Begegnung im Dialog und die Wertschätzung des Gegenübers zu gewährleisten. Wertschätzung, Achtung und Anerkennung der Individualität des Gegenübers ermöglichen dabei nicht nur, dass sich die Führungskraft mit ihrer Aufgabe identifizieren kann, sondern verhindert, dass sich der Geführte entmündigt, gegängelt und unmotiviert fühlt. Erst eine Begegnung auf Augenhöhe führt dazu, dass auch das Gegenüber bereit ist, mit vollem Einsatz an einer gemeinsamen Sache und Lösung zu arbeiten. Projekte werden dann nicht mehr zu „Projekten des anderen", sondern zu einem „gemeinsamen Projekt". Ein Ziel wird nicht mehr als „Vorgabe des anderen" sondern als „gemeinsame Aufgabe" begriffen. Es kann z.B. nicht mehr darum gehen, Ergebnisse anderer als eigene darzustellen und zu verkaufen. Es geht darum, den anderen darzustellen und sich bewusst zu dessen Ergebnissen zu bekennen. Das erfordert ein vollkommen anderes Kommunikationsverhalten. Es geht nicht mehr darum, Sonderwissen zum eigenen Nutzen zurückzuhalten, sondern vollumfänglich und rechtzeitig weiterzugeben. Führungskräfte haben damit Transparenz herzustellen und Mitarbeiter so umfassend zu informieren, dass diese in der Lage sind, Gesamtzusammenhänge des Unternehmens zu verstehen. Auch dies erfordert von der Führungskraft ein Sicheinlassen auf das Gegenüber und eine Begegnung auf Augenhöhe trotz möglicher unterschiedlicher Bildungshorizonte. Das bedeutet, dass die alte Legitimationsbasis „Fachwissen" zunehmend entwertet wird (Breuer 2007: 22). Es wird also immer weniger darum gehen, nur aus seiner Führungsposition Rechte abzuleiten und Pflichten von anderen einzufordern. Aufgaben, Strategie- und Organisationsthemen können folglich nicht mehr nur auf der reinen sachlichen Ebene gelöst werden. Notwendig ist hier eine emotionalere Führung. Gemeint ist dabei aber nicht eine Emotionalität i.S. eines charismatischen Leaders. Ein solcher sieht nämlich keine selbstverantwortlichen Subjekte, sondern nur Begabung und Begnadung, so dass Charismatiker daher auch von manchen als unberatbar angesehen wer-

den (Buer 2002: 46). Die notwendige emotionalere Führung ist weder einfach zu schaffen noch durch situatives Training zu erlernen bzw. mit Hilfe
bestimmter „Sozialtools" oder „Sozialtechnologien" herzustellen. Es handelt
sich hierbei vielmehr um eine „Geisteshaltung", die verinnerlicht werden
muss und nicht einfach adaptiert werden kann. Letztlich hat sie ihren Ursprung auch in einer Art Nächstenliebe und dem Gefühl des „positiv Ausge-
liefertseins". Den Gegensatz hierzu bildet eine auch heute noch bei vielen
Führungskräften zu beobachtende mechanistische Ansicht: Nicht sie seien
auf ihre Mitarbeiter angewiesen, sondern diese auf ihre Führungskraft und
von dieser abhängig („Wenn ich als Führungskraft nicht da bin, dann läuft in
meiner Abteilung nichts und alles geht den Bach runter").

Achtsamkeit, Anerkennung, Vertrauen und Berechenbarkeit, Respekt und
Dialog bilden die Grundlage für die Entwicklung einer „Arbeits-Beziehung"
und die Evolution von „Arbeits-Prozessen". Zu viele Führungskräfte begreifen leider immer noch nicht, dass es hier nicht um eine „Wir haben uns alle
lieb"-Kultur geht, sondern um eine grundlegende Akzeptanz, dass jeder nach
seinem individuellen Drehbuch lebt und handelt. Es ist notwendig, Unterschiede ertragen zu können, Diskrepanzen zuzulassen und Konflikte als Teil
des Lebens zu akzeptieren. Führungskräfte haben dabei weder die Rolle des
Therapeuten ihrer Mitarbeiter noch die Aufgabe, in die Seelen und Köpfe der
Mitarbeiter/innen einzudringen und zu manipulieren. Sie haben vielmehr die
schwierige Situation zu meistern, Verantwortung für ein selbstverantwortli-
ches Subjekt zu zeigen, das sich selbst führt. Das bedeutet auch, gerade in
Krisen- und Konfliktsituationen Verantwortung zu übernehmen und nicht auf
andere abzuschieben. Das heißt aber auch, dass unklare und unsichere Situationen immer von Werteklarheit und dem Mut zur Entscheidung bei gleichzeitig größeren Risiken begleitet werden müssen.

Führungskräfte befinden sich in der Wissensgesellschaft somit in ständigen Dilemmata. Widersprüche führen aber zu Konflikten (Heintel 2007: 35).
Diese werden zunehmen und bedürfen deshalb einer Bearbeitung. Schon
heute kristallisieren sich persönliche Zwickmühlen heraus: Ich soll und will
Mitarbeiter gleich behandeln und muss doch Einzelfälle im Blick haben. Wie
verhalten sich Führen und Kümmern? Wie kann ich als Generalist agieren
und zugleich Spezialist sein? Meine Rolle ist die eines Aktionisten, der immer auch Ruhepol sein soll. Welche Folgen hat es, wenn ich zwischen dem
Mitarbeiter und dem Mensch unterscheide? Wie kann ich Sachlichkeit und
Emotion unter einen Hut bekommen? Wie verhalten sich ökonomische Orientierung und meine persönlichen Werte? Kann ich zielorientiert und trotzdem verfahrensorientiert führen? Wann muss ich egoistisch selbstbezogen
handeln und die Gruppenausrichtung außer Acht lassen?...

Führungskräften im 21. Jahrhundert wird daher möglicherweise nichts
anderes übrig bleiben, Führungsdilemmata mit Hilfe externer Berater kontinuierlich fallbezogen zu bearbeiten. Gerade die „neuen" Führungskräfte
brauchen die Fähigkeit genauerer Selbstwahrnehmung, Selbstreflexion und

eine neue Begegnungs- und Dialogfähigkeit (Breuer 2007: 22). Allzu häufig scheint gerade die Fähigkeit zur Selbstreflexion bei Führungskräften notorisch unterentwickelt zu sein. Hier kann ein personenorientiertes Beratungsformat wie Supervision helfen, die große Diskrepanz zwischen Selbst- und Fremdwahrnehmung zu verringern.

5. Ohne Sinn kein Gewinn – Zur Wiederentdeckung einer prozess- und personenorientierten Beratung

Interessanterweise ist im Zusammenhang mit der sich im Globalisierungskontext immer rascher ändernden Arbeitswelt gegenwärtig ein zunehmender Beratungsbedarf für das Personal in allen Arbeitsorganisationen zu beobachten (Höpfner 2006: 288; Wirbals 2006: 49ff.). Unternehmen und Mitarbeiter müssen eine ständige Bereitschaft zur Veränderung und zum stetigen und nachhaltigen Lernen entwickeln. Den eigentlichen Veränderungsprozess und Lernvorgang übernehmen dabei die Individuen (Mitarbeiter), die damit dazu beitragen, dass die Organisationsstrukturen, innerhalb derer sie arbeiten und lernen und die notgedrungen immer alte bzw. oft veraltete Lernerfahrungen früherer Mitarbeiter abbilden, verändert werden. Dementsprechend spielt die personenzentrierte bzw. personenorientierte Beratung eine immer wichtigere Rolle (Taffertshofer 2006; Breuer 2007: 22). Dies mag auch das Phänomen (und den wirtschaftlichen Erfolg) des Beratungsformats Coaching erklären (vgl. Kühl 2005).

Hierzu passt auch, dass sich Seminaranbieter seit einiger Zeit mit Kursen, die das Thema Spiritualität zum Gegenstand haben, überbieten. (Gulnerits 2007). Sie reagieren anscheinend auf eine entsprechende Nachfrage (Mingers/Wildburg 2005: 20ff.). Spiritualität ist dabei nicht notwendig allein religiös zu definieren. Sie beschreibt vielmehr einen Zustand, ein Gefühl oder eine Geisteshaltung, in dem der Mensch versucht in den Augenblick zu kommen, um eins zu werden mit dem, was er gerade ausführt (Jäger/Quarch 2004: 48f.). Insofern scheinen die inhaltsorientierten Schulungs- und Seminarstrategien der vergangenen Jahrzehnte mit ihrem „Schneller, besser, weiter, mehr-Credo" und ihren vermeintlichen Patentlösungen mehr oder weniger ausgelutscht zu sein. Auch dies ist ein deutlicher Beleg für die in der Arbeitswelt zu beobachtenden Transformationsprozesse weg vom Mitarbeiter hin zum Mitunternehmer als selbstverantwortlichem Subjekt. Manchen Führungskräften reicht bei ihrer beruflichen Tätigkeit schon heute der klassische Dreischritt „Ziele definieren – Handlungen daran ausrichten – Ergebnisse produzieren und diese stets in Bezug zur Zieldefinition und Handlung setzen, um diese neu auszurichten" nicht mehr aus.

Dies ist verständlich, weil für den Wissensarbeiter erst die Inbezugnahme seiner persönlichen Sinndimension und die reflexive Analyse und Herstel-

lung eines Sinnbezugs zu seiner Arbeit Erfüllung gibt. Damit Leben als vollständig empfunden wird, muss der Mensch einen Sinn finden und er muss
aus einer Quelle Kraft schöpfen. Nur eine gute Verbindung zu den eigenen
ganz persönlichen Kraftquellen, seien sie physisch oder geistig, gibt inneren
Halt, Erfüllung, Identifikation mit dem eigenen Tun und Kraft, im Alltag zu
bestehen. In diesem Zusammenhang geht es – auch wieder in Übereinstimmung mit der für die Wissensgesellschaft charakteristischen Subjektivierung –
um ein „Sich besinnen" auf die eigene Person. Im Mittelpunkt steht also die
Selbstentwicklung und die individuelle Suche nach dem subjektiven Sinn
und Selbst. Mit dieser Sinnsuche ist der Wunsch nach Klarheit und Wahrheit,
nach Verstehen und Alltagsbewältigung, nach der Transformation von Erlebtem und der Erweiterung von Handlungsperspektiven verbunden.

Wenn Spiritualität auf individuelle Sinnfindung, Bewusstseinsbildung
und Selbsttransformation abzielt (Selbstentwicklung, Selbstwerdung), und es
für Unternehmen im 21. Jahrhundert unerlässlich ist dafür zu sorgen, dass
der Sinnbezug ihrer Mitarbeiter zu ihrer Tätigkeit nicht verloren geht, zeigt
sich, wie wichtig ein spirituelles Element gerade im beruflichen Kontext ist.

In der gegenwärtig zu beobachtenden expliziten Einbeziehung einer
ethisch-spirituellen Dimension in der Supervision (Ukowitz 2007: 9f.,Heintel
2007: 39; Krainer 2007: 18f.; Schneid 2000: 31; Krapohl 2000: 3; Kersting
2000: 58) finden wir damit zugleich eine Rezeption aktueller Entwicklung
der globalisierten Arbeitswelt. Insofern zeigt sich auch hier wieder nur, dass
Supervision als Beratung von Menschen in Arbeit immer auch den Paradig-
men und Entwicklungen bzw. dem Zeitgeist der Arbeitswelt unterliegt.
Wertemanagement, Wertemarketing, Unternehmensethik, spirituelles Führen,
werteorientierte Personalpolitik, Stakeholder-Value, Unternehmensverant-
wortung spielten zu Zeiten der alten Industriegesellschaft allenfalls eine un-
tergeordnete Rolle. Dies hat sich in der Wissensgesellschaft geändert. Dazu
reicht bereits ein Blick in die aktuelle Literatur.[5] Beleg mag auch eine Umfrage des manager magazin 2002 sein, mit der die Einstellung von Hoch-
schulabsolventen und Young Professionals zu Moral und Ethik im Berufsleben abgefragt wurden. Die Antworten waren für viele überraschend. Sie ergaben das Bild einer neuen Managergeneration, die sich klaren ethischen
Wertmaßstäben verpflichtet fühlt. Gleichzeitig stellte sie ihren Vorgesetzen
in dieser Hinsicht ein negatives Zeugnis aus. Die zukünftigen Führungskräfte
wollen zum einen ihre Moralvorstellungen nicht dem Erfolg opfern. Zum anderen sehen sie sich in einer klaren gesellschaftspolitischen Verantwortung,
fühlen sich zuständig für die Förderung ihrer Mitarbeiter, handeln auch im
globalen Kontext nach moralischen Maximen, ohne dabei betriebswirtschaft-

---

5   Stehr, Die Moralisierung der Märkte, 2007; Knoblauch/Marquadt, Mit Werten Zukunft ge-
     stalten – Konzepte christlicher Führungskräfte, 2007; Assländer/Grün, Spirituell führen mit
     Benedikt und der Bibel, 2006; Giger, Werte im Wandel – Vom Wert der Werte in Wirtschaft
     und Gesellschaft, Studie im Auftrag des Otto-Versandes, April 2005; Wieland (Hrsg.),
     Wertemanagement, 2004.

liche Erfordernisse aus den Augen zu verlieren. Vor diesem Hintergrund
wird auch verständlich, dass Unternehmensethik Teil einer allgemeinen Verantwortungsethik wird und ist. Unternehmen sollen nach ethischen Normen
und nicht zum Schaden ihrer Mitarbeiter oder Unternehmensexterner, sondern zu deren Nutzen handeln. Auch in der Diskussion um „Wirksames Management für eine neue Zeit" findet sich diese Verantwortungsethik wieder:

> *„Das vierte Element jeden Berufs ist schließlich die mit seiner Ausübung verbun-
> dene Verantwortung, die umso größer ist oder sein muss, je wichtiger ein Beruf
> ist und je höher die mit seiner Ausübung verbundenen Risiken sind. (...) Für Ver-
> antwortung ist etwas erforderlich, wofür ich das Wort „Ethik" verwende. Was ich
> meine, ist aber nicht die Ethik der großen, abendländischen Philosophie. Man
> muss nicht unbedingt die Schriften von Immanuel Kant studiert haben, um im Sin-
> ne einer beruflichen Ethik zu handeln. Ich meine etwas Bescheideneres, Schlich-
> teres – eine Alltagsethik gewissermaßen. Sie besteht darin, für das, was man tut –
> und gelegentlich auch für das, was man zu tun versäumt hat –, einzustehen. (...)
> Bedauerlicherweise gibt es gerade in den Organisationen unserer Gesellschaft
> meistens viele und manchmal recht raffinierte Fluchtwege aus der Verantwor-
> tung. Sie zu eliminieren wäre eine Aufgabe der modernen System- und Organisa-
> tionsarchitektur. Jeder muss die Entscheidung selbst treffen, und er kann sie
> letztlich nur selbst treffen. Aber eines ist klar: Wer nicht zu seiner Verantwortung
> steht, ist kein Manager; auch dann nicht, wenn er in die höchsten Positionen der
> Gesellschaft gelangen sollte – (...) Er ist ein Karrierist. Die Menschen werden
> sich der Macht beugen müssen, die de facto aus seiner Position resultiert, insbe-
> sondere jene, die keine Option haben. Aber sie werden ihm keine Gefolgschaft
> leisten. Sie werden wegen ihres Einkommens arbeiten, aber nicht wegen der Sa-
> che" (Malik 2006: 72f.).*

Werte und Normen bilden zusammen mit Leitideen und Strukturen den
Rahmen, in den alle Mitglieder von Organisationen eingebettet sind. Werte
prägen kollektive und individuelle Empfindungen. Sie prägen insbesondere
das Entscheidungsverhalten des einzelnen Menschen. Der einzelne Mensch
übt über seine Wertvorstellungen gegenüber seiner Umwelt immer auch eine
Art Filter-, Auswahl- und Bewertungsfunktion aus. Seit der Jahrtausendwen-
de scheint es eine Renaissance wirtschaftsethischen Handelns zu geben (Cor-
porate Social Responsibility) (Stehr 2007). In der Wirtschaftsethik geht es
neben einer erweiterten Produkt- und Herstellungsverantwortung auch um
Fragen einer wertorientierten Personalführung. Ging es früher primär um die
Frage „Stelle ich das richtige Produkt her?" geht es heute um die Frage
„Stelle ich das Produkt richtig her?". Global agierende und fortschrittliche
Unternehmen machen sich heute in diesem Zusammenhang weitergehende
Gedanken. Nur Unternehmen, die den gesamten Herstellungsprozess und die
gesamte Zuliefererkette einem Ethikcheck unterwerfen, handeln im Sinne ei-
ner konsistenten Nachhaltigkeitsstrategie. Es geht insofern immer auch um
die soziale (ethische) Dimension unternehmerischen Handelns. Auf der einen
Seite sind Unternehmen gesetzlich verpflichtet, sich an bestimmte Ethik-
Vereinbarungen zu halten. Auf der anderen Seite gewinnt das Unternehmen

für sich einen Werterahmen aus seiner Geschichte und Tradition, aber insbesondere aus den ethischen Haltungen der Mitarbeiter. In diesem Sinne findet ein Bewusstseinswechsel statt: weg von der alten Logos beherrschten Rationalität, die in der Wirtschaftswelt des Industriezeitalters vorherrschte, hin zu ganzheitlicheren, holistisch geführten und handelnden Unternehmen, die neben ökologischen und politischen Dimensionen auch noch kulturelle und spirituelle Facetten berücksichtigen. Die neuen Konzepte der corporate gouvernance oder corporate responsibility haben diese Dimensionen der Ethik der Nachhaltigkeit bereits integriert (Ehmer 2005: 1ff; Mingers/Wildburg 2005: 20ff.).

Darüber hinaus ist mittlerweile auch eine wertorientierte Mitarbeiterentwicklung und eine Veränderung von Unternehmenskulturen hin zu einem nachhaltigen Wertemanagement zu beobachten. Unternehmen entwickeln zunehmend Führungs- und Unternehmensleitlinien, welche auf allen Ebenen gelebt werden sollen. Das bedeutet immer auch, dass diese sogenannten „Codes of Ethics" organisationsübergreifend für alle Stakeholder eines Unternehmens ausgestaltet sind. Sie gelten für den Kontakt zwischen Vorgesetzten und Mitarbeitern, Mitarbeitern und Kunden, internen Mitarbeitern gegenüber externen Mitarbeitern, Geschäftspartnern und letztlich der ganzen Unternehmensumwelt.

In diesem Zusammenhang kommen auf Unternehmen große Aufgaben zu: Werte müssen mit Leben gefüllt werden. Hierzu muss es Orte und Rituale geben, in denen eine Erzähl- und Begegnungskultur und insbesondere eine neue werteorientierte Führungskultur geschaffen wird. Nach wie vor geht es natürlich um monetäre „Wertsteigerung" und „wirtschaftliches Wachstum" oder um „wirtschaftliches Überleben". Aber den Weg zu diesen Unternehmenszielen gestalten die Menschen im Unternehmen. Deren Antrieb wird nachhaltig von Sinn- und damit auch von Wertdimensionen im Arbeitssystem beeinflusst.

Führung bedeutet daher auch Sinn stiften, Hoffnung verbreiten, Menschlichkeit und Demut zeigen (Kets de Vries 1998: 1ff.; Assländer/Grün 2006: 83ff.,143ff.). Insofern trägt Führungsverhalten sehr viel dazu bei, ob Mitarbeiter ihre Tätigkeit als sinnerfüllend, nützlich und persönlich wertsteigernd empfinden. Gerade auf diese subjektive Komponente wird es aber in der Wissensgesellschaft des 21. Jahrhunderts zunehmend ankommen. Führung kann daher nicht mehr im Rahmen einer klassischen Hierarchisierung oder in eindimensionaler Weise erfolgen. Sie muss sich an einem Menschenbild orientieren, in dem der geführte Mensch vom Objekt zum selbstverantwortlichen Subjekt wird. Nur als solches wird der Mensch zu einem zentralen Erfolgsfaktor. Nur ein solches Führungsverständnis in Unternehmen wird diese im 21. Jahrhundert wettbewerbsfähig halten (Pinnow 2006: 1ff.).

Die komplexen Fragen, Problemlagen, Entscheidungsdilemmata, aber gerade auch (Rollen-)Unsicherheiten, denen der Wissensarbeiter ausgesetzt ist, verlangen nach einer kontinuierlich fallbezogenen Reflexion seiner Arbeit.

Hier hilft weder standardisierte inhaltsorientierte Beratung noch situatives inhaltsorientiertes Training weiter. Es geht nämlich nicht um die autoritative Vermittlung von Führungswissen oder die stumpfe und künstliche Einübung von Strategien im Sinne eines „gut oder schlecht bzw. richtig oder falsch", sondern um die prozess- und personenorientierte Erweiterung angemessener persönlicher Handlungskompetenzen im Dialog. Eindimensionale Beratungen, Betrachtungen und Analysen helfen Organisationen kaum, um dauerhaft erfolgreich und wirksam sein zu können. Diese Art der Beratung ist zu einseitig orientiert für die aktuellen komplexen Umweltveränderungen der Organisationen und Unternehmen. Sie führt oft vielmehr zu weiteren Problemen. Wie mittlerweile belegt ist, trifft die alte Weisheit „Erst schlank, dann krank" auch auf Unternehmen zu (Meyer 2000: 108). Maßnahmen, bei denen es lediglich um Kostenreduzierung, effizientere Abläufe und Verschlankung geht, brachten vielen Unternehmen eben nicht die erhofften Gewinne, sondern Motivations-, Know-How-, Erfahrungs-, Image-, Kapazitäts- oder Vertrauensverluste.

Mittlerweile wird also zunehmend erkannt, dass Veränderungen immer von Menschen getragen werden. „Mit engagierten Mitarbeitern kann vieles, gegen diese nur wenig, meist gar nichts erreicht werden." (Fescharek 1993: 570). Bedauerlicherweise investieren allerdings immer noch zu wenige Unternehmen in eine gezielte Persönlichkeitsentwicklung ihrer Mitarbeiter und Führungskräfte (Hannapel 2001: 40; Breuer 2007: 22). Inhaltsorientierte Beratung vermag das Erfolgspotential Mensch dagegen kaum zu nutzen. Sie bleibt Präsentation und Vermittlung standardisierter Lösungen für Unternehmensprobleme. Berater werden hier als Patentlösungslieferanten angefordert und als diese bieten sie sich auch an. Da die Implementierung und Umsetzung der Beraterkonzepte fast immer bei den Führungskräften und Mitarbeitern selbst hängen bleibt und es in dieser Phase an der hilfreichen und notwendigen Beratung fehlt, entstehen zwangsläufig Widerstände und Frustrationen. Der Veränderungsprozess und die Konzepte verschwinden dann häufig in der Schublade. Vornehmlich inhaltsorientierte Beratung und personenorientierte Beratung scheinen sich also „zu beißen". Sie sind aufgrund der unterschiedlichen Ansätze auch nur schwierig zusammen zu bringen. Das zeigen ganz deutlich gescheiterte Versuche der Integration einer personenorientierten Beratung innerhalb einer klassischen Unternehmensberatung.[6] Da es hier um den Verkauf und die einheitliche Bereitstellung standardisierter immer wiederkehrender Beratungsansätze geht, stehen Vorhersehbarkeit, Kalkulierbarkeit und Schnelligkeit im Mittelpunkt, die unabhängig von der personellen Besetzung des Beratungsunternehmens ein immer gleiches Beratungsprodukt gewährleisten sollen (Irion 2006: 226f.). In eine solche Beraterkultur passen keine prozess- und personenorientierten und mit Metho-

---

6   Siehe zu einem solchen (desillusionierenden Versuch) auch: Irion, Coaching als eigenständiges Produkt innerhalb einer klassischen Unternehmensberatung – Ein Integrationsversuch, in: Organisationsberatung – Supervision – Coaching 2006, S. 219-228 (226f.)

denvielfalt ausgestatteten Beratungsansätze. Eine personenzentrierte Prozessberatung macht nämlich keine Lösungsvorschläge von außen, sondern unterstützt die Systemmitglieder aus dem Unternehmen dabei, selbst Lösungen zu finden. Die Prozessberater/innen geben Impulse, begleiten den Prozess und fragen nach Umsetzungsmöglichkeiten der Lösung im System. Die Wirkung von Interventionen ist systemabhängig, folglich sollte die Entwicklung und Entscheidungshoheit für die Interventionsart auch im System liegen (König/Volmer 2000: 49). Wer sich als Berater zudem über die ethisch-spirituelle Dimension seines Handelns und seines Lebens klar ist und diese für sich geklärt hat, der gerät zudem nicht in die Gefahr, diese Fragen, – sollten sie in der Beratung vom Klienten angesprochen werden und sich als wichtig herausstellen –, unbewusst und ungeklärt im Beratungsprozess mit abzuarbeiten.

6. Mental-Entwicklung als Unternehmensentwicklung

Auf das globalisierte und sich stetig wandelnde Wirtschaftsumfeld antworten und reagieren viele Unternehmen mit einer ständigen äußeren Veränderung und Anpassung ihrer Organisation und ihrer Strukturen. Dabei wird die „innere Seite" der Organisationsmitglieder leider zu oft außer Acht gelassen. Aber gerade die „mentalen Modelle" der Organisationsmitglieder bedürfen einer ständigen mentalen Entwicklung, um erfolgreiche Wandlungsprozesse zu vollbringen. Erst dies kann überhaupt die unbedingt notwendigen angemessenen flexiblen Reaktionen des einzelnen Mitarbeiters auf stetige Veränderung und unvorhersehbare Anforderungen in seinen Arbeitsrealitäten gewährleisten:

> „Die erforderlichen Veränderungen betreffen nicht nur ‚unsere Organisationen‘, sondern auch uns selbst. Die zentrale Botschaft der Fünften Disziplin (Anm. Der Kunst und Praxis der lernenden Organisation) ist etwas radikaleres als die ‚radikale Umgestaltung von Organisationen‘ – nämlich, dass die Art und Weise, wie unsere heutigen Organisationen funktionieren, letztlich davon abhängt, wie wir interagieren. Nur wenn wir unsere Denkweisen ändern, können wir tief verwurzelte Regeln und Verfahren ändern" (Senge, 1996, 537).

Innerhalb eines Unternehmens können sich gemeinsame Visionen, gemeinsame Erkenntnisse und die Fähigkeit zum koordinierten Handeln nur dann entwickeln, wenn alle Organisationsmitglieder, vom Top-Management bis zu den unteren Unternehmensebenen bereit sind, ihre Interaktionsweisen zu reflektieren, zu analysieren und zu ändern. Interaktions- und Denkweisen sind aber untrennbar mit biographischen Erfahrungen, persönlichen Lebensgeschichten oder eigenem Selbstverständnis verknüpft. Wer also „mentale Modelle" erfolgreich langfristig und nachhaltig verändern will, muss umlernen, indem er tiefverwurzelte (unbewusste) Erfahrungen und Prämissen zunächst überhaupt erkennt und dann in Frage stellt. Einen solchen Lernprozess kann der Mensch aber kaum allein durchlaufen, da er ohne einen Katalysator nur schwerlich unbewusste Verhaltensweisen ins Bewusstsein heben oder blinde Flecken sichtbar machen kann. Ein solcher Lernprozess kann zudem verwirrend und beängstigend sein, weil er tiefverwurzelte Überzeugungen und Annahmen, die bisher integraler (wenn auch z.t. unbewusster) Bestandteil der eigenen Identität waren, erschüttert. Hier kann supervisorische Beratung zur Auseinandersetzung mit sich selbst, mit ihren eigenen biografischen Vorerfahrungen und Kompetenzen, Potenzialen, Stärken und Schwächen befähigen. So wie Führungskräfte die Katalysatoren der Werte, Sinngebung, Begegnung und des Unternehmenszwecks sind, so können Berater Katalysatoren für Führungskräfte werden. Sie tragen dann mit dazu bei, diese im Spannungsfeld unterschiedlicher Dimensionen zu unterstützen und die Professionalisierung der Führungskräftekompetenz zu beschleunigen.

Wer Führung als Kooperation zwischen selbstverantwortlichen Subjekten begreift, geht also von wechselseitigen Lernprozessen aus, die es einem einzelnen Mitarbeiter, aber auch einer Gruppe und dem Unternehmen insgesamt erlauben, nicht nur die Folgen von Fehlern und irrtümlichen Annahmen zu korrigieren, sondern auch die Prämissen des eigenen Handelns und Denkens stets zu beobachten, in Frage zu stellen, zu überprüfen und aufzugeben. Führungskräfte, die diesen Denkansatz verfolgen, sind bereit, ihre Interaktionsweisen ständig anzupassen und haben verstanden, dass notwendige Veränderungen nicht in der „äußeren", sondern in der „inneren" Welt stattfinden. Ein solches Verständnis ist supervisionskompatibel, weil die Führungskraft zu selbstreflexiven Analysen und Betrachtungen bereit ist. Die Beratung kann hier die Führungskraft zur Auseinandersetzung mit sich selbst, mit ihren eigenen biografischen Vorerfahrungen und Kompetenzen, Potenzialen, Stärken und Schwächen befähigen. Damit trägt Supervision dazu bei, dass sich die Führungskraft selbst in die Lage versetzt, für sich weitere Handlungsmodalitäten und Handlungsalternativen im Umgang mit ihrer Arbeit zu entwickeln.

Aus diesem Grunde ist Supervision nicht nur mehr, sondern hat auch mehr als eine bloße „Sozialtechnologie". Sie bietet im Sinne des Deutero-Lernens einen Raum für eine emphatische Form eines organisationalen Lernens. Sie befähigt nämlich die Mitglieder, tradiertes Erfahrungswissen, das sich an Vergangenem orientiert, in Frage zu stellen, zu verändern und zu variieren, um sich neuen Herausforderungen der Gegenwart gegenüber zu öffnen. Sicherheit und Orientierung gewährt hier dabei der Sinnbezug der möglichen Veränderung.

Literatur

Assländer, F./Grün, A. (2006): Spirituell führen mit Benedikt und der Bibel. Köln.
Baumann, Z. (2003): Flüchtige Moderne. Frankfurt.

Buer, F. (2002): Führen – eine professionelle Dienstleistung. Oder: Wozu Führungskräfte Supervision benötigen, in: supervision 2002, S. 43-53.

Belardi, N. (2002): Supervision – Grundlagen, Techniken, Perspektiven. München.

Breuer, H.-J. (2007): Silberrücken in Chefsesseln, in: FAZ v. 12. November 2007, S. 22.

Drucker, P. (1999): Management im 21. Jahrhundert. Düsseldorf.

Ehmer, S. (2005): Spiritualität, in: supervision 4/2005, S. 1ff.

Faust, M./Jauch, P./Notz, P. (2000): Befreit und entwurzelt: Führungskräfte auf dem Weg zum „internen Unternehmer". München/Mering.

Fescharek, H. (1993): Arbeitsbedingungen, in: Strutz (Hrsg.) Handbuch Personalmarketing, S. 570ff. Wiesbaden.

Giger, A. (2005): Werte im Wandel – Vom Wert der Werte in Wirtschaft und Gesellschaft, Studie im Auftrag des Otto-Versandes, April 2005.

Goldmann, H./Lerchster, R. (2007): Prozessethische Supervision – eine Chance? Zu den Auswirkungen von Organisation- und Produktlogik in NPOs, in: supervision 4/2007, S. 22-34.

Gulnerits, K. (2007): Manager suchen nach tieferem Sinn – nicht nach Gewinn, in: Wirtschaftsblatt v. 13.09.2007.

Hannappel, P. H. (2001): Im Dienste der Unternehmensstrategie, in: supervision 2001, S. 36-40.

Heintel, P. (2007): Supervision und Prozessethik, in: supervision 2007, S. 35-47.

Heintel, P. (2003): Supervision und ihr ethischer Auftrag, in: supervision 1/2003, S. 32-39.

Höpfner, A. (2006): Zukunftstrends und ihre Implikationen für das Coaching, in: Organisationsentwicklung – Supervision – Coaching, 2006, S. 281-292.

Irion, A. (2006): Coaching als eigenständiges Produkt innerhalb einer klassischen Unternehmensberatung – Ein Integrationsversuch, in: Organisationsberatung – Supervision – Coaching 2006, S. 219-228 (226f.).

Jäger, W./Quarch, C. (2004): ...denn auch hier sind Götter. Wellness, Fitness und Spiritualität, Freiburg.

Kersting , H.-J. (2000): Ethik als Thema in der Supervision und in der Ausbildung von SupervisorInnen – aus der Sicht eines Ausbilders, in: supervision 4/2000, S. 57-61.

Kets de Vries (1998): Führer, Narren und Hochstapler: Essays über die Psychologie der Führung. Stuttgart.

Knoblauch, J./Marquadt, H. (2007): Mit Werten Zukunft gestalten – Konzepte christlicher Führungskräfte. Holzgerlingen.

König, E./Volmer, G. (2000): Systemische Organisationsberatung. 7. Aufl., Weinheim.

Krainz. E./Simsa, R. (2005): Mediation in Nonprofit-Organisationen, in: Falk, G./Heintel, P./Krainz, E. (Hrsg): Handbuch Mediation und Konfliktmanagement. Wiesbaden.

Krainer, L. (2007): Ethische Praxiskonflikte erforschen und supervidieren, in: supervision 4/2007, S. 13-21.

Krapohl, L. (2000): Ethik in der Supervision – Luxus oder Notwendigkeit, in: supervision 4/2000, S. 3.

Kühl, S. (2005): Das Scharlatanerieproblem – Coaching zwischen Qualitätsproblemen und Professionalisierung, Studie im Auftrag der Deutschen Gesellschaft für Supervision e.V. (DGSv), November 2005.

Malik, F. (2006): Führen-Leisten-Leben – Wirksames Management für eine neue Zeit, 2006. Frankfurt/New York.Meyer, A. (2000): Führende und Geführte im Wandel der Führungsparadigmen des 20. Jahrhunderts – Ein Wandel vom Objekt zum selbstverantwortlichen Subjekt?. Frankfurt.

Meyer, A. (2002): Anforderungen an die Führungsberatung aus der Sicht des Führungsparadigmas der Selbstverantwortung, in: Supervision 2002, S. 24-28.

Mingers/Wildburg (2005): Systemische Beratung und Spiritualität, in: supervision 4/2005, 20ff.

Pinnow, F. (2006): Führen – Worauf es wirklich ankommt, 2. Aufl. Wiesbaden.

Schneid, J. (2000): Ethik und ihre Bedeutung für die Supervision, in: supervision 2000, S. 21-33.

Schreyögg, A. (2006): Die Bedeutung von Coaching für die Identitätsentwicklung von Führungskräften, in: Organisationsberatung – Supervision – Coaching, 2006, S. 127-138.

Senge, P. (1996): Die fünfte Disziplin: Kunst und Praxis der lernenden Organisation. Stuttgart.

Siller, G. (2001): Supervision im Kontext gesellschaftlicher Wandlungsprozesse, in: Organisationsberatung – Supervision – Coaching (OSC) 2001, 171ff.

Stehr, N. (2007): Die Moralisierung der Märkte. Frankfurt.

Tafferner, A. (2004): Spiritualität als Ressource im sozialarbeiterischen und heilpädagogischen Hilfeprozess, in: Jahrbuch der KFH NW, 2004, S. 148ff.

Taffertshofer (2006): Coaching in Arbeitsorganisationen. Zu Mode und Praxis einer persönlichen Beratungsmethode, Diplomarbeit am Institut für Soziologie der Uni München, 2006.

Ukowitz, M. (2007): Ethik im Spannungsfeld zwischen Alltagserfahrung und Anspruch, in. Supervision 4/2007, S. 4-12.

Verbändeforum Supervision (2005): Die Zukunft der Supervision zwischen Person und Organisation – Neue Herausforderungen – Neue Ideen, Vorträge der Tagung des Verbändeforums Supervision am 26./27.11.2004 in Montabaur, Mai 2005.

von Eckardstein, D. (2002): Personalmanagement in NPOs, in: Badelt (Hrsg.), Handbuch der Nonprofit Organisation, 3. Aufl. S. Stuttgart, S. 309ff.

Wieland (2004): Wertemanagement. Hamburg.

Wirbals, H. (2006): Der Supervisor als Berater in Arbeits- und Organisationsprozessen – Verändertes Beratungsverhalten am Markt, in: supervision 2/2006, S. 49-54.

Wirbals, H. (2000): Markt-supervisorische Identität – Kontraktverhandlungen in Wirtschaftsunternehmen, in: Forum Supervision 2000, S. 5-26.

Wirbals, H. (2006): Der Supervisor als Berater in Arbeits- und Organisationsprozessen– Verändertes Beratungsverhalten am Markt, in: supervision 2/2006, S. 49-54.

Zimmer, A./Priller, E./Hallmann , T. (2003): Zur Entwicklung des Nonprofit Sektors und den Auswirkungen auf das Personalmanagement seiner Organisationen, in: von Eckardstein, D./Ridder, H.G. (Hrsg.) Personalmanagement als Gestaltungsaufgabe im Nonprofit und Public Management, München/Mering, S. 33-55.

Annette Perino

Eine Symphonie der leisen Töne
Notizen einer Supervisorin zu einer spirituellen Reise

Dieser Erfahrungsbericht beinhaltet persönliche Reisenotizen, Denkanstöße und Stolpersteine zur spirituellen und ethischen Dimension des Masterstudiengangs Supervision, in welchem das Thema Spiritualität einen beständigen, verlässlichen Grundton darstellte. Studenten und Ausbilder rankten sich wie eine Symphonie der leisen Töne und eigenen Melodien um die Studienthemen der Supervision als angewandter Wissenschaft.

Das zweieinhalbjährige, berufsbegleitende Studium der Supervision auf Masterniveau brachte neben vielen „handwerklichen" Übungsstunden und Gesellenprüfungen" auch immer wieder klassische Themen (Melodien) des Menschseins mit sich. Offiziell wird der gesamte Studienumfang für das Studium mit 1286 Stunden in zwei Jahren bemessen, die inoffizielle Zeit liegt wohl bedeutend höher, denn der „spirituelle und ethische Grundton" der Ausbildung war weder zu überhören, noch lässt sich diese Dimension in Zeit und Raum berechnen. Als berufsbegleitender Studiengang wurde er zur „klassischen Bildungsarbeit", die auch zur Festigung der persönlichen und professionellen Identität beiträgt. Die gut ausgebildeten Gesellen lernen die Kniffe des Meisterhandwerkes. Die praxisorientierte Wissenschaft der Supervision ist eine Menschenwissenschaft, sie bietet Beratung in der Arbeit und Reflektion beruflichen Handelns, impliziert also einen Beitrag zur Humanisierung der Arbeitswelt.

Wir Supervisoren sind weder Natur- noch Geistes-Wissenschaftler, sondern eher „Mensch-Wissens-Schaffer", also eher Sozial-Wissensschaffer im Sinne einer Baustelle, eines Fundbüro für verlorengegangene Motive und verschüttete Werte. Wir sind fragenstellende Forschungsreisende und Entdecker, die als immaterielle Goldgräber und Diamantenschleifer im Berufsalltag „Reflektions-Dienste" anbieten.

Obwohl wir von außen betrachtet nicht viel mehr tun als einfache, freundliche Fragen stellen, sind auch Philosophie, Religion, Dichtung, Kunst wichtige Ressourcen und (persönliche) Ausdrucksmittel unserer Handwerkskunst.

Im Supervisionsprozess findet immer ein Suchen der eigenen, authentischen Ausdrucksform des kognitiven Wissens in der Verbindung mit spirituellem Wissen und ethischen Werten statt. Die Fragen der Ethik und Wertorientierung stellen ein Fundament des menschlichen Handelns dar.

Sich selbst eine Geschichte erzählen und dann stotternd und stolpernd die „Zwischenräume untersuchen", die leisen Töne und die Unsicherheit, den noch nicht erzählten Teil der Geschichte einfließen zu lassen, haben wir im Studium oft geübt, denn Zweifeln üben ist ein wichtiger Bestand unserer Gesprächsbeziehungen („Zweifle nicht an dem, der dir sagt, er hat Angst, aber hab Angst vor dem, der dir sagt, er kennt keinen Zweifel" schreibt Erich Fried in seinem Gedichtband „Gründe") .

Der Masterstudiengang bot Supervision mit einem christlichen Impuls, und der philosophisch-religiöse Grundton bot auch neue Zugänge zu den alten Schriftgelehrten. Die Studienfragen zur Supervision brachten mich persönlich auch wieder mit den Schriften des Philosophen Ernst Bloch in Kontakt. Zeitlebens brummte er mit tiefer Bassstimme in seinen Tübinger Vorlesungen: Es gehe um „die Entdeckung des Noch Nicht-Bewussten, (und) die Verwandtschaft seiner Inhalte mit dem ebenso Latenten in der Welt." Heute präsentiert die Ernst Bloch Assoziation auf ihrer internet homepage einen berühmten Satz, der auch für die Supervision seine Gültigkeit hat: „Ich bin. Aber ich habe mich nicht. Darum werden wir erst." (Ernst Bloch Assoziation).

Dieses Prinzip der sich entwickelnden, kreativen Hoffnung ist für mich als Supervisorin natürlich eine Delikatesse, da wir im Supervisionsgespräch gerne irritieren, Wirklichkeitskonstruktionen „demontieren", Handlungsroutine hinterfragen und neue Handlungsperspektiven fördern.

Als „Wissenschaff(tl)erin" versuche ich, menschliche Ausdrucks-Sprache zur Handlung (Arendt 1958: 213) wieder zu finden und unterstütze, die Zukunft neu zu erfinden im Sinne von Konstruktion – Dekonstruktion – Rekonstruktion des pädagogischen Konstruktivismus (Reich 2006: 195, Siebert 2005: 71).

Die Frage: „Welche Spiritualität und Brunnen meiner Inspiration begleiten mich in meinem supervisorischen Alltag?" begleitete uns Studenten fast drei Jahre lang durch den Masterstudiengang und wurde für mich zur eigenen kleinen Symphonie der leisen Töne. Als Supervisorin stehe ich in einem lebenslangen Spannungsfeld zwischen professioneller und persönlicher Entwicklung mit dem Ziel, transparent und einsichtig arbeiten zu können. In der englischen Sprache wird dieses Spannungsfeld mit zwei Komponenten beschrieben: „the professional person" (Towle 1954, van der Zijpp 1998: 5).

Während der thematisch organisierten Wochenseminare reise ich als Individuum – mit meiner eigenen Berufspraxis und eigenen Theoriefragen im Handgepäck – zum Masterstudiengang ins katholisch geprägte Münsterland. Ich bearbeitete meine eigenen blinden Flecken, lernte und beschrieb die ausgehaltene Spannung verschiedener Werte und Tugenden im gelebten deutsch-niederländischen Lebenszusammenhang. Die Studiengruppe, die Lerngruppen und die

Lehrsupervisionen waren bzw. sind auch Katalysator meiner Schatzsuche: Meine Integration als „professional person" in unterschiedlichen deutschen und holländischen Werten. Selbstwahrnehmung und Fremdwahrnehmung wurden im Ausbildungsprozess systematisch methodisch hinterfragt mit dem Ziel, die Eigenwahrnehmung durch die Fremdwahrnehmung zu vergrößern und zu verbessern, mich als „professional person" zu verfeinern.

Supervision mit einem christlichen Impuls bedeutet (auch), als ganzer Mensch gefragt zu sein, Fachkompetenzen zu erweitern und Charakter zu erkennen, zu formen und formen zu lassen.

Der Ausbildungsstandort des Masterstudienganges in den Räumen der Landesvolkshochschule Freckenhorst, einem katholischen Bildungshaus in der Nähe von Münster, ist klug gewählt. Das Bildungshaus in Freckenhorst ist eine lebendige Bildungsstätte christlichen und sozialen Lernens, für mich auch ein Symbol der „Entschleunigung", ein Raum zum DURCHATMEN: Zeit und Raum auszuatmen und Zeit, das Studienangebot einzuatmen: Zeit zum Studieren. Der Aufenthalt in der parkähnlichen Kulturlandschaft des Münsterlandes und die hervorragende Unterbringung in den Räumlichkeiten der Landesvolkshochschule Freckenhorst boten mir einen ruhigen Hafen, einen einladenden Zeit-Raum der konzentrierten Studienruhe: ICH konnte mich mit mir selbst beschäftigen, konnte mich selbst und meine Studienkollegen in einem tieferen DA-SEIN wahrnehmen.

Diese individuelle Erfahrung der Studienreise hat meine professionelle Autonomie als Supervisorin gefördert und last but not at least: Ich habe gelernt, dass ich mich mehrere Wochen pro Jahr aus meinem eigenen Alltag zurückziehen kann – und mir das gut tut!

Klassische Begriffe wie Meditation, Pelgrimage und Retraite haben sich für mich ganz leise, im Laufe der Studienreise, mit neuen Erfahrungen und wertvollem Lernen wieder in mein Leben eingeschlichen: Ich habe (wieder) gelernt, die Zeit zum Atmen selbst zu organisieren und dabei „pro aktiv zu sein" und ich habe erfahren (fühle von innen heraus), wie wichtig es ist, sich auszuklinken um aufzutanken, wie erfrischend es ist, Auszeiten zu organisieren. „Ich bin dann mal weg", dieser wunderbare Buchtitel ist seit 2006 in aller Munde, er beinhaltet all diese bewussten und erahnten Sehnsüchte.

Die mehrtägigen Studienseminare finden im Rahmen der Katholischen Fachhochschule Nordrhein – Westfalen im Bistum Münster statt. Der Impuls dieses Rahmens, die gelebte christliche Weltanschauung, ist mit viel Aufmerksamkeit und Sorgfalt fühlbar, ist erlebbar. Aufmerksamkeit und Sorgfalt werden so Teil einer gelebten Spiritualität und für Supervisoren ein wichtiger Haltungsaspekt im Dialog und der Gesprächsführung.

Das gelebte Christentum in Freckenhorst bietet mir als Betrachterin von außen, als Bewohnerin der Räumlichkeiten und als Studentin des Masterstudienganges Supervision viele Möglichkeiten über einen längeren Zeitraum die spirituelle Atmosphäre auf mich einwirken zu lassen und mich selbst und andere in diesem christlichen Lebensraum mehrschichtig zu erleben.

Der Masterstudiengang Supervision ist ein Ort der Begegnung und des pädagogischen Dialogs: Wer bin ich im Gespräch mit dem anderen Menschen? Wie charakterisiere ich mich als Supervisorin und Mensch im Gespräch mit dem anderen? (Buber, Hammarskjöld, Cohn). Wie zeige ich Wertschätzung und Respekt? Welche Sprache braucht die Beschreibung meines beruflichen Handelns? (Arendt 1958: 204).

Im Laufe meiner Studienreise entdeckte ich das christliche Symbol des Kreuzes für mich selbst wieder neu: Die horizontale Linie des Kreuzes ist mein soziales Leben, in dem ich als ganzer Mensch mit Kopf, Herz und Hand mitten im Leben stehe. In der vertikalen Linie des Kreuzes stärke ich meine persönliche (Ver-)Bindung mit Himmel und Erde.

So wie der Zen-Schüler beim Bogenschießen den eigenen Atem lebt, saß ich oft allein oder gemeinsam mit Studienkollegen in der Kapelle von Frekkenhorst. Mitten im sozialen Leben eines lebendigen Bildungshauses und eines vollen Studienprogramms befand ich mich auch im spirituellen Resonanzraum, erlebte mich in dem wunderschönen Raum der Kapelle, blickte durch Glasfenster in den Himmel und hörte – passend zum Studienthema – die Musik der Misa Flamenca, Giora Feidman oder Avro Pärt als göttlichen Ohrenschmaus im EWIGEN JETZT.

So entstand für mich im Lauf des Masterstudiengangs eine aktualisierte, (er-)neuerte Verbindung zum Symbol des Kreuzes: Das Kreuz als Verbindung zwischen sozialen Leben und spiritueller Dimension mit dem fühlenden Herz im Mittelpunkt!

Das Thema Supervision und Spiritualität kann ich als angewandte Wissenschaft in den Berufsalltag aktiv und passiv immer wieder einbringen. Um das soziale Handwerk der Supervision mit der spirituellen Dimension des Studienganges zu verbinden, brauche ich vor allem Bücher und Musik im Reisegepäck: Von Buber bis Frère Roger, von Johann Sebastian Bach bis Avro Pärt, oder auch die wunderschönen Kunstbücher von Michelangelo mit meinem Lieblingsbild: Eine Hand aus einer Himmelswolke reicht dem Menschen die Hand.

Die philosophischen, wissenschaftlichen oder starren Supervisionsbücher und diese bedeutungsvollen Bilder bieten sich im Rahmen des Themas Supervision und Spiritualität an, in Beziehung gesetzt zu werden, sie mit Leben und lebendigem Lernen zu füllen.

Brunnen der Glaubwürdigkeit

Bei diesem Thema geht es für mich auch immer um Brunnen der Glaubwürdigkeit, der authentischen, kongruenten Echtheit, der gelebten Aufmerksamkeit, die ich – im Supervisionsbereich ausdrücklich – als kluge Mischform von Kompetenz und Charakter, also einer sozialen und emotionalen Intelligenz verstanden wissen will. Kenntnis und Reflektion auf dem Gebiet der Ethik und Spiritualität sind für mich als Supervisorin wichtige Brunnen, da meine Glaubwürdigkeit auch davon abhängt, in wieweit ich sowohl als „Professional" als auch als Person Authentizität ausstrahle und mich als „professional person" als Instrument zur Verfügung stellen kann.

Mein Blick ist gleichzeitig nach innen und außen gerichtet, womit ich auch die Brunnen meiner persönlichen Inspiration in der Ausübung meines Berufes als Supervisorin einsetze. Diese Kompetenzen lassen sich weder aus Büchern auswendig lernen noch in Studienfächern einfangen, vielmehr ist es ein dynamisches Wechselspiel der kognitiven-sozialen-emotionalen Intelligenz (Goleman 2007). Die ethisch spirituelle Dimension der Supervision braucht im Lerngespräch die Auseinandersetzung mit den Geisteswissenschaften, aber auch eine kritische biografische Überprüfung angelernter oder auferlegter Wertvorstellungen im Sinne der Selbstaktualisierung: Was ist mir heute in dieser Situation wichtig und was ist Schnee von gestern?

Im Studium bedeutete das gemeinsame Lernen in den Ausbildungsgruppen auch eine Integration bzw. einen Feinschliff von Berufskompetenzen und persönlichen Charaktereigenschaften. Als Grenzgängerin zwischen der niederländischen und deutschen Supervisionspraxis waren für mich hierbei Gemeinsamkeiten und Unterschiede ein wichtiges Lernfeld. Fremd zu sein, sich fremd zu fühlen, andere Referenzen und Lebenserfahrungen mitzubringen, war auch die (zwingende) Herausforderung, um einen eigenen Resonanzkörper zu entwickeln und diesen im Studium berufsbegleitend, mehrschichtig zu reflektieren (Person-Profession-Organisation).

In der Ausbildung lernte ich, meine eigene Biografie wieder neu zu sehen: in der Verknüpfung von Eigenwahrnehmung und Fremdwahrnehmung, mit dem Blick nach außen und innen gerichtet, mit Einsicht und Weitsicht, verankert in meiner Geistes-Gegenwart, mitten im sozialen Leben zu stehen, aktiv zu sein und somit gleichzeitig die Reflektion des irdischen Handelns mit der Reflektion des himmlischen Lichtes zu verbinden. So spüre ich meine Geistesgegenwart und ungewohnte Türen, ungeahnte neue Fragestellungen eröffnen sich.

Wir, die Zunft der Supervisoren, bieten Reflektionsraum, Resonanzraum, Lerngespräche und lassen uns gerne dafür bezahlen, unsere Kundschaft „zu irritieren", weil bekanntlich nur dann „sich selbstorganisiertes, selbstgesteuertes, eigenverantwortliches Lernen" entwickeln kann (Kersting 2002: 117).

Mit der ethischen und spirituellen Dimension im Supervisionsgespräch entsteht ein neuer Resonanzboden, denn es geht um die Identität und Sinnfragen des Lebens (Baetson 1973, 1984). Der Supervisionsraum erbittet mit dem Angebot der Reflektion des beruflichen Handelns auch Entschleunigung in der Handlungshektik des Berufsalltages.

Er bietet und erbittet nachdenkliche Töne in lautstarker Leistungsgesellschaft. Leise und verhalten, fast verlegen und vielleicht etwas scheu laden wir, die Handwerkszunft der Supervision, zur Reflektion des beruflichen Handelns ein. Supervision bietet auch einen „Hafen für langsame Fragen in einer schnelllebigen Zeit „ (Cornelis 1999: 143).

Diese inhaltliche Auseinandersetzung mit den zeitlosen klassischen Themen „des Mensch–Sein" braucht die Inspiration der Geisteswissenschaften,
der Theologie und Philosophie, sowohl in mir selbst als auch in der Beziehung zu anderen Menschen.

Das Lernen in der (Ausbildungs-)Gruppe bedeutet, auch die soziale und
emotionale Intelligenz (Goleman 2007) zu fordern und zu fördern. Lernen
bedeutet, mit den Ausbildern und Lehrsupervisoren in einem „pädagogischen
Dialog", in einer „Beziehungsdidaktik" (Reich 2006: 15ff.) verbunden zu
sein. Ich lerne als „ganzer Mensch" ein Supervisor mit Herzenswärme und
Handlungsintelligenz zu sein, wobei eine „fragende Gesprächs-Haltung" den
Grundton des Resonanzraumes im Supervisionsgespräch darstellt.

Das Gespräch soll einen irritierenden Beitrag zur bestehenden Wirklichkeit bieten, soll neue Gedankengänge fordern und fördern. Meinen Kollegen
und der „professional community" habe ich viel lebendiges, lebensechtes
Lernen zu verdanken, denn das gemeinsame Lernen hat mich neu geprägt,
neue Perspektiven eröffnet, die Blickrichtung geändert und mich (neu)ge-
formt und unerwartet zurechtgestutzt.

Lernen in der Gruppe bedeutet auch eine ständige Irritation der eigenen
Wirklichkeit. Sich respektvoll irritieren lassen – kein Lernen ohne Irritation –
bedeutet auch, andere Werte zu akzeptieren und selbst die Kompetenz der
Wertschätzung zu trainieren. Wertschätzung wird dann auch zu einem The-
ma in der aktiven Begegnung, der eigenen Reflektion und des Dialogs mit
Andersdenkenden. Der Begriff der Wertschätzung gehört somit zur gelebten
Spiritualität im Berufsalltag des Supervisors.

Die kritischen Kollegen ermöglichten es mir, eine (neue) Meinung zu bilden, in der professionellen Debatte meine Meinung zu ändern, zu verwerfen,
neu zu ordnen, eigene Normen und Werte zu hinterfragen, mich über die
Wertvorstellungen der Gesprächspartner ehrlich zu (ver-)wundern und diese
mit Respekt zu analysieren oder einfach zu akzeptieren. In der professionellen Debatte mit Kollegen und Ausbildern habe ich geübt, meine Wertvorstellungen auch im Disput „zu schleifen" und somit auch meinem eigenen
inneren Motor als Supervisorin einen Feinschliff zu verleihen.

Den systemischen, sozial konstruktivistischen Ansatz des Masterstudienganges erlebte ich als befreiend, denn es gibt kein richtig oder falsch, gut oder
schlecht. Es gibt nicht eine richtige oder unrichtige Wirklichkeit, sondern es
gibt mehrere konstruierte Wirklichkeiten. Supervision ist der Raum, unterschiedliche Meinungen dem Austausch zugänglich zu machen. Respekt, Wertschätzung und aktive Toleranz im Gesprächsdialog sind hierbei zentrale Lern-
begriffe in der Begegnung mit Anderen („Der Mensch lebt im Du." Buber).

Die Studienaufenthalte und die Lerngruppen trainierten die professionelle
Debatte, die dialektische Spannung des Streitgespräches, den reflexiven
Dialog, die Reflektion der eigenen Normen und Werte, die alles übersteigen-
de Wertschätzung des Lebens, kurz: die Auseinandersetzung mit Ethik und
Philosophie in den bestehenden Wirklichkeitskonstruktionen.

Ich brauche als Mensch und als Professional den Nachhall der eigenen Stimme im Gespräch mit den lernenden und lehrenden Kollegen, das Echo, die Reflektion (Bloch's: „Sucher nach uns selber im Noch-Nicht").

In diesem sozial konstruktivistisch ausgerichteten Studiengang ist die Didaktik eine „Beziehungsdidaktik": Sowohl der Lernende als der Lehrende ist Didaktiker des eigenen Lernprozesses (Siebert 2005: 140, Reich 2006: 15ff).

In Freckenhorst habe ich viel zur sozialen und spirituellen Dimension der Supervision gelernt.

Ich habe gelernt, still zu sein und die Spannung zu ertragen, in der die Gesprächsmelodie nachklingt, auf das Echo zu warten, als professioneller Gesprächspartner „in die Stille hinein zu lauschen" und latente Fragmente einer neuen, noch unerzählten Geschichte, Skizzen eines noch nicht gemalten Bildes, Entwürfe eines noch nicht gelebten Lebens „entstehen zu lassen". Ich habe gelernt, in die Stille der (Gesprächs-)töne hineinzulauschen, um mehr zu hören, was latent mitschwingt und noch entdeckt werden will.

Und ich habe (wieder) gelernt, von Musikkomponisten, Künstlern, Bildhauern und Dichtern zu lernen. So haben mich zum Beispiel meine eigenen Musikexperimente in der Freckenhorster Kapelle gelehrt, welche Musik zum vorhandenen Resonanzraum gehört, welche Sprache in der Musik zu diesem Supervisionsgespräch passt. Die Komposition „Alina" von Avro Pärt klingt in der Freckenhorster Kappelle himmlisch schön. Im Gegensatz dazu platzte die Kapelle fast aus allen Nähten beim musikalischen Ausdruck der Flamenco Messe von Paco Pena. In dieser Messe halten die Künstler eine öffentliche, zuweilen in den schrillen Freudenschreien fast aggressiv wirkende Zwiesprache mit Gott im Gotteshaus. Gott wird als Teil der Natur beschrieben. Für die Freckenhorster Kapelle erwies sich diese Musik als ungeeignet; sie braucht mindestens eine Kathedrale oder am besten gleich das ganze Himmelszelt. Wie diese Flamencomusik sich nicht in eine kleine Kapelle pressen lässt, so passt auch südamerikanische Weihnachtsmusik nicht zur besinnlichen deutschen Weihnachtsstimmung. Auch dies ist eine Erfahrung, die ich täglich in meinem Berufsalltag des „Stimmungfühlens" nutzen kann.

Die Arbeit mit Bildender Kunst, Musik und Metaphern kann in der systemisch orientierten Supervision ein Instrument sein, die menschliche Phantasie in ein kreatives Spannungsfeld zu versetzen und erschließt einen „Gefühlsraum", eine Resonanz. Für mich habe ich gerade beim Thema Spiritualität die Ausdrucksmöglichkeiten der Bildenden Kunst, der Musik und der Architektur (wieder-)entdeckt. Dabei spielte die Kapelle in Freckenhorst eine wichtige Rolle, weil sie mir den Blick nach innen und außen gleichzeitig bietet und mich erleben lässt, welche Musik für gerade diesen Raum und gerade die anwesende Person passend ist.

Intermezzo

*Ein Mann steht am Fluss und bearbeitet einen Stein mit Hammer und Meißel. Von
der Brücke aus ruft ein kleiner Junge: Warum schlägst du mit dem Hammer auf
den Stein? Der Mann antwortete:" Es sitzt ein Engel im Stein und der will raus!"
Der Mann hieß Michelangelo*

Auch in diesem Sinne ist Bildende Kunst und Musik die Sprache der Seele
und der Ausdruck des ewigen heiligen Geistes.

Musik beschreibt eine andere Art der Auseinandersetzung mit dem Leben
und der klangvollen Verbindung zu einer unsichtbaren geistigen Welt.

Musik ist für mich als Person und Professional ein wichtiger Inspirations-
brunnen und spirituelles Lebenselixier.

Als Supervisorin liebe ich die sogenannte Cross-over-Musik, die Grenzen
überschreitet, Musik, die in neue Umgebung assimiliert und in einer dialekti-
schen Spannung zwischen Komposition und Improvisation wächst. Hier gibt
es über die Sprache der Musik eine Verwandtschaft zum zirkulären Lern- und
Reflexionsprozess in der Supervision auf dem Niveau der menschlichen Identität. So konnte ich für mich selbst die musisch künstlerische Spiritualität mit
dem Methodenangebot des Supervisionshandwerkes zu einem eigenen „Perino'schen Cross-over Supervisionsstil" sinnvoll verknüpfen.

Als musikalischen Altmeister dieser Kunst des „Cross Over" möchte ich
den Klarinettisten Giora Feidman mit seiner Klezmer Musik nennen. Zusammen mit dem Organisten Matthias Eisenberg fährt er quer durch Deutschland
und bietet ein Kirchenkonzert mit dem Titel: „Von Klassik zu Klezmer zwei
Religionen – eine Sprache – Musik". Über das rein musikalische Erlebnis
hinaus werden diese Kirchenkonzerte zum Medium eines neuen Dialogs. Ich
fand es unglaublich beeindruckend, in der evangelischen St. Magnuskirche
von Esens hunderte Menschen glasklar und deutlich „Shalom Chaverim" zur
Klarinettenmelodie von Feidman singen zu hören, wohl wissend, dass diese
bewegenden Abende zuvor genauso in Kirchen ganz Deuschlands erlebt und
gefühlt wurden. Ohne einen gesprochenen Satz verbarg diese musikalische
Handlung die latent anwesende Schatzsuche eines jüdisch-christlichen Dialogs.

Im Resonanzraum der Supervision (be-)trete und benenne ich diesen sen-
siblen Raum der Stille, der leisen Töne, des Taktgefühls, des Fingerspitzen-
gefühls im Sinne von Ernst Bloch als „das Entdecken des noch nicht Bewussten". In diesem Sinne ist mir beim Masterstudiengang das Thema Spiritualität und Ethik ans Supervisionsherz gewachsen. Die Einladung, inne zu
halten und zu verweilen, habe ich in meinem Reisegepäck mit nach Hause
genommen.

*In meinem Berufsalltag braucht Supervision und Spiritualität eine
multikulturelle Perspektive.*

Der Masterstudiengang im Münsterland bot mir eine Reflektion und einen
Dialog auf der Basis christlicher Impulse. Viele Studienkollegen arbeiten als
Supervisoren im pastoralen Feld und die Reflektion ihres kirchlich geprägten
Alltages baut im Dialog auf christlichen Grundwerten auf. Als Supervisorin
in den Niederlanden ist es bei Grundwerten und Wertorientierung immer
wichtig, dreimal nachzufragen, denn die Religionsvielfalt ist heutzutage
groß.

Als Hochschuldozentin und (Lehr-)Supervisorin an der Hogeschool van
Arnhem en Nijmegen lebe, lerne und lehre ich in einer multikulturellen,
multireligiösen Gesellschaft. Die Fragen der Glaubenszugehörigkeit, der spirituellen Orientierung und der ethischen Wertvorstellungen müssen gestellt
werden, denn die Orientierungspunkte sind nicht automatisch dieselben und
immer ein Teil des offenen Dialogs.

Die Selbstverständlichkeit des christlichen Impulses gibt es natürlich bei
den Christlichen Hochschulen und die spirituelle Dimension gibt es in vielen
Formen: Es gibt die atheistische Spiritualität der Universität für Humanistik,
es gibt den Lehrstuhl für Businessspiritualität an der Wirtschaftsuniversität
Nijenrode, es gibt auch den spirituellen Coach und das Mantra Singen in der
Supervision. In Nijmegen gibt es die jüdische, christliche, hinduistische, is-
lamistische Tradition, es gibt buddhistische, anthroposophische und theoso-
phische Ansichten, kurz: Nijmegen ist eine spirituelle und multikulturelle
Stadt. Das Thema Spiritualität und Supervision bedeutet für mich in den
Niederlanden also täglich interkulturelles Lernen in einer multikulturellen,
multireligiösen Gesellschaft. Fundierte Kenntnisse aller spirituellen und religiösen Lebensanschauungen habe ich mir im Laufe der Jahre als Sozialpädagogin in der Rotterdamer und Amsterdamer Gemeinwesenarbeit erarbeitet. Diese Kenntnisse sind für mich heute als (Lehr-)Supervisorin wichtig
und fördern im Gespräch mit Studenten meinen Spielraum, Vertrauen zu
schaffen und einen eigenen Resonanzraum der Begegnung entstehen zu lassen.

Als Pädagogin und Supervisorin an der Hogeschool van Nijmegen und
Arnhem will ich eine kompetente Gesprächspartnerin sein und brauche fundierte Kenntnisse der Weltreligionen. Wir Hochschullehrer und Ausbilder
von Supervisoren und Coaches debattieren auch das Thema der „spirituellen
und ethischen Dimension in der Supervision ohne eine theologische Orientierung". Im Hochschulalltag nennen wir es einfach Spiritualität, obwohl wir
eigentlich eine atheistische Spiritualität, also eine Spiritualität ohne direkten
„Theos", also direkten Gottesbezug, meinen und dies mit einer humanistischen Weltanschauung untermauern.

Diese Auffassung braucht in der Supervision den „Leeren – Begegnungs-
Raum", also den besonders neutralen Raum im humanistischen Sinne, der
das Lernen in Freiheit ermöglicht (Rogers 1974).

Heute gibt es in der niederländischen Architektur öffentlicher Gebäude
viele gelungene Experimente: Räume der Stille ohne Religionssymbole, die
es allen Religionsgemeinschaften ermöglichen, zu meditieren und zu beten.

Die Architektur dieser Räume ist offen, einfach, lädt ein, lässt frei, ermöglicht es den Besuchern, ihren spirituellen Resonanzraum mit dem eigenen Gebet zu füllen. Der Raum schafft die äußere Form, der Besucher den
Inhalt. Der Raum bietet dem Fragenden Platz, seine eigene Antwort zu finden und zu geben. Diesen Raum der Stille betreten, bedeutet für mich eine
philosophisch orientierte Gesprächsführung.

Als Supervisorin erforsche ich die „Grundanschauungen zum tätigen Leben" (Arendt). Ich frage und lausche nach gelebter Spiritualität und Wertorientierung im (Berufs-)Alltag. In der multikulturellen, multireligiösen Gesellschaft bedeutet dies vor allem, auch täglich Akzeptanz zu üben, Respekt zu
zeigen und dann ein leidenschaftlicher Vertreter der aktiven Toleranz zu sein.

Wenn Spiritualität in der Supervision zur Sprache kommt, bedeuten die
verschiedenen Religionen, die spirituellen und ethischen Grundwerte „nur",
dass Menschen unterschiedliche Antworten auf dieselben Fragen suchen. Als
Supervisoren sind wir auf die existenziellen Fragen vorbereitet, fordern „das
Finden einer eigenen Antwort". Ich bin also eine Art Hebamme der unterschiedlichen (Geistes-)Kinder. Denn in einem Land mit Religionsfreiheit gibt
es nicht eine richtige oder unrichtige Wirklichkeit, sondern es gibt mehrere
konstruierte Wirklichkeiten. Supervision ist der Raum, unterschiedliche Meinungen dem Austausch zugänglich zu machen. In diesem Sinne meint es
Tiny Muskens, der Bischof von Breda, ganz ernst, wenn er vorschlägt, Gott
auch Allah zu nennen. „ Allah ist ein sehr schönes Wort für Gott, warum
sollten wir nicht gemeinsam sagen, wir nennen Gott jetzt Allah?"

Bischof Muskens erinnert hier an seine Zeit als Missionar in Indonesien:
„ Im Herzen der Eucharistiefeier wird Gott dort Allah genannt, denn dies ist
die Bedeutung des arabischen Wortes" (Interview mit Bischop Muskens in
der Nachrichtensendung „Netwerk" am 13 August 2007).

Als Supervisorin habe ich die These Mahatma Gandhis: „Gott hat keine Religion" in einer Fachprüfung des Masterstudienganges zum Thema Konstruktivismus aufgegriffen, um das Reflektionspotential zu Spiritualität und Ethik
abseits von Religionszugehörigkeit heraus zu arbeiten und kulturelle Selbstver-
ständlichkeiten im Supervisionsgespräch mit einem Fragezeichen zu versehen.

Im Supervisionsgespräch ist das Suchen nach eigenen authentischen und
kongruenten Antworten das zentrale Motiv. Es gilt, Fragen zu stellen und im
Lernraum des reflexiven Dialogs Ethik und Wertvorstellungen des beruflichen Handelns zu besprechen. Das Fundament der eigenen Werte wird durch
die sprachliche Untertitelung des beruflichen Handelns in ein neues Licht gerückt, also reflektiert.

In meiner Arbeit als Hochschuldozentin verwende ich in der Lernpraxis der beruflichen Weiterbildung bisher zwei supervisorische Modelle, um ethische Fragen in der Supervision zu besprechen: Das sokratische Gespräch und die von Ruth Cohn entwickelte Themenzentrierte Interaktion.

Da es nach Sokrates auf ein wahrhaft gutes und gerechtes Leben ankommt, muss das jeweilige faktische Verständnis des Lebens als vernünftig ausweisbar sein oder durch vernünftiges Denken in Richtung auf ein Wissen über uns selbst und damit darüber, wie wir handeln sollen, überwunden werden. Denn das begründete Wissen des Guten ziehe das rechte Handeln nach sich. Dieses Wissen bedarf, um Selbsttäuschungen zu entgehen, des (philosophischen) Gesprächs.

Die Utopie von Ruth Cohn ist eine humanere Gesellschaft, die durch Menschen zu realisieren ist. Ihr Menschenbild kommt in den Axiomen, die existenzielle, wertgebundene Aussagen sind, zum Ausdruck. Die Axiome sind eine Wertbasis für humanes Handeln. Auf Basis dieser Wertvorstellungen entwirft sie eine dynamische Balance mit vier Komponenten, die das lebendige Lernen fördern sollen und für die Supervision einen unterstützenden Gesprächsentwurf bieten.

Meine Erfahrung ist, dass sowohl der Entwurf der Themenzentrierten Interaktion als auch das sokratische Gespräch für Supervisionsgespräche sehr hilfreich sein können. Für mich als Supervisorin und Hochschullehrerin sind diese Gesprächsentwürfe auch eine Herausforderung, das eigene ICH der Persönlichkeit, das Ego, nicht so wichtig zu nehmen. Dies verlangt, Ausdauer und Übung, um als Supervisorin mit Takt und Fingerspitzengefühl präsent zu sein und sich dabei gleichzeitig bewusst zurückzunehmen.

Dieses Taktgefühl, diese Feinsinnigkeit, ist eine tägliche Übung: Es ist das Ziel, wohlwollend und wertschätzend mit sich selbst und den anderen umzugehen.

Rückblickend kann ich meine eigenen jahrelangen Studienreisen zum Thema Supervision und Spiritualität in einer Zielvorgabe beschreiben:

„Nur im ruhigen Teich spiegelt sich das Licht der Sterne" (chinesisches Sprichwort).

Literatur

Arendt, H. (1958): The Human Condition, University of Chicago Press, Chicago; Deutsche Ausgabe: Vita activa oder vom tätigen Leben, München 1972.

Bauman Z. (2000): Flüchtige Moderne, Frankfurt am Main.

Bloch, E. (1994): Viele Kammern im Welthaus, Eine Auswahl aus dem Werk, Hrsg. Dieckmann F., Teller J., Leipzig.

Bloch, E. (1974): Zur Philosophie der Musik, Frankfurt am Main.

Die Bibel mit Bildern von Marc Chagall (1998), Augsburg.

Cohn, R . (1976): Von der Psychoanalyse zur themenzentrierten Interaktion, Stuttgart.

Cornelis, A. (1999): De Vertraagde tijd ,European Studies in Philosophy and Social Theory of Knowledge, Middelburg/Amsterdam.

Dschuang Dsi. (1969) Das wahre Buch vom südlichen Blütenland, Düsseldorf/Köln

Fried, E. (1989): Gründe, Gesammelte Gedichte, Berlin.

Goleman, D. (1997): Emotionale Intelligenz, München.

Goleman D. (2006): Soziale Intelligenz, wer auf andere zugeht hat mehr vom Leben, München.

Hammerskjöld, D. (1998): Merkstenen, Kampen.

Hanekamp, H. (1993): De praktijk als leerstof: ervaringen opdoen en ervaren worden in: Handboek Supervisie en Intervisie H.M.van Praag-van Asperen en Ph.H.van Praag, Leusden.

Kerkeling, H. (2006): Ich bin dann mal weg, Meine Reise auf dem Jakobsweg, Müchen.

Kersting, H. J. (2002): Till Eulenspiegels verwirrende Spiele, Konstruktivismus und Supervision in: Ders. Zirkelzeichen, Supervision als konstruktivistische Beratung, Aachen, S. 111-130.

Nelson, L. (1994): Die sokratische Methode: Vom Selbstvertrauen der Vernunft Hamburg.

Praag-van Asperen, H.M./Ph.H. van Praag (red.) (^{3}2003): Handboek supervisieren intervisie in de psychotherapie. Leusden.

Reich, K. (2006): Konstruktivistische Diadaktik, Lehr und Studienbuch mit Methodenpool, Weinheim und Basel, 3e Auflage mit CD rom.

Rueger, Prof. Dr. C. (1992): Die Musikalische Hausapotheke, für jedwede Lebens- und Stimmungslage von A bis Z, 3.Auflage – Genf/München.

Schön, D. A. (1983): The reflective practitioner, How professionals think in action, Basic Books, New York.

Siebert (^{3}2005): Pädagogischer Konstruktivismus, Lernzentrierte Pädagogik in Schule und Erwachsenenbildung, Weinheim und Basel.

Siegers, F. (2002): Handboek Supervisiekunde, Houten/Mechelen.

Seneca lucius annaeus (4 v. Chr. bis 65 n. Chr.): Von der Kürze des Lebens; das Leben ist lang, wenn du es zu gebrauchen verstehst, München 2005.

Slings, S. R. (1985): Epictetus en Socrates:kennis, deugd en vrijheid (pag 65-85) in Lampas afleveringen Nr1/2 1985.

Rogers, C. (1984) Freiheit und Engagement. Personenzentriertes Lehren und Lernen, München.

Rogers, C., Rosenberg, R. (2005) Die Person als Mittelpunkt der Wirklichkeit.Konzepte der Humanwissenschaften, Stuttgart.

Regouin W. (1990) De socratische methode In Tijdschrift Supervisie in Opleiding en beroep 4, Houten.

Weigand, K. (1990): Ernst Bloch: Sucher nach uns selber im Noch-Nicht, Bloch- Archiv Ludwigshafen, aus dem KünstlerKolonieKurier Nr. 3 (1990/91).

Zijpp, J. van der (1998): Vorlesung „The model of supervision in social work in the Netherlands" im Auftrag der Themaconferenz Supervision 'Supervision in Slovenian Social Work `, Social Chamber of Slovanica' Bled ,Oktober 1998.

Internetverzeichnis 15. September 2007

http://www.jewishvirtuallibrary.org/jsource/biography/arendt.html Hannah Arendt

htpp://www. konfuzius. net Leben und Wirken von Konfuzius

http://www.bloch.de/ Ernst Bloch Zentrum in Ludwigshafen

http://www.ernst-bloch.net/ Die Ernst Bloch Assoziation

http://www.ruth-cohn-institute.org/ruthcohn/index.htm Ruth Cohn

http://plato.stanford.edu/entries/buber/Leben und Wirken von Martin Buber

http://anjameulenbelt.sp.nl/weblog/2006/10/02/de-weg-van-de-mens/

http://www.daghammarskjoldfoundation.nl/

http://www.nederland2.nl/uitzendinggemist/programma/netwerk- (eo-ncrv)/23

Fernsehinterview Bischof Muskens von Breda, Niederlande am 13 August 2007

Musikverzeichnis

Feidman, Giora: Concert For the Klezmer, Philharmonisches Kammerorchester München, 1.Hiller Chagall Zyklus, 2. Prokoofjew Ouvertüre über hebräische Themen Op 34b 3. Ora ba chaim, 4. Ariel Ramirez Misa Criolla, CD 883-388
Feidman, Giora: The Dance of Joy, Aris CD 873 437-907
Feidmann & Eisenberg live in St Severin, Keitum Sylt, CD 2121
Misa Flamenca Paco Pena, The academy of St. Martin in the Fields: Chorus conducted by Laszlo Heltay Nimbus records 83603-52882
Pärt Arvo: Alinea, ECM new series 1591449958-2

Autorenverzeichnis

Prof. Dr. **Peter Berker**, geb. 1952, Supervisor/Organisationsberater, Lehrgebiet: Theorien und Konzepte Sozialer Arbeit und Sozialmanagement an der Katholischen Fachhochschule Nordrhein-Westfalen, Abt. Münster. E-Mail: p.berker@kfhnw.de.

Prof. Dr. **Jörg Baur**, Kath. Fachhochschule Nordrhein-Westfalen (KFH NW), Dipl. Psych., Dipl. Soz.Päd. (FH), Psych. Psychotherapeut, Familien- und Traumatherapeut, (Lehr-)Supervisor (DGSv). Studiengangsleiter des Masterstudiengangs Supervision der KFH NW. E-Mail: j.baur@kfhnw.de.

Prof. Dr. **Heribert W. Gärtner**, Dr. theol. Dipl. Psych. Supervisor (BDP). Nach leitenden Tätigkeiten im Bildungsbereich und Verbandsmanagement seit WS 1994/95 Professor für Management und Organisationspsychologie am Fachbereich Gesundheitswesen der KFH NW, Köln. E-Mail: h.gaertner @kfhnw.de.

Nicole Marjo Gerlach, geb. 1969, Master of Science in Supervision, Dipl. Pädagogin, Sozialpädagogin, Mediatorin, Lehrtrainerin der Gewaltakademie Villigst. Seit 2004 freiberufliche Trainerin und Supervisorin u.a. mit Schwerpunkt Führungskräfteentwicklung, Prozessbegleitung in der Personalentwicklung, Organisationsentwicklung, Anschrift: Siverdesstr. 8, 48147 Münster, E-Mail: marjo@muenster.de.

Raphael Günther, geb. 1958, Diplomtheologe und Diplompädagoge, M.Sc. in Supervision, Pastoralreferent in Wesel/Niederrhein, arbeitet als Supervisor seit 1996 vor allem in den Feldern Pastoral, Schule, Kindertageseinrichtungen.

André Janssen, cand. sozpäd., wissenschaftliche Hilfskraft im Masterstudiengang Supervision der Kath. Fachhochschule Nordrhein-Westfalen (KFH NW). E-Mail: andre.marc.janssen@web.de.

Gisela Keil, Dipl.Soz.Arb., Dozentin für systemische Beratung, sytemische Sozialarbeit und Supervision an der KFH NW. Familientherapeutin/Lehrtherapeutin (DGSF), Supervisorin/Lehrsupervisorin (DGSF,DGSv), Traumatherapeutin (PITT). Langjährige Tätigkeit als Sozialarbeiterin und Familientherapeutin in der Kinder-, Jugend- und Familienhilfe sowie in einer Tagesklinik für psychisch Kranke. Entwicklung von Konzepten für Weiterbildungen in der Jugendhilfe. Freie Praxis für Familientherapie, Supervision und Coaching in Köln. Lehrtherapeutin für Familientherapie und Lehrsupervisorin (DGSF/DGSv). Derzeitige Schwerpunkte in diesen Tätigkeiten: Lösungsorientierung und systemische Organisationstheorie in Supervision und Coaching, Traumatherapeutische Ansätze in der systemischen Einzel- und Familientherapie.

Prof. Dr. **Lothar Krapohl**, geb. 1949, Kath. Fachhochschule Nordrhein-Westfalen, Abteilung Aachen, (KFH NW), Dipl.Päd., Dipl. Soz.Päd, Supervisor (DGSv), Lehrsupervisor (Systemische Gesellschaft und div. Ausbildungs-/Studiengänge Supervision), Therapeut (Systemische Familientherapie und NLP), Balintgruppenleiter, Leiter des Masterstudienganges Supervision der KFH NW. E-Mail: l.krapohl@kfhnw.de.

Dr. **Margret Nemann**, geb. 1955, Dr. theol., Leiterin der Abt. Personalbegleitung/Personalberatung im Bischöflichen Generalvikariat Münster, Studiengangsleiterin im Masterstudiengang ‚Supervision' der KFH-NW, Supervisorin (DGSv) und Lehrsupervisorin (DGfP); Lehrbeauftragte des Ruth-Cohn-Institutes. E-Mail: nemann-m@bistum-muenster.de.

Rita Paß, geb. 1956, Prof. Dr., Supervisorin/Lehrsupervisorin, Lehrgebiet: Theorien und Konzepte Sozialer Arbeit an der Katholischen Fachhochschule Nordrhein-Westfalen, Abt. Münster. E-Mail: r.pass@kfhnw.de.

Annette Perino, geb. 1958, M. Sc., Hochschuldozentin für Supervision und Coaching bei den berufsbegleitenden Post Bachelor Studiengängen und Aufbaustudiengängen Human Resource Development der Hogeschool van Arnhem en Nijmegen (Expertisecentra HAN – VDO), Teilnehmerin des Masterstudiengangs Supervision 2004-2007.
In den Niederlanden registrierte Supervisorin, Lehrsupervisorin und Dozentin Supervisionskunde (LVS, ANSE). Langjährige Berufserfahrung als (Sozial-, Kultur-)Pädagogin in der multikulturellen Gemeinwesensarbeit und interreligiösen Begegnungsarbeit. Freiberuflich als Suprvisor, Coach und Projektmanager im Profit und Non Profit Bereich tätig. Veröffentlichungen über Coaching, kommunikative Sozialforschung und internationale Friedensbewegung. E-Mail: annette.perino@han.nl.

Bardo Schaffner, geb. 1950, Dipl.Pädagoge, Dozent am Institut für Lehrer-fortbildung Mülheim, Gestalt- und Familientherapeut, TZI – Diplomierter, Lehrsupervisor und Organisationsberater. Lebt in Münster/Westfalen. E-Mail: bardo.schaffner@t-online.de.

Cäcilia Scholten, geb. 1963, Dipl. Theol., Dipl. Psych., Supervisorin (M.Sc.), Leiterin Frauenseelsorge im Bistum Münster, Organisations- u. Projektentwicklerin, TZI-Diplom. Lebt in Haltern am See. E-Mail: scholten@bistum-muenster.de.

Sr. Hannah Schulz, geb. 1962 geweihte Schwester der Gemeinschaft der Seligpreisungen, Dipl. Sozialarbeiterin, Master of Science in Supervision, Therapieausbildung in NLP, Leiterin des internationalen Noviziates im Mut-terhaus der Gemeinschaft in Südfrankreich, Referentin für Seminare in psycho-spiritueller Begleitung. E-Mail: sr_hannah@web.de.

Ursula Tölle, geb. 1959, Prof. Dr., Supervisorin, Lehrgebiet: Theorien und Konzepte Sozialer Arbeit an der Katholischen Fachhochschule Nordrhein-Westfalen, Abtl. Münster, Schwerpunkte: Bildung; Kooperation von Jugend-hilfe und Schule; Supervisorin, Mitglied im Gesamtvorstand der DGSv. E-Mail: u.toelle@kfhnw.de; www.supervision-toelle.de.

Michael Wedding, geb. 1955, Lehramt Sek. I/II, Supervisor M.Sc., Referent für Professionalisierung und Supervision in der Hauptabteilung Schule und Erziehung im Bischöflichen Generalvikariat Münster. E-Mail: wedding@bistum-muenster.de.

FachZeitschriften im Verlag Barbara Budrich

BIOS
Zeitschrift für Biographieforschung, Oral History
und Lebensverlaufsanalysen

BIOS erscheint halbjährlich mit einem Jahresumfang von rund 320 Seiten.
BIOS ist seit 1987 *die* wissenschaftliche Zeitschrift für Biographieforschung,
Oral History Studien und – seit 2001 – auch für Lebensverlaufsanalysen. In ihr
arbeiten über Disziplin- und Landesgrenzen hinweg Fachleute u.a. aus der
Soziologie, der Geschichtswissenschaft, der Pädagogik, der Volkskunde, der
Germanistik.

dms – der moderne staat
Zeitschrift für Public Policy, Recht und Management

dms erscheint halbjährlich mit insgesamt rd. 480 Seiten.
Die neue Zeitschrift ist interdisziplinär angelegt und beschäftigt sich mit dem
seit drei Jahrzehnten international zu beobachtenden massiven Wandel der
Erfüllung öffentlicher Aufgaben nach Inhalt, Struktur und Organisation, Prozessen und Ergebnissen. Dieser Wandel fordert alle Fachwissenschaften heraus, bei Erhaltung der jeweiligen disziplinären Kompetenz nach integrierbaren
Untersuchungen und Erklärungen zu suchen.

Diskurs Kindheits- und Jugendforschung

„Diskurs Kindheits- und Jugendforschung" widmet sich dem Gegenstandsfeld
der Kindheits- und Jugendforschung unter der integrativen Fragestellung von
Entwicklung und Lebenslauf; er arbeitet fächerübergreifend und international
mit deutschen und internationalen AutorInnen aus den einschlägigen Disziplinen wie z.B. der Psychologie, Soziologie, Erziehungswissenschaft, der Ethno-
logie, Verhaltensforschung, Psychiatrie und der Neurobiologie.

Weitere Informationen unter www.budrich-verlag.de

FachZeitschriften im Verlag Barbara Budrich

Erziehungswissenschaft
Mitteilungsblatt der Deutschen Gesellschaft
für Erziehungswissenschaft

Erziehungswissenschaft ist das offizielle Mitteilungsblatt der Deutschen Gesellschaft für Erziehungswissenschaft. Die Zeitschrift trägt den Informationsaustausch innerhalb der Gesellschaft und fördert die Diskussion über die Entwicklung des Faches.

femina politica
Zeitschrift für feministische Politik-Wissenschaft

femina politica ist die einzige Zeitschrift für feministische Politik-Wissenschaft im deutschsprachigen Raum. Sie wendet sich an politisch und politikwissenschaftlich Arbeitende, die den Gender-Aspekt bei ihrer Arbeit berücksichtigen. *femina politica* analysiert und kommentiert tagespolitische und politikwissenschaftliche Themen aus feministischer Perspektive, berichtet über Forschungsergebnisse, Projekte, Tagungen und einschlägige Neuerscheinungen.

Gesellschaft. Wirtschaft. Politik (GWP)
Sozialwissenschaften für politische Bildung

GWP ist die älteste Fachzeitschrift in der Bundesrepublik für Studium und Praxis des sozialwissenschaftlichen Unterrichts. Als sozialwissenschaftliches Magazin ist sie der Aktualität wie dem Grundsätzlichen verpflichtet, der sorgfältigen Fundierung wie der lebendig wechselnden Stilistik.
GWP finden Sie im Interent unter www.gwp-pb.de

Politics, Culture and Socialization

Politics, Culture and Socialization is a new quarterly, comprising some 480 pages per year. The journal pulbishes new and significatn work in all areas of political socialization in order to achieve a better scientific understanding of the origins of political behavior and orientations of individuals and groups.

Weitere Informationen unter www.budrich-verlag.de

FachZeitschriften im Verlag Barbara Budrich

Spirale der Zeit – Spiral of Time
Frauengeschichte sichtbar machen –
Making Women's History visible

Die zweisprachige Zeitschrift erzählt anschaulich unsere Geschichte von ihren Anfängen bis zu unserer Gegenwart neu. Mit dieser umfassenderen Sicht begegnet die Zeitschrift der bildungspolitischen Herausforderung an eine geschlechtergerechte Vermittlung von Geschichte in Schulen und öffentlichen Einrichtungen als Voraussetzung für eine geschlechterdemokratische Politik. Die Spirale der Zeit – Spiral of Time erscheint zweimal jährlich, je Heft 64 Seiten (A4) mit vielen farbigen Abbildungen, deutsch und englisch.

ZQF – Zeitschrift für Qualitative Forschung
(zuvor: ZBBS – Zeitschrift für qualitative Bildungs-, Beratungs- und Sozialforschung)

Die ZBBS erscheint halbjährlich. Das Team der HerausgeberInnen setzt sich aus den Vorstandsmitgliedern des Magdeburger Zentrums für Bildungs-, Beratungs- und Sozialforschung zusammen und gewährleistet durch diese Konstellation die Repräsentanz der wichtigsten an der qualitativen Forschung beteiligten Fachdisziplinen.

Zeitschrift für Familienforschung
Journal for Family Research
Beträge zu Haushalt, Verwandtschaft und Lebenslauf

Die Zeitschrift für Familienforschung erscheint dreimal jährlich.
Die Zeitschrift für Familienforschung fördert interdisziplinäre Kommunikation und Diskussion. Dies geschieht durch die Veröffentlichung von Beiträgen zur Familien- und Haushaltsforschung aus den Fachdisziplinen: Familiensoziologie, Familiendemographie, Familienpsychologie, Familienpolitik, Haushaltswissenschaft, historische Familienforschung sowie aus Nachbargebieten.

Weitere Informationen unter www.budrich-verlag.de

Schriften der KFH NW

Bisher erschienen und in Planung:

Ausführliche Informationen unter

www.budrich-verlag.de

UTB-Einführungskurs Erziehungswissenschaft

Die Reihe Einführung in die Erziehungswissenschaft in vier Bänden ist so konzipiert, dass sie Studierenden in erziehungswissenschaftlichen Hauptfachstudiengängen (Diplom, Magister, BA) im Grundstudium sowie Lehramtsstudierenden die erforderlichen Kenntnisse in erziehungswissenschaftlicher Begriffs- und Theoriebildung sowie methodischem Grundwissen, über die Ideen- und Sozialgeschichte von Erziehung und Bildung und über die Arbeitsfelder von PädagogInnen in schulischen und außerschulischen Berufen vermitteln soll. Die einzelnen Bände sind so strukturiert, dass sie sich als Grundlagentexte für einführende Lehrveranstaltungen in das jeweilige Themengebiet eignen.

Der Einführungskurs Erziehungswissenschaft umfasst vier Bände:

Band I
Heinz-Hermann Krüger & Werner Helsper (Hrsg.): Einführung in Grundbegriffe und Grundfragen der Erziehungswissenschaft
8., durchges. Aufl. 2007. UTB L. 347 S. Kart. ISBN 978-3-8252-8092-5

Band II
Heinz-Hermann Krüger: Einführung in die Theorien und Methoden der Erziehungswissenschaft
4., überarbeitete Auflage 2006. UTB L. 245 S. K. ISBN 978-3-8252-8108-3

Band III
Klaus Harney & Heinz-Hermann Krüger (Hrsg.): Einführung in die Geschichte der Erziehungswissenschaft und Erziehungswirklichkeit
3., erw.u.akt. Auflage 2006. UTB L. 352 S. Kart. ISBN 978-3-8252-8109-0

Band IV
Heinz-Hermann Krüger & Thomas Rauschenbach (Hrsg.): Einführung in die Arbeitsfelder des Bildungs- und Sozialwesens
4., durchgesehene Auflage 2006. 336 S. K. ISBN 978-3-8252-8093-2

Weitere Bücher und Zeitschriften
www.budrich-verlag.de

Die Gruppe in Klinik und Praxis